모든 투자자들에게 필요한
투자의 기본 지식들

주식이
오르고
내리는
이유

WHY STOCKS GO UP AND DOWN

A GUIDE TO SOUND INVESTING

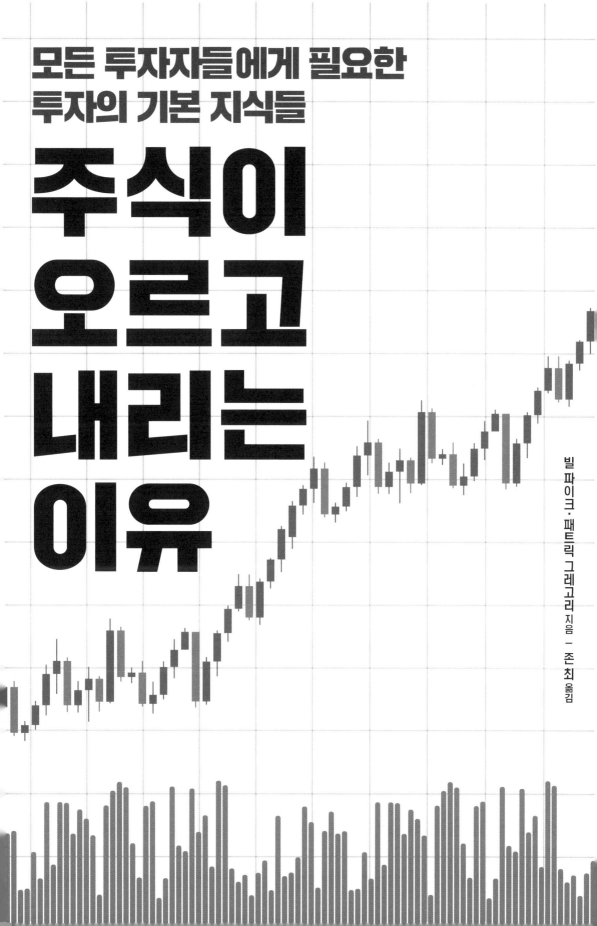

모든 투자자들에게 필요한
투자의 기본 지식들

주식이
오르고
내리는
이유

빌 파이크·패트릭 그레고리 지음 ― 존 최 옮김

독자 여러분이 이 책을 읽어야 하는 이유

WHY YOU SHOULD READ THIS BOOK

시중에는 충분한 지식을 먼저 전달하지 않고 오로지 투자철학만을 전하고자 하는 인기 투자 서적들이 많습니다. 『주식이 오르고 내리는 이유』는 정반대입니다. 이 책은 모든 투자자들이 필요로 하는 기본적인 지식을 제공합니다. 독자 여러분은 이 책을 통해서 투자에 대해서 구체적인 부분이나 접근 방식을 다루는 다른 책들에서 더 많은 가치를 얻을 수 있습니다.

『주식이 오르고 내리는 이유』는 다른 투자 입문서들을 훨씬 뛰어넘습니다. 이 책은 여러분의 지성을 모욕하지 않습니다. 사실, 이 책은 여러분이 필요로 하는 것보다 더 많은 부분에 대해 자세히 다루고 있습니다. 하지만 독자 여러분은 이 책을 통해 중요한 개념들을 숙지하게 될 것이며 처음 이 책을 접했을 때보다 많은 질문들에 대한 궁금증이 해소된 자신을 발견하게 될 것입니다.

이 책은 우리가 대학교와 보스턴 증권 애널리스트 협회(Boston Security Analysts Society)와 같은 전문 기관에서 20년 넘게 가르쳐 온 투자 입문 강의의 결과물입니다. 우리가 가르친 학생들 중 다수가 회계, 금융, 주식시장에 경험이 전무한 초보 투자자들입니다. 이 책은 성공적인 투자에 필요한 기본 요소들을 투자자들에게 제공하기 위해 발전해 왔습니다.

Part 1에서는 사업의 소유권과 재무제표 분석의 기본 개념들을 소개합니다. 회계에 대한 강조가 처음에는 적절치 않다고 생각할지 모르지만, 주식가격은 재무제표와 직접적으로 관련이 있습니다. 이를 무시하는 것은 지나친 단순화로 이어지며 독자들의 지식에 큰 공백을 남길 것입니다. 그리고 Part 1에서는 '기업공개(going public)' 과정과 신주모집과 구주매출의 차이를 다룹니다. 독자들은 이러한 내용들을 통해 많은 일반적인 오해들을 해소하게 될 것입니다.

Part 2는 채권과 보통주와는 상당히 성격이 다른 우선주를 다룹니다. 회사와 그 회사의 주가 움직임을 이해하기 위해서는 회사가 자본을 조달하는 데 사용 가능한 모든 수단을 이해하는 것이 중요합니다. 독자 여러분은 책의 다른 내용의 흐름을 잃지 않고 Part 2를 생략하는 것도 가능합니다. 사실 독자들이 이 책을 처음 읽을 때 Part 1에서 Part 4로 건너뛰는 경우를 많이 봤습니다.

Part 3는 손익계산서와 대차대조표가 주가와 어떻게 연관이 있는지에 대해 더 자세히 설명합니다. 감액손실이나 이익과 현금흐름의 차이와 같은 개념들을 이해하면 여러분은 주가의 움직임을 더 잘 이해할 수 있을 것입니다.

Part 4는 주식의 가치평가(밸류에이션)에 관한 내용을 다룹니다. Part 4는 여러분에게 주가를 이해하기 위한 큰 틀을 제공할 것이고, 여러분이 투자 시 주의해야 사항들을 알려 줍니다. 또한 Part 4는 초보 투자자들이 저지르는 많은 실수를 여러분이 피하도록 도와줄 것입니다. Part 4는 초보 투자자들의 관심을 가장 많이 받는 내용이지만 여러분이 다른 내용부터 순서대로 읽는다면 Part 4에서 더 많은 가치를 얻을 수 있을 것입니다. Part 4의 마지막 장은 이 책의 많은 개념들을 적용한 애보트랩스(Abbott Labs, NYSE: ABT)의 투자 분석을 통해 독자들은 전문 투자 애널리스트의 사고 과정을 거치게 됩니다.

끝으로 이 책의 마지막에 있는 용어집은 이 책 전체에서 사용된 많은 용어들에 대한 간결한 해설을 제공합니다.

투자는 인생의 많은 다른 측면들과 같습니다. 여러분이 철저히 준비하고 많은 투자 경험을 얻을수록 투자를 더욱 잘하게 될 것입니다. 경제환경, 주식시장, 그리고 여러분이 분석하고 있는 회사와 관련된 일상적인 뉴스에 주식이 어떻게 반응하는지 관찰하는 것을 대신할 방법은 없습니다.

독자 여러분이 이 책에서 얻게 될 배경지식은 투자 경험을 훨씬 더 빨리 얻도록 도와줄 것입니다.

한국의 독자들에게 보내는 특별 편지
OUR SPECIAL LETTER TO KOREAN READERS

친애하는 한국의 독자 여러분,

이 책을 선택해 주셔서 감사합니다. 우리는 여러분이 우리의 기초적인 접근 방식을 통해 미국 주식투자에 대해 배우는 것을 즐기게 될 것이라고 생각합니다.

이 책의 저자인 우리(빌 파이크와 패트릭 그레고리)는 경력 전반에 걸쳐 주식투자 입문 과정과 고급 과정을 가르쳤습니다. 우리는 우리가 사용하는 용어들을 가능한 명확하고 포괄적인 방식으로 설명하는 것이 중요하다는 것을 알게 되었습니다. 우리가 이것을 이 책의 중요한 기능으로 삼았기 때문에 『주식이 오르고 내리는 이유(Why Stocks Go Up and Down)』는 영어가 모국어가 아닌 초보 투자자들에게 특별한 가치가 있는 것 같았습니다. 존 최가 우리에게 연락해서 이 책이 상당한 도움이 되었고 여러분을 위해 한국어로 번역하고 싶다고 말했을 때 우리는 많은 보람을 느꼈습니다. 우리는 존과 여러 차례 대화를 나눈 후 존이 영어 단어 하나하나를 한국어로 번역하는 것뿐만이 아니라, 그 단어나 뜻이나 아이디어를 독자들에게 한국어로 명확하게 전달하는 것에 대한 중요성을 이해하고 있다는 확신을 갖게 되었습니다. 존은 번역을 하는 동안 수차례 우리에게 전화를 걸어 정확한 한국어 대응어가 없는 영문 용어나 개념들에 대해서 우리와 논의했습니다. 존이 이 책을 번역하면서 가장 힘들었고 신경 썼던 부분은 언어의 격차를 해소하는 것이었기 때문에, 한국 독자인 여러분은 한국판을 읽고 책에서 다루는 재무제표 용어들과 투자 개념들을 이해한다고 확신하게 될 것입니다.

우리는 여러분이 이 책에서 배운 지식을 통해 미국 시장을 더 잘 이해하고 보다 명확하고 폭넓은 맥락에서 투자를 이해하게 될 거라고 믿습니다. 그 어떤 책도 여러분을 전문가로 만들 수는 없지만, 우리는 이 책이 여러분에게 훌륭한 출발점이 될 것이라고 생각합니다.

항상 흥미롭고 도전적인 투자 세계에서 여러분의 행운을 기원합니다.

2022년 5월 25일
빌 파이크, 패트릭 그레고리
William H. Pike, CFA
Patrick C. Gregory, CFA

저는 미국에서 처음 직장 생활을 할 때 미국 주식에 투자를 시작했습니다. 모든 분들이 그러하듯 처음 주식을 시작할 때 자산 관리와 투자에 관심이 많았고 미국에서 손쉽게 자산을 증식시킬 수 있는 수단이 미국 주식이라는 것을 알게 되었습니다. MBA 학위를 취득하기 전에는 주식투자에 대해서 독학으로 공부하면서 기업 회계와 금융 그리고 투자에 관한 수많은 책들을 읽었는데 처음 접한 책들이 벤 그레이엄의 『현명한 투자자(The Intelligent Investor)』와 『증권분석(Security Analysis)』 6판(영문), 그리고 마이클 버리가 사이언 캐피탈(Scion Capital LLC)을 설립하기 전인 1997년에 Silicon Investor Forum 에서 추천했던 책인 빌 파이크의 『주식이 오르고 내리는 이유(Why Stocks Go Up and Down)』였습니다. 시중에 나와 있는 많은 투자 서적들과는 달리 이 책은 주식투자를 함에 있어서 필요한 금융 지식은 물론 회사가 어떻게 창업되고 상장되는지에 대한 과정과 다양한 기업들의 사례를 들어 가며 재무제표의 구성과 회사의 자본이 유입 또는 유출되는 과정을 설명하고 투자자로서 또는 회사를 운영하는 경영자로서 반드시 알아야 할 회계의 기본적 개념들, 애널리스트들과 전문투자자들이 어떻게 회사를 분석하고 주식을 평가하는지에 대한 디테일한 내용들과 투자 가이드라인들을 집대성한 책입니다.

해외 주식투자에 대한 수요가 많아지고 있는 요즘, 개인투자자들의 보호 차원에서 영어권 금융 용어들의 정의와 해설이 부족하다고 생각합니다. 저자인 빌 파이크가 2021년 6월 샌프란시스코에 방문하여 『Why Stocks Go Up and Down』 한국판 출간 계약을 맺을 당시 저는 빌에게 한국의 투자자들이 미국 주식을 투자하기 위해서 재무제표와 미국 증권거래위원회(SEC)에 올라온 공시자료를 기본적으로 파악하는 데 도움이 될 수 있도록 용어해설과 개념 정립이 이 책을 통해서 가능해야 한다고 설명했습니다. 저자의 본래 취지에 맞게, 이 책을 읽는 여러분께서 앞으로 미국 주식에 투자하는 데 흔히 사용되는 용어들의 해석에 불편함이 없도록 각 장의 재무제표들과 그 외 도표들의 항목과 용어들에 영어와 한국어를 모두 추가하였으며 대한민국 상법에서 정의하는 용어들과 국제회계기준(IFRS), 미국 증시에 예탁증서(ADR)로 상장된 한국 기업들의 DART 공시자료, 한국공인회계사회 등의 자료들을 참고하여 필요한 추가적인 해설을 각주로 포함시켰습니다.

주식투자는 경험이 중요합니다. 투자자로서 항상 배워야 한다는 자세가 필요하며 앞으로 수많은 시행착오와 손실들을 겪어야 할지도 모릅니다. 이러한 위험을 최소화하기 위해서는 기업 분석에 관한 기초적인 지식들을 반드시 갖추어야 합니다. 오늘날 소셜미디어의 발달이 개인투자자들로 하여금 최소의 비용을 지불하고도 필요한 정보를 공유할 수 있는 기회를 제공하고 집단 지성이 발현되는 것은 사회적으로 긍정적인 현상이라고 생각합니다. 고수익을 보장한다는 투자 상품이나 서비스의 허위 과장 광고에 현혹되지 않아야 하며, 투자자 본인 스스로 노력해서 공부하면 원하는 정보와 지식을 충분히 얻을 수 있다고 독자 여러분께 말씀드리고 싶습니다. 이 책이 여러분께서 성공적인 투자자로서 성장하는 데 도움이 되기를 바라고 나아가서 대한민국의 금융 교육이 한층 더 발전하는 데 이바지하길 바랍니다.

끝으로 바쁜 일정에도 불구하고 『주식이 오르고 내리는 이유』 한국판 번역과 출간 작업에 적극적으로 참여하고 많은 도움을 준 이 책의 저자 빌과 패트릭에게 감사를 표합니다. 그리고 이 책이 미국에서 한국으로 출간되기까지 1년이 조금 넘는 시간 동안 도움을 주신 많은 분들께 감사의 말씀을 드립니다.

2022년 4월 1일
존 최
John Choi

추천사
RECOMMENDATIONS

　책 『주식이 오르고 내리는 이유』는 주식투자에 관심이 있는 모든 사람들에게 꼭 권하고 싶은 투자의 기초 정석 같은 책입니다. 투자는 이미 선택이 아닌 모두의 필수 사항이 되었습니다. 경제 활동을 하시는 분들은 여러분의 국민연금이 주식과 채권에 많은 부분 투자되고 있기 때문에 사실 여러분은 이미 수많은 회사의 주주라고도 할 수 있겠습니다. 더는 월급만으로는 경제적 자유와 은퇴를 꿈꾸기 어려워진 시대 여러분은 어떻게 준비하고 계십니까? 투자를 처음으로 시작하시는 분들께 제가 늘 권하는 투자 방식은 분산투자와 장기 투자입니다. 하지만 아무 주식이나 장기로 가지고 있겠다고 해서 좋은 결과로 이어지는 것이 아니므로 회사를 볼 수 있는 능력을 키우는 것이 중요합니다. 이 책은 주식투자에 대한 현란한 기교 없이 오롯이 기초투자를 예시로 깊이 있게 풀어낸 책으로서 학계와 투자자에게 출간이래 수십 년 동안 꾸준히 사랑받아 온 책입니다. 어떻게 생각하면 어렵게만 느껴질 수 있는 외국 주식 이야기를 한국어로 이해하기 쉽게 번역해 놓은 역자의 능력도 높이 평가하는 부분입니다. 『주식이 오르고 내리는 이유』는 한번 읽고 잊어버리는 책이 아니라 교과서처럼 몇 번이라도 다시 찾아보면서 지식을 키워 나가는 책으로서 공부한 내용을 투자하는 회사에 대입시키다 보면 어느 사이 성장해 있는 자신을 발견하게 발견하실 겁니다. 경제적 자유가 있는 진정한 미래를 위한 투자 지금 바로 이 책과 함께 시작하세요.

캐나다 토론토 Questrade Wealth Management
이사 **김유택 DMS, CFA, CFP**

　이 책은 회사가 주식과 채권 발행을 통해 자금을 조달하며 사업을 성장시켜 가는 과정을 재무제표와 연결하여 생생하게 그려 내고 있습니다. 특히 채권에 대한 설명 부분은 국내에 소개된 여타 서적들보다 매우 유용합니다. 투자자들은 이 책을 통해 중요한 투자 결정에 참고해야 할 정보들의 의미에 대해 더 깊이 이해하고 적절하게 활용할 수 있게 될 것입니다. 퀀트에 기반한 시스템 트레이딩 방식으로 개인 금융 투자를 주로 진행해 온 제 입장에서도 이 책을 통해 투자 전략을 다시 돌아보고 보완하는 기회가 되었습니다. 독자가 자신의 투자 원칙과 방법에 대한 이해를 한 단계 올리고 의미 있는 투자를 하는 데 이 책이 유용한 지침이 될 것이라 확신합니다.

법무법인 광장
파트너 변호사, 법학박사 **맹정환**

주식의 이면에는 기업이 있습니다. 기업의 가장 중요한 목적은 '이익'을 창출하는 것이고, 기업의 이익은 본연의 경쟁력, 거시경제, 산업환경, 경쟁 상황 등에 따라 성장과 하락을 반복합니다. 주식시장은 수많은 참여자들이 수많은 잣대로 기업의 이익을 추정하고 가치를 평가하는 곳입니다. 그렇기에 주식은 몹시 변덕스럽게 또는 예측할 수 없게 오르고 내립니다. 제 관점에서 주식투자는 특정 기업에 대한 투자로 표현되며, 시장은 주가의 오르고 내림을 통해 제가 취한 포지션을 냉정하게 평가합니다. 완벽한 예측은 불가능한 것이지만, 가치평가방법과 회계를 모르는 채 투자하는 것은 그저 감정에 기반한 도박에 불과합니다.

『주식이 오르고 내리는 이유(Why Stocks Go up and Down)』는 기업이 생애주기에 따라 성장하고 자금 조달하는 과정이 어떻게 재무제표에 반영되는지를 설명하며, 이에 대해 시장은 어떻게 평가하는지를 상세히 설명하는 훌륭한 교과서입니다. 단순한 가치평가를 넘어 시장의 관점에서 기업의 가치란 무엇인지를 생각할 수 있게 해 주는 좋은 도구가 될 수 있을 것이라고 생각합니다.

(주)하이퍼리즘(Hyperithm)
최고사업책임자, 변호사 **강상원**

회사의 창업 과정, 사업 영위 과정, 상장하는 과정, 채권발행 과정 등에서 발생하는 각종 숫자들이 재무제표에 어떻게 반영되는지 궁금하신 분께 이 책을 추천합니다. 저자는 독자의 이해를 돕기 위해 특정 사업을 하나를 예로 들며 재무제표 항목들이 하나씩 추가되는 과정을 여러 장에 걸쳐서 설명하고 있습니다. 중간중간 등장하는 전문 용어의 정의들도 풀어서 설명하고 있는 것 또한 이 책의 장점입니다.

책 제목인 『주식이 오르고 내리는 이유』에 관해선 마지막 파트에서 다루고 있으며, 실제 주식인 애벗 래버러토리(티커: ABT)를 예로 들어 펀더멘탈과 외부 요인들이 주가에 어떠한 영향을 미칠 수 있는지 설명하여 독자의 이해를 도왔습니다. 종합적으로 이 책은 입문, 중급, 고급 등 모든 레벨의 투자자들을 대상으로 쓰인 책이라 판단되며, 특히 미국 주식에 직접 투자하고 있는 분께 강력하게 추천합니다.

『미국주식 S&P500 가이드북』, 『잠든 사이 월급 버는 미국 주식투자』 저자
네이버 인플루언서 **알디슨(조치연)**

투자분석에 대한 훌륭한 소개
『Why Stocks Go Up and Down』 4th Edition **추천사 중**

이 책을 읽으면 주식과 채권을 이해하기 시작할 수 있을 뿐만 아니라 여러분이 더 많은 공부를 통해 지식이 늘어남에 따라 계속해서 이 책을 찾는 자신을 발견할 수 있을 것입니다. 저자들은 가장 기본적인 개념들을 소개하고 투자 결정을 내리는 시점까지 그것들을 발전시킵니다. 저자들이 다루는 투자 분석의 내용 범위는 백과사전적이어서 경험이 많은 투자자들도 이 책을 통해 부족한 부분을 채울 수 있습니다.

파이크와 그레고리는 이 책을 통해 다른 투자 서적들을 이해하는 데 도움이 될 것이라고 주장합니다. 저는 『주식이 오르고 내리는 이유』가 기업이 투자자들을 오도하는 회계 속임수들을 중점적으로 다룬 제 저서인 『Financial Statement Analysis: A Practitioner's Guide(재무제표 분석: 실무자 가이드, 공저: Fernando Alvarez)』를 읽는 데 필요한 기초를 제공한다고 단언할 수 있습니다. 한 가지 분명한 것은 여러분이 『주식이 오르고 내리는 이유』에서 완벽하게 보여 주는 지식 없이 증권시장의 깊은 물속으로 모험을 해서는 안 된다는 것입니다.

Lehmann, Livian, Fridson Advisors, LLC
최고투자책임자 **Martin Fridson, CFA**

목차
TABLE OF CONTENTS

PART 1
기초: 사업 시작하기, 재무제표와 보통주
BASICS: STARTING A BUSINESS, FINANCIAL STATEMENTS, AND COMMON STOCK

1장

사업 시작하기   21
STARTING A BUSINESS

1장에서는 회사의 창업 과정에 대해서 간략히 설명하고 재무제표 관련 기본 용어들을 소개한다.

2장

소유권과 주식   36
OWNERSHIP AND STOCK

회사가 필요한 자본금을 투자자들로부터 어떻게 조달하는지, 회사가 어떻게 설립되고 지분이 설정되는지를 설명한다.

PART 2
보통주 외의 증권: 채권과 우선주
SECURITIES OTHER THAN COMMON STOCK: BONDS AND PREFERRED STOCK

PART 3
회사의 자산과 현금흐름
COMPANY ASSETS AND CASH FLOW

PART 4
주식이 오르고 내리는 이유
WHY STOCKS GO UP AND DOWN

주가수익비율(P/E) 비율은 투자자가 주식을 평가할 때 사용하는 주요 기준이다. 우리는 주가수익비율을 다양한 방식으로 살펴보고, 주가현금흐름비율(P/C), 주가매출비율(P/S), 수익력대비주가비율(price/earnings power), EBITDA 대비 기업가치비율(enterprise value/EBITDA)과 같은 가치평가 비율들도 함께 살펴볼 것이다. 18장에 수록된 내용들은 주식가격에 대한 많은 투자자들의 잘못된 이해를 바로잡는 데 도움이 될 것이다.

19장에서는 이 책 전체에서 다룬 개념들을 실제 주식인 애보트랩스(Abbott Laboratories, NYSE: ABT)에 적용시켜 볼 것이다. 이 책에서 다룬 내용들을 토대로 한 분석 프레임워크를 실제 상장기업에 적용했을 때 나타나는 미묘한 차이들을 투자자들이 이해하는 데 많은 도움이 될 것이다.

부록
APPENDIX

기초: 사업 시작하기, 재무제표와 보통주

BASICS: STARTING A BUSINESS, FINANCIAL STATEMENTS, AND COMMON STOCK

모든 투자자들에게 필요한
투자의 기본 지식들

주식이
오르고
내리는
이유

"Stock prices are directly related to financial statements. Ignoring accounting and financial statements will be an oversimplification and would leave you with major gaps in your knowledge."

"주식가격은 재무제표와 직접적인 관련이 있다. 회계와 재무제표를 무시하는 일은 지나친 단순화를 초래할 것이며 여러분의 지식에 큰 공백을 남길 것이다."

1장 사업 시작하기
STARTING A BUSINESS

이 이야기는 Mr. Jones(존스)가 더 나은 쥐덫을 만들 수 있다는 영감을 받았던 2009년 말부터 시작한다. 존스는 쥐덫을 만들어 돈을 벌 수 있는지 알아보기 위해 사업을 시작하기로 결정했다. 존스는 작업장에서 손재주가 뛰어났을 뿐만 아니라 쥐덫을 만들기 위한 나무와 금속, 스크루드라이버, 톱 등 쥐덫을 만드는 데 사용되는 도구들을 어디서 구해야 할지를 알고 있었다. 존스는 심지어 상점을 운영하는 친구가 있었고 그 친구는 존스의 쥐덫을 팔아 주기로 했다. 존스는 자신이 사고파는 물건과 이익에 대한 재무 기록을 보관해야 한다는 것을 알고 있었지만 사업과 회계에 대한 지식이 전무했기에 수년 동안 회계사로 일한 그의 친구 Mr. Greenshades(그린쉐이즈)에게 자문을 요청했다. 그린쉐이즈는 사업이 시작되면 회계 자문 서비스에 대한 수수료를 청구할 수 있을 거라 생각하고 기꺼이 응했다. 그린쉐이즈의 첫 번째 조언은 쥐덫 제조업을 위한 사업용 은행 계좌를 개설하고 개인 계좌와 별도로 구분하라는 것이었다.

2010년 1월 1일, 존스는 회사 계정에 100달러를 입금하고 자신의 사업을 신고했다. 존스는 자신의 회사를 '존스 마우스트랩 컴퍼니(Jones Mousetrap Company), 줄여서 JMC'라고 명명했다. 이 시점에서 JMC는 1인 기업(sole proprietorship)으로 간주된다. 이는 회사가 단독 소유이며 아직 법인화(Incorporated)되질 않았음을 의미한다(2장 참조).

그린쉐이즈는 존스에게 다른 회사들과 동일한 방식으로 회계 장부를 기록하라고 조언했다. 이 동일한 방식이란 대차대조표와 손익계산서, 두 종류의 재무제표를 말한다. 대차대조표는 (1) 회사가 소유하거나 권리를 요구할 수 있는 가치가 있는 자산(asset), (2) 동일한 시점에서 회사가 발행한 부채(debt), (3) 회사 주주들의 투자금과 회사가 지금까지 수년 동안 벌어들인 총순이익(total net income)에서 그동안 지급한 총배당금을 뺀 소유주지분(Owner's equity), 이렇게 세 개의 카테고리로 분류된다. 배당금은 이 장의 뒷부분에서 다룬다. 그리고 소유주지분(Owner's equity)과 소유권지분(Ownership equity)은 동일한 의미를 가진다.

대차대조표의 일반적인 형식은 모든 자산 항목들은 대차대조표 좌측에, 모든 부채와 소유주지분 항목들은 대차대조표 우측에 기록된다.

자산 (Assets)	부채 (Liabilities)
	자기자본 (Ownership Equity)

1월 1일 존스가 회사에 100달러를 투자 하였기에 대차대조표는 다음과 같다.

자산 (Assets)	부채 (Liabilities)
현금 (Cash) $100	
	소유권지분 (Ownership Equity)
	존스의 투자금 (Jones put in) $100

실제로 이 뜻은 JMC에 100달러 상당의 자산이 있으며, 존스가 회사의 단독 소유자로서 회사의 소유권지분 100달러를 보유하고 있다는 이야기다. 자본(equity)이라는 용어는 앞으로 이 책에서 보게 될 다양한 맥락에서 사용될 것이기 때문에 자주 혼동을 유발할 수 있다. 이 시점에서 위 내용들과 자본이 대차대조표 어디에 위치하고 있는지를 기억하면 도움이 될 것이다. JMC가 아직 쥐덫을 제조하고 판매하지 않았기 때문에 아직 손익계산서가 기록되지 않았다.

은행 계좌를 개설한 후 존스는 물건을 매입하기 시작했다. 그는 쥐덫을 만들 나무와 금속에 30달러를 썼고, 다른 20달러는 스크루드라이버, 톱 및 기타 장비에 사용했다. 30달러 상당의 목재와 금속은 **재고(inventory)**라고 하고. 20달러 상당의 도구를 **장비(equipment)**라고 한다. 재고와 장비의 차이점은 재고는 쥐덫의 재료로 구성되며 모두 사용되어 최종적으로 판매될 쥐덫의 일부가 되지만, 장비는 쥐덫의 일부가 되지 않는다는 것이다. 장비는 쥐덫을 만드는 데만 사용된다. 장비는 제조 공정에서 모두 소모되지 않지만 나중에 마모되거나 쓸모없어질 수 있기 때문에 교체가 필요하다.

정의 (Definitions)

- **재고(Inventory)** - 모두 사용되어 최종적으로 판매될 제품의 일부가 될 재료를 말한다. 재고는 원자재(raw material), 아직 완성되지 않은 재공품(work in process, 줄여서 WIP) 그리고 판매 대기 중인 완제품(finished goods)을 모두 포함한다.

- **장비(Equipment)** - 제품의 생산과 판매를 위하여 사용되는 도구들을 말한다. 보통 장비는 1년 이상의 수명을 예상한다.

이 시점에 JMC의 대차대조표는 다음과 같다.

자산 (Assets)		부채 (Liabilities)	
현금 (Cash)	$ 50		
재고 (Inventory)	$ 30		
		소유권지분 (Ownership Equity)	
장비 (Equipment)	$ 20	존스의 투자금 (Jones put in)	$100
총계 (Total)	$100	총계 (Total)	$100

지금까지 일어난 모든 일들은 하나의 자산(현금)이 두 종류의 자산(재고와 장비)들로 변경된 것이다.

보통 자산은 대차대조표에서 현금과 1년 이내에 현금으로 전환이 예상되는 자산들로 구성된 **유동자산(current assets)**과 1년 이상 지속될 것으로 예상되는 **장기자산(long-term assets)**으로 구별된다. 가장 일반적인 장기자산들은 도구, 사무기기, 건물, 회사 차량 및 트럭 등이 포함된다. 나중에 다른 유형의 장기자산을 보게 될 것이다. 만약 존스가 쥐덫 제조 공장을 건설한다면 공장 건설 비용과 건물과 대지를 포함한 부동산 비용은 공장과 부동산 모두 1년 이상 존속될 것이므로 장기자산에 해당될 것이다. 건물, 도구, 자동차 등은 종종 대차대조표에서 **유형자산(Property, Plant, Equipment, 줄여서 PP&E)**으로 분류된다. 따라서 좀 더 격식에 맞게 작성된 대차대조표는 다음과 같다.

자산 (Assets)		부채 (Liabilities)	
현금 (Cash)	$ 50		
재고 (Inventory)	$ 30		
		소유권지분 (Ownership Equity)	
유형자산 (Property, plant and equipment) ..	$ 20	존스의 투자금 (Jones put in)	$100
총계 (Total)	$100	총계 (Total)	$100

이 시점에서 존스는 쥐덫을 만들기 시작했다. 존스는 일주일 동안 20달러 상당의 나무와 금속을 사용하고 10개의 쥐덫을 만들었다. 좀 더 상세한 대차대조표를 작성하면 재고를 두 그룹으로 나눌 수 있다.

재고 (Inventory):
  완제품 (Finished goods) $20
  원자재 (Raw materials) $10

존스는 쥐덫을 팔기로 한 상점에 쥐덫을 가져갔고 상점은 존스로부터 쥐덫 하나당 5달러씩, 쥐덫 10개 모두를 총 50달러에 구입했다. 그 결과 존스는 1월 말 50달러를 모았다. 이 시점에서 존스는 대차대조표를 다시 작성하고 처음으로 손익계산서를 작성하기로 결정했다. 이를 요약하면 다음과 같은 일들이 일어난 것이다.

1. 50달러의 매출이 발생하였고 매출 50달러는 현금으로 돌려받았다.

2. 20달러 상당의 완제품이 판매되었다.

이와 같은 내용을 바탕으로 작성한 1월의 손익계산서는 다음과 같다.

JMC 손익계산서
(JMC Statement of Income)
1/1/10 - 1/31/10

매출 (Sales) $50
  차감: 매출원가 (Cost of goods sold) .... − $20
동일: 이익 (Profits) .... = $30

손익계산서는 일정 기간(월별, 분기 및 연도) 동안 발생한 이익과 손실을 반영한다.

존스는 이익에 대해 소득세를 내야 한다는 것을 알고 있었다. 이익에 대한 세금을 당장 납부할 필요는 없지만 세금은 법적인 의무이므로 바로 손익계산서에 기록하는 것이 좋다. 존스가 여전히 단독으로 (아직 법인이 아님) 회사 전체를 소유했기 때문에 국세청(미국 IRS)은 JMC의 이익을 존스의 다른 직장 급여를 포함한 총수입의 일부로 취급할 것이다. 쥐덫의 매출에 대해 지불하는 실제 세율은 그해 다른 직업에서 얻은 존스의 급여에 따라 달라질 수 있다. 50%가 계산하기 쉬운 수치이므로 앞으로 이 책 전체를 통틀어 50%의 세율을 적용하겠다. 이에 손익계산서를 더욱 상세히 작성하면 다음과 같다.

JMC 손익계산서
(JMC Statement of Income)
1/1/10 - 1/31/10

매출 (Sales)		$ 50
차감: 매출원가 (Less: Cost of goods sold)	–	$ 20
동일: 세전이익 (Equals: Profits before taxes)	=	$ 30
차감: 50% 소득세 (Less: Income tax @ 50 percent)	–	$ 15
동일: 세후순이익 (Equals: Net Profit after taxes)	=	$ 15

세금을 아직 납부하지 않았지만 나중에 납부해야 하기에 존스는 대차대조표의 부채 아래에 다음 항목을 추가했다.

미지급세금 (Taxes payable) .... $ 15

자산과 마찬가지로 대차대조표의 부채는 보통 **유동부채(current liabilities, 만기가 1년 내인 부채)**와 **장기부채(long-term liabilities, 만기가 1년 후인 부채)**, 두 가지로 구분된다. 대부분의 기업들과 세금이 매달 공제되지 않는 급여 수표를 받는 일부 개인들은 분기별로 세금을 납부하기 때문에 **미지급세금(taxes payable)**은 유동부채가 된다.

순이익 15달러는 소유권지분(Ownership Equity) 아래 **유보이익(Retained earnings)**으로 기록되었다. 이에 대차대조표는 다음과 같다.

JMC 대차대조표
(JMC Balance Sheet)
01/31/2010

자산 (Assets)	부채와 소유권지분 (Liabilities and Ownership Equity)
유동자산 (Current assets):	유동부채 (Current liabilities):
현금 (Cash) $100	미지급세금 (Taxes payable) .... $ 15
재고 (Inventory):	
원자재 (Raw materials) .... $ 10	장기부채 (Long-term liabilities)
	소유권지분 (Ownership Equity):
유형자산	존스의 투자금 (Jones put in) $100
(Property, plant and equipment) .... $ 20	유보이익 (Retained earnings) .... $ 15
총자산 (Total assets) $130	총계 (Total) $130

대차대조표의 오른쪽을 살펴보면 **소유권지분(Ownership Equity)은 부채가 아님을 알 수 있다.** 소유권지분은 존스를 제외하고 회사가 그 누구에게도 빚이 없다는 이야기다. 이 시점에서 회사는 130달러 상당의 자산을 보유하고 있지만, 그중 15달러 상당의 자산에 대한 권리는 미국 정부에게 있다. 즉, 존스가 회사를 매각하면 법적으로 130달러 전부를 챙길 수 없다. 우선 존스가 15달러의 세금을 납부하면 나머지 115달러가 존스에게 남게 된다. 여기서 "남았다"라는 말은 자기자본이 잔여청구권(Residual ownership)임을 뜻하는데, 다른 모든 청구권(보통 부채를 말한다)들의 상환 후 남은 자산에 대한 주주들의 권리를 말한다. 이 시점에서 존스의 자기자본(소유권지분)은 초기 투자금인 100달러가 아니라 115달러의 가치가 있다. 존스의 총소유권지분은 현재 115달러지만, 위의 1월 31일 대차대조표에 표시된 것처럼 회사가 벌어들인 금액(유보이익)과 회사에 투자한 금액을 구분해서 기록하는 것이 일반적이다.

정의 (Definitions)

- **대차대조표(Balance sheet)** - 대차대조표는 특정 시점(at a point in time)에서의 회사의 재무 상태를 반영한다. 대차대조표는 회사가 보유한 자산, 부채, 초기 투자금(투자 자본), 회사가 벌어들인 이익을 보여 준다. 이름에서 알 수 있듯이 대차대조표는 균형을 이루어야 한다. 즉, 자산(왼쪽)이 부채와 소유권지분(오른쪽)의 합계와 동일함을 의미한다.

- **손익계산서(Income statement)** - 손익계산서에는 회사의 매출, 매출을 내기 위해 발생한 비용과 그에 따른 손익이 표시된다. 손익계산서는 **일정 기간 동안(over a period of time)** 무슨 일이 일어났는지를 보여 준다. 손익계산서는 항상, "언제(날짜)부터 언제(날짜)까지의 손익계산서"라고 표시되어야 한다. 손익계산서는 P&L(Profit and Loss statement)이라고도 한다.

- **장부가액(Book value)** - 총자산에서 총부채(유동부채와 장기부채 포함)를 뺀 금액을 뜻한다. JMC의 장부가치는 현재 115달러로 소유권지분 항목과 동일하다. 이 책의 다른 장에서 다루겠지만 장부가치와 소유권지분이 동일하지 않은 경우도 있는데 통상적으로 장부가액은 소유권지분에 근접한다.

존스는 쥐덫의 성공적인 매출과 이익에 만족하였고 사업을 확장하기 위해서 더 많은 원자재를 매입했다. 존스는 2월 첫째 주에 금속과 목재에 60달러를 썼다. 또한 30달러 상당의 원자재를 사용하여 15개의 쥐덫을 만들었는데 이를 상점으로 가져왔지만 아직 판매되지 않았다. 이 시점에서 대차대조표의 유동자산 부분은 다음과 같다.

2/7/10 기준 유동자산 (Current assets as of 2/7/10)	
현금 (Cash)	$40
재고 (Inventory):	
완제품 (Finished goods)	$30
원자재 (Raw materials)	$40

존스는 2월 말에 휴가를 계획했기 때문에 존스가 신뢰하는 친구인 Mr. Arbetter (알베터)를 직원으로 고용했다. 존스는 알베터에게 시간당 4달러를 지불하기로 했다. 존스는 알베터가 2월에 15시간을 일할 것으로 예상했기 때문에 알베터의 급여를 지불하는 데 총 60달러가 필요하다는 것을 알았다. 상점 주인은 2월 말 (2/28/10)까지 쥐덫 판매금을 지불하지 않을 것이고 알베터는 매주 급여를 지급 받기를 원했기 때문에 존스는 이달 말 전에 알베터의 급여 지급을 위해 새로 현금을 마련해야 했다. 존스는 더 이상 자신의 돈을 회사에 쓰고 싶지 않았기 때문에 은행으로 향했다. 만일의 경우를 대비하고 새 원자재 매입을 위한 충분한 돈을 확보하기 위해서 존스는 2월 15일부터 3월 15일까지 30일 동안 100달러를 빌려줄 것을 은행에 요청했다. 그러나 은행은 존스의 사업이 너무 위험하다고 생각했다(만약 존스의 쥐덫이 팔리지 않으면 은행은 대출금을 모두 돌려받을 수 없을 것 같았다). 은행은 존스가 추가로 50달러를 투자할 의사가 있다면, 한 달 동안 JMC에게 50달러를 대출해 줄 것이라 말했다. 이처럼 JMC가 개인사업자인 경우 존스는 은행에 개인적 책임을 지게 되는데 회사가 자산을 매각하고도 대출금을 갚을 자금이 없다면 존스 자신의 돈으로 대출금을 갚아야 할 의무가 있다는 뜻이다. 은행은 대출 위험의 보상을 위해 월 4달러의 이자를 요구했다. 존스는 이 요구조항에 동의했고 2월 15일에 대출이 발생하였다. 따라서 2월 15일의 새로운 대차대조표는 다음과 같다.

JMC 대차대조표
(JMC Balance Sheet)
02/15/2010

자산 (Assets)		부채와 소유권지분 (Liabilities and Ownership Equity)	
유동자산 (Current assets):		유동부채 (Current liabilities):	
현금 (Cash)	$140	미지급세금 (Taxes payable)	$ 15
재고 (Inventory):		은행차입금 (Bank debt payable) ..	$ 50
완제품 (Finished goods)	$ 30	장기부채 (Long-term liabilities):	
원자재 (Raw materials)	$ 40		
		소유권지분 (Ownership Equity):	
유형자산		존스의 투자금 (Jones put in)	$150
(Property, plant and equipment)	$ 20	유보이익(Retained earnings)	$ 15
총계 (Total)	$230	총계 (Total)	$230

2월 말, 쥐덫 15개가 모두 팔렸다. 상점 주인과 존스는 쥐덫의 가격 인상에 이미 동의했기에 이제 존스는 쥐덫 하나당 6달러씩, 총 90달러를 받게 된다. 2월 28일, 상점 주인은 상점에 비치한 모든 쥐덫이 팔렸지만 현금이 부족한 나머지 3월 10일 전까지 JMC에 현금을 지불할 수 없다고 알렸다. 따라서 2월 28일에 존스는 새로운 대차대조표와 손익계산서를 작성하기를 원했다. 존스는 다음과 같이 기록해야 할 몇 가지 사항들이 있었다.

1. 아직 현금을 받지 못했지만 JMC는 상점에 미수금 상환을 청구할 수 있기에 JMC는 **매출(Sales)** 항목에 90달러를 기록하고 대차대조표의 자산 항목 아래 새로 **매출채권(Account receivable, 상점이 JMC에 지불해야 할 금액)** 계정을 설정하고 기록했다.

2. 완성된 쥐덫이 30달러에 판매되었으므로, **완제품(Finished goods)** 30달러

는 대차대조표에서 차감되어야 한다. JMC는 쥐덫 판매 이익을 아직 회수하지 못했지만 판매된 것으로 간주한다. 따라서 JMC는 재고 항목 아래 **완제품 (Finished goods)**에서 30달러를 차감하고 2월에 30달러의 **매출원가(Cost of goods sold, 줄여서 COGS 또는 CGS)**를 손익계산서에 기록했다.

3. 알베터가 열심히 일한 결과 또 다른 20달러의 원자재가 완제품으로 전환되었다. 그리고 예상대로 알베터는 60달러의 급여를 수령했다. JMC는 알베터의 급여 지급을 반영하기 위해 현금 항목에서 60달러를 차감하였다.

4. 알베터는 노동 시간의 3분의 1을 쥐덫을 만드는 데, 나머지 3분의 2를 장부 기록, 청소 등 그 외의 일을 하는 데 보냈다. 따라서 20달러(쥐덫 제조 시간 반영)가 재고 내 **완제품(Finished goods)**으로 기록되었다(2월에 판매된 쥐덫은 존스가 만들었고, 아직 알베터의 쥐덫은 판매되지 않았다). 그리고 나머지 40달러는 손익계산서에 기록되었다. 40달러는 쥐덫을 만드는 데 사용된 금액이 아니라 사업에 필요한 기타 비용으로 비용이 발생한 기간(2월)에 기록되어야 한다. 그리고 매출원가로 기록되지 않고 **판매관리비(Selling, General and Administrative Expense, 줄여서 SG&A)**로 별도로 기록된다.

다음 사항들을 유의해야 할 것이다.

- **매출원가(Cost of goods sold)**는 실제로 판매된 완제품에 든 비용이다.

- 완성되었지만 아직 판매되지 않은 제품에 든 비용은 **완제품(Finished goods)**으로 대차대조표에 기록된다. 제조원가(Cost of goods manufactured)는 지불되었지만, 실제로 제품이 판매되기 전까지 손익계산서에 **매출원가(Cost of goods sold)**로 기재되지 않는다.

- 알베터가 장부를 기록하고 청소 등의 기타 노동으로 벌어들인 급여 40달러는

쥐덫을 만드는 데 사용된 금액이 아니기 때문에 완제품 또는 매출원가에 추가되지 않는다. 오히려 판관비(SG&A)로 처리되어 비용이 발생한 시점에서 손익계산서에 기재된다. 판관비는 대차대조표에 거의 반영되지 않는다. 물론 예외들이 있지만 여기서 다루기엔 중요하지 않기 때문에 넘어가도록 하겠다.

그 외 추가할 항목들:

5. 은행 대출 기간 30일 중 15일이 경과했다.[1] 대출 기간의 절반이 경과했기 때문에, 은행은 이자의 절반을 벌어들였음을 추측할 수 있다. 하지만 실제로 이자가 은행에 지급되지 않았기 때문에 JMC는 **미지급이자(Interest Payable)**인 2달러를 새 부채로 기록했다. 또한 은행의 돈이 사업에 사용되었기 때문에 이자는 비용으로 간주되어야 한다. 따라서 **이자비용(Interest expense)** 2달러가 손익계산서에서 새 항목으로 기록되었다. 다시 말해서 이자는 실제로 아직 지급되지 않았지만 은행에서 벌어들인 것이므로 반드시 계산되어야 한다.

6. 2월 이익이 반영되어 **미지급세금(Taxes payable)**이 증가하였다.

따라서 2월의 손익계산서는 다음과 같다.

---

1 실제로 2월은 더 짧은 달이기 때문에 15일이 아직 지나지 않았지만 30일로 가정한다.

JMC 손익계산서
(JMC Statement of Income)
2/1/10 - 2/28/10

매출 (Sales) .... $ 90

비용 (Expenses):

매출원가 (Cost of goods sold)	$ 30	
판매관리비 (SG&A)	$ 40	
이자비용 (Interest)	$ 2	
	$ 72	$ 72

세전이익 (Profits before taxes) .... $ 18

50% 소득세 (Tax at 50 percent) .... $ 9

세후순이익 (Net Profit after taxes) .... $ 9

이 시점에서 존스는 회사에서 이익의 일부를 가져가기로 결정했고, 5달러의 배당금 지급을 선언해서 이익을 얻는다. 존스는 배당금 대신 5달러를 급여로 처리하고 이익을 챙길 수 있었다. 존스가 5달러를 급여로 받았다면 급여 5달러가 어떻게 사용되었는지에 따라 손익계산서의 판관비로 처리되거나 매출원가로 손익계산서에 표시되었을 것이다. 사실 5달러를 급여로 받는 게 존스에게 더 나았을지도 모른다. 왜냐하면 5달러가 **비용(Expenses)**으로 표시되면 더 많은 비용으로 인해 세전이익이 감소하기 때문에 납부할 세금이 감소한다. 그래도 부연 설명을 위해 존스가 배당금을 선언했다고 가정해 보자. 급여는 사업을 수행하고 이익을 얻는 과정에서 발생하는 비용인 반면, 배당금은 회사가 얻은 이익의 일부를 **회사의 재량에 따라** 주주들에게 지급하는 금액이다. 이 차이점을 유념해야 할 것이다. 두 가지 경우 모두 현금 항목에서 5달러가 차감되지만 나머지 회계 처리는 방식이 다르다. 존스는 배당금으로 5달러를 지급하기로 결정했기 때문에 대차대조표의 **현금(Cash)**계정에서 5달러를, 손익계산서의 **세후순이익(Net profit after tax)**에서 5달러를 각각 차감했다. 이로 인해 전체 이익에서 4달러만 유보이익으로 추가된다. 일단 **유보이익(Retained earnings)**은 회사가 얻은 모든 이익 중 배당금으로 지급되지 않은 이익이라고 정의한다. 나중에 이 책에서 의미를 좀 더 명확히 할 것이다. 이제 존스는 다음 부분을 손익계산서 맨 하단에 포함시킬 수 있다.

세후순이익 (Net profit after tax)	$	9
차감: 배당금 (Less: Dividend)	− $	5
유보이익 (Retained earnings)	= $	4

일부 회사들은 이러한 내용을 손익계산서 맨 하단에 표시하지 않고, 유보이익계산서(Statement of Retained Earnings)라는 별도의 계산서로 남겨 둔다.

2월 28일 기준 대차대조표는 다음과 같다.

JMC 대차대조표
(JMC Balance Sheet)
02/28/2010

자산 (Assets)	부채와 소유권지분 (Liabilities and Ownership Equity)
유동자산 (Current assets):	유동부채 (Current liabilities):
현금 (Cash) .... $ 75	미지급이자 (Interest payable) .... $ 2
매출채권 (Account receivable) .... $ 90	은행차입금 (Bank debt payable) .... $ 50
재고 (Inventory):	미지급세금 (Tax payable) .... $ 24
완제품 (Finished goods) .... $ 40	총유동부채 (Total current liabilities) $ 76
원자재 (Raw materials) .... $ 20	
총유동자산 (Total curent assets) $225	장기부채 (Long-term liabilities):
	소유권지분 (Ownership Equity):
유형자산	존스의 투자금 (Jones put in) $150
(Property, plant and equipment) ...... $ 20	유보이익 (Retained earnings) .... $ 19
	총부채 및 자기자본
총자산 (Total assets) $245	(Total liablities and equity) $245

완제품(Finished goods) 항목의 40달러는 약간의 혼동을 불러일으킬 수 있다. 이 40달러는 아직 팔리지 않고 JMC가 보유 중인 완제품을 만드는 데 사용된 금액이다. 완제품 원가 40달러는 알베터가 쥐덫을 만드는 데 사용한 원자재 매입원가 20달러와 알베터의 급여 20달러, 이 두 가지로 구성된다. 이전 대차대조표에서 존스는 급여를 아직 지불하지 않았기 때문에 **완제품**(Finished goods)은 원자재 매입원가만을 포함하고 있었다. 일반적으로 완제품의 원가는 제품을 만드는 데 기인하는 모든 원가들로 구성된다. 여기에는 인건비와 원자재 매입원가뿐만 아니라 기타 비용들도 모두 포함된다. 반면에 회사의 영업활동과 일상적인 운영에 필요한 임금이나 이자비용은 제품을 만드는 데 직접적으로 기인되지 않기 때문에 **완제품**(Finished goods)에 **포함되지 않는다. 간접비용**(overhead cost)이라고도 불리는 이러한 비용들은 대차대조표에 포함되지 않고 손익계산서에 판관비나 이자비용 또는 기타 적절한 항목들로 분류 기재된다.

여러분은 유동자산과 유동부채를 부분적으로 합산하는 규칙을 주목해야 할 것이다. 유동부채는 맨 위에, 만기일이 가장 늦게 도래하는 부채는 맨 아래에 두는 것도 관행이다. 마찬가지로 유동자산에서는 현금이 우선이고, 그다음 가장 쉽게 현금화할 수 있는 유동자산은 두 번째, 현금화하기 가장 어려운 유동자산은 맨 마지막에 표시된다.

그리고 대차대조표의 '균형', 즉, 대차대조표의 좌측(차변)과 우측(대변)의 합이 일치해야 한다는 점을 기억해야 한다. 실제 달러 액수(245달러)는 중요한 것이 아니다. 중요한 건 대차대조표의 좌측과 우측이 균형을 이뤄야 하는 것이다. 그렇지 않다면 어디선가 오류가 발생한 거라 볼 수 있다.

2장 소유권과 주식

OWNERSHIP AND STOCK

존스는 3월에 자신의 차고에 있던 사업장을 옮기기로 하고 토지를 매입해서 작은 공장을 짓기로 마음먹었다. 존스는 토지와 건물 그리고 공장에 들어가는 장비 매입에 500달러의 비용이 들 것으로 예상했다. 500달러는 JMC 같은 작은 회사에 많은 돈이었지만 존스는 공장이 수년간 운영될 것이며 부동산의 가치가 상승할 것을 알았기 때문에 계획대로 진행하기로 결정했다. 그러나 앞으로 원자재 구매와 급여 지급 그리고 은행 대출을 갚으려면 보유 현금 75달러만으로 부족했고 JMC는 더 많은 돈이 필요했다. 은행이 자산이 거의 없고 리스크가 높은 소규모 신규 사업에 500달러를 대출해 줄 가능성이 매우 희박했기 때문에 존스는 더 많은 자본금을 모으기로 결정했다. **자본금(equity money 또는 equity capital)**은 회사 소유권의 일부를 대가로 회사에 영구적으로 투입되는 돈이다. 따라서 회사에 투자된 자본금은 은행 대출처럼 갚아야 할 필요가 없다. 앞으로 우리가 보게 될 '자본(equity)'이라는 단어는 문맥상 여러 가지 의미를 갖게 된다.

존스는 더 이상 자신의 돈으로 위험을 감수하고 싶지 않아서 자신의 지인들에게 JMC 투자를 권유했다. 존스의 권유에 지인들은 왜 기꺼이 투자하려고 할까? 그 이유는 회사가 이익을 내면 투자자들은 배당금을 받을 수 있기 때문이다. 이익이 증가하면 배당금 또한 증가하기 때문에 투자자들은 초기 투자 자본금보다 더 많은 배당금을 원할 것이다. 그리고 이익과 배당금이 증가하면 소유권의 가치가 올라가기 때문에 주주들의 초기 투자금보다 주식을 더 높은 금액으로 매도할 수 있다.

존스에게 뜻밖의 기쁜 소식이 들려왔다. 존스의 지인들은 쥐덫 사업을 성공적으로 운영할 수 있다고 존스의 능력을 믿었고 그중 4명은 JMC에 각각 75달러씩 투자하기로 동의했다는 소식이었다. 존스는 그의 지인들이 총납입자본금 450 달러 중 3분의 2인 300달러를 투자하였으니 회사의 지분 3분의 2를 소유한다고 생각할까 봐 걱정이 들었다(지금까지 존스는 총 150달러를 JMC에 투자한 사실을 기억하자). 이에 존스는 다시 그린쉐이즈에게 도움을 청했다. 그린쉐이즈는 회사의 지분이 투자금의 액수에 비례할 필요는 없다고 지적했다. 새 주주들이 받을 지분은 기존 주주들(존스)과 신규 투자자들 간에 협상으로 결정된다. 만약 투자를 고려하는 사람들이 투자하려는 회사의 충분한 지분을 제공받지 못한다고 생각한다면 투자를 거부할 수 있다. 물론 존스는 최대한 많은 JMC의 지분을 유지하기를 원할 것이고, 마찬가지로 존스의 지인들도 투자 금액만큼의 지분을 원할 것이다. 하지만 존스가 쥐덫을 발명했고 앞으로 회사에 많은 시간을 쏟을 것(Sweat equity, '땀의 지분'이라고 함)이기 때문에 존스가 더 많은 지분을 가질 자격이 있다는 데 모두가 동의했다. 결국 존스가 회사 지분 60%를 유지하고 다른 4명의 투자자들은 각각 10%씩 지분을 받기로 합의했다.

다음으로 그린쉐이즈는 주식으로 회사의 소유권을 반영하는 법을 설명했다. 간단히 말해서 주식은 소유권을 나타낸다. 주식 1주는 회사 일부에 대한 권리를 주주에게 부여하는 종이 또는 전자 표기법이다. 이제까지 존스는 JMC 전체를 소유했다. 즉, 존스는 JMC의 모든 주식을 100% 보유하고 있었다. 존스는 회사 지분 100%에 1주, 지분 50%에 2주, 지분 10%로 10주씩 나누어 주식을 보유할 수 있지만 지분에는 아무런 변화가 없으며 존스는 원하는 만큼의 주식을 발행할 수 있었을 것이다. 이제 존스는 JMC의 지분 40%를 그의 지인들에게 제공하기로 동의했고 JMC 주식100주를 발행하기로 결정했다. 존스는 60주를 보유하고 나머지 4명의 투자자는 각각 주식 10주를 받게 될 것이다. 만약 JMC가 200주의 주식을 발행했다면, 존스는 120주, 그리고 나머지 투자자들은 20주씩 보유했을 것이다. 이처럼 주주들이 주식을 적정 지분에 따라 보유하는 이상 얼마나 많은 주식들을 보유하는지는 중요하지 않다.

마지막으로 그린쉐이즈는 네 명의 투자자들이 추가되면 JMC는 더 이상 **개인사업자(sole proprietorship)**가 아니며 **파트너십(partnership)** 또는 **주식회사(corporation)**로 전환될 필요가 있다고 설명했다. 주식회사는 회사 주주들과 별개로 구별되는 법인이다. 주식회사의 주요 이점은 유한책임(limited liability) 기능인데 이는 존스와 나머지 주주들 모두 회사의 부채에 대해 개인적인 책임을 지지 않음을 의미한다. 예를 들어 JMC가 개인사업자였을 때 사업이 실패하고 회사가 은행 대출 만기 전까지 부채를 갚을 수 없을 경우, 존스는 자비로 대출을 갚아야 한다. 마찬가지로 회사가 파트너십인 경우, 파트너들 모두에게 책임이 있다. 알베터가 회사에서 작업 도중 손이 부러졌다면 치료비를 명목으로 JMC에 소송을 제기할 수도 있다. 알베터가 소송에서 승소하고 JMC가 모든 자산을 매각한 후에도 합의금을 지불할 현금이 부족한 경우 존스와 나머지 주주들은 개인 자금으로 합의금을 지불해야 한다.

주식회사의 유한책임 기능은 은행이나 알베터가 존스와 나머지 주주들의 개인 재산으로부터 JMC의 부채를 회수할 수 없음을 의미한다. 존스와 나머지 주주들은 회사 자산을 매각하여 부채를 일부 상환할 수 있지만 부채에 대해서 개인 자산으로부터 져야 할 법적인 책임이 없는 것이다. 존스와 투자자들은 JMC를 **법인화(Incorporation)**시키는 것에 동의했다. 최근의 새로운 법 규정에 따르면 개인들도 **유한책임파트너십(Limited Liability Partnerships, LLPs)** 또는 **유한책임회사(Limited Liability Company, LLC)**를 설립할 수 있다. 유한책임회사는 주식회사의 유한책임과 동일한 기능을 누린다.

주식회사와 개인사업자, 파트너십을 구별하는 또 다른 요인은 소득의 과세 방식이다. 개인사업자의 경우 이익은 사업자의 총소득의 일부로 과세된다. 파트너십의 경우 각 파트너는 파트너십에서 분배되는 이익에 대해서만 세금을 납부한다. 얼마나 많은 세금을 납부해야 하는지는 각 파트너가 속한 소득계층(tax bracket)에 따라 부과된다.

주식회사의 이익에 대한 과세법은 다르다. 주식회사의 이익은 회사에 직접 과세된다. 주식회사의 주주는 회사(주식회사)로부터 실제로 받은 배당금에 대해서만 세금을 납부한다. 만약 회사가 특정 연도에 배당금을 지급하지 않으면 회사 주주들은 해당 연도에 발생한 회사의 이익에서 세금을 납부할 의무가 없다. 물론 회사 주주들이 자신의 회사 지분(주식)을 다른 사람에게 매각하고 이익이 발생한 경우 세금을 내야 한다. 이 경우 주식 보유 기간에 따라 납부 세액이 달라지는데 12개월 이상 보유한 주식의 투자수익을 **장기자본이득(long term capital gain)**이라고 하며 대부분의 투자자들의 일반 소득에 대한 과세율보다 낮은 세율로 과세된다.

대부분의 주에서 회사 설립은 존스가 한 것처럼 회사가 소재한 주무 장관(Secretary of State)에게 몇 가지 양식의 서류들을 제출하고 명목상의 수수료를 지불하는 것이 포함된다. 이제 회사명은 JMC, Inc.로 변경되었으며 그린쉐이즈는 존스와 다른 투자자들에게 다음 사항을 설명했다.

회사의 주식을 하나 이상 보유한 모든 사람들을 회사의 **주주(shareholder 또는 stockholder)**들이라고 한다. 주주는 회사의 **연차보고서(annual report)**를 수신하고, **주주총회(stockholders meeting)**에 참석하여 회사와 관련된 여러 문제들에 대해 투표할 권리가 있다. 주주는 자신이 보유한 주식만큼 의결권을 가진다. IBM(NYSE: IBM)이나 Amazon(NASDAQ: AMZN)과 같은 대형 회사들의 주식들은 매우 널리 보유되고 있기 때문에 개인투자자들의 경우 1~2% 이상 주식 보유가 불가능하며 이보다 훨씬 적게 주식을 보유한다. 예를 들어 IBM의 회사 소유권의 경우 총주식수 11억 5,900만 주(1,159,000,000주)로 소유권 지분이 할당되는데 한 개인이 IBM 주식 100주를 보유한다면, 0.00001% 이하의 IBM 지분을 보유하는 것이다.

1주당 의결권 1표가 부여되는 규정(One Vote per Share Rule 또는 One-share-one-vote rule)에 대해서 일부 예외들이 있다. 만약 회사가 클래스 A(Class A)와

클래스 B(Class B)라고 불리는 의결권이 서로 다른 주식들을 발행하는 경우, 두 종류의 주식 중 클래스 A는 1표의 의결권만 있는 반면 클래스 B는 10표의 의결권을 가진다. 이처럼 주식의 클래스별로 의결권이 다를 수 있지만 배당금에 대해서는 클래스를 불문하고 모두 동일한 권리를 갖는 게 원칙이다. 여기서 이야기하는 두 클래스의 주식들은 모두 보통주(common stock)를 말한다. 보통주는 우선주(preferred stock)와는 전혀 다른 주식이며 우선주는 12장에서 다룰 것이다. 이처럼 클래스별로 보통주를 발행한 회사를 가족이 소유한 경우(a family owned company)에서 종종 찾아볼 수 있는데 가족이 회사의 상당 지분을 다른 투자자들에게 매각하더라도, 회사에 대한 복수의결권을 유지하기를 원하기 때문이다.

대다수의 회사들은 매년 한 번씩 주주총회를 개최한다. 주주총회의 주된 목적은 이사를 선출하는 것이다. 주주들은 해당 회사 근무 여부 또는 회사 주주 여부에 관계없이 누군가를 이사회 구성원으로 지명할 수 있다. 그러나 사장과 회사의 임원 중 한 명 이상이 이사회에 포함되는 것이 일반적이다. 회사 임원이 아닌 이사를 '사외이사(outside director)' 또는 '독립이사(independent director)'라고 한다. 보통 이사회는 7~13명의 구성원으로 구성되며 이사회의 가장 중요한 기능은 사장 임명, 경영진의 성과 검토, 회사 전략 변경 승인, 배당금 선언, 인수 및 합병과 같은 기업 활동에 대한 결정 등이 포함된다. 나중에 다시 다루겠지만 이사회는 회사 자금 일부를 사용하여 자사주 매입을 결정할 수 있다.

만약 다수의 주주들이 회사 운영 방식에 불만이 있는 경우, 다음 총회에서 새로운 이사를 선출하여 원하는 경영진으로 대체할 수 있다. 물론 이를 위해서는 회사에 불만이 있는 주주들이 많아야 한다. 보통 이사회는 몇 년마다 한두 명만 바뀌고 매년 비슷하게 유지된다. 하지만 이사들 모두 정기적으로 재선임 절차를 거친다. 일부 회사들은 모든 이사들이 매년 재선임에 나서거나 선출된 이사가 3년 임기를 수행한다. 이러한 회사들은 이사회의 3분의 1 이상이 매년 재선임에 나서는데 이를 '시차이사회(staggered board)'라고 한다. 보통 이사의 연임 횟수에는 제한이 없다.

주주들은 주주총회가 개최되는 시기와 장소를 미리 통보받게 된다. 주주총회에 참석할 수 없는 사람들은 부재자 투표나 다름없는 대리투표(vote by proxy)가 허용된다. 금융권에서 흔히 들을 수 있는 **위임장대결(proxy fight)**이란 말은 회사에 불만이 있는 주주들로 구성된 그룹이 자신들의 이익을 보다 적절하게 대변해 줄 것이라고 생각하는 사람을 새로 이사로 선출하고자 하는 경우를 말한다. 실제로 대다수의 주주들이 주주총회에 참석하지 않기 때문에 반대 주주 세력은 회의에 불참하는 주주들에게 대리 투표를 하여 반대 주주 측 후보들을 지지하도록 시도한다. 물론 임기 중인 이사들은 주주들이 자신들을 지지하도록 노력할 것이다.

JMC의 경우 존스는 주식의 60%를 소유하고 있고 이사회의 60%를 지배하기 때문에 존스 자신을 사장으로 선출할 수 있다. **소유집중회사(Closely held company)**의 경우 주주총회가 비교적 간략할 수 있다. 특히 한 주주가 과반수(50% 이상)의 주식을 보유하고 있는 경우에는 더욱 그렇다.[1]

의결권 외에 JMC의 투자자들에게 중요한 것은 배당금이 선언될 때마다 **1주당 동일한 금액이 배당금으로 지급된다**는 것이다. 따라서 60주를 보유한 주주는 10주를 보유한 주주보다 6배의 배당금을 지급받게 된다. 10주를 보유한 주주는 5주를 보유한 주주보다 두 배의 배당금을 지급받게 된다. 주식을 최대한 많이 보유해야 하는 또 한 가지 이유는 회사가 해산되거나 청산되면(모든 자산이 매각되고 부채가 상환될 경우), 나머지 돈은 주식 보유율에 따라 주주들에게 분배되기 때문이다.

그린쉐이즈는 대부분의 회사들이 사용하는 방식으로 대차대조표상의 소유권지분을 다음과 같이 설정할 것을 제안했다.

---

1 역자의 해설: '소유집중회사(Closely held company)'는 소수의 주주들이 주식을 보유한 회사를 말하며 의결권이 소수의 주주들에게 집중되어 있다. 대한민국의 현행 상법이나 그 외 관련 자본시장법에서는 'Closely held company'와 'Widely held company'를 대체할 수 있는 용어들을 따로 정의해서 구분하고 있지 않다. 따라서 문맥상 'Closely held company'를 '소유집중회사' 또는 '소수지배 비상장기업', 'Widely held company'를 '소유분산회사', '다수지배 상장기업' 또는 '주식이 널리 보유된 상장기업'으로 해석해도 무방하다는 것이 역자의 의견이다.

소유권지분 (Ownership Equity)

납입자본 (Paid-in capital):

보통주 (주당 액면가 $1) $100
(승인주식 100주, 발행주식 100주,
유통주식 100주)
Common stock (at par value $1 per share)
(authorized 100 shares, issued 100 shares
and outstanding 100 shares)

추가납입자본 (Additional paid-in capital) $350

유보이익 (Retained earnings) .... $ 19

총소유권지분 (Total ownership equity) $469

납입자본(Paid-in capital), 그린쉐이즈는 납입자본은 주식을 대가로 회사에 투자한 돈을 의미한다고 설명했다. 존스를 포함한 5명의 투자자들이 투자한 총자본은 450달러이므로 **납입자본(Paid-in capital)** 항목은 총 450달러임을 의미한다.

액면가(Par value), 그린쉐이즈는 주식의 액면가는 각 주식에 임의로 할당된 달러 가치라고 설명했다. JMC의 경우, 각 주식에 할당된 액면가는 주당 1달러이다. 따라서 보통주의 금액은 100달러가 된다(액면가 1달러 × 유통주식수 100주 = 100달러).

추가납입자본(Additional paid-in capital)이란 투자자들이 지금까지 주식에 투자한 총금액(자본)에서 주식 액면가에 할당된 금액을 뺀 차이이다. 위의 항목들을 다음과 같은 공식으로 나타낼 수 있다.

납입자본(Paid-in capital) = 보통주 액면가(Common at par) + 추가납입자본 (Additional paid-in capital)

추가(additional)란 말은 납입자본금이 보통주에 할당된 액면가를 초과함을 의미한다. 추가납입자본을 계산하는 유일한 방법은 총납입자본에서 보통주 액면가를 뺀 금액이다. 추가납입자본은 **납입잉여(paid-in surplus), 자본잉여(capital surplus)** 또는 **액면가 초과 납입자본(capital paid-in above par)**이라고도 불린다. 모두 같은 의미의 용어들이지만 후자가 가장 정확한 설명이다. 여기서 **잉여(surplus)**라는 단어를 적절한 용어로 쓸 수 없는 이유는 회사에 현금이 남아 있다는 뜻으로 해석할 수 있기 때문이다. 물론 이 경우는 사실이 아니다. 만약 회사에 남은 현금이 있다면 토지를 구입하고 공장을 짓는 데 바로 사용될 것이기 때문이다. 보통주 액면가 계정과 추가납입자본 계정은 과거 어떤 시점에 주식을 대가로 일정 금액이 회사에 투자되었다는 사실을 반영하는 회계 기록일 뿐이다. 만약 회사에 현금이 있는 경우, 대차대조표 왼쪽에 위치한 현금 계정에 기록될 것이다. 대차대조표상의 보통주 액면가 계정과 추가납입자본 계정을 살펴보면 주식을 대가로 언제, 몇 번이나 현금이 지불되었는지 그리고 어떻게 현금이 쓰였는지 알 수 있는 방법이 없다.

유보이익(Retained earnings)은 회사의 영업활동(예: 쥐덫 제조와 판매)으로부터 얻은 이익에서 배당금을 차감한 금액이다.[2]

만약 액면가 2달러로 주식이 발행될 경우, 대차대조표상의 자기자본 부분은 다음과 같다.

---

2 역자의 해설: 'Retained Earnings'을 이익잉여금으로 부르는 경우를 자주 볼 수 있는데 유보이익과 이익잉여금을 번갈아 가며 사용해도 무방하다. 본문에서 저자는 '잉여(surplus)'라는 단어가 혼동을 유발할 수 있다고 언급했기 때문에 역자는 이 책의 통일성을 위해서 'Retained Earnings'을 유보이익으로 통칭하였다.

소유권지분 (Ownership Equity)

납입자본 (Paid-in capital):

보통주 (주당 액면가 $2) $200
(승인주식 100주, 발행주식 100주,
유통주식 100주)
Common stock (at par value $2 per share)
(authorized 100 shares, issued 100 shares
and outstanding 100 shares)

추가납입자본 (Additional paid-in capital) $250

유보이익 (Retained earnings) .... $ 19

총소유권지분 (Total ownership equity) $469

  '승인주식 100주(authorized 100 shares)'란 주주가 회사의 소유권을 최대 100주로 분할하는 것에 동의했음을 의미한다. JMC의 경우 실제로 소유권이 주식 100주로 분할되었기 때문에 주식 100주가 승인(authorized), 발행(issued) 및 유통(outstanding)된 것이다. 만약 회사 주주들이 향후 더 많은 주식을 발행(판매)하기를 원한다면, 먼저 투표를 통한 승인이나 회사 경영진이 더 많은 주식을 발행할 것을 허용해야 한다. 추가로 주식을 발행하는 것이 승인되면 회사는 향후 언제든지 주식의 발행 여부를 결정할 수 있다. **승인한다(to authorize)**는 말은 단순히 주식 발행에 대한 권한을 부여하는 것을 의미하며 주식을 실제로 판매한다는 뜻은 아니다.

  '발행주식 100주(issued 100 shares)'란 회사가 과거 어느 시점에 100주를 발행했음을 의미한다. 일반적으로 **발행(issued)**은 **매각(sold)**을 뜻하지만 회사가 자산 매입을 대가로 주식을 발행하거나 또는 직원들에게 주식 양도 목적으로 주식을 발행할 수도 있다. 주식이 발행되면 발행된 주식은 시장에서 거래가 가능하며 회사가 주식을 다시 매입하지 않는 이상 시장에 **유통(outstanding) 중인 상태**[3]로 유지된다. 회사가 주식의 일부를 다시 매입할 경우, 다시 취득한 주식들을 **금고주 (Treasury shares)**라 부른다. 금고주는 회사의 소유권을 나타내지 않으며 유통주식으로 간주되지 않는다. 금고주는 승인 및 발행 상태로 유지된다. 자사주 매입 결정은 이사회가 해야 하는 또 다른 일이다.

'유통주식 100주(Outstanding 100 shares)'는 JMC의 소유권이 현재 주식 100주로 분할되어 있음을 뜻한다. 만약 JMC가 자사주 10주를 매입하면 유통주식 수는 90주가 되고 JMC 소유권은 90주의 주식들로 나뉘게 된다. 그리고 보통주(Common stock) 계정에 "승인주식 100주, 발행주식 100주, 유통주식 90주 (Authorized 100 shares, issued 100 shares, outstanding 90 shares)"라고 표시된다. 유통주식수는 EPS(주당이익)를 계산할 때 투자 목적으로 널리 사용되는 제수(분모)이기 때문에 이 책에서 중점적으로 다룰 것이다.

JMC가 자사주를 매입하지 않고 승인, 발행 및 유통주식수가 여전히 100주이며 액면가가 주당 1달러라고 가정해 보자. 만약 주주들이 200주의 추가 주식발행을 승인했지만 JMC가 주당 6달러에 50주만 추가로 주식을 발행할 경우 어떻게 될지를 살펴보자. 이에 소유권지분은 다음과 같이 표시된다.

---

3 역자의 해설: 'outstanding'이란 단어는 '미지급'이란 뜻이다. 같은 영어 단어라도 문맥에 따라서 표현이 달라질 수 있다는 점을 독자 여러분이 반드시 이해해야 한다. 가령 예를 들어 회사가 발행한 채권에 대해 상환해야 할 금액이 2만 달러라고 할때 우리는 "채권의 미상환 금액 또는 미지급된 잔액(outstanding balance)이 2만 달러"라고 말한다. 이를 비슷한 문장으로 영어로 표현하면 "The outstanding balance of the bond's principal is $20,000"라고 이야기할 수 있다. 반면 유통주식(shares outstanding 또는 outstanding shares)이라는 말은 회사가 발행하여 등록 절차를 거친 모든 주식을 말하며, 현재 시장에서 거래되고 있는 주식은 물론, 기관이 보유한 주식과 내부자가 보유한 주식을 모두 포함한다. 채권과 마찬가지로 주식도 부채의 개념으로 독자 여러분이 접근하면 여러 맥락에서 'outstanding'이란 단어가 의미하는 바를 좀 더 쉽게 이해할 수 있을 것이다.

소유권지분 (Ownership Equity)

납입자본 (Paid-in capital):

보통주 (주당 액면가 $1) .... $ 150
(승인주식 300주, 발행주식 150주,
유통주식 150주)
Common stock (at par value $1 per share)
(authorized 300 shares, issued 150 shares
and outstanding 150 shares)

추가납입자본 (Additional paid-in capital) .... $ 600

유보이익 (Retained earnings) .... $ 19

총소유권지분 (Total ownership equity) .... $ 769

1장 34페이지의 대차대조표의 소유권지분과 비교했을 때, **승인주식(authorized shares), 발행주식(issued shares), 유통주식(outstanding shares)**이 모두 증가했고 **보통주(Common Stock)**와 **추가납입자본금(Additional-Paid-in Capital)**이 증가하였음을 알 수 있다.

회사가 더 많은 주식을 발행하고자 할 때 다음 연례 주주총회에서 주주들에게 승인을 요청하거나 회사가 주식의 추가 발행이 필요한 긴급한 상황에 마주할 경우 특별 주주총회를 소집할 수 있다. 물론 주주들이 추가 발행을 승인하지 않기로 투표로 결정할 경우 회사는 주식을 추가로 발행할 수 없다.

정의 (Definitions)

- **납입자본(Paid-in capital)** – 주주가 주식을 대가로 회사에 지불한 총금액이다. 납입자본은 **보통주 액면가(Common stock at par value)**와 **추가납입자본금(Additional paid-in capital)**의 합으로 구성된다. 회사가 추가로 주식을 발행하지 않는 이상 총납입자본금은 거의 변하지 않는다.

- **액면가(Par value)** – 회사가 임의로 정한 1주당 주식 가치를 말하며, 납입자본의 구성 요소 중 하나로 구별된다. 일부 회사는 **액면가(par value)** 대신 **공시가(stated value)**를 사용하는데 사실상 큰 의미 차이는 없다.

- **추가납입자본(Additional paid-in capital)** – 추가납입자본은 납입자본에서 보통주의 액면가를 빼서 계산할 수 있다.

- **유보이익(Retained earnings)** – 유보이익은 회사 설립 이후 지금까지 매년 발생한 총이익에서 지금까지 발생한 총손실과 그동안 지급한 총배당금을 차감한 금액을 말하며 **이익잉여금(earned surplus)** 또는 **유보수익(retained profits)**이라고 한다. 다시 말하지만 **잉여(surplus)**라는 단어의 사용은 회사에 현금이 남아 있다고 해석될 수 있으므로 바람직하지 않다. 오래전에 현금이 이미 사용되었을 것이기 때문이다.

'보통주 액면가(Common stock at par)'와 '추가납입자본(Additional paid-in capital)' 계정들은 각 주식에 대해 얼마의 금액이 지불되었는지 또는 주식이 매각된 시기를 알려 주지 않으며 회사가 지금까지 주식을 발행하여 받은 총금액만 알 수 있다. 대부분의 회사들은 한 번 이상 신주(new shares)를 발행했으며 주식을 발행할 때마다 매번 가격이 달라진다.[4]

---

4 역자의 해설: 회사가 자금 조달(증자)을 위해 새로 발행하는 주식을 '신주(new shares or primary shares)', 이미 발행되어 있는 주식을 '구주(old shares, existing shares or secondary shares)'라고 한다. 본문에서 이야기한 것처럼 5장에서 신주와 구주의 차이점을 다루게 될 것이다.

(1) 회사가 **신주를 판매하는 것(신주발행)**과 (2) 이미 주식을 소유한 개인이 다른 개인에게 주식을 매도하는 것(구주매출)을 혼동하지 말자. 5장에서 이 차이점을 다루게 될 것이다. 당분간 우리는 회사가 현금을 대가로 새로 발행한 주식을 누군가에게 매각하고 회사에 들어오는 돈을 어떻게 처리해야 하는지에만 관심이 있다.

리뷰: 자본과 현금은 동일하지 않다
(REVIEW: Equity is not the same as cash)

JMC가 새로 주식을 발행으로 조달한 300달러와 존스가 투자한 150달러는 **자본금(equity money 또는 equity capital)** 또는 그냥 **자본(equity)**이라고 불린다. 현금이 자본으로 JMC에 투자되었고 결국 현금의 일부 또는 전부가 새 공장 및 장비, 더 많은 재고, 또는 그 외 다른 곳에 사용될 것이다. 현금이 사용되면 대차대조표의 현금 계정은 감소하지만, 보통주 액면가 계정과 추가납입자본 계정은 바뀌지 않는다. 이 두 자본 계정들은 단지 과거에 일정 금액의 돈이 주식으로 회사에 투자되었다는 사실을 나타낸다.

자본은 영구적이다. 만약 25달러의 현금이 재고의 매입에 사용되면, 자본은 재고의 형태가 될 것이며 대차대조표의 현금 계정은 25달러가 감소하고 재고 계정은 25달러가 증가하지만 자본 계정은 변하지 않을 것이다. 재고가 판매되면 자본은 다시 현금의 형태로 전환될 것이고 현금 계정은 매번 현금 거래가 있을 때마다 증감을 반복할 것이다. 다만 자본 계정들인 보통주 액면가와 추가납입자본은 회사가 새로 주식을 발행할 때만 증가하고, 아주 특별한 경우를 제외하고는 감소할 가능성이 낮다.

3장 기업의 성장에 따른 차입

BORROWING MONEY AS THE COMPANY GROWS

JMC는 현재 필요한 500달러 중 300달러의 자금을 조달했다. 자본을 확충(300 달러의 새로운 자기자본을 회사에 영구적으로 투자함)하였으니 이제 부채를 통해 추가로 200달러를 모을 수 있다. 자본과 부채의 차이에 유의해야 한다. 자본은 주식(소유권)과 교환되어 회사에 영구적으로 투자되는 돈이다. 설사 주주가 (1) 향후 배당금으로 더 많이 돌려받거나 (2) 자본(주식)의 가치가 증가하면 투자금보다 높은 금액으로 주식을 타인에게 매도할 수 있다는 생각에 투자를 했더라도 투자한 자본이 자체적으로 회수되지는 않을 것이다.

빌린 돈(부채)은 지정된 기한 내 정확한 금액과 이자로 상환되어야 한다. 따라서 회사에 돈을 빌려주는 사람(채권자)은 소유권을 가지지 못한다는 단점이 있지만, 대신 고정된 기간과 계약상 권리를 통하여 이자와 원금을 모두 돌려받을 수 있는 이점이 있다. 채권자는 또한 '채권 우선순위(priority of claims)'라는 권리가 있다. 즉, 회사의 자산이 청산(liquidation)되는 경우(예: 파산 절차), 채권자는 자산의 매각으로 나온 현금에 대해 우선적으로 청구할 권리를 가진다. 이에 대해서는 이후 장에서 더 자세히 다룰 것이다.

200달러는 JMC가 올해 벌어들일 것으로 예상하는 이익보다 많기 때문에 단기간(1년 이내에 상환) 200달러를 빌리는 것은 의미가 없다. 게다가 부채로 건설될 공장은 앞으로 수년 동안 가동될 것이므로 장기간에 걸쳐서 부채를 상환하지 못할 이유가 없다. 따라서 JMC는 대출회사에 가서 5년 상환 기간의 **텀론(Term**

Loan)을 요청했다.[1]

대출회사는 JMC에 대출을 검토할 것이라 말했다. 대출회사는 JMC의 장부(재무제표)를 검토하고 JMC의 쥐뎃과 잠재적인 시장 기회를 연구하도록 대출 담당자들 중 한 명을 배정했다. 대출회사는 대출에 리스크가 있지만 다음과 같은 대출 요건들에 따라 JMC에 200달러를 대출해 주기로 결정했다.

1. JMC는 4년 동안 연간 30달러씩 대출을 갚고 나머지 80달러를 5년째가 되는 연도 말에 갚아야 한다. 원금지급(Principal Payment)은 매년 12월 31일에 이루어져야 한다.

2. JMC는 미지급액(outstanding balance)에 대해서 연간 8%의 이자를 6월 30일과 12월 31일에 반기(semi-annual)마다 4%의 이자로 지불해야 한다.[2]

3. JMC가 한 번 이상 이자를 제때 지급하지 못하거나 원금을 제대로 상환하지 못할 경우, 대출회사는 JMC가 채무불이행, 즉 '디폴트(in default)'임을 선언하고 전체 대출금을 즉시 상환하도록 요구할 수 있다. 즉, 이자지급과 원금상환에 필요한 자금을 모으기 위해 JMC의 자산을 압류하고 청산(공장을 비롯한 모든 자산, 장비와 재고를 매각)할 수 있다. 회사의 자산을 매각하여 모은 자금이 대출회사의 채권과 다른 채권자들의 채권을 상환하기에 부족한

---

1 텀론은 일반적으로 3~7년 기간의 대출을 말한다. 회사가 그 이상의 기간으로 돈을 차입하는 경우 채권을 발행하는 경우가 많다. 나중에 이 부분에 대해서 상세히 다룰 것이다.

2 이자의 지급 방식이 어떻게 작동하는지 이해하기 위해서 대출이 1월 1일에 이루어졌다고 가정해 보자. 회사가 첫해의 6월 30일에 지급해야 하는 첫 이자는 8달러이다. 이 금액은 해당 기간 동안 대출의 미지급액인 200달러의 4%이다. 마찬가지로 12월 31일에 지급되는 두 번째 이자도 해당 기간 동안 200달러 전체가 미지급(outstanding) 상태였기 때문에 8달러가 된다. 그러나 12월 31일에 30달러의 대출금이 상환될 것이며 170달러의 '미지급액(outstanding balance)'을 남기게 된다. 이에 따라 두 번째 해의 6월 30일과 12월 31일에 지급해야 하는 세 번째 및 네 번째 이자금액은 6.80달러이며 이는 170달러의 4%이다. 마찬가지로, 세 번째 해에 반기마다 지급되는 이자금액은 5.60달러가 되고 나머지 이자도 같은 방식으로 계산된다.

경우, 대출회사는 JMC가 조달할 수 있는 현금으로 가장 우선적으로 상환받기를 원할 것이다.

JMC는 처음 두 가지 요구 사항들에 대해 이의를 제기하지 않았다. 회사는 **감채기금(sinking fund)**이라고 하는 연간 30달러의 상환금 요구 사항을 어려움 없이 충족시킬 수 있다고 믿었고, 5년이 지나면 80달러의 큰 금액을 상환할 수 있다고 확신했다. 만기에 상환하는 큰 금액을 **만기일시상환금 또는 벌룬(balloon)**이라고 한다. 30달러의 감채기금과 만기 80달러 벌룬은 이자와는 별도로 **원금의 상환(return of principal)**에 해당한다. 금융 용어로 JMC는 첫해부터 연 30달러의 싱커(sinker)를 요구하는 대출규정에 따라 200달러의 대출금을 빌린 것이다.[3]

세 번째 조항에서 JMC는 은행에 이미 자산에 대한 청구권을 약속했기 때문에 JMC의 청산 시 대출회사가 JMC의 자산에 대한 첫 번째 또는 선임 청구를 허용할 수 없다고 말했다. 은행 대출금은 일주일 이내에 상환될 예정이었지만 존스는 매월 현금 문제가 다시 발생할 수 있음을 알고 있었다. 즉, JMC가 판매한 쥐덫에 대해 다음 달 말일에서 10일 혹은 그 이후 돈을 못 받더라도, JMC는 계속해서 원자재를 구매하고 월급을 지급해야 한다. 다시 말해, 존스는 JMC가 대량의 매출채권(account receivable)을 보유하고 있는 동안 월말에 필요한 현금 지출(비용 지불) 때문에 은행 대출이 필요하다는 것을 알고 있었다. 월 스트리트에서 사용하는 용어로 JMC가 **매출채권을 담보로 한 대출(financing receivables)**이 필요하다고 말한다.

대출회사는 JMC를 비롯한 다수의 대출 고객들이 비슷한 어려움을 겪고 있기 때문에 JMC의 상황을 이해하고 세 번째 조항을 포기했다. 그리고 대출이 승인되었다.

---

3 여기서 '싱커(sinker)'란 채권발행이나 은행대출을 통해 빌린 돈의 일부를 일정 기간 동안 분할 상환을 요구하는 조항을 말한다.

정의 (Definitions)

- **단기부채(Short-term debt)** - 공급업체, 금융기관, 개인 등 대상 여부에 관계없이 1년 이내에 반드시 상환해야 하는 대출. 그러나 대차대조표상에서, 종종 은행의 단기차입금을 의미한다.

- **장기부채(Long-term loan)** - 1년 후 상환될 대출은 장기부채로 간주된다.

- **텀론(Term loan)** - 텀론은 일반적으로 3~7년 기간이므로 장기 대출이다. 종종 텀론은 감채기금요건(sinking fund requirement)과 만기일시상환(balloon payment) 조항이 포함될 수 있다.

- **감채기금(sinking fund)** - 감채기금은 장기부채의 분할 또는 부분 상환금으로 매년, 반기(semi-annual) 또는 대출이 일어난 시점에서 채권자와 채무자가 동의한 방식에 따라 상환할 수 있다. 감채기금(또는 연간 'sinker')은 원금의 상환을 말한다.

- **만기일시상환 또는 벌룬(balloon)** - 장기부채의 상환을 완료하기 위해 많은 금액을 상환하는 것을 만기일시상환 또는 벌룬페이먼트(balloon payment)라고 한다. 부채에 감채기금조항이 없는 경우, 대출 만기일의 벌룬은 대출의 전체 원금과 동일할 수 있다. 종종 전체 부채의 원금이 균등하게 분할되어 감채기금이 상환되고 만기일에 벌룬이 없는 경우도 있다.

3월 1일, 대출이 완료되고 4명의 신규 투자자들에게 주식이 매각되었다. 이에 새 대차대조표는 다음과 같이 나타난다.

JMC 대차대조표
(JMC Balance Sheet)
03/01/2010

자산 (Assets)		부채와 자기자본 (Liabilities and Stockholders Equity)	
유동자산 (Current assets):		**유동부채 (Current liabilities):**	
현금 (Cash)	$575	미지급이자 (Interest payable)	$ 2
매출채권 (Account receivable)	$ 90	단기은행부채 (Short-term bank debt)	$ 50
재고 (Inventory):		미지급세금 (Tax payable)	$ 24
완제품 (Finished goods)	$ 40	총유동부채 (Total current liabilities)	$ 76
원자재 (Raw materials)	$ 20	장기부채 (Long-term liabilities):	
총유동자산 (Total curent assets)	$725	8% 텀론 (8% term loan)	$200
		자기자본 (Ownership Equity):	
유형자산 (Property, plant and equipment):		납입자본 (Paid-in capital)	
장비 (Equipment)	$ 20	보통주 (액면가 $1)	
		(승인 100주, 발행 및 유통 100주)	$100
		Common stock (par value $1) (auth. 100 shares, issued & out. 100 shares)	
		추가납입자본 (Additional paid-in cap.)	$350
		유보이익 (Retained earnings)	$ 19
		자기자본 (Total stockholders equity)	$469
총자산 (Total assets)	$745	총부채및자기자본 (Total liab. and equity)	$745

이제 대차대조표의 우변을 '**부채 및 자기자본(Liabilities and Stockholders' Equity)**' 이라고 부른다. 우리는 이전 대차대조표에서 '소유권지분(Ownership equity)'이 라는 용어를 사용했다. 주주들이 곧 회사의 소유주들이고 자기자본과 소유권지분 모두 동일한 의미를 지니고 있기 때문에 둘 중 어느 용어를 사용해도 무방하다.

확대 대차대조표 도출 (DERIVING AN EXPANDED BALANCE SHEET)

3월에도 JMC는 쥐덫을 계속해서 만들고 판매했다. 다음 3월에 발생한 이벤트 리스트에서 3월 손익계산서와 3월 31일 시점의 새로운 대차대조표를 도출할 수 있다. 만약 독자가 다음 두 페이지의 회계 처리를 이해하는 데 어려움이 있다면 그냥 계속해서 읽기를 권한다. 내용 연결을 위해 모든 절차를 반드시 따를 필요는 없다.

3월 한 달 동안 다음과 같은 사건이 발생했다.

1. JMC는 80달러의 원자재를 벌목장에서 구입했다. JMC는 여유 현금으로 80달러를 지불할 수 있었지만, 새 토지와 공장에 얼마나 많은 현금이 필요할지 아직 불확실했기 때문에 당분간 80달러 지불을 연기할 수 있는지 벌목장에 요청했다. 벌목장은 이제 JMC가 좋은 거래처가 되었기 때문에 외상(credit)을 한 달 동안 연장하는 데 동의했다. 따라서 JMC는 현금에서 80달러를 차감하는 대신 80달러에 대해서 유동부채 아래 매입채무(accounts payable)라는 새 계정을 설정했다.

2. 60달러의 원자재는 완제품으로 전환되었으며, 이 중 3분의 2가 판매되었다.

3. 월말에 10달러 상당의 원자재가 쥐덫 제조에 부분적으로 쓰였지만 쥐덫이 아직 완성되지 않았다. 더 이상 원자재라고 할 수 없고 아직 완제품이 아니기 때문에 재공품(WIP, work in progress)이라는 새로운 재고 계정이 생겼다.

4. 상점은 2월 매출로 JMC에 90달러를 지불했다.

5. JMC는 3월 1일에 완제품에 있던 쥐덫을 모두 판매했다. 또한 JMC는 알베터가 3월에 만든 추가 쥐덫 몇 개를 판매했다. 모든 쥐덫들은 총 200달러에 상점에 판매되었다. 여느 때처럼, 상점은 매월 말일에서 10일째 되는 날,

JMC에 200달러를 지불하겠다고 말했다.

6. 알베터가 받은 120달러의 임금 중 80달러는 쥐덫을 만드는 데 소요되었고 나머지 40달러는 쥐덫 판매를 고려하고 있는 새로운 두 상점들과 이야기한 시간에 해당한다. 따라서 40달러는 판매관리비 또는 줄여서 판관비(Selling, general and administrative cost, SG&A)로 간주된다. 쥐덫 제조에 기인한 알베터의 임금 80달러 중 60달러는 3월에 제조 및 판매된 쥐덫에, 15달러는 완성되었지만 아직 판매되지 않은 쥐덫에, 그리고 5달러는 월말에 아직 미완성인 쥐덫을 만드는 데 소요된 시간에 해당한다.

7. 공장을 지을 부동산을 100달러에 매입하였지만, 공장은 아직 건설되지 않았다.

다음 페이지의 회계 처리 참조

3월 31일자 재무제표를 작성하기 위해 다음과 같은 계산이 이루어졌다.

3/1/10 기준 현금 (*Cash* as of 3/1/10) $575
추가: 상점에서 받은 돈 (Add: Received from store) .... $ 90

소계 (Subtotal) $665
차감: 알베터에게 지급 (Less: Paid to Mr. Arbetter) $120
차감: 토지매입 (Less: Property purchase) $100
차감: 은행대출 납부 (Less: Bank loan paid back) .... $ 50
차감: 대출이자 납부 (Less: Interest on loan) .... $ 4
3/31/10 기준 총현금 (Total cash as of 3/31/10) $391

3/1/10 기준 매출채권 (*Account receivable* as of 3/1/10) .... $ 90
차감: 상점의 2월 매출, 3월에 JMC 에 현금으로 지급
    (Less: Feb's sales to store, for which cash was paid to JMC during March) .... $ 90
소계 (Subtotal) .... $ 0
추가: 상점의 3월 매출, 4월에 JMC 에 현금으로 지급
    (Add: March sales to store, for which cash would be paid to JMC in April) $200
3/31/10 기준 총계 (Total as of 3/31/10) $200

재고: 3/1/10 기준 완제품 (*Inventory:Finished goods* as of 3/1/10) .... $ 40
차감: 3/1/10 기준으로 모든 완제품이 판매됨
    (Less: All finished goods as of 3/1/10 were sold during the month) .... $ 40
소계 (Subtotal) .... $ 0
추가: 원자재에서 전환되었으나 아직 팔리지 않은 완제품
    (Add: Raw material converted but not yet sold) .... $ 20
추가: 쥐덫을 만드는 데 기인한 알베터의 임금
    (Add: Arbetter's wages attributable to traps) .... $ 15
3/31/10 기준 총계 (Total as of 3/31/10) .... $ 35

재고: 3/1/10 기준 재공품 (*Inventory:Work in progress* as of 3/1/10) .... $ 0
추가: 원자재에서 전환되었으나 아직 완성되지 않은 재공품
    (Add: Raw material converted but not yet sold) .... $ 10
추가: 재공품에 기인한 알베터의 임금
    (Add: Labor on raw material used in not yet completed traps) .... $ 5
3/31/10 기준 총계 (Total as of 3/31/10) .... $ 15

재고: 3/1/10 기준 원자재 (Inventory: Raw material as of 3/1/10) .... $ 20

추가: 새 원자재 매입 (Add: New purchases) .... $ 80

소계 (Subtotal) $100

차감: 완제품으로 전환된 금액 (Less: Amount converted to finished goods) .... $ 60

차감: 재공품으로 전환된 금액 (Less: Amount converted to WIP) .... $ 10

3/31/10 기준 총계 (Total as of 3/31/10) .... $ 30

3/1/10 기준 고정자산 (Property, plant and equipment as of 3/1/10) .... $ 20

추가: 토지 매입 (Add: Purchases of property) $100

3/31/10 기준 총계 (Total as of 3/31/10) $120

3/1/10 기준 미지급이자[a] (Interest payable as of 3/1/10) .... $ 2

차감: 3/15/10 만기에 다른 이자 2달러와 함께 지급되었음

(Less: This was paid when due on 3/15/10 along with the other $2 of interest) .... $ 2

3/31/10 기준 총계 (Total as of 3/31/10) .... $ 0

3/1/10 기준 단기부채 (short-term debt as of 3/1/10) .... $ 50

차감: 3/15/10 만기에 지급되었음

(Less: This was paid when due on 3/15/10) .... $ 50

3/31/10 기준 총계 (Total as of 3/31/10) .... $ 0

3/1/10 기준 미지급세금 (Tax payable as of 3/1/10) .... $ 24

추가: 3월 이익에 대한 소득세 (Add: Expected tax on income for March) .... $ 9

3/31/10 기준 총계 (Total as of 3/31/10) .... $ 33

3/1/10 기준 매입채무 (Accounts payable as of 3/1/10) .... $ 0

추가: 원자재 외상 (Add: Credit extended to JMC for raw material) .... $ 80

3/31/10 기준 총계 (Total as of 3/31/10) .... $ 80

3/1/10 기준 유보이익 (Retained earnings as of 3/1/10) .... $ 19

추가: 3월 이익 (Add: Profit for March) .... $ 9

소계 (Subtotal) .... $ 28

차감: 배당금지급 (Less: Dividends paid) .... $ 0

3/31/10 기준 총계 (Total as of 3/31/10) .... $ 28

[a] 계산을 단순히 하기 위해 200달러 텀론에 대한 미지급이자를 생략하였다.

3월의 **매출원가(Cost of goods sold)**는 다음과 같이 계산된다.

3월 1일 완제품에서 이전 (Transferred from March 1 finished goods) .. $ 40
원자재에서 전환 (Transferred from raw materials[b]) .... $ 40
알베터의 임금에서 이전 (Transferred from Arbetter's wages[b]) .... $ 60
$140

---

[b] 실제로 위의 두 수치가 완제품에 추가된 후 제품이 판매될 때 완제품에서 차감되고 매출원가(Cost of Goods Sold)로 전환된다. 우리는 계산을 간략히 하기 위해 이 과정을 생략했다.

이러한 계산들을 토대로 작성된 3월 31일 손익계산서와 대차대조표는 다음과 같다.

JMC 손익계산서
03/01/10 -03/31/10

매출 (Sales) $200
비용 (Expenses):
　매출원가 (Cost of goods sold) $140
　판관비 (SG&A) .... $ 40
　이자비용 (Interest Expense[c]) .... $ 2
　　　　　　　　　　　　　　　　　　　　$182　$182
세전이익 (Profit before tax) .... $ 18
소득세비용 (Income tax expense) .... $ 9
세후순이익 (Net profit after tax) ....,................ $ 9

[c] 3월에 지급된 전체이자 4달러 중 2달러만 비용으로 처리되었다. 나머지 2달러는 이미 2월에 비용으로 '지출(expensed)'된 것으로 처리되었기 때문이다. 다시 말하지만, 우리는 계산을 간략히 하기 위해 200달러의 텀론 이자를 생략하였다.

JMC 대차대조표
(JMC Balance Sheet)
03/31/2010

자산 (Assets)		부채와 자기자본 (Liabilities and Stockholders Equity)	
유동자산 (Current assets):		유동부채 (Current liabilities):	
현금 (Cash)	$391	매입채무 (Accounts payable)	$ 80
매출채권 (Account receivable)	$200	미지급세금 (Tax payable)	$ 33
재고 (Inventory):		총유동부채 (Total current liabilities)	$113
완제품 (Finished goods)	$ 35		
재공품 (Work in progress)	$ 15	장기부채 (Long-term liabilities):	
원자재 (Raw materials)	$ 30	8% 텀론 (8% term loan)	$200
총유동자산 (Total curent assets)	$671		
		자기자본 (Stockholders Equity):	
		납입자본 (Paid-in capital)	
		보통주 (액면가 $1)	
유형자산 (Property, plant and equipment):		(승인 100주, 발행 및 유통 100주)	$100
부동산 (Property)	$100	Common stock (par value $1) (auth. 100 shares, issued and out. 100 shares)	
장비 (Equipment)	$ 20	추가납입자본 (Additional paid-in cap.)	$350
		유보이익 (Retained earnings)	$ 28
		자기자본 (Total stockholders equity)	$478
총자산 (Total assets)	$791	총부채및자기자본 (Total liab. and equity)	$791

다시 말하지만, 독자는 위의 계산을 전부 따라야 할 필요는 없다. 재무제표의 항목들이 어떻게 발생했는지 대차대조표 또는 손익계산서의 어디에 속하는지에 대한 이해를 하는 것으로 충분하다.

지금까지 다룬 자료들에 대한 정확한 이해를 위해 1월 1일부터 3월 31일까지의 기간 동안 손익계산서를 도출하는 것은 흥미롭고 유익한 연습이 될 것이다. 그리고 손익계산서를 올바르게 도출했는지 쉽게 알 수 있는 증거는 1월, 2월, 3

월 손익계산서의 순이익(배당지급액 5달러 제외)과 소득세 비용이 2012년 3월 31일 기준, 대차대조표상의 유보이익과 미지급세금 계정이 동일한지 여부를 확인하는 것이다.

연말로 넘어가기 (JUMPING AHEAD TO THE YEAR END)

JMC는 연말까지 사업이 잘되었다. 제1공장으로 지정된 새 공장은 6월 완공 후 9월에 확장되었으며, 쥐덫을 만드는 기계 몇 대가 설치되었다. 공장 확장과 기계의 매입에 필요한 자금은 (1) 영업이익, (2) 또 다른 텀론 대출, (3) JMC가 일부 벤처캐피털 투자자들에게 판매한 신주, 이 세 가지 현금 출처에서 조달되었다.

12월 31일, JMC의 재무제표는 다음 페이지와 같이 나타났다. 정확성과 사실성을 위해 재무제표상의 숫자들이 확대 및 수정되었다. 숫자 변경 외 변경된 다음 사항들에 유의해야 한다.

1. 회사는 현재 필요한 현금보다 더 많은 현금을 축적했다. 존스는 현금을 은행에 맡기지 않고 **미국 정부가 발행한 재무부 단기국채(U.S Government Treasury Bills)**를 매수하기로 결정했다. **재무부 단기국채(Treasury Bills)**는 이자를 수익으로 지급하고 JMC의 은행이나 브로커를 통해 언제든지 현금화할 수 있다. 따라서 대차대조표에 **미국 국채(U.S. Government Securities)**라는 새로운 유동자산이 표시된다. 정부 발행 주식이나 국채 외에도 안전하고 쉽게 현금으로 전환할 수 있는 투자 방법들이 있으며 국채보다 더 높은 이자 수익을 기대할 수 있다. 예를 들어, JMC는 급여비용(payroll expenses) 같은 채무를 충당하기 위해 단기간 동안 돈을 빌려야 하는 경우, 일부 회사들이 발행한 **기업어음(commercial paper)**을 투자할 수 있다. 따라서 국채 대신 **유가증권(marketable security)**을 대차대조표에서 자주 볼 수 있다. 유가증권은 매일 주가가 변동하고 아무런 준비 없이 단기간에 매도가 어려울

수 있는 보통주를 말하는 것이 아니다. 문맥상 유가증권은 미국 국채나 현금과 유사하며 '안전'하고 신속하게 현금화시킬 수 있는 증권을 의미한다.

2. **유형자산(Property, plant and equipment)** 계정이 크게 증가했다.

3. 회사는 다시 한번 단기 부채 조달을 위해 은행에 갔다. 이번에는 부채의 총 원금은 16,000달러였고, 그중 10,000달러는 이미 상환되었다.

4. **미지급세금(taxes payable)** 계정은 해당 연도의 전체 세액보다 적다는 것을 알아야 한다. JMC는 법인이기 때문에 분기별로 세금을 계산하고 납부했기 때문이다. 따라서 이전 분기의 모든 세금이 납부되었으므로 지난 3개월 동안의 예상 세액 항목만이 대차대조표에 남아 있다. 2011년 초에 2010년의 최종 세금고지서(tax bill)가 발급되면, 납부해야 할 세액은 발급된 고지서에 따라 수정될 것이다.

다음 페이지의 회계 처리 참조

JMC 대차대조표
(JMC Balance Sheet)
12/31/2010

<table>
<tr><td colspan="2">

자산 (Assets)

</td><td colspan="2">

부채와 자기자본
(Liabilities and Stockholders Equity)

</td></tr>
<tr><td colspan="2">

유동자산 (Current assets):

</td><td colspan="2">

유동부채 (Current liabilities):

</td></tr>
<tr><td>현금 (Cash) ....</td><td>$5,000</td><td>매입채무 (Accounts payable) ....</td><td>$10,000</td></tr>
<tr><td>미국국채 (U.S. Govt. Securities)</td><td>$25,000</td><td>단기부채 (Short-term debt) ....</td><td>$6,000</td></tr>
<tr><td>매출채권 (Account receivable) ..</td><td>$10,000</td><td>미지급세금 (Tax payable) ....</td><td>$2,000</td></tr>
<tr><td>재고 (Inventory):</td><td></td><td>1년만기 감채기금 (sinking-fund pmt.</td><td></td></tr>
<tr><td>완제품 (Finished goods) ....</td><td>$20,000</td><td>on LT. debt due within one year) ....</td><td>$2,000</td></tr>
<tr><td>재공품 (Work in progress) .....</td><td>$5,000</td><td>총유동부채 (Total current liabilities) ......</td><td>$20,000</td></tr>
<tr><td>원자재 (Raw materials) ....</td><td>$15,000</td><td></td><td></td></tr>
<tr><td>총유동자산 (Total curent assets) ..</td><td>$80,000</td><td>

총자본 (Capitalization):

</td><td></td></tr>
<tr><td></td><td></td><td>장기부채 (Long-term debt):</td><td></td></tr>
<tr><td>고정자산 (Fixed assets):</td><td></td><td>8% 텀론 (8% term loan) ....</td><td>$10,000</td></tr>
<tr><td>부동산 (Property) ....</td><td>$3,000</td><td>9% 제1담보부채권 ....</td><td>$20,000</td></tr>
<tr><td>건물 (Building) ....</td><td>$13,000</td><td>(9% First mortgage bonds)</td><td></td></tr>
<tr><td>장비 (Equipment) ....</td><td>$44,000</td><td></td><td></td></tr>
<tr><td>총고정자산 (Total fixed assets) ....</td><td>$60,000</td><td>자기자본 (Stockholders Equity):</td><td></td></tr>
<tr><td></td><td></td><td>보통주 (액면가 $1.00)</td><td></td></tr>
<tr><td></td><td></td><td>(승인 1,000주, 발행 및 유통 500주) .....</td><td>$500</td></tr>
<tr><td></td><td></td><td>Common stock (par value $1) (auth.
1,000 shares, issued & out. 500 shares)</td><td></td></tr>
<tr><td></td><td></td><td>잉여자본 (Capital surplus) ....</td><td>$4,500</td></tr>
<tr><td></td><td></td><td>유보이익 (Retained earnings) ....</td><td>$85,000</td></tr>
<tr><td></td><td></td><td>자기자본 (Total stockholders equity) ......</td><td>$90,000</td></tr>
<tr><td>총자산 (Total assets) ....</td><td>$140,000</td><td>총부채및자기자본 (Total liab. and equity)</td><td>$140,000</td></tr>
</table>

JMC 손익계산서
12/31/10 연말 기준

매출 (Sales)		$100,000
비용 (Expenses):		
매출원가 (Cost of goods sold)	$70,000	
판관비 (SG&A)	$18,000	
이자비용 (Interest Expense)	$ 2,000	
	$90,000	$ 90,000
세전이익 (Profit before tax)		$ 10,000
법인세비용 (Income tax expense)		$ 5,000
세후순이익 (Net profit after tax) ......,.................		$ 5,000

1. 1년 이내 만기인 부채는 유동부채로 구별되는 것을 기억해야 한다. JMC가 처음 받은 연금리 8% 대출의 원금은 12,000달러였다.[4] 그러나 대출 요건들 중 하나는 2,000달러의 감채기금을 상환해야 한다는 것이다. 따라서 12,000 달러 대출 원금 중 2,000달러는 만기가 1년 이내였으며 나머지 10,000달러 는 여전히 장기부채로 분류되었다.

2. 9% 제1담보부채권(9% First Mortgage Bonds)은 2010년 10월 보험회사들에 매각되었다. JMC가 보험회사에 이자나 원금을 상환하지 못하면 보험 회사는 돈을 돌려받기 위해 건물을 압류하고 매각할 권리가 있기 때문에 제1담보부 채권(First Mortgage)이라고 부른다.

3. **유보이익(Retained earnings)**의 수치가 부풀려진 것을 알 수 있다. 사업을 시작한 지 불과 1년이 채 되지 않은 회사의 경우 유보이익은 당해 회사가 지급한 배당금을 뺀 회사의 이익과 같아야 한다. 위 재무제표의 큰 숫자들은

---

4 텀론은 실제로 200달러였으며 그중 30달러는 만기가 1년 이내였지만 마찬가지로 계산의 편의를 위해서 수정되었다.

수년 동안 사업을 하면서 이익을 올린 회사의 전형적인 수치들이다.

4. **총자본(capitalization)**이란 용어는 정의를 내리기 어려운 용어이다. 자본이란 용어는 비즈니스 세계의 여러 가지 맥락에서 자주 볼 수 있다. 보통 자본은 장기부채와 자기자본의 조합을 나타낸다. 여기서 자본이란 회사가 판매하는 제품을 제조하는 데 사용하는 돈(또는 자본)을 의미한다. 또한 돈으로 산 기계와 장비도 자본으로 생각할 수 있다. 실제로 경제학자들이 말하는 자본의 정의는 제품을 만드는 데 사용되는 재화(기계)를 말한다. 이러한 기계[5]는 (1) 투자자가 회사의 주식을 매수하여 사업에 투자한 돈 (2) 회사가 얻은 이익 또는 (3) 부채(채권, 텀론)를 발행하여 조달한 돈으로 매입할 수 있다. 하지만, 재고는 자본이 아니라 자본(기계)에 의해 최종적으로 판매 가능한 제품으로 전환되는 **원자재(raw materials)**로 볼 수 있다. 일반적으로 장기부채(long-term debt)와 자본(equity)은 자본설비(capital equipment)에 필요한 자금을 조달하는 수단으로 간주된다. 반면 단기 부채(short-term debt)와 기타 유동부채(other current liabilities)는 회사가 **재고순환주기(inventory cycle)** 또는 **매출채권주기(receivables cycle)**라는 기간 동안 매출채권이나 재고가 현금으로 전환이 가능할 때까지 회사가 유동자산들을 담보로 돈을 빌리는 것을 말한다. 보통 이런 식으로 대차대조표를 생각할 수 있지만 이러한 내용이 반드시 사실이라고 볼 순 없다. 예를 들어 단기 부채를 사용하여 장비 매입에 필요한 자금을 조달하거나 장기부채 또는 주식을 발행하여 재고를 매입하는 다수의 회사들이 있기 때문이다.

JMC의 상황 요약 (RECAP ON THE STATUS OF JMC)

JMC는 여전히 비상장기업(private company)이다. 그리고 이제 12명의 주주들

---

5 기계를 자본재(capital goods)라고도 말한다.

이 존재한다. 미국 SEC 증권거래법(주식과 채권의 거래를 규제하는 법률)에 따르면 투자자 수가 제한되어 있는 한 회사는 비상장기업으로 간주된다. 회사가 유치할 수 있거나 비공개로 유지할 수 있는 투자자 수에 대한 제한 규정은 불분명하며 많은 요인들에 따라 달라지게 된다. 특히 기존 투자자들과 잠재적 투자자들이 많은 경험과 자금을 보유한 '전문투자자(sophisticated investor)'에 해당하는지에 대한 여부도 여기에 포함된다.

회사가 비상장기업인 경우인 경우 회사 주주들은 재무제표를 발행하거나 증권거래위원회(SEC)에 보고할 의무가 없기 때문에 국세청(IRS) 외 누구에게도 소득신고서상의 이익을 공개할 필요가 없다.

만약 JMC가 신주를 일반 대중, 즉 다수의 사람들에게 매각하고자 하는 경우, 특히 신주의 판매 대상이 전문투자자들이 아닌 일반 개인투자자들에 해당한다면, 판매 전 주식을 SEC에 등록시켜야 한다. 새로 등록된 주식을 판매하기 시작하면 JMC는 **상장기업(public company)**으로 간주되며 재무제표(손익계산서와 대차대조표)와 기타 회사 정보를 SEC에 정기적으로 제출해야 한다. 비상장기업이 상장하는 이유와 상장 방법은 5장에서 논의될 것이다.

만약 JMC가 등록면제 주식을 매각할 경우, 등록면제 자격을 얻기 위해 따른 규정에 따라 JMC가 상장기업으로 간주될 수도 있고 그렇지 않을 수도 있다. 회사가 등록면제 주식을 매각할 수 있도록 허용하는 규정들은 규정 A(Regulation A, Regulation A+라고도 함), 규정 D(Regulation D, Rule 506(b) 포함), 규정 크라우드펀딩(Regulation Crowdfunding)이 포함된다. 회사가 등록면제 자격을 얻기 위해 어떤 규정의 조항들을 따랐느냐에 따라 회사가 발행한 신주는 자유롭게 거래될 수 있는 상장주식으로 간주되거나 또는 일정 기간의 경과를 요구하거나 다른 조건이 충족될 때까지 팔 수 없는 '제한된(restricted)' 주식으로 간주된다. 이에 대한 자세한 내용 또한 5장에서 다룬다.

4장 투자자들이 살펴야 하는 재무비율
RATIOS INVESTORS WATCH

애널리스트가 대차대조표나 손익계산서를 처음 접할 때 이해하기 힘든 숫자들은 일반 개인투자자들이 보는 것과 다름이 없다. 하지만, 이러한 수치들을 이해하여 회사의 재무적인 강점 또는 약점을 평가하고, 주가의 움직임에 대한 인사이트를 얻기 위해서 애널리스트는 각 수치들 간의 관계를 살펴봐야 한다. 4장의 재무비율(financial ratio)은 애널리스트들이 자주 사용하는 재무비율로 구성되어 있다. 4장에서 사용된 수치들은 2010년 12월 31일 JMC 재무제표에서 발췌한 것으로 3장 뒷부분에서 찾을 수 있다.

4장에서 소개하는 재무비율은 총 5개의 그룹들로 나뉜다. 모든 재무비율들을 반드시 암기할 필요는 없지만 처음 4개 그룹의 재무비율은 앞으로 이 책에서 자주 등장할 것이기 때문에 주의 깊게 보는 것이 좋다. 마지막 그룹인, **효율성비율 (Efficiency Ratio)**은 완벽한 투자 분석에 있어서 중요하며 나중에 이 책에서 다시 등장하더라도 이번 4장에서 다시 복습할 수 있을 것이다.

주식평가비율 (STOCK VALUATION RATIOS)

발행주식 1주당 순이익 (Net Earnings per Common Share Outstanding)

주당이익(earnings per share), 줄임말로 EPS라고 불리는 재무비율은 투자자가 주식 매수 금액을 결정하는 데 사용하는 가장 중요한 재무비율이다. 여기 내용들은 이후에 다룰 내용의 이해를 위한 기초를 마련해 줄 것이다. 주당이익은 단순히 회사의 연간 순이익 5,000달러를 보통주 500주로 나눈 값이다. JMC의 2010

년 주당이익은 10달러였다.

$$\frac{\text{순이익 (Net earnings)}}{\text{주식수 (Number of shares)}} = \frac{\$5,000}{500\ \text{주}} = \text{주당 \$10}$$

주당이익은 주식이 여러분에게 얼마나 많은 돈을 벌어들일 수 있는지 알려 주기 때문에 주식 1주당 얼마를 지불해야 할지 주식의 매수 금액을 결정하는 데 도움이 된다. 물론 주당이익은 주주에게 직접 지급되지 않는다. 즉 주당이익은 회사에 남지만 회사는 수시로 배당금(dividend)을 선언할 수 있으며, 주당이익의 일부가 배당금 형태로 주주들에게 지급된다. 주당이익이 높을수록 주당배당금(dividend per share) 또한 높아질 것이다. 예리한 독자라면 누군가가 지불하려는 주식가격은 오늘날 주식이 벌어들이는 '이익(earning)'이 아니라, **향후 몇 년 동안 기대할 수 있는 이익과 그에 따른 잠재적인 배당지급과 밀접한 관련이 있음**을 알 수 있을 것이다. 만약 올해 회사의 주당이익이 10달러이고, 내년에는 20달러, 그다음 해에 30달러의 이익이 예상되며, 회사가 매년 이익의 50%를 배당금으로 지급한다는 가정하에 투자자가 주식을 1주 보유하고 있다면 향후 3년간 30달러의 총배당수익(5달러 + 10달러 + 15달러 = 30달러)을 기대할 수 있다. 따라서 오늘 투자자가 주식을 매수하려고 한다면 현재 주당이익 10달러보다 높은 가격으로 매수할 의향도 있을 것이다. 투자자가 주식에 대해 얼마의 가격을 지불할 것인지는 다음 두 가지 요인들과 관련이 있다. (1) 여러분이 향후 3년 동안 회사의 주당이익과 배당금 추정치의 오류 위험을 평가하고, (2) 3년 후 회사가 얼마나 이익을 창출할 것인지 그리고 회사가 배당금을 계속 지급할 것인지를 평가하는 것이다.

현재 배당금과 미래 배당금 그리고 주가와의 관계를 좀 더 세부적으로 이해하기 위해서 다음 몇 가지 예들을 살펴보자. 다음 페이지의 표 4.1은 A사, B사, C사로부터 향후 6년 동안 지급이 예상되는 연배당과 은행 예금을 통해 연간 3%의 은행이자를 지급받을 수 있음을 보여 준다. 100달러를 은행에 예금했을 때 투자자는 매년 3달러의 이자를 지급받게 되고 원금 100달러를 6년 차 말일에 회수하게 된다.

표 4.1 회사 세 곳의 기대 배당수익

	투자금 (put in)	연이자 또는 연배당 (interest or dividend payment during year)						원금회수 (Get back)
		(1)	(2)	(3)	(4)	(5)	(6)	
은행	$100	$3	$3	$3	$3	$3	$3	$100
A사		$3	$4	$4	$5	$6	$6	
B사		$3	$4	$6	$7	$10	$12	
C사		$0	$0	$0	$10	$20	$30	

A사의 경우, 앞으로 6년 동안 배당금이 증가하지만 6년 후에는 연배당금이 6달러에 계속 머물 것으로 예상된다. 만약 여러분이 은행 이자만큼 A사의 배당지급을 확신한다면, 100달러 이상의 금액을 A사 주식의 매수가로 지불할 의향이 충분히 있을 것이다. 그 이유는 은행 이자보다 높은 수익을 A사 주식으로부터 배당으로 지급받을 수 있기 때문이다. 100달러보다 얼마나 더 많은 금액을 지불할 것인지는 예상 배당금이 실제로 지급될 거라는 여러분의 확신에 달려 있다. 문제는 은행 이자만큼 배당지급을 항상 확신할 수 없다는 것이다. 은행 이자에 대한 신뢰도는 상당히 높은 반면 회사의 예상 실적과 배당 추정치에 대한 신뢰도는 시간의 흐름에 따라 떨어질 수 있다.

A사가 6년 후에 배당금 6달러를 매년 지급할 것을 예상하고 A사의 배당지급능력이 은행의 이자지급능력만큼 높다고 가정해 보자. 6년째 되는 연도 말일에 A사 주식은 주당 200달러의 가치가 있을 것이다. 왜냐하면 200달러 주가 대비 연배당수익 6달러가 은행 예금 100달러에 대한 연이자 3달러(연이율 3%)와 동일하기 때문이다. 따라서 "A사의 예상 배당금과, 6년 차 연도 말 예상 주가인 200달러에 대해서 오늘 얼마의 금액을 지불하고 주식을 매수할 것인가?"라고 묻는다면, 당연히 처음 5년 동안 A사의 연배당금은 6달러보다 적기 때문에 100달러 이상 200

달러 미만이라고 답할 것이다. 이론적으로 주가는 5년 동안 점차적으로 상승하여 200달러에 근접해야 한다. 그 이유는 시간이 흐를수록 더 많은 배당이 지급되기 때문이다. 하지만 실제로 향후 5년간 시장 상황의 변화에 따라 주가는 요동칠 것이며 회사의 예상 이익과 배당 추정치에 대한 투자자들의 확신 또한 변할 가능성이 높다.

B사는 향후 6년 동안 훨씬 높은 배당이 예상되기 때문에 배당 추정치에 대한 신뢰도가 A사와 비슷하고, 6년 후에도 회사가 매년 꾸준히 배당(6년 후 연배당 12달러)을 지급할 거라는 확신이 있다면 B사의 주식은 A사의 주식보다 높은 가격에 거래될 것이다. 만약 6년 차 말일에, B사의 배당수익률이 3%라면 B사의 주식은 주당 400달러에 거래될 것이다. B사의 예상 주가가 A사보다 높기 때문에, 오늘 B사의 주식은 A사 주식보다 높은 가격에 거래될 것으로 보인다.

C사는 투기성 주식(speculative stock)으로 보인다. C사는 현재 배당이 없고, 앞으로 3년 동안 배당이 없을 것으로 예상되지만, C사의 사업이 잘될 경우 A사나 B사보다 훨씬 많은 배당금을 지급할 수 있다. 마찬가지로 C사 주식이나 B사 주식에 대해서 얼마의 가격을 지불할 것인지는 C사의 향후 실적과 예상 배당이 실제로 충족될 것이라는 여러분의 확신에 달려 있다.

우리는 여러 회사들의 사례를 통하여 배당금에 대해서 이야기하고 있지만 앞서 설명한 것처럼 주가는 회사의 기대 실적과 밀접한 관련이 있다. 일반적으로 투자자들은 회사의 실적과 이익에 따라 배당금을 예상하는데 회사의 이익이 높을수록 많은 배당금을 지급할 수 있기 때문이다. 하지만 실제로 배당은 이익에서 지급되는 것이 아니라 회사의 보유 현금으로부터 지급된다. 어느 특정 연도에 회사가 이익이 없거나 손실이 발생해도 회사는 보유한 현금으로 주주들에게 배당금을 계속 지급할 수 있다. 회계적 관점에서 볼 때 회사에 손실이 발생함에도 불구하고 배당금을 계속 지급할 경우 회사는 유보이익으로 배당금을 지급하는 것이다.

만약 회사에 손실이 계속 발생하고 당장 이익을 창출할 수 없다면 회사는 계속

배당을 지급하면서 남은 현금을 고갈시킬 순 없을 것이다. 만약 경영진이 이익의 감소나 손실 발생이 단기적이라 확신한다면 기존 배당 정책을 계속 유지하는 것이 일반적인 관행이다. 하지만 일정 기간 동안 회사에 지속적인 현금흐름이 없다면, 배당지급이 중단될 수밖에 없다. 배당이 선언되고 배당금이 지급되면 배당금은 대차대조표 왼쪽의 **현금(cash)** 계정과 대차대조표 오른쪽의 **유보이익(retained earnings)** 계정에서 차감된다는 사실을 기억하자. 현금 계정은 회사가 실제 보유하고 있는 현금을 반영하고 유보이익 계정은 지금까지 발생한 회사의 모든 이익에서 수년간 지급한 배당금을 차감한 회계 기록(accounting entry)일 뿐이다(2장 참조).

주가수익비율 (Price-to-Earnings Ratio)

주당이익(EPS)이나 주당배당금(dividends per share)에 대해 투자자가 얼마의 가격을 지불해야 할 것인지에 대한 규칙은 없다. 표 4.1의 예시에서 B사 주식과 C사 주식 중 현재 어느 회사의 주식이 더 가치가 있는지는 불분명하며 이에 대해 판단을 내리는 것이 투자의 '기술'이다. 투자자는 오로지 회사에 대한 철저한 분석과 **주가수익비율(price to earnings ratio)**이라고 불리는 주가와 예상 주당이익 간의 관계를 오랫동안 지켜본 경험을 토대로 주식의 진정한 '가치'가 무엇인지를 파악할 수 있는 감각을 기를 수 있다.

$$\frac{\text{주가수익비율}}{\text{(Price-to-earnings ratio)}} = \frac{\text{주식가격 (stock price)}}{\text{주당이익 (earnings per share)}}$$

만약 주식이 주당 100달러에 거래되고 있고, 주당이익(EPS)이 10달러면, **주가수익비율(Price to Earnings Ratio)**은 '10배' 또는 그냥 '10'이다.

$$P \,/\, E \;=\; \frac{\$100}{10} \;=\; 10x$$

주가수익비율에 대한 내용은 4장에서 다루는 내용의 범주를 벗어나며 이 책의 후반부에서 P/E에 대해서 다시 상세히 다룰 것이다.

보통주당 장부가치 (Book Value Per Common Share)

다음 재무제표는 1장에서 다뤘던 장부가치에서 유통주식수를 나눈 값이다.

$$\text{장부가치 (Book value)} = \frac{\text{총자산 (Total assets)} - \text{총부채 (Total liabilities)}}{\text{주식수 (Number of shares)}}$$

$$= \frac{\$140,000 - \$50,000}{500\text{주}} = \frac{\$90,000}{500\text{주}} = \text{주당 }\$180$$

위의 지표는 회사가 청산되면 보통주 1주당 얼마의 금액을 받을 수 있는지 말해 준다. 회사가 청산(liquidation)될 경우, 모든 자산들을 매각하고 남은 돈으로 먼저 부채(채무)부터 갚아야 한다. 그리고 부채를 갚고 남은 돈이 있으면 보유하고 있는 주식의 수에 비례하여 보통주 주주들에게 분배된다. 실제 청산이 일어났을 때, 모든 부채의 상환 후, 주주들이 장부상 가치를 실현할 가능성은 낮다. 위의 계산에서 1주당 장부가치 180달러는 대차대조표에 정확히 명시된 장부가에 따라 각각의 자산이 매각될 것이라고 가정하기 때문이다. 일반적으로 회사가 청산되면 남은 재고는 장부가보다 낮은 가격에 거래될 것이고 사용 후 마모된 장비나 공장 또한 장부가보다 훨씬 낮은 가격으로 매각될 것이다. 이에 반해 효율적으로 가동 중인 공장은 장부가보다 더 많은 금액에 매각될 수 있는데 공장을 매입하는 회사는 새 공장의 신축 비용을 절감할 수 있기 때문이다. 일반적으로 부동산(토지)의 경우 초기 취득원가보다 더 가치가 있다고 간주한다.

회사가 청산되면 자산을 매각한 대금으로 모든 부채를 갚기에 충분하지 못한 경우가 많은데 우리는 어떤 부채가 먼저 상환되는지 미리 알 수 있다. JMC에 대출을 해 준 은행과 대출회사에 원금이 상환되어야 하겠지만, 은행이 최우선으로 상환받을 권리가 있다는 것을 기억해야 한다. 마찬가지로 법적 절차나 3장에서 다룬 JMC와 은행이나 대출회사 간의 협상을 통하며 다른 부채들의 우선순위도 미리 결정된다. 대부분의 미국 주정부 법에 따르면 청산이 일어난 경우 직원들의 체불 임금이나 체납된 세금이 다른 부채들보다 우선순위가 높다.

청산은 자발적으로도 발생한다. 이사회에서 회사를 청산하기로 결정할 수 있는데, 회사가 파산했기 때문에 청산을 결정했을 가능성이 크다. 일반적으로 파산은 회사가 상환 기간 내 부채를 갚을 수 없을 때 발생한다. 부채는 은행 대출, 이자, 매입채무(account payable) 및 기타 부채가 포함되며 채무자인 회사는 법원에서 회사의 파산 선고를 요청할 수 있다. 때때로 회사는 파산을 선언하기 위해 자발적으로 법원에 출두하기도 한다. 우리는 10장에서 파산에 대해 간략히 다룰 것이다.

회사가 파산했을 때의 가치가 무시되더라도, 보통주의 장부가치(book value per common share)를 이해하는 것이 중요하다. 일부 투자자들은 주식가격을 측정하는 기준으로 장부가치를 사용한다. 주식들 대부분이 장부가치 이상으로 거래되지만, 일부 주식들은 장부가치보다 약간 낮은 가격에 거래되거나, 장부가 대비 25% 이하로 가격으로 주식이 거래된다. 하지만 다음과 같은 이유로 주식가격이 주당 장부가(book value per share) 미만으로 오랫동안 하락하지 않을 것이라고 생각할 수 있다. 만약 회사의 주당 장부가치가 10달러이고 주가가 4달러라면 누군가가 주식을 모두 매수한 다음 자발적으로 청산을 시도해서 주당 6달러의 이익을 실현할 수 있다. 실제로 주식 보유자가 많은 상장 회사(주주가 많은 기업)에서 이와 같은 일이 자주 발생한다. 하지만 주식이 장부가치보다 25~50% 정도로 훨씬 낮은 가격으로 거래된다면, 주가의 하락이 멈출 가능성도 충분히 있다. 주가가 장부가치보다 훨씬 낮은 가격으로 하락한다면 하락한 가격에서 그리 오랫동안 머물지는 않을 것이다. 장부가치보다 훨씬 할인(discount)된 주가가 매수자를 끌어들이기 때문이다.

배당성향 (Dividend Payout Ratio)

배당성향(Dividend payout ratio)은 주당배당금을 EPS로 나눈 값이다. 2010년, JMC의 주당이익은 10달러였고, 주당배당금 5달러를 지급하였다. 따라서 배당성향은 50%가 된다.

$$\frac{\text{주당배당금 (Dividend per share)}}{\text{주당이익 (Earnings per share)}} = \frac{\$5}{\$10} = 50\%$$

배당수익률 (Dividend Yield)

보통주 1주에 대한 배당수익률은 투자자들에게 지급될 배당금을 주식가격으로 나눈 값이다. 일반적으로 배당금의 지급은 연배당을 말한다. 배당을 지급하는 대부분의 회사들은 분기별로 배당금을 지급하고, 가장 최근 분기의 배당금에서 4를 곱하여 예상 연배당률(expected annual dividend rate)을 계산할 수 있다. 예를 들어 회사가 가장 최근 지급한 분기 배당금이 1.25달러인 경우, 연배당률(annualized dividend rate)은 5달러이다. 반면 배당수익률(dividend yield)은 주가에 의존하기 때문에 현재 주가가 얼마인지 아는 것이 중요하다. 만약 어떤 회사의 주식이 매년 주당 5달러의 배당금을 지급하고, 현재 주가가 100달러인 경우, 현재 배당수익률은 5%로 계산할 수 있다.

$$\frac{\text{배당금 (Dividend)}}{\text{주식가격 (Stock price)}} = \frac{\$5}{\$100} = 5\%$$

만약 현재 주가가 83달러까지 하락하면, 배당수익률(dividend yield)은 6%가 된다.

$$\frac{\text{배당금 (Dividend)}}{\text{주식가격 (Stock price)}} \quad = \quad \frac{\$5}{\$83} \quad = \quad 6\%$$

만약 투자자가 오래전 주식을 50달러에 매수했다면 매수가 50달러 기준 배당수익률은 10%이다.

$$\frac{\text{배당금 (Dividend)}}{\text{주식가격 (Stock price)}} \quad = \quad \frac{\$5}{\$50} \quad = \quad 10\%$$

만약 투자자가 구체적인 내용 없이 배당수익률에 대해 이야기할 경우, 향후 12개월간의 예상 배당금을 현재 주가로 나눈 값을 말하는 것이다. 주가가 항상 변하기 때문에 향후 12개월간의 예상 배당수익률도 항상 변하게 마련이다. 일반적으로 수익률(yield)이란 투자자에게 돌아오는 수익을 말한다.

수익률이란 용어는 때때로 다른 의미로도 사용되지만 우리는 문맥상 수익률이 무엇인지 대충 이해할 수 있을 것이다. 채권수익률(bond yield)은 주식수익률(stock yield)과 마찬가지로 투자자의 수익을 의미하지만 주식수익률보다 훨씬 복잡하며 8장에서 이에 대해 좀 더 자세히 다룰 것이다.

수익성비율 (PROFITABILITY RATIO)

매출총이익률 (Gross Margin)

매출총이익(Gross profit)은 매출과 매출원가의 차이를 말한다. 그리고 **매출총이익률(Gross profit margin) 또는 그로스마진(Gross margin)**은 매출총이익을 매출로 나눈 값이다. 매출총이익률은 수익성을 다른 회사들과 서로 비교하거나 시간의 경과에 따라 회사의 수익성 비교를 하는 데 아주 좋은 재무비율이다.

$$\frac{\text{매출총이익률}}{\text{(Gross Margin)}} = \frac{\text{매출총이익 (Gross Profit)}}{\text{매출 (Sales)}} = \frac{\text{매출 (Sales) - 매출원가 (COGS)}}{\text{매출 (Sales)}}$$

$$= \frac{\$100,000 - \$70,000}{\$100,000} = 30\%$$

JMC의 경우 2010년 매출총이익률은 0.3 또는 30%이며 2010년 매출의 30%를 차지한다. 수익성을 비교할 때, 매출총이익률은 산업별로 크게 달라진다는 사실을 반드시 기억하자. 예를 들어, 바이오 제약회사의 경우 매출총이익률이 상당히 높은 경향이 있는 반면 할인 소매 업체(discount retailer)의 경우 매출총이익률이 매우 낮다.

영업이익률 (Operating Profit Margin)

영업이익률 또는 영업마진(operating profit margin 또는 operating margin)은 기업이 운영 관련 비용을 얼마나 효율적으로 컨트롤하는지 측정하는 재무비율이다. 일반적으로 매출원가(cost of goods sold)와 판매관리비용(selling general & administration cost)은 기업의 일상적인 운영비용이다. **영업이익(operating profit)**은 매출에서 매출원가와 판매관리비가 모두 차감되어 계산된다.

매출 (Sales)		매출원가 (COGS)		판관비 (SG&A)		영업이익 (Operating Profit)
$100,000	−	$70,000	−	$18,000	=	$12,000

영업이익은 다음과 같다.

$$\frac{\text{영업이익률}}{\text{(Operating Profit Margin)}} = \frac{\text{영업이익 (Operating Profit)}}{\text{매출 (Sales)}} = \frac{\$12,000}{\$100,000} = 12\%$$

JMC의 경우 2010년 **영업이익률(operating profit margin)**은 12%였다. 다시 말해서, 매출 1달러당 영업이익은 0.12달러인 것이다. 영업이익률의 개선을 마진확대(margin expansion)라고도 부른다. 마진확대는 대체로 회사에 좋은 징조이다. 회사에 마진확대가 일어난 경우 (1) 회사의 비용이 적은 비율로 증가한 데 비해 매출이 크게 증가했거나, (2) 경영진은 별다른 영업 손실 없이 제품 가격을 올릴 수 있었거나, (3) 경영진이 원가를 절감할 방법을 찾은 것으로 해석할 수 있다. 이 중 첫 번째의 경우, 대부분의 사업은 고정비용이 존재하는데 회사가 매출을 늘리고 일부 비용을 일정하게 유지함으로써 발생하는 마진확대를 **고정비 레버리지(fixed cost leverage) 또는 제조 레버리지(manufacturing leverage)**라고 부른다. 만약 고정비가 판관비의 일부라면 **판관비 레버리지(SG&A leverage)**로 인한 매출의 증가가 마진확대를 발생시켰다고 이야기한다. 마진확대(또는 축소)의 원인을 파악하는 것은 애널리스트가 회사의 실적을 예상하는 데 많은 도움이 된다.[1] 어떤 이유로든 이익률 확대(profit margin expansion)와 매출 증가는 시간이 흐를수록 이익 성장을 주도한다.

영업이익은 **이자 및 법인세 차감전 이익 또는 EBIT(Earnings Before Interest and Taxes)**라고도 불린다. 이자와 세금은 운영비용(operating expense)으로 간주되지 않는다. EBIT는 널리 통용되는 투자 용어이며 앞으로 자주 보게 될 것이다.

세전이익률 (Pretax Profit Margin)

세전이익률(pretax profit margin)은 **매출 대비 세전수익(pretax return on sales)**을 말하며 동일한 기간 내 세전이익을 총매출로 나눈 값이다.

---

1 일부 기업은 이익률 변동의 원인에 대해서 다른 회사보다 더 많은 정보를 제공한다. 이러한 정보는 분기 실적이 발표된 후 회사의 보도자료(press release), 컨퍼런스콜(conference call), 또는 SEC에 제출된 회사의 10-Q(SEC에 정기적으로 제출하는 분기 보고서)에서 알 수 있다. 실제 매출이 성장하는 대부분의 회사들은 제조 또는 판관비 레버리지로부터 부분적으로 혜택을 받지만, 이러한 혜택의 일부는 다른 고정비나 변동비의 증가로 상쇄될 수 있다.

$$\frac{\text{세전이익 (Pretax Profit)}}{\text{매출 (Sales)}} \quad = \quad \frac{\$10,000}{\$100,000} \quad = \quad 10\%$$

영업이익률(operating margin)과 마찬가지로 세전이익률도 기업의 효율성을 나타내는 지표이다. 만약 비슷한 규모의 두 회사가 동일한 제품을 판매하지만 영업이익률이 다른 경우, 영업이익률이 높은 쪽이 더 효율적으로 운영되는 기업일 것이다. 하지만 두 회사의 규모가 다른 경우에는 이는 사실이 아닐 수도 있다.

규모가 큰 회사의 경우 고정적인 간접비용(fixed overhead expense)을 판매량 단위에 따라 분산시킬 수 있다. 제품의 단가가 낮을수록 이익률(profit margin)이 상승하게 되는 것이다.

세전이익률이 높은 회사는 어떤 의미에서 보면 안전한 투자처이다. 가격경쟁으로 인하여 매출이나 수익성이 감소한다면 세전이익률이 높은 회사는 이익이 발생하지만 세전이익률이 낮은 회사는 손실이 발생할 가능성이 높고 결국 문을 닫게 될 것이기 때문이다.

순이익률 (Net Profit Margin)

순이익률(Net profit margin)은 **세후이익률(profit margins after taxes)** 또는 **매출 대비 순이익률(net margin on sales 또는 net return on sales)**이라고 한다. 세전이익률과 비슷한 개념이지만 서로 다른 두 회사를 비교할 때 회사 간의 세율이 다른 경우에 세전이익률과 순이익률(세후이익률)이 또한 달라지게 된다. 만약 두 회사의 세율이 거의 일치한다면 세전이익률이나 세후이익률 둘 중 어느 쪽을 선택해서 사용해도 무방하다.

투하자본수익률 (Return on Invested Capital)

회사가 자본을 얼마나 잘 투자하고 있는지 가늠하기 위해서 세후이익을 투하자본(invested capital)으로 나눈 값을 계산해 볼 수 있다. 이제까지 투하자본의 뜻은 장기부채와 대차대조표상 장부가치를 합한 값으로 해석하였다. 총자본(capitalization)이란 말은 자본자산(완제품을 만들기 위해 필요한 기계 및 장비)을 매입하는 데 사용한 현금의 출처라는 것을 기억하자. 따라서 **자본수익률(Return on Capital)**은 회사가 자산을 효율적으로 사용하여 수익을 창출할 수 있는지 나타내는 지표이다.

$$\frac{\text{세후순이익 (Net profit after tax)}}{\text{총자본 (Total capitalization)}} = \frac{\$5,000}{\$30,000 + \$90,000} = 4.2\%$$

위에 표시된 4.2%의 자본수익률은 JMC의 2010년 순이익에서 2010년 말 대차대조표의 총자본을 나눈 값이다. 하지만 2010년 동안 회사가 벌어들인 이익은 2010년 연초에 회사가 보유했던 자본금을 사용하여 이익을 창출한 것이다. 따라서 2010년 자본수익률은 2010년에 발생한 이익을 연초의 자본금으로 나누어 계산하는 게 바람직하다. 위의 예시에서 우리는 JMC가 2010년 초에 보유한 자본에 관한 정보가 없기 때문에 2010년 순이익에서 2009년 12월 31일 기준 대차대조표의 총자본금으로 나누어 계산한다. 2009년 말의 자본과 2010년 초의 자본은 동일하다는 것을 기억하자.

일부 애널리스트들은 총자본금 평균(연초와 연말의 자본금 평균)을 사용하는 것이 더 정확한 지표라고 믿는데 그 이유는 연중 회사의 자본이 계속 변동하기 때문이다. 이익의 발생, 부채의 발생 또는 지분의 매각으로 늘어난 현금은 자본을 증가시키며 손실의 발생, 장기부채의 상환, 배당금 지급, 자사주의 매입은 자본을 감소시킨다. 이러한 항목들의 변화로 인하여 총자본을 구성하는 자기자본이나 부채가 변화하는 것이다.

따라서 **투하자본수익률(ROIC)** 또는 **자본수익률(ROC)**은 채권자와 주주가 제공한 자본을 사용하여 발생한 영업이익을 측정하는 지표이다. JMC의 경우 ROIC는 4.2%이다. 다시 말해서 JMC는 투하자본 1달러당 0.04달러를 세후영업이익(after-tax operating income)으로 창출할 수 있다는 말이다. ROIC는 동일 산업군에 속해 있는 회사들의 수익성을 비교하는 기준으로 사용된다. 예를 들어 JMC의 경쟁 회사 두 곳의 ROIC 가 각각 8%와 12%라고 할 때 회사의 규모에 상관없이 ROIC가 12%인 회사는 8%인 회사보다 자본 기반(capital base)대비 더 많은 현금을 창출하고 더 많은 자산을 매입하여 성장을 지속할 수 있는 잠재력이 있는 것이다. 자본수익률은 산업별로 크게 달라지며, 경쟁이 심한 산업 분야일수록 낮은 경향이 있다.

자기자본이익률 (Return on Equity)

자기자본이익률(Return on Equity, 줄여서 ROE)은 회사의 수익성을 주주의 관점에서 나타낸다. ROE를 계산하려면 순이익을 주주 자본 장부가치(Book Value of Shareholder's Equity)로 나눈다.

$$\text{자기자본이익률 (Return on Equity)} = \frac{\text{순이익 (Net Income)}}{\text{주주자본 장부가치 (B.V of Shareholder's equity)}} = \frac{\$5,000}{\$90,000} = 5.6\%$$

JMC의 경우 ROE는 5.6%이다. 이 비율은 주주들이 주의 깊게 모니터링하는데 그 이유는 주주들이 제공한 자본 대비 수익률을 나타내는 지표이기 때문이다. 5.6%의 ROE는 JMC가 자기자본 1달러당 0.06달러의 순이익을 창출하는 것을 나타낸다.

총자산이익률 (Return on Assets)

총자산이익률(Return on Asset, 줄여서 ROA)은 ROE와 관련이 깊은 재무비율이며 경영진이 어떻게 효과적으로 회사 자산을 사용하여 순이익을 창출하는지 측정하는 재무비율이다. ROA 계산은 순이익을 총자산으로 나누어 계산한 값이다. JMC의 2010년 재무제표 기준 ROA는 3.6%이다. 다시 말해서 JMC는 자산 1달러당 0.036달러의 이익을 창출한 것이다.

$$\frac{\text{총자산이익률}}{\text{(Return on Assets)}} = \frac{\text{순이익 (Net Income)}}{\text{총자산 (Total Assets)}} = \frac{\$5,000}{\$140,000} = 3.6\%$$

ROA 또한 같은 산업분야에 속해 있는 여러 회사들을 비교하거나 시간의 경과에 따른 회사의 수익성 변화를 파악하기에 좋은 재무비율이다. 자동차 회사 같은 다수의 제조 기업들은 많은 자산을 필요로(자산집약적, asset-intensive) 하는 반면 다른 특정 산업 분야들은 상대적으로 적은 규모의 자산을 필요로 하기 때문에 서로 다른 산업에 속해 있는 회사들의 총자산이익률을 비교하는 것은 부적절하다.

부채비율과 이자비율 (DEBT AND INTEREST RATIOS)

투자자들이 사용하는 '레버리지(leverage)'라는 용어는 부채를 말한다. 회사 대차대조표상 지분에 비해 부채가 많은 회사를 '과도하게 레버리지 되었다(highly leveraged)'고 한다. 레버리지 비율이 높고 회사의 정해진 기간 내 이자지급능력이 의심된다면 높은 이자비용은 회사를 위험하게 만들 것이다. 레버리지의 긍정적인 측면은 부채로 많은 자산을 매입해서 운영하는 사업이 성공적인 경우 회사가 주식을 추가로 발행해서 자산을 매입한 경우보다 주당이익이 높을 것이다.

다음 두 가지 재무비율은 회사가 외부자금을 조달할 수 있는 능력을 나타낸다.

이자보상비율 (Interest Coverage Ratio)

이자보상비율(Interest Coverage Ratio)은 **이익보상배율 또는 실적보상비율(times-interest-earned, 또는 earnings coverage ratio)**이라고도 한다. 즉 회사가 이자를 지급할 수 있는 능력에 대한 척도이다. 만약 부채가 있는 회사가 부채에 대한 이자를 지급할 수 없다면, 채권자인 은행 또는 개인은 이자와 원금 모두 즉시 상환할 요구할 권리가 있다. 만약 회사가 채무를 충족시킬 수 없다면 파산할 가능성이 크다. 따라서, 투자자들은 회사의 이자지급과 원금상환이 제때 가능한지 재무구조를 반드시 살펴야 한다. 이자보상비율은 다음 두 가지 질문들에 대한 답을 제공할 것이다. (1) 회사가 이자를 지급할 수 있는 이익을 얼마만큼 내고 있는가? (2) 이자지급에 필요한 금액보다 몇 배의 이익을 얻을 수 있는가? 다시 말해서, 이익이 이자비용을 충분히 커버하고 있는가?

이자는 현금으로 지급되기 때문에, 단순히 대차대조표상의 현금을 보고 미지급이자(interest payable)의 지급을 위한 충분한 현금이 있는지 살펴볼 수 있다. 하지만 회사가 보유 현금만 살펴보는 것은 그리 유용하지가 않다. 만약 회사가 이자를 지급하기 위해 보유한 현금을 모두 사용한다면 회사의 운영이 불가능할 것이기 때문이다. 우리가 정말로 관심 있게 봐야 하는 것은 일정 기간 동안 회사가 충분한 현금을 창출하고 같은 기간에 이자를 지급할 수 있는지 회사의 이자지급능력을 파악하는 것이다. 따라서 이자보상비율의 계산 방법은 먼저 손익계산서에서 이자를 지급하기 전 얼마만큼의 현금유입과 현금유출이 이루어졌는지 살펴야 한다. 현금흐름의 차이는 회사가 **이자를 지급할 수 있는 돈(money available to pay interest)**을 얼마나 벌었냐는 것이다. 계산 방식은 주로 과거와 현재 연도의 수치 또는 미래 연도의 예상 수치를 사용한다.

재무비율 계산 (Ratio calculation)

매출 (Sales)	$100,000	(들어온 현금)
차감: 매출원가 .... (Less: Cost of goods sold)	-$70,000	(원가는 지출되어야 하는 돈이며 원가의 지출 없이 판매할 상품은 존재할 수 없다.
차감: 판매관리비 .... (Less: SG&A expense)	-$18,000	(판관비는 지출되어야 하는 돈이며 판관비 지출 없이 회사는 제 기능을 할 수 없다.)
차감: R&D 비용[a] .... (Less: R&D expense)	$0	
이자지급가능금액 .... (Money available to pay interest)	$12,000	

[a] 회사의 사정이 어려운 경우 연구개발비(R&D 비용)를 최소화할 수 있는데 만약 연구개발비가 일정한 수준으로 유지되지 않는다면 회사는 다른 회사들과의 경쟁에서 뒤처질 것이며, 회사의 규모가 줄어들고 결국 파산에 이를 것이다. JMC의 경우, 연구개발비가 없을 거란 가정하에 0으로 처리하지만, 우리는 완벽한 계산을 위해서 R&D 비용 항목을 추가하였다.

따라서, 이자지급 가능 금액이 12,000달러이고, 이자보상비율은 6배이다.

$$\frac{\text{이자지급가능금액 (Money available to pay interest)}}{\text{총이자 (Total interest)}} = \frac{\$12,000}{\$2,000} = 6x$$

세금(taxes)은 계산에 포함되지 않는다. 세전이익을 **계산하기 전**에 이자를 차감하고 세금을 계산하기 때문이다. 따라서 위의 예시와 같이 이자가 12,000달러라면, 세전이익은 0이 되고 납부해야 할 세금은 없을 것이다.

위의 계산 방식은 명확하고 무엇을 계산하고 있는지 나타내는 반면, 보도 자료에는 다른 방식으로 기록된다. 다음 페이지의 계산은 위의 계산법과 동일하지만 표현 방식이 다른 것을 알 수 있다.

$$\frac{이자및법인세차감전이익 \text{ (Earnings before interest and taxes)}}{총이자 \text{ (Total interest)}} = \frac{\$12,000}{\$2,000} = 6x$$

또는

$$\frac{EBIT}{총이자} = \frac{\$12,000}{\$2,000} = 6x$$

이는 영업이익이 이자비용의 6배라는 이야기다.

이자 및 법인세 차감전 이익(earnings before interest and taxes)을 흔히 EBIT 라고 한다. 영업이익이 이자의 6배이므로, 이 회사는 큰 어려움 없이 일정 금액의 돈을 추가로 빌릴 수 있을 것이다. 그러나 만약 이자보상비율이 44배(예: EBIT: 88,000달러 이자비용: 2,000달러)라면, 애널리스트는 회사가 돈을 쉽게 빌릴 수 있으며 이자보상비율이 6배밖에 되지 않는 동종기업보다 낮은 금리로 대출받을 수 있다는 것을 알게 될 것이다. 반면 이자보상비율이 2배에 그치고 유동성 비율 (liquidity ratio)이 악화됐을 경우, 애널리스트는 회사가 어려움에 처해 있고 추가로 돈을 빌리는 데 어려움을 겪을 수 있다고 생각하게 될 것이다. 14장에서는 이자의 충당(interest coverage)을 다른 시각으로 살펴볼 것이다.

고정비상환비율 (Fixed Charge Coverage Ratio)

이자보상비율 외에도 많은 투자자들이 **고정비상환비율(fixed charged coverage ratio)**이라고 불리는 유사한 재무비율을 사용한다. 고정비상환비율은 이자보상비율과 거의 비슷하게 계산되지만, 이자 외에도 다른 고정비용이나 임대료, 그 외 다른 고정적인 비용들이 포함된다. JMC의 경우 임대 자산이 없기 때문에 고정비상환비율 계산을 생략하였다.

총자본대비부채비율 (Debt to Total Capitalization)

총자본대비부채비율(Debt to total capital) 또는 자본대비부채비율(debt to capital, 줄여서 debt to cap)은 장기부채를 총자본으로 나눈 것을 말한다(3장 참조).[2]

$$\frac{\text{장기부채 (Long term debt)}}{\text{총자본 (Total capitalization)}} = \frac{\$30,000}{\$120,000} = 25\%$$

총자본대비부채비율이 낮을수록 회사는 돈을 더 쉽게 빌릴 수 있다. '안전한' 재무비율 구성은 회사의 특성과 회사가 속한 산업 분야에 달려 있다. 예를 들어, 수익이 예측 가능한 전기 및 유틸리티 회사는 이자보상비율(interest coverage)이 낮더라도 총자본대비부채비율이 50%가 넘는 돈을 쉽게 빌릴 수 있다. 그러나 이익이 크게 변동하는 회사의 실적이 저조할 경우, 이자와 부채의 상환 능력이 1년 안에 심각하게 악화될 수 있기 때문에 총자본의 30% 이상의 돈을 차입하는 데 어려움을 겪을 것이다.

총부채비율 (Total Debt Ratio)

총부채비율(Total debt ratio)은 회사가 자산 대비 얼마나 많은 부채를 보유하고 있는지를 나타내는데, 총부채를 총자산으로 나눈 값이다. 위에서 설명한 총자본대비부채비율과 달리 총부채비율은 모든 유동부채가 포함된다. 특히, 유동부채에는 회사의 일상적인 운영에서 발생되는 매입채무(Account Payable)가 포함된다. 따라서 유동부채가 비정상적으로 높은 경우, 총부채비율은 총자본대비부채비율이 놓칠 수 있는 문제들을 알려 준다. 이는 특히 장기채권 시장이 매력적이지 않은 시기(즉, 매우 높은 금리)에 회사가 돈을 빌리기를 원할 때 발생할 수 있으

---

2 지금까지 우리가 본 자본은 장기부채와 자기자본이 유일하며 다음 장에서 다른 유형의 자본 항목들을 보게 될 것이다.

며, 결과적으로 회사는 기존의 한도 대출(line of credit)에서 많은 돈을 빌릴 수밖에 없다. 한도 대출은 단기 부채로 간주되는데 장기부채(long-term debt)만을 사용한 레버리지 비율은 단기 부채를 고려하지 않기 때문에 회사의 부채 수준을 과소평가할 수 있다.

$$\text{총부채비율 (Total Debt Ratio)} = \frac{\text{총자산 (Total Assets) - 총자본 (Total Equity)}}{\text{총자산 (Total Assets)}}$$

$$= \frac{\$140,000 - \$90,000}{\$140,000} = 0.36$$

부채비율(debt ratio)이 높을수록 회사는 위험하다고 간주된다. 보통 부채비율이 0.5를 넘는 기업은 '레버리지가 높은(highly levered)' 회사로 간주된다. 따라서 우리는 분석을 마치기 전에 항상 총부채비율을 다른 회사들과 비교해야 할 것이다.

유동비율 또는 재무건전성비율
(LIQUIDITY OR FINANCIAL CONDITION RATIOS)

유동비율 (Current Ratio)

유동비율(Current ratio)은 유동자산을 유동부채로 나눈 값이며 회사가 단기 부채를 상환할 수 있는 능력을 가늠하는 척도이다. 유동자산은 1년 이내에 현금으로 전환될 것으로 예상되는 자산인 반면 유동부채는 1년 이내에 상환해야 하는 부채이다. 정상적인 사업 운영 과정에서 유동자산(재고, 매출채권)은 계속 추가되는 반면, 유동부채는 지속적으로 상환되기 때문에 유동비율은 일반적으로 기업의 일상적인 운영에 필요한 것들을 충족시키고 있는지 가늠하는 척도로 볼 수 있다. JMC의 경우 2010년의 현재 유동비율은 4:1이므로 4배(4x)로 기록된다. 우리는 유동부채 1달러당 4달러의 유동자산이 있다고 말하거나, JMC가 유동부채를 4배의 유동자산으로 충당하고 있다고 이야기할 수 있다.

$$\text{유동비율} \atop \text{(Current Ratio)} = \frac{\text{유동자산 (Current Assets)}}{\text{유동부채 (Current Liabilities)}} = \frac{\$80,000}{\$20,000} = 4:1$$

채권자들은 채무의 이행을 약속한 회사에 돈을 빌려주기 때문에, 회사의 유동성
이 반영된 높은 유동비율을 선호한다. 그러나 높은 유동비율은 현금의 비효율적
인 사용이나 재고 관리의 부실을 나타낼지도 모른다. 따라서 유동비율을 동종업
계 내 경쟁 회사들의 유동비율과 함께 비교하는 것이 도움이 된다.

당좌비율 (Quick Ratio)

당좌비율(Quick ratio)은 회사가 부채를 단기적으로 상환할 수 있는 능력을 알
려 주는 재무비율이다. 당좌비율을 '산성 시험(Acid Test)'이라고도 부른다. 당좌
비율의 계산은 유동자산을 유동부채로 나누기 전, 먼저 재고를 유동자산에서 차
감한다. 보통 재고는 유동성이 가장 적은 자산이고 반드시 판매되어 현금화되어
야 하기 때문이다. 재고가 많은 경우 다음을 유추해 볼 수 있는데, 1. 재고의 과
잉 구매(overbought) 또는, 2. 회사의 완제품(finished goods) 판매가 저조하거나
그 외 문제들이 재고의 유동성을 훨씬 악화시킨다.

$$\text{당좌비율} \atop \text{(Quick Ratio)} = \frac{\text{유동자산 (Current Assets)} - \text{재고 (Inventory)}}{\text{유동부채 (Current Liabilities)}}$$

$$= \frac{\$80,000 - \$40,000}{\$20,000} = 2:1$$

JMC의 경우 재고가 유동자산의 절반을 차지한다. 따라서, 당좌비율은 2:1, 즉
유동부채는 2배 이상 많은 현금성자산(유동자산에서 재고를 차감한 자산)으로 충
당된다. 일반적으로 당좌비율이 1:1 이상이면 회사는 1년 내 만기가 도래하는 유
동부채를 충당하기에 충분한 현금과 매출채권을 가지고 있다고 볼 수 있다. 다시

말하지만, 분석 대상 기업의 당좌비율을 동종업계의 평균 비율과 비교해야 한다.

현금비율 (Cash Ratio)

현금비율(Cash ratio)은 현금과 유가증권을 유동부채로 나눈 값이다. 쉽게 이야기해서 현금비율은 당좌비율보다 훨씬 엄격한 재무비율로 볼 수 있다.

$$\frac{현금(Cash) + 유가증권(Marketable\ securities)}{유동부채\ (Current\ Liabilities)} = \frac{\$5,000 + \$25,000}{\$20,000} = 1.5 : 1$$

위 세 가지 비율은 회사별 또는 특히 업종별로 차이가 크기 때문에 실제 비율은 큰 의미가 없지만 일정 기간 동안 회사에서 발생하는 변화를 중요시해야 한다. 만약 애널리스트가 표 4.2의 수치를 본다면, 회사의 재무 상태가 악화되고 있다고 결론을 내릴 것이다. 그리고 유동부채의 상환을 위해서 채권이나 주식을 발행하여 외부자금을 조달해야 할 필요가 있다고 생각할 것이다.

표 4.2 - XYZ 사의 재무건전성비율 추이

	2009	2010	2011	2012
유동비율 (Current Ratio)	2.4/1	2.5/1	1.2/1	0.7/1
당좌비율 (Quick Ratio)	1.1/1	0.9/1	0.6/1	0.5/1
현금비율 (Cash Ratio)	0.8/1	0.8/1	0.4/1	0.3/1

애널리스트는 수익성비율 또한 악화되고 있는지를 확인해야 할 것이며, 어떤 문제들이 재무 상태를 악화시켰는지 회사의 경영진에게 질문을 해야 할 것이다. 회사의 경영진은 재무제표상에 나타나 있지 않은 문제들에 대해서 설명할 수 있다.

효율성비율 (EFFICIENCY RATIOS)

효율성비율(Efficiency ratio)은 회사가 특정 자산을 얼마나 잘 관리하는지를 나타낸다. 재고와 매출채권의 효율적인 관리는 회사가 자금을 조달하는 데 드는 금융비용(financing costs)을 절감할 수 있다. 우리는 효율성비율이 때때로 회사에 문제가 있음을 조기에 어떻게 알려 줄 수 있는지를 살펴볼 것이다.

총자산회전율 (Total Asset Turnover)

총자산회전율(Total asset turnover)은 회사가 자산을 모두 사용하여 얼마나 매출을 창출하는지 경영진의 효율성을 평가하는 재무비율이다. 공식은 단순히 매출을 총자산으로 나눈 값이며 JMC의 경우 총자산회전율은 0.71이다. 이는 2010년 JMC가 자산 1달러당 0.71달러의 매출을 올렸다는 것을 의미한다. 총자산회전율이 높을수록 회사는 매출을 창출하기 위하며 자산을 효율적으로 사용하고 있다고 볼 수 있다. 투하자본이익률과 마찬가지로 총자산회전율은 회사의 매출을 같은 연도의 총자산평균(average total assets)으로 나누어 계산하는데 이는 회사의 자산이 연중 변화한다는 사실을 반영한다.

$$\frac{\text{총자산회전율}}{\text{(Total Asset Turnover)}} = \frac{\text{매출 (Sales)}}{\text{총자산 (Total Assets)}} = \frac{\$100,000}{\$140,000} = 0.71$$

매출대비재고비율 (Inventory to Sales Ratio)

회사의 재고는 항상 회전된다. 즉, 오래된 재고는 계속해서 판매될 것이고 새로운 재고는 계속해서 추가된다. 회사는 고객들의 주문의 이행을 위해서 충분한 재고를 확보해야 하지만 추가 재고를 운반하는 비용이 많이 들기 때문에 필요 이상의 재고 보유를 원하지 않는다. 따라서 회사는 고객들의 주문과 재고량의 균형을 맞추기 위해서 얼마나 많은 재고를 보유해야 하는지를 시간이 흐를수록 학습하게 된다. 실제 회사 재고 수준은 새로운 재고의 제조와 매입 그리고 고객에게 보내는 제품 출하량의 증가나 감소에 따라 달라진다. 충분한 재고를 확보하기 위해서 회사는 제품의 제조와 재고 구매 일정을 사전에 계획해야 한다. 만약 고객에 대한 판매가 예상외로 둔화될 경우, 원자재의 매입 또는 제조 공정을 늦추거나 멈추기 전에 필요한 수량보다 많은 재고가 보유될 수 있다. 이러한 재고의 축적은 투자자들에게 매출이 둔화되고 있다는 조짐으로 해석될 수 있다. 한편, 회사의 매출이 증가하고 있는 경우, 재고가 서서히 쌓일 것으로 예상되기 때문에 문제가 되지 않는다. 따라서 재고 수준을 확인하는 가장 좋은 방법은 회사의 매출 대비 재고 수준을 살펴보는 것이다. JMC의 2010년 매출대비재고비율은 다음과 같았다.

$$\frac{재고\ (Inventory)}{매출\ (Sales)} = \frac{\$40,000}{\$100,000} = 40\%$$

다른 재무비율들과 마찬가지로 1년이라는 시간만으로는 분석이 어렵지만 1년 이상의 기간 동안 매출대비재고비율을 지켜보면 잠재적인 문제들이 드러날 수 있다. 예를 들어 JMC의 매출대비재고비율을 다음과 같이 가정해 보겠다.

	2007	2008	2009	2010	2011
매출대비재고비율 (Inventory to sales ratio)	43%	40%	46%	40%	65%

애널리스트가 위의 매출대비재고비율을 검토한다면 2011년 재고 증가의 원인을 궁금해할 것이다. JMC가 2012년과 그 이후의 장기적인 매출과 이익 성장을 위하여 한층 업그레이드된 쥐덫의 신제품 라인(product line)을 발표했기 때문에 JMC는 판매량의 급증을 예상하고 추가 재고를 비축하고 있었을지 모른다. 또한 신제품 라인 발표 때문에 고객이 기존 쥐덫에 대한 주문을 취소했을 수 있다. 이렇게

투자자들은 신제품에 대한 경영진의 답변을 통하여 2011년의 재고 증가가 일시적이라 생각하고 안심할 수 있다. 만약 경쟁업체가 JMC의 쥐덫보다 나은 쥐덫을 출시하거나 JMC의 쥐덫보다 저렴한 가격에 쥐덫을 판매함으로써 재고의 증가가 발생했다면 투자자들은 JMC의 사업이 어려움을 겪고 있다고 생각할 것이다. 만약 쥐덫 재고 증가의 원인이 두 번째 이유라면 JMC의 주가는 하락할 것이며 투자자는 주식을 매도해야 할 것이다. 경영진의 충분한 답변이 없는 상황에서 투자자들이 재고 증가의 이유를 알지 못한다면 최악의 상황을 가정하고 주식을 매도하는 것이 나을지도 모른다.

재고회전율 (Inventory Turnover)

일부 애널리스트들은 매출대비재고비율(inventory to sales ratio)을 보는 대신 거꾸로 재고대비매출비율(sales to inventory ratio)을 본다. 이를 **재고회전율(inventory turnover)**이라고도 한다. 매출대비재고비율을 계산하는 데 사용된 재고와 판매량 수치로 해당 연도의 재고회전율을 계산하면 다음과 같다.

	2007	2008	2009	2010	2011
재고대비매출비율 또는 재고회전율 (Sales to inventory ratio or Inventory turnover ratio)	2.3x	2.5x	2.2x	2.5x	1.5x

JMC의 **재고회전율이 2011년에 급격히 감소**한 것을 알 수 있는데 이것이 문제가 될 소지가 있다.

재고회전일수 (Inventory Turnover in Days)

회사의 재고 수준을 살펴보는 또 다른 방법은 현재 재고가 판매로 이어지는 기간이 며칠인지 조사하는 것이다. 재고 판매의 평균 일수는 365일을 재고회전율로 나누어 결정할 수 있다. 다음 페이지의 계산에 따르면 2011년 JMC의 재고는 판매 전까지 평균 243일 동안 재고로 남아 있었던 것이다.

$$\text{재고회전일수} \atop (\text{Inventory Turnover in Days}) = \cfrac{365\text{일}}{\text{재고회전율} \atop (\text{Inventory Turnover})} = \cfrac{365}{1.5} = 243\text{일}$$

과거 5년 기간 동안 JMC의 재고회전일수를 살펴보면 앞서 본 것처럼 재고가 축적되고 있음을 볼 수 있다.

	2007	2008	2009	2010	2011
재고판매일수 (Days Sales in Inventory)	159	146	166	146	243

이는 2011년 말에 JMC가 쥐덫의 판매를 위해 충분한 재고를 243일 동안 보유했음을 나타낸다. 여기서 문제는 회사의 매출이 증가하여 연말의 일일 매출이 연초의 일일 매출보다 많아진다면 비율을 왜곡시킨다는 것이다. 이러한 문제에 대한 해결책은 각 분기의 매출과 분기 말의 재고량을 파악하는 것이다. 일부 투자자들은 매출대비재고비율(inventory to sales ratio) 또는 재고회전율(inventory turnover ratio)을 계산할 때 **매출액(sales)** 대신 **매출원가(cost of goods sold)**를 사용하는데 그 이유는 가격의 변동으로 인해 매출 수준이 변동했을 수도 있기 때문이다. 따라서 실제 재고량 대비 매출 수치가 오해를 일으킬 수 있다.

따라서 매출(sales) 대신 매출원가(cost of goods sold)를 사용함으로써 이러한 왜곡을 방지할 수 있다.

매출대비매출채권비율 (Accounts Receivable-to-Sales Ratio)

앞서 다룬 재무비율과 마찬가지로, **매출대비매출채권비율(Accounts Receivable-to-Sales Ratio)**도 회사에 뭔가 문제가 있음을 나타낸다. 매출대비매출채권 비율 또한 일정 기간 동안 관찰하는 것이 좋다. 2010년 말 JMC의 매출대비매출채권비율은 다음과 같다.

$$\frac{\text{매출채권 (Accounts Receivable)}}{\text{매출 (Sales)}} = \frac{\$10,000}{\$100,000} = 10\%$$

만약 매출대비매출채권비율이 일정 기간 동안 동일한 수준에 머무른다면 별 문제가 없을 것이다. 하지만 매출대비매출채권비율이 갑자기 급상승할 경우, 이는 JMC의 거래처가 매출채권 대금을 지불하지 않고 있다고 해석할 수 있고 결국 JMC가 부채를 상환하지 못하고 파산할 가능성도 있다는 것을 의미한다. 따라서 투자자가 매출대비매출채권비율이 비정상적으로 상승하는 것을 보게 되면 반드시 그 원인을 파악해야 하고 납득할 만한 이유가 없으면 주식을 매도해야 할 것이다.

매출채권회전율과 매출채권회전일수
(Accounts Receivable Turnover and Days Sales in Receivables)

매출대비매출채권비율(Accounts Receivable-to-Sales Ratio)의 역수인 **매출채권회전율(Accounts Receivables Turnover)**은 회사가 매출채권을 얼마나 빨리 회수하는지를 나타낸다. 2010년 JMC의 매출액은 10배였다.

$$\frac{\text{매출채권회전율}}{\text{(Receivable Turnover)}} = \frac{\text{매출 (Sales)}}{\text{매출채권 (Accounts Receivable)}} = \frac{\$100,000}{\$10,000} = 10\text{x}$$

매출채권회전일수를 이용하여 회사는 평균 36.5일마다 외상(신용)판매액을 징수하는 것을 확인할 수 있다. 이 비율을 **매출채권 평균추심기간(the average receivables collection period)**, 또는 **미결판매일수(day sales outstanding)**라고도 한다.

$$\text{매출채권회전일수} \atop \text{(Receivable Turnover in Days)} = \frac{365일}{\text{매출채권회전율} \atop \text{(Receivable Turnover)}} = \frac{365}{10} = 36.5일$$

만약 투자자가 제품의 미결판매일수가 크게 증가하는 것을 보게 된다면 이는 경고 신호일 수 있다. JMC의 거래처가 판매 대금 지급을 연체하거나 중단하는 경우, 이는 거래처가 재정적인 어려움을 겪고 있음을 의미한다. 거래처가 폐업할 경우 JMC는 매출채권을 상실할 뿐만 아니라 고객도 잃게 된다. 또다른 부정적인 시그널은 JMC가 매출이 감소하는 것을 보고 매출 수준을 유지하기 위해서 재정적인 위험이 높은 소매업체들에게 쥐덫을 팔기 시작하는 것이다. 이러한 소매업체들은 판매 대금을 제때 지급하지 않거나 폐업할 경우 매출채권 회수가 아예 불가능할 것이다.

5장 회사의 상장 – 신주모집과 구주매출
GOING PUBLIC – PRIMARY AND SECONDARY OFFERINGS

주식은 회사의 소유권을 나타낸다. "JMC, Inc.는 500주를 보유하고 있다"라는 말은 JMC의 소유권이 500개의 동등한 지분으로 나누어져 각 주식이 500분의 1의 소유권을 나타내는 것을 의미한다. 그리고 개인투자자들과 기관투자자(뮤추얼펀드, 헤지펀드, 연금펀드, 보험회사 외 기타)들이 주식을 소유하고 있는 것이다. 또는 '현재 투자자들이 JMC가 발행한 주식 500주를 보유하고 있다(JMC, Inc has 500 shares outstanding, which are owned by investors)'라고 말하는 것이 더 명확한 표현일 것이다. 회사는 자체적으로 주식을 보유할 수 없지만 주주들로부터 자사의 주식을 다시 매입할 수 있다. 회사가 다시 취득한 주식들은 더 이상 회사의 일부에 대한 소유권을 나타내지 않는데 이러한 주식들을 **금고주(treasury stocks)**[1]라고 한다. 금고주는 주주총회에서의 의결권과 배당을 요구할 수 있는 권리가 없다. 이러한 주식들은 회사가 다시 발행하지 않는 이상 아무런 가치가 없다.

만약 JMC 주식 10주를 보유한 투자자가 보유 주식들을 다른 투자자에게 팔았다면, 이는 단순히 회사 소유권 일부(10주)의 손바뀜(changed hands)이 일어났음

---

1 역자의 해설: 흔히 'treasury stock'이 '자사주'로 지칭되는데 문맥상 'treasury stock'의 올바른 해석은 '자사주'가 아니라 '금고주'라고 표현하는 게 바람직하다. '금고주'는 회사가 매입한 자사 주식들을 바로 소각(retiring shares, 회사가 시장에서 다시 매입한 자사 주식을 없애는 행위)하지 않을 경우 회사 대차대조표상 자본의 대조계정(contra-equity account)에 기록되는 주식들을 말한다. 회사가 매입한 주식을 바로 소각하지 않는 이유는 여러 가지가 있는데 1. 회사가 적대적 인수합병(hostile takeover)의 위기를 느껴 지분을 늘리고자 하는 경우, 2. 매입한 자사주를 향후 시장에 다시 공모를 통해 되팔기 위해 보유하는 경우(held for resale) 등이 있다.

을 의미한다. 손바뀜이 일어난 시점의 가격과는 상관없이 회사 계좌에는 아무런 영향이 없으며 유통주식수는 여전히 500주이다. 보통주 액면가(Common stock at par value)나 추가납입자본금 계정(Additional paid-in capital) 또한 변경되지 않는다. **보통주 액면가와 추가납입자본금은 회사가 첫 번째 소유주에게 주식을 발행하고 받은 총투자금을 나타낸다.**

예를 들어, 내가 쉐보레(Chevrolet, 미국의 자동차 브랜드)를 구입한다면, 그 돈은 제너럴모터스(General Motors, NYSE: GM)에게 갈 것이다. 내가 구입한 쉐보레를 이웃에게 다시 판다면 이웃은 내게 돈을 지불해야 할 것이다. 하지만 제너럴모터스는 내 이웃이 내게 지불한 돈과 아무런 관련이 없다. 차의 소유권은 매일 바뀔 수 있지만 제너럴모터스의 재무제표에는 아무런 영향을 미치지 않는다. 마찬가지로, 일단 JMC가 주식을 발행하면, 주식의 소유권은 투자자들에 의해 시장 가격에 매일 거래되지만, 이러한 거래들은 JMC의 회사 계좌에 영향을 미치지 않는다.

JMC는 현재 비상장기업(private company)이다. 아직 증권거래위원회(SEC)에 등록되어 일반 대중에 판매된 주식이 하나도 없다는 뜻이다. 우리가 3장 말미에서 이미 다룬 것처럼 기업의 주식이 일반 대중(또는 다수의 투자자들)에게 판매되기 전 먼저 SEC에 주식 등록 절차를 거쳐야 한다.

따라서, 등록 절차를 거치기 전, JMC는 신주를 매각할 수 있는 권한이 제한되며, JMC의 12명의 주주들 또한 보유한 주식을 다른 투자자들에게 팔 수 있는 권한이 제한된다.

상장(JMC의 주식 일부를 SEC에 등록하여 매각함)은 회사가 새로운 주식을 매각하는 것과 기존 주주들이 보유한(미등록) 주식을 매각하는 것을 훨씬 쉽게 한다. 회사가 '상장(public)'된다는 것은 회사 주식의 일부(전부가 아님)가 SEC에 등록되어야 한다는 것을 알아야 할 것이다.[2] 앞으로 우리가 보게 될 것처럼 회사

---

2 이미 등기된 주식이 다시 등기되어야 하는 경우가 흔치 않게 발생한다. 이 부분은 나중에 설명할 것이다.

의 상장을 통해 미등록 주식의 매각이 다소 쉬워지지만 이러한 미등록 주식의 매각에는 여전히 제한이 있다. 어찌 됐든 회사 주식의 일부가 등록되고 일반 대중에 매각되면 회사는 상장기업으로 간주된다.

따라서 회사가 상장하고자 하는 이유는 다음 두 가지가 있다.

1. 회사는 더 많은 자본을 조달하기를 원하며, 부채를 발행하거나 또 다른 사모(private offering)을 더 이상 원하지 않는다.[3] 따라서 회사는 새로 주식(기존 주주들로부터 허가를 받은 경우)을 발행하여 신규 투자자들 또는 기존 투자자들에게 매각한다. 그리고 신주발행으로 생긴 돈은 회사에게 돌아간다.

2. 비상장기업의 기존 주주들은 상장을 통해 보유 주식을 팔아서 돈을 벌기를 원한다. 이 경우 주식 매각으로 생긴 돈은 주식을 매각하려는 주주들에게 직접 돌아간다.

둘 중 어느 경우라도 SEC에 증권 등록신고서를 제출해야 하는 것은 회사 임원들이지만 2번의 경우 우리는 회사를 상장시키는 주체가 주주들이라고 볼 수 있다. 일반적으로 회사가 설립되면 투자자들은 아직 등록되지 않은 주식을 대가로 언제 그리고 어떤 상황에서 회사를 상장시킬 수 있는지를 결정한다. 이 계약은 서면으로 작성되어 회사에 투자하고자 하는 모든 사람들이 서명한다. 이를 '등록권(registration rights)' 계약이라고 한다. 등록권 계약서에는 "회사에 최소 2년 이상 이익이 발생하고 주주 과반수가 공모에 찬성할 경우, 주주들은 회사 임원들에게 공모를 위한 모든 절차를 밟도록 요구할 수 있는 권리가 있다"라는 내용이 담길 수 있다. 초기에 주주들과의 이러한 합의 내용은 회사마다 다르다는 점을 여러분이 알아야 할 것이다.

---

3 역자의 해설: 사모를 연고모집 또는 3자배정이라고도 하는데 금융자산이 최소 100만 달러 이상인 특정 고액 자산가 개인 고객들, 보험회사, 뮤추얼 펀드, 연기금 및 그 외 기관투자자들 대상으로 주식을 판매하는 것을 말한다.

주식 등록 (REGISTERING THE STOCK)

이전 페이지에서 다룬 회사가 상장하고자 하는 두 가지 이유 중 어느 경우를 막론하고 회사가 일반 대중에 판매할 주식들은 먼저 SEC에 등록되어야 한다. 이 말은 곧 (1) 회사가 매각할 주식수, (2) 회사가 매각하려는 주식이 신주인지 또는 현재 주주들이 판매하고 있는 이미 발행된 구주인지 (3) 잠재적 투자자(매수자)가 주식이 어떤 리스크를 수반하는지를 평가를 위한 재무 정보와 기타 정보가 회사의 증권 등록신고서에 포함되어야 한다. 이러한 정보들은 SEC의 S-1(유가증권 등록신고서 양식)이나 그 외 유사 양식에 따라 SEC에 제출된다. 대부분의 회사 관련 정보는 **투자설명서(prospectus)**라고 불리는 작은 책자에 요약 정리되어 있으며 SEC는 제출된 S-1과 투자설명서를 검토한다. SEC의 심사관들은 제출 서류가 증권법 규정을 완전히 준수하고 충분한 정보가 제시되었다고 만족하지 않을 경우 더 많은 정보를 요청할 수 있다. 하지만 회사가 제출한 정보가 진실한 정보인지 또는 투자자들이 올바른 투자 결정을 내리기에 충분한 정보라는 것에 대해서 증명할 길이 없다. SEC가 주식을 일반 대중에게 판매하는 것을 승인할 때(주식 등록 절차가 완료되었을 때), 일반적으로 투자자들은 주식의 위험에 대해 충분한 정보가 일반 대중에게 공개되었다고 간주한다. 다만, 공개된 정보가 거짓으로 판명될 경우, 투자설명서의 정보에 근거하여 주식을 산 사람은 주식을 회사에 돌려주고 돈을 환불받을 수 있다. 그리고 이러한 사기 범죄를 저지른 가해자는 형사 처벌 대상이다.

투자설명서는 주로 회사의 과거 실적과 주식과 관련된 위험을 다룬다. 투자설명서는 미래의 회사 실적을 예측하거나 미래에 주식 가치가 얼마인지를 결정하는 데 도움이 될 수 있는 정보를 제공하지 않지만 투자설명서에 포함된 과거 데이터와 기타 정보는 투자자들이 주식가격을 평가할 수 있는 좋은 시발점이 될 것이다.

등록신고서(registration statement)가 SEC에 계류되어 있는 동안, 우리는 그 회사가 '등록 중(in registration)'이라고 말한다. 회사가 등록 중인 기간 동안 '레드헤링(red herring)'이라고 불리는 **예비투자설명서(Red Herring Prospectus, RHP)**의 인쇄 및 배포가 허용된다. 레드헤링은 등록신고서가 단지 예비투자설명서일 뿐이고 차후 내용이 변경될 수 있다는 사실이 앞면에 붉은 잉크로 인쇄되어야 한다는 것에서 유래한 이름이다.

SEC가 투자설명서가 충분한 정보를 제공한다고 판단하면, 즉 투자설명서가 의무적인 공시 요건들을 모두 충족하는 경우, SEC는 회사의 상장이 '유효(effective)'하다고 선언한다. 상장의 유효가 선언되면, 회사 주주들은 등록된 주식을 자유롭게 매각하거나 보유 여부를 결정할 것이다. 독자들은 주주 또는 회사가 등록한 주식수가 투자설명서에 명시되어 있음을 기억해야 한다. 일단 상장된 주식들이 매각되면, 매각된 주식들은 **영구적**으로 등록된 것으로 간주되며, 다른 추가 투자설명서를 제출할 필요 없이 투자자들 간에 거래될 수 있다.

보통 새로 등록된 주식은 바로 매각할 수 있지만 꼭 그럴 필요는 없다. 등록신고서는 보통 60일에서 1년 이상 유효하다. 회사는 '등록 유효(effective)' 상태를 유지하기 위해 등록신고서를 갱신할 수 있지만, 시간이 흐른 뒤 등록 유효 기간 내 매각하지 않은 주식들은 더 이상 등록 주식으로 간주되지 않는다. 따라서 회사가 새로운 등록신고서를 SEC에 제출하고 등록 유효가 다시 승인될 때까지 주식을 매각하는 것은 불가능하다. 등록이 취소되는 이유는 회사와 관련된 새로운 중요 정보가 부족하거나 시간이 경과했음에도 불구하고 오래된 정보가 새로 갱신되지 않았기 때문이다.

등록의 예외 (Exceptions to Registration)

정식 등록 절차 외에 몇 가지 예외들이 있다. 첫째, SEC 144 조항(Rule 144)에 따르면, 미등록 주식을 최소 2년 이상 보유하고 있는 투자자들에 한해서 미등록 주식을 일반 대중에게 매각할 수 있다. 보유 기간 1~2년의 미등록 주식 또한

144 조항에 따라 매도할 수 있지만, 1인이 3개월 동안 매각 가능한 주식수 제한 등 일부 제한들이 존재한다.

일단 미등록 주식이 144 조항에 따라 매각되면 등록 주식처럼 영구적으로 거래할 수 있다.

정식 등록 절차를 피할 수 있는 다른 방법들은 144A 조항(Rule 144A)과 증권법 규정 S(Regulation S)가 있다. 144A 조항은 회사가 적격기관투자자(Qualified Institutional Buyers, QIB)들에게 미등록 주식을 팔 수 있도록 허용하고 있다. 적격기관투자자는 헤지펀드, 뮤추얼 펀드, 연기금, 보험회사 등을 말한다.

이 144A 조항에 해당하는 주식은 미등록 상태로 있는 동안 적격기관투자자들 간에 자유롭게 거래될 수 있지만, 미등록 주식이 일반 대중에게 판매되기 위해서는 정식 등록 절차를 거치거나 144 조항에 따라 매각되어야 한다.

144A 조항과 144 조항을 혼동하지 말자. 144A는 회사가 새로운 주식을 발행하여 매각(신주모집)하는 것을 말한다. 반면 144 조항은 주주들이 이미 발행된 주식을 매각하는 것(구주매출)을 다룬다. 규정 S(Registration S)는 회사가 해외(미국 외) 투자자들에게 미등록된 신주를 매각할 수 있도록 허용하고 있다. 이러한 주식들도 결국 등록 절차를 거쳐 미국 시장에 다시 들어와 등록 주식으로 취급될 수 있다. 증권 등록 신고 규정에 대해서 몇 가지 예외들(예: 크라우드 펀딩)이 존재하는데 이 책에서 다루기엔 중요한 내용이 아니다.

신주모집과 구주매출 그리고 회사의 상장
(PRIMARY AND SECONDARY OFFERINGS, AND GOING PUBLIC)

회사가 새로운 주식을 발행하여 비공개적(미등록 주식) 또는 공개적(등록 주식)으로 주식을 매각할 때, 이러한 주식 매각 거래를 **신주모집(primary offering)**이라고 한다. 반면 기존 주주가 이미 발행된 주식을 다른 개인이나 일반인에게 매

각하는 것을 구주매출(secondary offering)이라고 한다.[4]

신주모집(primary offering)에서 발생한 주식 매각 대금은 회사에 귀속되는 반면 구주매출(secondary offering)에서 나온 주식 매각 대금은 주식을 매각한 주주들에게 귀속된다. 신주모집은 주주들의 승인이 있는 이상 횟수에 제한이 없으며, 마찬가지로 구주매출 역시 주주들의 승인이 있을 경우 거래 횟수에 제한이 없다는 사실을 독자들이 반드시 기억해야 할 것이다. 거듭 강조하지만, 구주매출(secondary offering)은 기존 투자자들이 보유하고 있는 주식을 다른 투자자들에게 판매하는 행위를 뜻한다.

등록 주식이 처음으로 일반 대중에 공개적으로 매각될 때, 신주모집(primary offering)이나 구주매출(secondary offering) 형태의 여부와 관계없이, 우리는 회사가 "상장을 한다(going public)" 말하거나 "기업공개를 한다(having its initial public offering)"라고 말한다. 기업공개(IPO) 이후 회사는 상장회사로 간주되고 등록 주식의 일부는 일반 대중에게 매각된다. 회사는 이후 더 많은 공모(public offering)를 할 수 있지만, 이러한 후속적인 공모가 기업의 상장(going public)을 의미하지는 않는다. 회사는 IPO(Initial Public Offering)라고 불리는 최초 공모를 통해 이미 상장기업이 된 것이다. 회사가 IPO 이후 또 다른 공모를 통해서 주식 매수자들을 모집할 경우, 우리는 회사가 추가로 "신주를 발행한다(selling a new issue)" 또는 "후속공모(follow-on offering)를 하고 있다"라고 말할 수 있다.

문맥상 '세컨더리(secondary)'라는 단어의 정확한 뜻은, 기존 주주들과 제3의 매수자들 간의 거래 행위를 말한다. 예를 들어, 기존 투자자들이 보유한 주식을 다른 투자자들에게 다시 매각할 경우, 기존 투자자들은 2차 매매(secondary sale)

---

4 역자의 해설: 새로 발행된 주식이 등록 절차를 거쳐 일반 대중에 공개적으로 매각되는 것을 일반 공모라고도 부른다. 신주모집(신주발행)을 좀 더 폭넓은 의미로 해석하면 회사가 신규로 발행한 주식들을 매각한다 점에서 볼 때 일반 공모는 신주모집의 유형이라고 볼 수 있다. 반면 아직 등록 절차를 거치지 않은 새로 발행된 미등록 주식들을 회사가 비공개적으로 매각(사모)하는 것 또한 신주모집으로 볼 수 있는 것이다.

를 한 것이다. 뉴욕증권거래소(NYSE)나 나스닥(NASDAQ), 또는 장외(over the counter) 같은 주식시장에서 일어나는 거래들은 엄밀히 말해서 2차 매매인 것이다. 하지만 우리는 이러한 주식시장에서 이루어지는 거래들을 그냥 '트레이드(trades)'라고 부르며 세컨더리(secondary)라는 단어는 자주 사용되지 않는다.

일반적으로 **구주매출(secondary offering)**은 개인투자자나 금융기관들이 보유한 미등록 주식들이 정식 등록되어 일반 대중에 공개적으로 판매되는 것을 의미한다. 예를 들어, JMC 회사의 경우, 존스와 JMC의 초기 투자자들이 보유한 주식을 등록하고 일반 대중에게 팔기로 결정한다면, 그것은 구주매출이 될 것이다. 만약 존스와 투자자들이 144 조항에 따라 등록 없이 주식을 매각하였다면, 해당 주식은 이미 발행되었고(already outstanding), 주식 판매 대금은 회사가 아닌 주식을 매도한 주주들에게 귀속되기 때문에 이러한 거래 행위 또한 구주매출로 간주된다. 마찬가지로, 미등록 주식을 보유하고 있는 금융기관들 또한 주식을 등록하고 구주매출을 통해 일반 대중에게 주식을 매각하기를 원할 것이다. 이러한 미등록 주식들은 회사로부터 **연고모집(private placement)**을 통해 처음 매입되었을 것이다.

흔치 않지만 이전에 등록되었던 주식을 다시 등록하여 일반 대중에게 매각하는 것 또한 구주매출로 간주된다. 예를 들어 개인이나 펀드가 회사가 발행한 총주식의 10% 이상을 보유하다가 모든 주식을 한 번에 일반 대중에게 매각하려는 경우 기존 주주들은 먼저 회사가 SEC에 증권 등록신고서를 제출하도록 해야 한다. 주식 보유자들이 내부자일 때 이와 같은 경우가 많이 발생하는데 내부자는 일반 대중이 접근할 수 없는 회사 정보에 접근할 수 있기 때문이다.

등록신고서와 투자설명서가 내부자가 알고 있는 모든 정보를 공개할 수는 없지만 이론적으로 잠재적인 투자자가 위험을 평가하는 데 필요한 회사에 대한 최소한의 중요 정보(material information)는 모두 공개되어야 한다. 이 '중요정보공시(material disclosure)' 조항은 재상장(re-registered) 주식이나 새로 상장되는 주식을 포함한 모든 투자설명서에 적용된다.

위에서 설명한 'primary'와 'secondary' 용어 사용이 월 스트리트에서 일반적으로 통용되지만, '세컨더리(secondary)'라는 용어가 IPO 이후의 신주모집의 뜻으로 많은 사람들이 사용하게 되었다. 후속공모를 지칭하는 올바른 용어 사용은 '후속공모(follow-on offerings)' 또는 '2차공모(second public offering)', '3차공모(third public offering)' 등이 있다. 이러한 공모 대상의 주식은 신주를 지칭하며 후속공모는 신주모집(primary offering)을 뜻한다. 불행히도, '세컨더리(secondary)'라는 단어 때문에 많은 사람들이 **구주매출(secondary offering)**을 후속공모로 잘못 해석하는 경우가 많다.[5]

연고모집 (PRIVATE PLACEMENTS)

연고모집(private placement)은 회사가 개인 또는 금융기관에 **미등록(unregistered)** 신주를 매각할 때 발생한다. 주식 매각 대금은 회사로 귀속되기 때문에 이러한 매각은 신주모집이 될 것이다. 회사의 입장에서 보면, 신속한 자금 조달을 위해 시간과 비용이 많이 드는 등록 신고 절차를 피하길 원할 것이기 때문에 공개모집(public offering)보다 연고모집을 통하여 미등록 주식을 매각하는 것을 선호할 수 있다. 또한 회사가 주식을 등록하여 일반 대중에게 판매하려면 회사 정보를 투자설명서에 공개해야 할 의무가 있는데 공개를 원치 않는 정보가 있을 수 있다.

회사가 이미 상장했더라도 연고모집을 통하여 미등록 주식을 매각할 수 있다는 점을 명심해야 할 것이다. 거듭 강조하지만 회사가 '상장'했단 말은 발행 주식 중 **일부**만이 주식시장에서 거래되고 있음을 뜻하며 회사가 발행한 주식 **전체**가 등록

---

5 역자의 해설: 독자들은 주식 공모에 대해서 이야기할 때 이 책에서 올바르게 정의하는 'primary'와 'secondary'가 무슨 뜻인지를 기억한다면 신주모집과 구주매출을 명확하게 구별하는 데 도움이 될 것이다. 한국에서는 신주모집과 구주매출에 관한 내용을 대한민국 상법 회사법 416~418조에서 정의하고 있으며 'primary offering'을 1차 공모, 'secondary offering'을 2차 공모로 영문 그대로 해석하는 것은 잘못된 해석이다.

절차를 거쳐 주식시장에서 거래되고 있음을 의미하지는 않는다. 그리고 회사가 연고모집을 통해 매각하는 미등록 신주들도 여전히 기존 주주들로부터 승인을 받아야 한다.

연고모집의 경우, **레전드(legend)**라고 불리는 설명이 실제 주식 증서에 인쇄되는데, 이는 등록신고서의 효력이 없는 경우 그리고 144 조항처럼, '등록 신고의 면제 사유'가 없으면 미등록 주식을 다시 매각(resale)할 수 없다는 것이다. 이러한 주식을 **레전드스톡(legend stock), 인베스먼트 레터스톡(Investment letter stock)** 또는 그냥 **레터스톡(letter stock)**이라고 부른다. 또한 레전드는 주식이 '투자 목적'으로 매입되었음을 표시한다. 이러한 레전드스톡이나 인베스먼트 레터스톡의 환매(resale)에 대해서 명확한 관련 법규가 없다. 미등록 주식을 매각하기 위해 2~3년을 의무적으로 보유해야 하는 경우도 있고 의무 보유 기간이 최소 4개월인 경우도 존재한다.

정의 (Definitions)

- **신주모집(primary offering)** - 회사가 주식을 새로 발행하여 공개적 또는 비공개적으로 매각하는 것을 신주모집 또는 신주발행이라고 한다. 회사는 신주모집을 통해서 주식을 매각하고 돈을 받게 된다.

- **구주매출(secondary offering)** - 이미 발행된 주식을 보유한 투자자들이 다른 투자자들에게 주식을 매각하는 행위를 구주매출이라고 한다. 구주매출에서 발생한 주식 매각 대금은 회사가 아닌 주식을 매각한 개인투자자들이나 기관투자자들에게 귀속된다. 일반적으로 일컫는 구주매출(secondary offering)은 기존 투자자들이 보유 중인 미등록 주식들을 등록하여 일반 대중에게 매각하는 행위를 말한다. 불행히도 2차(secondary)라는 단어 때문에 많은 사람들이 구주매출(secondary offering)을 기업공개(IPO) 이후 회사가 추가로 신주를 발행하기 위해 후속적으로 투자자들을 공개 모집하는 행위들과

동일시하는 우를 범하는데 IPO 이후의 회사의 후속공모는 신주모집 또는 신주발행으로 간주되어야 한다.

- **공개모집(public offering)** – 신주모집(primary offering)이나 구주매출(secondary offering) 형태 여부에 관계없이 등록된 주식이 일반 대중에 공개적으로 매각되는 모든 행위를 공개모집 또는 줄여서 공모라고 한다.

- **기업공개(Initial Public Offering)** – 기업이 처음으로 주식을 등록하여 일반 대중에게 매각하는 것을 기업공개(IPO)라고 한다. IPO는 신주모집이나 구주매출 또는 두 가지 모두 병행될 수 있다.

- **연고모집(Private Placement)** – 미등록 주식의 매각을 연고모집(private placement) 또는 사모(private offering)라고 부른다. 만약 회사가 연고모집을 통해 주식을 매각할 경우 신주모집(primary offering)으로 간주된다. 이미 발행된 미등록 주식들이 연고모집을 통해 투자자들 사이에서 거래되고 있는 경우, 연고모집은 구주매출(secondary offering)로 봐야 할 것이다.

- **후속공모(Follow-on offering)** – IPO 이후, 회사가 추가로 신주를 발행(primary offering)하여 매수자를 공개 모집하는 것을 후속공모라고 한다.

회사가 상장하는 이유 (WHY A COMPANY GOES PUBLIC)

이제 회사가 상장하는 이유를 다시 살펴보자. 회사가 상장하는 첫 번째 이유는 회사가 자금(자본)을 조달하기를 원하기 때문이다. 이것은 신주모집(primary offering)인 IPO로 이어질 것이다. 두 번째 이유는 비상장기업의 주주들 중 일부가 보유 주식의 일부 또는 전부를 매각하여 수익금을 얻길 원하기 때문이다. 이것은 구주매출 형태의 공모로 이어질 것이다. 실제로 대부분의 공모는 **혼합공모(combined offering)** 방식으로 이루어진다. 공모 대상 주식 중 일부는 회사가 매각하는 신주이고 나머지 주식은 기존 주주들이 매각하는 구주라는 뜻이다. 후자를 좀 더 자세히 살펴보자.

Ms Smith(스미스)는 JMC 100주를 소유하고 있다. JMC 주당이익은 10달러이며, 배당금(주당 5달러)을 매년 지급하고 있기 때문에 스미스는 연간 총 500달러의 배당금을 받게 된다. 만약 스미스가 JMC 주식을 팔 경우, 그녀는 예상 연배당금인 주당 5달러 이상보다 더 많은 수익을 얻을 수 있었을지도 모른다. 그 이유는 JMC의 향후 이익과 배당금이 증가할 수 있기 때문이다. 주당 5달러 이상의 연배당이 예상되기 때문에 스미스가 보유한 JMC 주식 1주는 최소 100달러 이상의 가치가 있을 것이다. 왜냐하면 100달러짜리 주식이 5달러의 배당금을 지급하면, 스미스는 5%의 매력적인 수익률을 얻을 수 있기 때문이다.

만약 JMC의 주당이익이 10달러이고 투자자들이 JMC 주식 1주당 100달러를 지불한다면, 우리는 주가수익비율(price to earnings ratio, 줄여서 P/E)이 10배라고 말할 수 있다.

$$\text{P/E 비율} \;=\; \frac{\text{주가 (Price / share)}}{\text{주당이익 (Earnings / share)}} \;=\; \frac{\$100}{\$10} \;=\; 10x$$

다시 말해서 투자자들은 JMC 주식 1주당 현재 주당이익의 10배(또는 현재 배당금의 20배)를 기꺼이 지불할 용의가 있다는 뜻이다.

월 스트리트에서는, "투자자들은 JMC주식에 대해 이익의 10배를 지불할 용의가 있다(Investors are willing to pay 10 times earnings for JMC)" 또는 "JMC의 주가수익비율은 10배이다(JMC's price-to-earnings ratio is 10x)", 또는 "현재 투자자들이 지불하는 JMC의 시가총액은 JMC 이익의 10배이다(The investment community is capitalizing JMC's earnings at 10 times)"라고 말한다. 여기서 'capitalize'라는 단어 사용에 유의하자. 거듭 이야기하지만 'capitalize'는 많은 의미를 가진 단어이다. 여기서 'capitalize'의 뜻은 JMC 주식에 대해 투자자들이 기꺼이 지불하려는 주가수익비율을 말한다.

만약 스미스가 JMC 주식 100주를 주당 100달러에 매도할 경우, 총 10,000달러의 현금을 받게 되며 주식을 계속 보유할 경우, 500달러의 배당을 매년 받을 것으로 예상된다. 회사의 초기 주주들이 상장을 원하는 주된 이유도 여기에 있다. 일반 대중이 높은 주가수익비율을 지불하고 주식을 매수할 용의가 있기 때문에 초기 주주들이 수년을 기다려야만 받을 수 있는 배당수익을 상장을 통하여 한 번에 현금으로 받을 수 있는 것이다.

물론 초기 투자자들은 보유한 주식을 모두 매도할 필요는 없다. 스미스가 배당수익 때문에 주식 전부를 계속 보유하기로 결정했다고 가정해 보자. 그리고 회사가 자체적으로 주식을 새로 발행하여 일반 대중에게 매각하거나 기존 투자자들이 보유한 주식들을 일반 대중에게 매각한다고 가정해 보자. 일반 대중이 1주당 100달러의 주가를 지불하고 주식이 계속해서 100달러에 거래될 경우, 스미스는 자신이 보유한 주식이 10,000달러의 가치가 있음을 알고 나중에 돈이 필요할 때 (등록 절차를 거친 후 또는 144 조항에 따라) 그녀가 보유한 주식을 매각할 수 있다.

주식투자자들이 현재 이익에서 높은 배수(multiple)를 기꺼이 지불할 의사가 있기 때문에, 주식의 상장은 좋은 사업 아이디어를 가진 사람들에게 창업 동기를 부여하고 2장에서 JMC에 투자한 초기 투자자들처럼 투자자들이 새로운 사업에 투자하도록 장려한다.[6]

때때로 이러한 인센티브 때문에 기업들이 유능한 직원들을 잃기도 한다. 예를 들어, 새로운 아이디어를 가진 엔지니어가 자신의 아이디어로 소속 회사로부터 보너스를 받을 수도 있지만, JMC의 존스처럼 자신의 회사를 직접 설립하고 다량의 주식을 보유했을 경우에 비해 훨씬 수입이 적을 것이다. 우리는 존스가 초기 투자자들로부터 투자금을 지원받을 때 JMC의 초기 자본의 3분의 1을 자신의 돈으로 투자했지만 회사 소유권 지분 60%를 가졌음을 기억해야 할 것이다.

---

6 페이스북(Facebook, NASDAQ: FB)의 경우 최대 75배의 P/E로 상장하였다.

회사들이 주요 직원들의 이탈을 막을 수 있는 한 가지 방법은 스톡옵션[7]을 제공하는 것이다. 스톡옵션은 직원들이 회사에 돈을 직접 투자하지 않고도 주식으로 많은 돈을 벌 수 있는 기회를 제공한다. 예를 들어, Ms Appel(에펠)은 XYZ 사의 유능한 직원이고, XYZ의 경영진은 에펠에게 XYZ 주식 100주에 대한 스톡옵션을 제공했고 가정해 보자. 스톡옵션에는 다음과 같은 항목이 포함될 것이다.

> 에펠은 향후 3년간 언제든지 회사로부터 100주의 주식을 주당 100
> 달러에 살 수 있는 권리가 있다.

이는 에펠이 현재 스톡옵션이 처음 제공된 시점부터 정해진 기간(최대 3년) 내에 언제든지 XYZ 주식을 일정 수량(최대 100주)까지 매수할 수 있는 권리가 있음을 뜻한다. 에펠이 2013년 1월 4일, XYZ의 주식이 주당 100달러에 거래되고 있을 시점에 스톡옵션을 받았다고 가정해 보자. 옵션 만기일(2016년 1월 4일) 전인 2014년 5월, XYZ의 주가가 주당 300달러까지 상승하자, 에펠은 XYZ의 주가가 최고 수준에 도달했다고 생각했다. 따라서 에펠은 스톡옵션을 행사하기로 결정했다. 에펠은 스톡옵션플랜을 관리하는 회사 담당자에게 전화를 걸어 자신의 스톡옵션을 행사하여 주당 100달러에 XYZ 주식 100주를 사고 싶다고 말했다. 에펠은 이제 같은 날 XYZ 주식을 300달러에 팔고 주당 200달러의 수익을 올릴 수 있다. 에펠이 스톡옵션을 행사할 수 있는 주식수가 100주였기 때문에, 에펠은 월급 외 2만 달러의 추가 수익을 올릴 수 있는 것이다.

만약 에펠이 스톡옵션을 보유하는 기간 동안 XYZ의 주가가 하락해도 나가는 돈이 없기 때문에 에펠은 잃는 것이 없다. 이처럼 스톡옵션의 제공은 기업들이 상당한 지분 상실 없이 유능한 직원들을 만족시킬수 있게 한다. 또한 스톡옵션

---

7 이러한 옵션들은 회사로부터 직접 주식을 매입하는 옵션을 말하며 투자자가 주식브로커를 통해 시장에서 거래할 수 있는 옵션이 아니다.

대부분이 직원이 퇴사할 경우 퇴사 직원은 스톡옵션을 포기하도록 규정하기 때문에 직원들을 유지하는 데도 도움이 된다. 하지만 회사의 경영진이 직원들에게 스톡옵션을 제공하기 전에 먼저 스톡옵션플랜(stock option plan)에 대해서 주주들로부터 승인을 받아야 한다.

상장 후의 신주모집 (A Primary Offering after the Company is Public)

회사가 상장 후, 후속공모(신주모집)를 하고자 하는 경우, 이 장에 앞부분에서 다룬것처럼 회사는 또 다른 유가증권 등록신고서를 제출해야 하고, 등록이 '유효'하다고 선언되면 즉시 주식을 매각할 수 있다. 또한, 회사는 **일괄신고 또는 일괄등록(shelf registration)** 절차를 이용할 수 있다. 일괄신고를 통해 회사는 시간이 많이 걸리는 등록 신고 절차를 일찍 완료할 수 있고 경영진이 원하는 적정 시기까지 공모를 연기하는 것도 가능하다. 공모 시기를 늦추는 가장 일반적인 경우는 향후 2년 내 회사에 새로운 자본(현금)이 필요할 것으로 예상되지만 경영진이 지금 당장 주식을 매각하려고 하지 않는 경우인데, 그 이유는 우호적인 시장 상황이나 긍정적인 개발 발표로 인해 회사가 새로운 자본이 필요하기 전 어느 시점에서 주가가 오를 것이라고 경영진이 예상하기 때문이다.

일괄신고가 유효(effective)하다고 선언되면 회사는 일괄신고서(shelf prospectus)에 등록된 주식의 일부 또는 전부를 매각할 시기를 결정할 수 있다. 일괄신고 주식 중 일부를 매각하는 경우에도 일괄신고는 유효하기 때문에 아직 매각하지 않은 주식을 나중에 매각할 수 있다. 일괄신고를 위해 제출되는 투자설명서를 **기본투자설명서(base prospectus)** 또는 **핵심투자설명서(core prospectus)**라고 부른다. 회사가 주식을 매각하기로 결정하면, **투자설명서 보충자료(prospectus supplement)**를 제출하여 기본투자설명서의 내용을 갱신함으로써 매각하려는 주식에 대해 좀 더 구체적인 정보를 투자자들에게 제공할 수 있다. 투자설명서 보충자료는 이미 제출된 기본투자설명서의 내용을 반복할 필요가 없으며, 기본투자설명서와는 달리 SEC의 검토 및 승인 절차를 거쳐야 할 필요가 없다. 따라서 등록 절차가 훨씬 더 신속히 진행된다. 투자설명서 보충자료는 기본투자설명서 원본과 함께 발행되어 책자로 주식 매수자에게 전달된다. 회사가 IPO를 진행하고 있는 경우 일괄신고 절차를 사용할 수 없다.

결론적으로 회사는 일괄신고 절차를 통해 더 짧은 시간 내 자금을 조달할 수 있기 때문에 우호적인 시장 상황을 이용할 수 있을 것이다. 예를 들어, 주식시장의 강세와 더불어 회사의 주가가 상승할 경우 회사가 발행하려는 모든 주식에 대해서 매수자들이 있을 것이기 때문에 회사는 주가의 하락없이 추가로 주식을 발행할 수 있다. 만약 시장 상황이 안 좋거나 회사가 추가적으로 돈이 필요 없는 경우, 회사는 일괄신고한 주식을 매각할 의무가 없지만, 2년 후 등록신고서를 제대로 갱신하지 않으면 일괄신고는 자동 소멸한다.

실제로 회사(특히 소규모 회사의 경우)가 일괄신고 신청을 발표하면, 조만간 신주가 시장에 유입될 것을 투자자들이 예상하기 때문에 주가가 하락할 가능성이 높다. 이 문제는 다음 장에서 논의할 것이다.

6장 이익희석과 JMC의 상장
EARNINGS DILUTION — JMC GOES PUBLIC

2011년 3월, JMC는 사업이 순조롭게 진행되었기에, 제2공장으로 지정될 두 번째 쥐덫 공장을 건설하려고 하였다. 공장을 지을 돈을 어떻게 마련할지에 대한 의문이 다시 제기되었다. 다시 말해서 JMC는 공장 건설에 드는 자금을 어떻게 조달할까?

JMC의 장기부채는 총자본(total capitalization)의 25%이고 이자보상비율은 6배이다. 이와 같은 부채비율과 이자비율로 JMC는 두 번째 공장 건설에 필요한 10,000달러를 빌릴 수 있을지 의문이다(4장의 재무비율 계산 참조).

은행이나 대출기관에서는 총자본대비부채비율(debt to total capitalization ratio) 25%와 6배의 이자보상비율(interest coverage ratio)을 받아들일지도 모르지만, 이 재무비율은 **대출이 적용되기 전**에 계산된 값이다. 대출기관은 **대출이 발생한 후** 회사의 재무비율이 얼마가 될지 알고 싶어 할 것이다. 만약 JMC가 10,000달러의 대출에 대해 매년 10%의 이자를 내야 한다고 가정하면, 연이자는 1,000달러가 될 것이고 이자보상비율이 4배로 감소하게 된다.

$$\frac{\text{연이자및법인세차감전이익 (Annual EBIT)}}{\text{연이자 (Annual Interest)}} = \frac{\$12,000}{\$2,000 + \$1,000} = \frac{\$12,000}{\$3,000} = 4x$$

기존부채에 대한 이자   10,000 달러 부채에 대한 추가이자 그리고 총자본대비부채비율(Debt-to-capitalization ratio)은 31%로 증가할 것이다.

기존부채   신규부채
↓   ↓

$$\frac{\text{부채 (Debt)}}{\text{총자본 (Capitalization)}} = \frac{\$30,000 + \$10,000}{\$120,000 + \$10,000} = \frac{\$40,000}{\$130,000} = 31\%$$

↑   ↑
종전 자본총액   신규부채

이렇게 낮은 이익보상(earnings coverage)과 높은 부채비율 때문에 존스는 소규모 기업인 JMC가 10,000달러의 대출이 어렵다는 것을 알게 되었다(General Motors 같은 안정되고 명망 높은 대기업의 경우 이와 같은 재무비율이 허용될 수 있다). 이에 JMC는 주식을 새로 발행하여 자본금을 마련해야 한다는 사실을 깨달았다. 12명의 투자자 중 아무도 JMC에 추가로 투자하는 것을 원하지 않았기 때문에, JMC는 일반 대중을 대상으로 주식을 매각하기로 결정했다. JMC 주주들 중 일부는 JMC가 신주발행(신주모집)을 위해 등록 절차를 거치는 동안, 등록 절차를 이용하여 **그들이 보유한 주식 중 일부**를 매도할 수 있다고 생각했다. 따라서 JMC는 등록 절차를 거쳐 발행한 신주(신주모집, primary offering) 일부와 이미 발행된 주식(구주매출, secondary offering)을 일반 대중에 매각하기로 결정했다.

존스를 비롯한 JMC의 주주들 모두 일반 대중을 상대로 주식을 판매하는 방법을 몰랐기 때문에 그들은 그린쉐이즈와 상의했고 그린쉐이즈는 투자은행에 먼저 연락할 것을 권했다. 투자은행(investment bank)은 당좌예금(checking account)이나 개인대출(personal loan) 업무를 하는 일반은행과는 다르다. 투자은행은 기업이 주식이나 채권을 일반 대중에게 팔거나 금융기관에 연고모집(private placement) 형태로 주식을 매각하여 기업이 필요한 자금을 조달할 수 있도록 돕는 은행을 말한다. 존스는 세 명의 투자은행가들과 접촉했는데, 세 명 모두 회사에 방문해서 JMC가 상장(going public)을 통해 회사에 필요한 자본을 조달하는 데 어떻게 도움을 줄 수 있는지를 설명했다.

Gaines & Wynn Investment Bankers, Inc.(줄여서 G&W) 투자은행의 게인즈는 존스에게 자신의 회사가 JMC 같은 많은 소규모 회사들을 상장시켰고 신주모집 경험이 있다고 말했다. 게인즈는 JMC가 그동안 얼마나 사업을 잘해 왔는지, 그리고 향후 회사의 전망이 주가에 영향을 미치지만, 실제로 주식이 일반 대중에게 처음 매각될 때의 주식가격은 JMC 주식을 매수하려는 투자자들의 수요에 의해 결정된다고 설명했다. 게인즈는 JMC의 예상 연이익성장률 12%를 기준으로 10~12 사이의 주가수익비율(P/E)[1]에 주식이 거래될 것이라 생각했다. 만약 올해 예상되는 JMC의 주당이익이 2달러라면 JMC의 주식은 20~24달러 사이에서 거래될 것이다. JMC의 주식이 어떤 가격 레벨에서 거래될 것인지 예측하는 것은 어렵지만, 사업환경이나 회사와 직간접적으로 관련된 요인들이 주가에 영향을 미칠 수 있는데, 대표적인 요인들은 다음과 같다.

1. 회사의 과거 이익과 매출성장률

2. 회사의 잠재성장력

3. 회사가 서비스를 제공하는 **최종소비자시장(end market)**에서 얼마나 빠르게 성장하고 있는가? 최종소비자시장의 성장은 향후 매출에 직접적으로 영향을 미친다.

4. 최종소비자시장에서 회사의 경쟁적 위치, 즉 회사의 시장 점유율이 증가 혹은 감소하고 있는가? 회사가 얼마나 오랫동안 **경쟁우위(competitive advantage)**를 유지할 것으로 예상되는가?

---

1 주가수익비율(price to earnings ratio), P/E 비율, PER은 모두 같은 의미이다. 우리는 문맥에 따라 이러한 용어들을 바꿔 가며 사용할 것이다.

5. 회사 제품의 독창성 여부 - 회사의 제품이 독점력이 있는지 아니면 유사 제품을 만드는 여러 회사들 중 하나인가? 회사의 향후 매출과 이익을 압박할 수 있는 가격 경쟁으로부터 자유로운가?

6. 회사의 비용구조(cost structure) - **영업이익률(operating margins)**이 확대 또는 축소될 것으로 예상되는가?

7. 회사의 총자본 중 부채가 차지하는 금액 - 높은 **이자비용(interest expense)**이 수익 증가에 부정적인 영향을 미치고 있는가?

8. 경영진이 높이 평가받고 있는가?

9. 경쟁회사들과 비교한 회사의 밸류에이션 - 경쟁회사들과 비교했을 때 회사의 P/E가 높은 프리미엄에 거래되고 있는가 아님 P/E가 할인되어 거래되고 있는가?

10. 정부의 규제와 조세제도가 미치는 영향

11. 경기와 주식시황

우리가 열거한 요인들 외 기타 여러 가지 요인들이 주식가격에 영향을 미친다.

희석 (DILUTION)

게인즈는 JMC가 두 가지 이유로 주식을 최대한 많이 팔고 싶어 할 것이라고 이야기했다. (1) 기존 주주들은 보유주식의 매도로 많은 돈을 벌 수 있고 (2) 회사는 필요한 자금만큼만 신주를 발행하여 매각함으로써 지분율의 감소를 최소화할 수 있기 때문이다(즉, 기존 주주들의 지분이 희석되는 것을 최소화하는 것을 말한다).

희석(Dilution)은 주식시장을 이해하는 데 있어서 중요한 개념이다. 희석은 회사가 추가로 신주를 발행함에 따라 시장에 유통되는 주식의 가치가 감소하는 것을 뜻한다. 다음 예를 살펴보자.

현재 JMC의 유통주식수는 500주이며 회사의 이익은 5,000달러이다. 따라서 주당이익은 10달러이다.

$$\frac{\text{이익 (Earnings)}}{\text{유통주식수 (Shares outstanding)}} = \frac{\$5,000}{500} = \text{주당이익 \$10}$$

게인즈는 예전 경험을 바탕으로 주가수익비율(P/E) 10배에 주식이 거래될 것을 예상한다고 말했다. 따라서 주식 1주는 100달러에 거래될 것이다.

$$\frac{\text{EPS}}{\$10} \times \frac{\text{P/E}}{10x} = \frac{\text{주식가격}}{\$100}$$

주식이 100달러에 거래될 것을 예상하기에, JMC는 10,000달러를 마련하기 위해 총 100주를 매각해야 할 것으로 보인다.

$$100 \text{주} \times \text{주당이익 \$100} = \$10,000$$

하지만 추가로 주식을 100주 발행함으로써 다음과 같이 주당이익(EPS)이 낮아진다.

$$\text{EPS} = \frac{\text{이익 (Earnings)}}{\text{유통주식수 (Shares outstanding)}} = \frac{\$5,000}{500 + 100} = \frac{\$5,000}{600} = \text{주당 \$8.33}$$

$$\underset{\text{구주}}{\uparrow} \quad \underset{\text{신주}}{\uparrow}$$

EPS가 8.33달러이므로 P/E가 10이라면 83.33달러에 주식이 거래될 것이다. 따라서 JMC가 100주의 주식을 새로 발행했다면, JMC의 주당이익은 10.00달러에서 8.33달러로 감소하며 17%의 희석이 일어난다고 볼 수 있다. JMC의 주가가 83달러이고, P/E가 10으로 유지된다면 JMC는 100주의 신주발행으로 10,000달러를 조달할 수 없다는 사실을 알아야 할 것이다.

$$\underline{\text{EPS}} \quad \underline{\text{P/E}} \quad \underline{\text{주식가격}} \quad \underline{\text{신주}} \quad \underline{\text{조달자금}}$$
$$\$8.33 \quad \text{x} \quad 10\text{x} \quad = \quad \$83 \quad \text{x} \quad 100\text{주} \quad = \quad \$8,300$$

따라서 JMC가 10,000달러를 마련하기 위해서는 추가로 주식을 발행해야 한다. 하지만 JMC가 주식을 추가로 발행한다면 주당이익은 더욱 감소할 것이다. 10,000달러를 조달하기 위해서는 신주 125주가 추가로 발행되어야 하며 20%의 이익이 희석되는 결과를 낳게 된다.

$$\text{EPS} = \frac{\$5,000}{500 + 125} = \frac{\$5,000}{625} = \underbrace{\$8.00}_{\text{EPS}} \text{ x } \underbrace{10\text{x}}_{\text{P/E}} = \underbrace{\$80}_{\text{주식가격}} \text{ x } \underbrace{125\text{주}}_{\text{신주}} = \underbrace{\$10,000}_{\text{조달자금}}$$

$\uparrow$ 구주 $\quad$ $\uparrow$ 신주

20%의 이익희석(earnings dilution)은 신주발행 전 주당이익은 10달러였지만, 신주발행 후 주당이익은 8달러가 된다는 사실을 반영한다. 결과적으로 신주발행으로 인해 기존 주식 500주에 대한 주당이익은 20%가 희석되는 것이다.

이제 배당금을 살펴보자. JMC는 이익의 50%를 배당금으로 지급한다. 즉, 주당이익 10달러에서 지급되는 주당배당금은 5달러이다. JMC가 신주발행 후, 배당성향(dividend payout ratio)을 50%로 유지한다면 주당배당금은 20% 감소한 4달러가 될 것이다.

희석이익은 10배의 P/E를 기준으로 계산되었다. 만약 JMC의 주식이 이익의 20배에 달하는 P/E로 거래되고 있다면 10,000달러를 조달하기 위해서 56주의 신주가 발행되어야 하지만 이익희석은 그리 심하지 않을 것이다.

$$\text{EPS} \ = \ \frac{\$5,000}{500 + 56} \ = \ \frac{\$5,000}{556} \ = \ \$8.99 \ \text{x} \ 20\text{x} \ = \ \$180 \ \ \text{x} \ 56\text{주} = \$10,072$$

		EPS	P/E	주식가격	신주	조달자금

구주　신주

따라서, P/E가 높은 경우 JMC는 적은 양의 주식을 발행해서 10,000달러를 조달할 수 있다. P/E가 20배인 경우, 희석률은 10%에 불과하고 주당이익이 8.99달러로 감소한다. 또한 JMC 주식의 P/E가 10배이고 배당성향이 50%로 계속 유지되는 경우, JMC는 1주당 4.00달러가 아닌 4.50달러의 배당금을 유지할 수 있다. 회사가 신주를 발행할 때 기존 주주들이 최대한 높은 P/E를 선호하는 이유도 여기에 있다.

결론적으로 주식의 P/E가 높을수록 기업이 필요한 일정 금액만큼 발행해야 할 주식수는 감소하기 때문에 신주발행으로부터 기존 주주들이 겪는 희석효과가 감소한다.

위의 희석 계산은 어디까지나 정확하지만, JMC가 신주발행으로 조달한 1만 달러로 무엇을 할 것인지에 대해서는 위의 계산에서 반영되지 않았다. JMC가 신주발행으로 조달한 자금은 더 많은 이익을 창출하기 위해서 새 쥐덫 공장 건설에 사용될 것이다. 새 공장 건설에 시간이 걸리므로, 공장 건설에 드는 현금이 필요할 때까지 이자수익 2%와 세금이 감면되는 투자처에 JMC가 1만 달러를 투자한다고 가정해 보자. 공장이 건설되는 동안 JMC가 1만 달러를 1년 동안 투자하면 200달러의 이자수익이 발생한다. 따라서 P/E가 10이라고 가정할 경우, 좀더 완벽한 희석 이익의 계산은 다음과 같다.

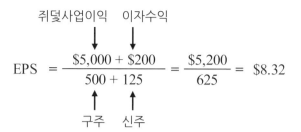

$$\text{EPS} = \frac{\$5,000 + \$200}{500 + 125} = \frac{\$5,200}{625} = \$8.32$$

위의 계산에 따르면 EPS는 10.00달러에서 8.32달러로 감소하게 된다. 즉 JMC 의 이익은 종전 20%가 아닌 17%가 희석된 것이다. 마찬가지로 P/E가 20배인 경우 위에서 계산한 10%의 희석률도 정확한 수치가 아니다.

실제로 기업이 신주발행(주식을 새로 발행하여 자본을 조달하려는 의도)을 발표하면 애널리스트는 즉시 위와 같은 계산들을 통해 희석률이 어떻게 될지 여러 가설들을 세운 다음 주가에 어떤 영향을 미칠 것인지 판단한다. 만약 신주발행이 투자자들이 전혀 예상치 못한 뉴스였다면, 주가는 희석률과 동등한 비율로 하락할 가능성이 매우 높다. 만약 투자자들이 회사에 심각한 문제가 발생하여 신주발행으로 자금이 조달되고 있다고 생각한다면 P/E의 하락과 함께 주가는 더욱 하락할 것이다. 만약 신주발행으로 조달한 자금이 회사에 새로운 좋은 기회를 제공한다면, P/E는 상승하게 될 것이고, 주가는 이익희석률보다 덜 하락할 것이다.

기업의 신주모집(equity offering, stock offering) 발표는 투자자들에게 그리 놀라운 뉴스가 아니다. 회사의 펀더멘털(재무제표, 사업 전망 등)을 면밀히 살피고 있는 투자자라면 회사가 머지않아 추가로 자금이 필요할 것이라고 미리 예측할수 있다. 마찬가지로 회사는 때때로 투자자들에게 향후 주식발행이 필요할 것이라고 미리 통보한다. 주식발행이 예상되면 예상 희석률에 따라 주가가 점진적으로 조정되며 주식발행이 발표되고 이에 따른 시장의 반응은 주식발행의 요건들과 기대치의 차이를 반영하는 것이다.

주식발행으로 발생하는 희석에 대한 흥미롭고 특이한 사례는 수십 년 전 폴라로이드사(Polaroid)의 주식발행에서 찾아볼 수 있다. 당시 폴라로이드는 주식발행으로 조달한 돈이 당장 필요하지 않았기 때문에 다른 곳에 돈을 투자하고 6%의 이자를 지급받았다. 당시 폴라로이드의 주식은 50배의 P/E에 거래되었다. 애널리스트가 희석률 계산을 했을 때, 폴라로이드가 받을 이자가 주당이익을 상당히 증가시킨 나머지 유통주식수(shares outstanding)가 늘어났음에도 불구하고 실제로 EPS는 감소하지 않고 오히려 증가하였다. 이를 **이익증진(earnings accretion) 또는 마이너스 희석(negative dilution)**이라고 한다. 이익증진은 드물게 일어나며 주식이 매우 높은 P/E에 거래되는 경우에만 발생한다.

폴라로이드의 EPS(신주발행 전):

$$\frac{\text{이익 (Earnings)}}{\text{주식수 (Shares)}} = \frac{\$58.9 \text{ Million}}{31.7 \text{ Million}} = \text{주당 } \$1.86$$

폴라로이드의 신주발행 후 조정 EPS와 주식수:

신주발행으로 조달한 1억 달러(100 million)
투자했을 경우 기대할 수 있는 추가 이자수익

$$\frac{\text{이익 (Earnings)}}{\text{주식수 (Shares)}} = \frac{\$58.9 + \$2.7}{31.7 + 1.1} = \frac{\$61.60}{32.8} = \text{주당 } \$1.88$$

신규발행주식수

희석은 주식시장과 자본주의의 관계에서 핵심 개념을 가리킨다. 앞서 우리는 시장이 급속도로 성장하고 배당성장 가능성이 높은 기업에 높은 P/E를 부여한다는 것을 알았다. 회사의 성장 가능성이 높을수록 P/E가 상승하게 되고, 신주발행으로 회사가 겪게 될 이익희석이 감소한다. 월 스트리트에서는 P/E가 높은 회사가

P/E가 낮은 회사보다 훨씬 적은 비용으로 신주를 발행할 수 있다고 말한다. 높은 P/E는 기업의 높은 기대 성장률을 반영하며, 회사 제품의 수요가 많을 것이라는 시장의 기대를 나타내기 때문에 사회적으로 긍정적인 현상이라고 볼 수 있다. 만약 제품의 수요가 많으면, 회사가 저렴한 비용으로 자금을 조달하여 제품 생산 능력을 확대하고 수요를 충족시키는 것이 바람직한 일이기 때문이다.

따라서 우리는 '자본주의 동전(capitalism coin)'의 양면성을 볼 수 있다. 동전의 앞면은 빠른 성장세를 보이는 기업에 투자하려는 투자자들이며, 동전의 뒷면은 자본을 조달하고자 하는 기업들이다. 결국, 소비자가 원하는 성공적인 제품을 판매하는 기업들이 자본을 쉽게 조달할 수 있는 능력이 있는 것이다. 많은 사람들이 착각하는 것이 **이윤동기(profit motive)가 자본주의의 목적(purpose of capitalism)이 아니라는 것**이다. 이윤동기는 급속도로 성장하고 있는 산업 분야에 자본을 유입시키고 소비자들의 요구를 반영할 수 있도록 하는 메커니즘이다.

주식 매각 (SELLING THE STOCK)

기업이 주식을 새로 발행하면 원하는 가격에 주식을 매각하려고 할 것이다. 물론 주가가 지나치게 높다면 아무도 주식을 사지 않을 것이고 주가가 지나치게 저평가되었다면 기존 주주들은 보유한 주식이 지나치게 희석되기 때문에 신주발행을 막으려고 할 것이다. 실제로 회사는 투자은행의 도움을 받아 투자자들을 끌어모을 수 있는 주식가격을 결정한다. 그리고 투자은행 영업팀은 예비투자설명서(preliminary prospectus)를 발송하고 고객들에게 전화를 걸어 주식에 대해 얼마를 지불할 의사가 있는지 확인한다. 상장일이 다가옴에 따라 실제 주가가 조정되고, 시장은 주가가 터무니없이 비싸거나 저평가될 수 있다는 것을 보여 준다.

게인즈는 주식을 최대한 많이 판매하는 것이 왜 JMC와 주주들에게 이로운지 설명했다. 게인즈는 발행한 주식들이 모두 매각되지 않을 수 있기 때문에 주가를 너무 비싸게 책정하지 말 것을 권고했다. JMC가 주식을 모두 매각하려면 가격을 낮춰야 하는데 처음 JMC의 주식을 매수했던 투자자들은 바로 손실을 입을 수 있기 때문에 주식에 대한 수요를 확보하는 데 있어서 바람직하지 않다.

반대로, JMC의 주식이 매력적인 가격으로 거래된다면, 즉 '주식의 가치'보다 조금 낮은 가격으로 판매되었을 때, JMC 주식에 대한 수요가 많을 것이고, 발행된 주식은 모두 매각될 뿐만 아니라, 상장 후에도 시장에서 JMC의 주가는 상승할 것이다. 그리 되면 공모를 통해 주식을 매수한 모든 사람들이 이익을 얻게 될 것이고, 사람들은 JMC의 주식을 매우 성공적인 공모주 또는 관심주(hot issue)로 기억할 것이다. 그리고 JMC는 향후 추가 신주발행을 통해 더욱 쉽게 주식을 매각할 수 있다.

다음으로 게인즈는 주식이 거래되는 시장이 활동적이고 안정적인 시장이 바람직할 것이라고 설명했다. 시장이 활동적이고 안정적이면 JMC나 기존 주주들이 나중에 주식을 매도하는 것이 쉬워진다. 이를 위해, 게인즈는 JMC의 주식이 '널리 보유(widely held)'되거나 '널리 분배(widely distributed)'되는 것이 중요하다고 말했다. 즉, 다수의 투자자들이 JMC의 주식을 조금씩 보유하는 것이 소수의 투자자들이 대량의 주식을 보유하는 것보다 유동성을 높이고 시장을 활성화시킬 것이기 때문이다. 또한 게인스는 주식을 '**스트롱핸드(strong hand)**'에 매각할 것을 제안했다. 스트롱핸드는 단기이익에 바로 주식을 매도하거나 단기적으로 주가가 하락해도 투매(panic selling)하지 않고 주식을 장기 보유하는 금융기관들이나 투자자들을 말한다. 게인즈는 G&W가 다수의 부유한 고객들과 기관투자자들과 긴밀한 관계를 맺고 있으며, 많은 투자자들에게 주식을 파는 데 문제가 없을 것을 확신한다고 설명했다.

존스는 게인즈에게 공모로 얼마나 돈을 받을 수 있는지 물었다. 게인즈는 우선 JMC의 재무제표와 기대 성장률을 검토해야 할 것이라고 설명했지만, 그의 경험에 비추어 볼 때, 10~12배 사이의 P/E에 주식이 거래될 것으로 판단했다. 게인즈는 JMC가 발행한 신주를 매입하여 주식을 매각하는 일을 주당 0.50달러의 수수료에 G&W가 **보증(인수공모, underwrite)**할 것이라고 말했다. 즉, G&W는 JMC로부터 전체 주식을 매입한 후 투자자들에게 주식을 다시 매각해야 한다. 만약 어떤 이유로, 일부 투자자들이 막판에 주식의 매수를 취소하더라도, G&W는 주식을 보유할 의무가 있으며, JMC는 G&W에 양도한 신주 전량에 대하여 돈을 받게 된다. 존스는 게인즈의 아이디어가 마음에 들었지만 일단 다른 투자은행가들을 만나 보는 것도 현명한 일이라고 생각했다.

존스는 다음으로 Mr Slick(슬릭)과의 만남을 가졌다. 슬릭은 뉴벤처스(New Ventures Inc.) 주식회사의 대표다. 뉴벤처스는 투기성이 높은 주식발행(highly speculative stock issues)을 다루는 것으로 유명하다. 뉴벤처스를 통해 상장한 회사들은 1~2년 안에 파산했고 투자자들은 돈을 모두 잃었다. 그러나 일부 주식들은 뉴벤처스의 고객들에게 수백만 달러를 벌어들였다. 존스는 슬릭이 거래한 고객들이 JMC의 초기 투자자들이라면 게인즈가 언급했던 투매가 일어날 가능성이 높다고 우려했다. 물론 존스는 JMC가 파산하지 않을 것이라는 확신이 있었기 때문에, 비록 어느 시점에 주가가 일시적으로 하락하더라도, 투자자들이 회사에 아무 문제가 없다는 것을 깨달았을 때 주가가 반등하여 주식이 더 높은 가격에 거래될 것이라고 생각했다.

하지만 주식의 지나친 변동성 때문에 변동성이 덜하고 안정된 주식을 선호하는 투자자들은 변동성이 큰 주식의 매수를 꺼릴 수 있다.

슬릭은 뉴벤처스의 평판을 잘 알고 있었기에, 존스에게 뉴벤처스가 투기적인 회사들을 상장시킨 것 외에도 많은 안정적인 회사들에게 서비스를 제공한 경험이 있다고 설명했다. 또한 뉴벤처스가 다수의 고객을 보유하고 있으며, JMC의 주식을 안정적인 고객들을 대상으로 매각할 것이라고 말했다. 슬릭은 JMC가 14배의 P/E에서 상장될 수 있을 것으로 예상했고 주당 60달러의 수수료를 요구하였다.

존스는 잠시 생각에 잠겼다. 게인즈가 제안한 10~12배의 P/E가 아닌 14배의 P/E로 상장(신주발행)을 한다면, JMC는 주당이익이 증가하고, 희석효과도 감소할 것이기 때문에 조금 더 높은 수수료를 지불할 가치가 있을 것이다. 하지만 슬릭은 JMC가 소규모 회사이고 JMC의 쥐덫이 시장에서 크게 주목을 받을 만한 제품이 아니기 때문에 주식을 모두 매각하기가 어려울 수도 있다고 말했다. 따라서 뉴벤처스는 '모집주선(best effort basis)'을 통해서만 공모계약을 체결할 수 있다고 말했다. 모집주선은 뉴벤처스가 주식을 모두 매각하는 데 최선을 다할 것이지만 만에 하나 주식을 모두 매각할 수 없다면, 원소유주인 JMC에게 매각되지 않은 남은 주식들을 반환하는 것을 의미한다. 슬릭이 말하기를 뉴벤처스는 G&W보다 규모가 작은 회사기 때문에 JMC의 주식이 완전히 매각되지 않을 경우 팔리지 않은 주식들을 모두 보유해야 하는 위험을 감수할 수 있는 자본을 G&W만큼 보유하고 있지 않았다.

존스는 보수적인 관점에서 차라리 주식으로 돈을 덜 받겠지만, 투자은행이 JMC의 주식 매입과 매각의 보증, 즉 **인수공모(underwrite)**를 맡을 것을 원했다. 존스는 모집주선 형태가 마음에 들지 않는다고 슬릭에게 이야기한 후 방문에 감사를 표했고 슬릭은 자리에서 일어났다.

세 번째 투자은행은 G&W와 비슷했지만 수수료를 제외하고 9배의 P/E로만 인수공모가 가능하다고 말했다. G&W가 좋은 명성과 브랜드 이미지를 가졌을 뿐만 아니라 뉴벤처스나 다른 투자은행들이 제공하지 않는 금융 컨설팅 서비스를 제공했고 JMC의 주식브로커들과 투자 리서치 부서가 다수의 기관투자자들과 접촉하기 때문에 주식공모 후에도 많은 도움을 받을 수 있었다. 결국 존스는 게인즈에게 전화를 걸어 주식 공모를 맡아 줄 것을 부탁했다. 게인즈는 즉시 JMC의 사무실에서 와서 JMC의 재무기록을 검토했다.

액면분할과 주식배당 (STOCK SPLITS AND STOCK DIVIDENDS)

게인즈의 첫 번째 제안은 JMC 주식을 10분의 1로 액면분할(10-for-1 stock split)하는 것이었다. 액면분할(또는 주식분할, stock split)은 JMC 주주가 보유한 주식 한 주당 9주를 추가로 받게 되므로 분할 전의 10배에 달하는 주식수를 보유하게 될 것임을 뜻한다. 한편 분할 후 1주당 주식 가치는 분할 전의 주식 가치의 10분의 1에 불과하다. 따라서 분할 전 총유통주식수가 500주, 그리고 1주당 회사의 소유권(지분)이 500분의 1이었다면, 분할 후 총유통주식수는 5,000주이고 JMC 주주는 보유 주식 1주당 5,000분의 1(1/5,000)의 소유권을 갖게 된다. 이로 인해 대차대조표에서 두 가지 변화가 일어날 것이다. 첫 번째, 주주들은 5,000주의 추가 신주발행 승인을 투표함으로써 승인된 주식수(number of authorized shares)가 증가하게 된다. 두 번째, 주식이 10분의 1로 분할되면, 액면가 또한 10분의 1로 분할된다. 분할 후 대차대조표의 자기자본은 다음과 같다.

자기자본 (Stockholders' Equity)

납입자본 (Paid-in capital)
  보통주 (액면가 $.10)
   (승인, 발행 및 유통주식 5,000 주)

Common stock (par value $.10) (authorized, issued and outstanding 5,000 shares)	$ 500
자본잉여금 (Capital surplus)	$ 4,500
유보이익 (Retained earnings)	$85,000
자기자본 (Total stockholders' equity)	$90,000

위의 자기자본 항목을 JMC 대차대조표 3장 말미에 있는 자기자본 항목과 비교해 보자. 위의 자기자본 항목에서 주당 액면가가 변경된 이유(주당 액면가, 1달러에서 0.10달러로 감소)는 유통주식수에 액면가를 곱한 값은 **보통주 액면가 (Common stock at par value)** 항목의 금액과 반드시 같아야 하기 때문이다. 액면분할이 발생했음에도 자본금은 변화하지 않기 때문에, 500달러는 그대로 유지될 것이다. 따라서 현재 총유통주식수는 5,000주이고 500달러의 금액이 보통주 액면가 항목으로 기재되어 있기 때문에 액면가가 0.10달러로 감소되어야만 대차

대조표의 균형을 맞출 수 있다.

액면분할은 '**주식배당(stock dividend)**'의 형태로도 이루어진다. 주식배당은 회사가 주주에게 배당금을 현금으로 지급하는 대신 새로 발행한 주식을 기존 주주들에게 나눠 주는 것을 말한다. JMC가 주식을 10분의 1로 분할해서 분할한 주식을 기존 주주들에게 현금 대신 지급하는 것을, 900% 주식배당(900% stock dividend)이라고 부른다. JMC의 주주가 100주를 보유했다면 새로 발행된 주식 900주를 받게 되어 총 1,000주를 보유하게 된다. 이는 앞서 말한 10분의 1(1/10) 액면분할과 같지만 유일한 차이점은 대차대조표상의 회계처리법이 조금 다르다는 것이다.[2]

일부 회사들은 액면분할 방식을 선택하고 다른 회사들은 주식배당 방식을 선택하기도 한다. 보통 액면분할 방식은 10분의 1(1/10) 또는 5분의 1(1/5) 액면분할과 같이 주식수의 증가가 상당한 경우에 사용된다. 반면, 주식배당 방식은 2% 또는 10%의 주식배당과 같이 주식수의 증가가 적은 경우에 사용된다. 주식배당이 2%인 경우, 주식 100주를 보유한 주주는 추가로 주식 2주를 받게 된다.

JMC 주식의 액면분할 (JMC Splits Its Stock)

게인즈는 액면분할의 이유가 주식의 분배를 확대하기 위해서라고 설명했다. JMC의 유통주식수는 500주이다. JMC가 125주의 신주를 추가로 발행하여 매각하면 1만 달러의 주식 매각 대금을 조달할 수 있지만 **125주만이 일반 대중을 대상으로 매각**된다. 이는 앞서 게인즈가 추천했던 주식의 광범위한 분배와 대조되는

---

2 기업이 주식배당을 할 때 주식분할과 같이 액면가는 변경되지 않는다. 액면가는 그대로 유지되지만 대차대조표의 보통주 액면가 항목(Common at Par)이 증가되고 추가납입자본(Additional Paid in Capital)이 감소되어 균형을 이룬다. 액면가가 1달러인 JMC 주식의 경우 900%의 주식배당 후 보통주 액면가 항목의 달러 수치는 500달러에서 5,000달러로 증가되어 신주가 포함된 총 5,000주를 반영하게 된다. 4,500달러 증가분은 추가납입자본에서 4,500달러가 감소되어 상쇄된다. 독자들은 주식배당과 현금배당을 혼동하지 말아야 할 것이다. 배당이 현금으로 지급될 때, 대차대조표에서 유일하게 변경되는 것은 현금(Cash) 계정과 유보이익(retaining earnings) 계정이 모두 배당금만큼 감소되는 것이다.

매우 얇은 시장(thin market)[3]이 될 것이다. 하지만 공모 전, 1/10 비율로 JMC의 주식을 분할하면 1만 달러를 조달할 수 있는 동시에, 125주가 아닌 1,250주가 일반 대중에게 매각된다. 따라서 주식보유자가 증가하여 분배가 확대되는 것이다.[4]

10분의 1 액면분할 후, 신주발행 전의 주당이익은 1달러가 된다.

$$\frac{\text{이익 (Earnings)}}{\text{주식수 (Shares)}} = \frac{\$5,000}{500\text{주} \times 10} = \frac{\$5,000}{5,000 \text{ 주}} = \text{ 주당 } \$1.00$$

10분의 1 액면분할과 1,250주의 신주발행이 모두 일어난 후의 주당이익은 0.80달러가 된다.

$$\frac{\text{이익 (Earnings)}}{\text{주식수 (Shares)}} = \frac{\$5,000}{5,000\text{주} + 1,250\text{주}} = \frac{\$5,000}{6,250 \text{ 주}} = \text{ 주당 } \$0.80$$

독자 여러분은 액면분할로 인해 기존 주주들은 보유한 주식이 희석되지는 않는다는 사실을 명심해야 한다. 만약, 회사가 새로 주식을 발행하고 발행한 주식을 분할하지 않았다면, 주식 1주당 지분율이 1/500에서 1/625로 희석되었을 것이다. 반대로, 주식분할이 발생했지만 회사가 추가로 신주를 발행하지 않은 경우, JMC의 지분 1/500을 보유한 기존 주주들은 주식분할 후 5000주 중 10주를 보유하게 되는데, 이는 종전의 지분율 1/500과 동일하다.

액면분할과 신주발행이 Ms Smith(스미스, JMC의 초기 투자자 중 한 명)의 100주 매각에 어떤 영향을 미쳤는지 살펴보자. 신주발행 후, 주식이 분할되지 않는 경우, 스미스는 100주를 주당 80달러, 총 8,000달러에 보유주식 100주를 매각

---

3 역자의 해설: '얇은 시장(thin market)'이란 주식의 거래량, 즉 주식의 수요와 공급이 적은 시장을 말한다.

4 실제로 1,250주는 너무 적은 양이며, 주식이 널리 분배되기 위해서 최소한 10만 주 이상이 매각되어야 한다. 도표에서 우리는 간략한 계산을 위해서 일부러 적은 수치를 사용하였다.

할 것을 기대할 수 있다. 하지만 신주발행 후 주식이 분할되었다고 가정하면, 스미스는 총 1,000주를 보유하게 되고, 1주당 예상 매도가격이 8달러이므로 스미스의 주식은 여전히 8,000달러에 아무런 손익 없이 매각될 것이다.

하지만 신주발행 때문에 스미스의 주식이 희석되었다. 만약 신주발행이 없었다면, EPS 10달러, 10배의 P/E를 기준으로 스미스가 보유한 JMC 주식 100주는 총 10,000달러의 가치가 있을 것이다. 그러나 신주발행으로 지분이 희석되었기 때문에, 스미스의 주식 100주의 가치는 8,000달러에 불과하다.

신주발행 후 희석으로 인한 주식 가치의 감소에도 불구하고, 신주발행이 긍정적으로도 작용할 수 있다. 신주발행으로 조달한 돈이 희석으로 인한 가치의 감소를 충분히 상쇄시키고 남을 만큼 회사의 이익을 높이는 데 사용될 수 있기 때문이다. 존스가 공장 건설에 필요한 자금을 조달하기 위해 신주발행을 결정한 것도 같은 이유로 볼 수 있다.

회사가 신주발행을 하는 이유가 성장에 필요한 자본을 늘리기 위해서만은 아니다. 전망이 나쁜 회사들은 부채를 줄이고 파산을 면하기 위하여 신주발행으로 필요한 자금을 조달해야 하는데 회사와 관련된 여러 위험 때문에 매우 낮은 가격으로 주식을 발행해야 한다. 새로 발행한 주식가격이 싸기 때문에 매수를 고려하는 신규 투자자들에게 매력적일 수도 있지만 신주발행 때문에 기존 주주들이 보유한 주식(구주)의 가치는 상당히 희석된다.

존스는 액면분할이 어떻게 이루어지는지 알게 되었고 JMC의 다른 주주들도 액면분할에 동의했다. 존스를 포함한 JMC의 주주들 모두 총주식수를 6,250주까지 늘리는 데 투표했고 신주발행과 액면분할에 필요한 주식의 발행이 승인되었다. 주주들 중 일부는 보유주식 일부를 일반 대중에게 매각하기를 원했기 때문에 JMC는 '혼합공모(combined offering)' 방식으로 주식을 공모하기로 결정했다. 혼합공모는 주식 중 일부는 회사로부터 매각(신주모집, primary offering)되고 나머지는 기존 JMC의 주주들로부터 매각(구주매출, secondary offering)되는 것을 말한다. 모든 주식은 동일한 가격으로 판매될 것이며 G&W는 1주당 동일한 수수료를 부과할 것이다.

액면분할 후 5,000주를 보유한 기존 주주들은 총 1,000주를 일반 대중에게 매각하기로 결정했다. 따라서 매각되는 총 2,250주 중 1,250주가 신주이며(수익금은 JMC로 귀속됨) 1,000주가 기존 주주들로부터(수익금은 주주들에게 귀속됨) 매각된다. 그리고 **공모 후 총유통주식수는 7,250주가 아닌 6,250주가 될 것이다.** 기존 주주들이 매각하는 JMC 주식 1,000주는 예전에 이미 발행된 주식이며 구주매출을 통해 소유권의 손바뀜이 이루어질 뿐이다. 따라서 JMC가 발행한 신주만이 총유통주식수에 추가된다.

게인즈의 도움으로 JMC는 총 2,250주의 주식을 매각하기 위하여 투자설명서(prospectus)가 포함된 S-1(등록신고서 SEC 제출양식)를 SEC에 제출했다. 실제로 1,250주의 신주가 JMC로부터 직접 매각될 것이지만, 총 2,250의 공모주가 등록되어야 한다. 약 3개월간의 서신 끝에, SEC는 JMC의 증권신고서와 투자설명서가 증권거래법의 규정을 따르고 회사와 주식, 그리고 위험 요인들에 관한 정보가 JMC의 매수를 고려하는 투자자들이 올바른 투자 결정을 내릴 수 있도록 충분히 포함되어 있다고 판단하였고, 2011년 9월 1일 SEC는 JMC의 상장이 유효하다고 선언했다. G&W는 2,250주를 모두 매각할 수 있었지만, 관례대로 일부(800주)만 보유했고 나머지는 다른 투자은행과 브로커들에게 주식을 분배했다. G&W와 공모에 참여하는 다른 거래자들(투자은행, 주식브로커)을 **판매그룹(selling group)**이라고 한다. 물론 G&W는 수수료를 다른 거래자들과 나누었다. G&W가 공모주의 일부를 다른 거래자들에게 제공하려는 이유는 두 가지가 있다. 첫째, 다른 투자은행들도 G&W에게 공모주의 일부를 제공함으로써, 투자은행들 간의 사업의 기회가 균등해진다. 두 번째, 대부분의 투자은행의 고객 수는 제한되어 있기 때문에, 많은 거래자들이 JMC 주식을 팔게 함으로써, 주식 공모가 투자자들 간에 많이 홍보될 수 있는 것이다. 이에 따라 주식에 대한 수요가 증가하고 주식이 모두 매각되지 못할 위험이 감소하게 되는 것이다. 만약 주식이 모두 매각되지 않는다고 해도, G&W는 주식의 인수를 보증하는 **인수단(underwriting syndicate)** 구성원들과 위험을 분담하고 있기 때문에 팔리지 않고 남은 모든 주식을 G&W가 모두 매입할 필요가 없다.

판매그룹 구성원들 중 일부도 인수단에 속할 수 있다. 다시 말하지만 인수단은 일반 대중을 대상으로 매각될 수 없는 주식의 매입에 참여하기로 한 거래자들로 구성되어 있다. 판매그룹 구성원이지만 인수단에 속하지 않는 거래자들은 단순히 일반 대중을 대상으로 최대한 주식을 매각하고 남은 주식들을 인수단에게 반환한다. 인수단은 남은 주식들을 직접 일반 대중에게 매각하거나 주식의 수요가 더 많은 판매그룹의 다른 구성원들에게 주식을 재분배한다. 인수단에 속한 판매그룹 구성원들은 주식을 모두 매각할 수 없는 위험을 감수해야 하기 때문에 인수단에 속하지 않은 판매그룹 구성원들보다 더 높은 수수료를 받는다. 인수단에 속하지 않은 판매그룹 구성원들은 위험을 부담하지 않으므로 낮은 수수료를 받게 된다.

판매그룹의 주식 노출로, 회사는 발행한 신주에 대한 수요가 초과될 것으로 기대할 수 있다. 그중 매수를 원했지만 공모에 참여하지 못한 투자자들도 존재할 것이다. 주식을 여전히 매수하려는 투자자들은 상장이 완료된 후 공개시장(public market)에서 주식을 매수하기를 원한다. 이것을 **애프터마켓(after market)**이라고 부른다. 애프터마켓은 말 그대로 투자은행이나 언더라이터(underwriter)들이 공모를 마친 후 일반 투자자들 간에 이루어지는 모든 거래를 말한다.[5] 애프터마켓은 공모에 참여하지 못했던 투자자들과 공모에 참여한 투자자들이 단기수익을 목적으로 주식의 매도를 원할 때 대량의 거래가 발생되는데 보통 공모 후 1~2시간 후나 1~2일 후를 말한다.

SEC가 JMC의 등록이 유효하다고 선언했을 때, 판매그룹은 고객에게 전화를

---

5 역자의 해설: '언더라이터(underwriter)'는 유가증권을 발행하는 회사로부터 증권을 인수한 후 투자자들을 모집하여 증권의 매각을 보증하는 투자은행 및 기관을 말한다.

걸어 누가 JMC의 주식 매수에 관심이 있는지를 물었다. JMC 주식에 대한 관심이 매우 높았기 때문에 상장 유효가 되자마자 '매입완료(fully subscribed)'가 이뤄졌다. 매입완료는 판매그룹이 제공한 주식을 모두 매입할 수 있을 만큼 매수주문이 충분하다는 의미이다. 상장이 2011년 9월 1일 오전 10시에 발효된 직후, 주식브로커들과 언더라이터들은 고객들에게 바로 전화를 걸어 배정된 주식의 매수의사를 확인하였다. 이 확인절차는 주식은 상장의 유효가 선언되기 전까지는 법적으로 거래될 수 없기 때문에 반드시 필요한 절차이다. 후속유효확인(post-effective confirmation) 전까지, 매수를 고려하는 투자자(그리고 주식 배정을 받은 투자자)들은 언제든지 매수를 철회할 수 있다. 이러한 경우는 보통 (1) 주식의 공모 가격이 막판에 상승하거나, (2) 회사의 전망이 예상보다 그렇게 좋지 않음을 시사하는 새로운 정보가 발표되거나, (3) 주식시장 전체가 눈에 띄게 약화되었을 때 발생한다.

언더라이터는 유효 확인 절차 후, 매수자인 고객들에게 주식이 '자유롭게 거래(free to trade)'될 수 있다고 알린다. 이 말의 의미는 이 순간부터 주식을 청약한 개인들은 자유롭게 거래가 가능한 등록 주식의 주주들이며, 새로 등록된 주식의 매각을 원하는 다른 주주들로부터 주식을 매수하거나 매도할 수 있음을 뜻한다.

PART 2

보통주 외의 증권: 채권과 우선주

SECURITIES OTHER THAN COMMON STOCK: BONDS AND PREFERRED STOCK

주식이
오르고
내리는
이유

"*To understand a company and its stock price behavior, it is important to understand all the instruments a company can use to raise capital.*"

"기업과 그 기업의 주가 행태를 이해하기 위해서는 기업이 자본을 조달하는 데 사용 가능한 모든 수단을 이해하는 것이 중요하다."

7장 레버리지를 이용한 성장: 신주발행 vs 채권발행

FINANCING GROWTH: SELLING NEW STOCK VS. SELLING NEW BONDS

2013년 초, JMC는 또 다른 새로운 쥐덫 공장을 짓기로 결정했다. JMC 경영 진이 계획하는 좀 더 크고 효율적인 공장은 제3공장으로 지정될 것이며, 공장 건 설에 들어가는 비용을 대략 20,000달러 정도로 예상하였다. 회사는 다음 네 가 지 방법을 통해 새 공장 건설에 필요한 충분한 자금을 확보할 수 있다. 첫 번째 로 회사는 새로 주식을 팔 수 있는데 이를 **주식발행(equity offering)** 또는 **지분 금융(equity financing)** 이라고 한다. 두 번째로 회사는 돈을 빌릴 수 있는데, 이 를 **부채금융(debt financing)** 이라고 한다. 지분금융과 부채금융을 통틀어 **외부금융 (external financing)** 이라고 부른다. 세 번째로 회사는 그동안의 영업활동으로 쌓 아 온 현금을 사용할 수 있다. 우리는 이를 "회사가 유보이익(retained earnings) 으로 공장 건설 비용을 조달한다"라고 말한다. 또한 이를 **내부금융(internal financing)** 이라고 부른다. 투자자들은 "유보이익으로 자금을 조달한다(financing from retained earnings)"라는 표현을 사용하는데 이는 외부금융(신주발행 또는 채권발행)과 구별하기 위해서이다. 유보이익으로 자금을 조달했다는 것은 공장 건설에 들어가는 돈이 그동안 회사가 다른 곳에 쓰지 않고 벌어들인 돈이란 사실 을 구체적으로 말해 준다. 사실 유보이익으로 자금을 조달하는 것도 지분금융에 속하는데 그 이유는 유보이익은 회사의 주주들에게 귀속되기 때문이다. 주식을 발행하여 자금을 조달하는 **외부지분금융(external equity financing)**과는 달리, 우리는 이를 **내부지분금융(internal equity financing)**이라고 부른다.

공장 건설 자금을 조달하는 네 번째 방법은 회사가 보유한 자산을 매각하여 자금을 조달하는 것이다. 예를 들어, 가구와 의류를 모두 만드는 회사가 의류 사업이 훨씬 더 매력적이기 때문에 의류 사업을 확장해야 한다고 판단하면, 새로운 의류 제조 공장 건설에 드는 현금을 마련하기 위해 가구 사업을 매각할 수 있다. 엄밀히 말해서 이 또한 내부지분금융으로 간주된다.

JMC는 새 공장을 건설하는 데 필요한 충분한 현금(사용하지 않은 유보이익)을 보유하지 않았다. 2012년 12월 31일 현재, JMC가 보유한 현금과 미국 국채는 15,000달러에 불과했으며, 이 중 상당 부분이 회사의 일상적인 운영에 필요했다. JMC는 충분한 현금이 유보이익으로 저축될 때까지 기다릴 수 있었지만 경영진은 대략 3~4년의 시간이 소요될 것으로 예상하였기 때문에 경쟁 회사들보다 먼저 새로운 쥐덫 시장에 진출하기 위해서는 지금 공장을 건설하는 것이 절박했다. 그리고 JMC가 공장을 건설하기 위해서는 외부금융(external or outside financing)이 필요했다. JMC의 경영진은 신주발행보다 부채발행을 통해 공장 건설에 필요한 자금을 조달하는 것이 바람직한 선택이라고 믿었다. 이와 같은 결정을 내린 이유를 곧 설명하게 될 것이다.

JMC는 새 공장의 추가가 순이익을 증가시키지 못하더라도 기존 공장에서 생산되는 제품에서 얻은 이익으로 대출금을 상환할 수 있었기 때문에 돈을 빌리는 것이 안전하다고 생각했다. 실제로 경영진은 좀 더 효율적인 새 공장의 완공이 회사에 상당한 이익을 가져올 것을 예상하였다.

JMC는 은행에서 20,000달러를 대출할 수 있었지만 은행 대출이 꺼려졌는데 그 이유는 가끔 발생하는 매출채권 담보대출(account receivable financing)이나 그 외 예기치 못한 지출 때문에 은행으로부터 단기차입금이 필요하기 때문이다. 만약 JMC가 새 공장을 짓기 위해 지금 은행에서 돈을 빌릴 경우, 은행들은 나중에 매출채권 담보대출이나 비상시에 JMC에게 돈을 빌려주는 것을 꺼릴 수도 있다. 또한 은행 대출은 회사가 유지해야 하는 재무비율 등 대출 조항이 매우 엄격하다. 경영진은 엄격한 대출 조항보다 유연한 조건으로 돈을 빌리기를 원할 것이다. 시장에 채권을 매각하는 것은 재무 상태가 양호한 회사에 기회를 제공한다. 이러한 종류의 부채도 회사에 제약과 의무를 부여하지만 은행 대출규정에 비해 상대적으로 부담이 덜하다. 따라서 JMC의 부채금융(채권발행)은 2013년 초 봄에 계획되었다.

JMC가 채권을 발행한 이유 (WHY JMC DECIDED TO SELL BONDS)

이제 JMC에서 그동안 일어난 변화들과 최근의 재무제표를 살펴보고 경영진이 왜 신주발행 대신 채권발행을 선택했는지 알아보자. 새로운 채권의 발행과 신주발행 사이의 결정에 영향을 미치는 요인들은 기업들이 생각하는 방식을 드러낸다. 투자자들이 이를 이해하면 회사가 현금이 추가로 필요할 경우 지분금융 또는 부채금융을 할지를 미리 예측할 수 있고, 새로이 발행된 주식이나 채권이 기존 주식들에 어떤 영향을 미치는지 파악하는 데 도움이 될 것이다.

6장에서 다룬 것과 같이 2011년 9월, JMC는 새로 발행한 주식을 매각하였고 10,000달러의 매각 대금을 수령하였다(수수료 무시). 이 10,000달러는 2011년 12월 31일에 완공된 두 번째 공장을 건설하는 데 사용되었다. JMC는 2012년 한 해 동안 첫 번째 공장과 함께 두 번째 공장 추가로 인한 혜택을 누렸다. 공장 시설 확장과 쥐덫 가격의 상승으로 2012년 JMC의 매출은 125,000달러로 증가했다. 이에 따라 2012년도의 손익계산서는 다음과 같이 작성되었다.

JMC 손익계산서
12/31/12 연말 기준

매출 (Sales)		$ 125,000
비용 (Expenses):		
매출원가 (Cost of goods sold)	$ 86,000	
판관비 (SG&A)	$ 22,000	
이자비용 (Interest)	$ 3,000	
	$ 111,000	$ 111,000
세전이익 (Profit before tax)		$ 14,000
소득세 (Income tax)		$ 7,000
세후순이익 (Net profit after tax)		$ 7,000

다음 페이지의 대차대조표 참조

2012년 말일 기준 대차대조표는 다음과 같다.

JMC 대차대조표
12/31/12

자산 (Assets)		부채 (Liabilities)	
유동자산 (Current assets):		**유동부채 (Current liabilities):**	
현금 (Cash)	$7,000	매입채무 (Accounts payable)	$8,000
미국국채 (U.S. Govt. Securities)	$8,000	단기부채 (Short-term debt)	$2,000
매출채권 (Account receivable)	$14,000	미지급세금 (Tax payable)	$2,000
재고 (Inventory)		1년만기 감채기금 (Sinking-fund pmt. on long-term debt due within one year)	$2,000
완제품 (Finished goods)	$25,000		
재공품 (Work in progress)	$7,000	총유동부채 (Total current liabilities)	$14,000
원자재 (Raw materials)	$21,000	**총자본 (Capitalization):**	
총유동자산 (Total curent assets)	$82,000		
		장기부채 (Long-term debt):	
고정자산 (Fixed assets):			
부동산 (Property)	$4,000	8% 텀론 (8% term loan)	$6,000
건물 (Buildings)	$15,000	9% 제1담보부채권 (9% First mort. bonds)	$20,000
장비 (Equipment)	$51,000	**자기자본 (Stockholders Equity):**	
총고정자산 (Total fixed assets)	$70,000		
		보통주 (액면가 $0.10)	
		(승인주식 6,250 주, 유통주식 6,250 주)	$625
		Common stock (par value $1.00)	
		(auth. 6,250 shares, out. 6,250 shares)	
		추가납입자본 (Additional paid-in capital)	$14,375
		유보이익 (Retained earnings)	$97,000
		자기자본 (Total stockholders equity)	$112,000
총자산 (Total assets)	$152,000	총부채및자기자본 (Total liab. and equity)	$152,000

3장 말미의 2010년 12월 31일의 대차대조표와 비교해 보면 다음과 같은 변화가 일어난 것을 알 수 있다.

1. 2011년 9월 JMC가 신주를 매각하면서 **보통주 액면가(Common at par)**와 **추가납입자본금(Additional paid-in capital)**이 증가하였으며 현금 또한 증가하였는데 현금은 새 유형자산에 사용되었다.

2. **유형자산(Property, plant, and equipment)**은 각각 1,000달러(부동산), 2,000달러(건물), 7,000달러(장비)가 증가하였으며, 주식 공모 대금으로 건설한 두 번째 공장의 영향이 반영되었다. 첫 번째 공장은 계속 가동 중이다. 이 시점에서 아직 기존 공장의 마모나 장비의 저하가 일어나지 않았고 초기 비용으로 공장이 가동되고 있음을 짐작해 볼 수 있다.

3. 새 공장의 매출 증가로 **매출채권(Account receivable)**과 품목별 **재고(Inventory)**가 증가하였다. 당연히, 새 공장은 **원자재(Raw materials)**가 추가로 필요하며, 결과적으로 더 많은 **재공품(Work in Progress)**과 더 높은 수준의 **완제품(Finished goods)**이 늘어난 고객들을 대상으로 판매 대기 중이다. 그리고 매출의 상승과 함께 **매출채권(Accounts Receivable)**도 증가하였다.

4. **현금(Cash)**이 증가하였는데 이는 다음을 반영한다. (a) 주식발행으로 증가한 현금, (b) 미국 국채 매도로 증가한 현금, (c) 재고 증가로 인한 현금 감소, (d) 매입채무와 단기 부채의 상환으로 인한 현금 감소, (e) 연 8% 대출규정에 따른 감채기금(Sinking fund) 상환으로 인한 현금 감소. 대출 잔액은 2011년과 2012년에 각각 2,000달러씩 감소했는데, 이는 감채기금 상환 때문이다.

5. **유보이익(Retained earnings)**이 증가하였으며, 2010년의 5,000달러와 2011년의 7,000달러가 모두 반영되었다(2011년은 손익분기점이었다).

채권발행 vs 주식발행 (SELLING BONDS VERSUS SELLING STOCKS)

JMC 경영진은 새로 공장을 짓기 위해서는 20,000달러가 필요했다. 공장 건설에 필요한 자금을 어떻게 조달할지 결정하기 위해서는 신주발행 또는 채권발행을 한다는 서로 다른 가정하에서 향후 손익계산서와 대차대조표가 어떻게 될지를 예측해야 한다.

2012년, 기존 공장 두 곳 모두 풀가동 중이므로, 만약 사업이 계속 순조롭게 진행되고 생산 설비가 추가되지 않는다면, 2013년과 그 이후의 손익계산서는 2012년도와 동일할 것으로 예상된다. 이는 표 7.1의 왼쪽 열에 나와 있다.

가설 A - 외부금융이 없는 경우 손익계산서는 2012년 손익계산서와 유사할 것이다. 사실 가설 A에서 향후 예상 이익은 JMC가 부채를 상환할 수 있게 되며, 이 자지급액의 감소로 이익이 증가할 것이다. 하지만 이 차이는 신주발행이나 채권발행이 가져올 예상 변화와 비교하면 미미하기 때문에 우리는 이를 무시할 것이다.

가설 B - 20,000달러 상당의 채권발행 가설 B에 따르면 JMC 경영진의 손익계산서 예측에 다음과 같은 요인들이 포함되었다. 우선 JMC는 G&W 투자은행과 논의 끝에 신규 채권의 발행에 대해 연 10%의 이자를 지급해야 한다는 결론을 내렸다. 두 번째로, JMC의 경영진은 이제 쥐덫 제조에 상당한 경험을 쌓았고 좀 더 효율적인 공장을 짓는 법(예: 저비용으로 쥐덫 생산)을 알고 있었다. 마지막으로, 경영진은 JMC의 영업 인력이 이미 배치되어 있는 상황에서 판관비(selling, general and administrative expense, SG&A)가 매출만큼 증가하지 않을 것이라는 것을 알았다. 이러한 요인들을 감안하여 좀 더 상세한 계산을 한 결과, JMC의 경영진은 일단 새 공장이 가동되면 손익계산서는 표 7.1의 가설 B열과 같을 것이라고 예측하였다.

표 7.1 두 가지 가설을 적용한 JMC의 손익계산서

	가설 A - 외부금융 없음	신규공장의 추가매출과 비용	가설 B - 채권발행
매출 (Sales)	$125,000	$ 40,000	$165,000
매출원가 (Cost of goods sold)	$ 86,000	$ 25,000	$111,000
판관비 (SG&A)	$ 22,000	$ 5,000	$ 27,000
이자비용 (Interest)	$ 3,000	$ 2,000	$ 5,000
세전이익 (Profit before tax)	$ 14,000	$ 8,000	$ 22,000
법인세 (Tax, 50% 세율 적용)	$ 7,000	$ 4,000	$ 11,000
순이익 (Net income)	$ 7,000	$ 4,000	$ 11,000
유통주식수 (Shares outstanding)	6,250		6,250
주당이익 (EPS)...........................	$ 1.12		$ 1.76

가설 A와 B는 다음 표 7.2과 같이 재무비율과 대차대조표의 변화를 일으킨다. 다시 말하지만 **가설 A의 외부금융이 없는 경우**를 바탕으로 우리는 간단히 현재 대차대조표를 사용하여 미래를 예측할 것이다.

표 7.2 가설 A와 B를 적용한 JMC의 이자보상비율과 부채비율

	가설 A - 외부금융 없음	가설 B - 채권발행
장기부채 (Long-term debt)	$ 26,000	$ 46,000
자기자본 (Equity)	$112,000	$112,000
$\dfrac{\text{장기부채 (Long-term debt)}}{\text{총자본 (Total capital)}}$	18.8%	29.1%
이자보상비율 (Interest coverage)	5.7x	5.4x

새 공장 건설에 필요한 자금을 조달하기 위해 채권을 발행할 경우, 공장이 가동되면 주당이익(EPS)은 급격히 상승할 것으로 보인다. 반면, 이자보상비율(interest coverage ratio)은 감소하고 총자본에서 차지하는 장기부채의 비율이 증가한다 (즉, 이 두 비율 모두 악화된다). 레버리지 비율(leverage ratio)이 악화되면 JMC가 향후 돈이 필요할 때 추가로 돈을 빌리는 것이 어려워질 것이다. 하지만 이러한 문제에도 불구하고 채권발행이 이익에 미치는 영향은 상당히 긍정적이기 때문에 JMC는 채권발행을 선택할 가치가 있다. 게다가 이익이 증가하면 JMC는 부채를 더 빨리 상환할 수 있기 때문에 결국 이자비용이 절감된다. 부채가 감소하면 총자본대비부채비율(debt to total capital ratio)이 낮아지고 이자보상비율이 개선(상승)될 것이다. 우리는 4장에서 이러한 재무비율들을 이미 다루었다.

가설 C - 20,000달러는 추가 신주발행으로 조달된다. 물론 주식의 추가 발행은 이익희석을 초래할 수 있다. 즉, 새 공장은 더 많은 이익을 창출하지만, 주식발행으로 유통주식수가 증가하면 주당이익은 오히려 감소할 수 있는 것이다. 하지만 이익의 상승분이 상당하여 보통주 주식수가 증가했음에도 불구하고 EPS 수치가 높아질 가능성도 있는데, 이를 **반희석(negative dilution)**이라고 한다. 실제로 주당이익이 희석되는지 또는 반희석이 일어나는지 파악하기 위해서는 6장에서 다룬 이익희석 계산을 거쳐야 할 것이다.

표 7.3 신주발행대금으로 새 공장을 건설한 경우 JMC의 이익

	가설 C - 신주발행
매출 (Sales)	$165,000
매출원가 (Cost of goods sold)	$111,000
판관비 (SG&A)	$ 27,000
이자비용 (Interest)	$ 3,000
세전이익 (Profit before tax)	$ 24,000
법인세 (Tax, 50% 세율 적용)	$ 12,000
순이익 (Net income)	$ 12,000
유통주식수 (Shares outstanding)	?
주당이익 (EPS)	?

현재 JMC 주식은 6배의 주가수익비율(P/E)로 주식이 거래되고 있다. 따라서 JMC는 20,000달러를 조달하기 위해서 신주 2,425주를 매각(발행)해야 한다.

$$\text{EPS} = \frac{\$12,000}{6,250 + 2,425} = \frac{\$12,000}{8,675} = \begin{array}{ccccccc} \text{EPS} & \text{P/E} & \text{주식가격} & & \text{신규주식} & & \text{조달자금} \\ \$1.38 & \times\ 6x & =\ \$8.28 & \times & 2,425 & = & \$20,079 \end{array}$$

구주   신주

만약 JMC가 추가로 주식을 발행하고 아직 공장이 건설되지 않은 경우, 표 7.4의 가설 C와 같이 주당이익이 희석될 것이다. 여기서 우리는 주식발행으로 조달한 현금은 공장 건설에 사용되기 전까지 얻은 이자가 없었다고 가정한다.

표 7.4 두 가지 가설을 적용한 JMC의 손익계산서 비교

	가설 A - 외부금융 없음	가설 C - 신주발행 - 새 공장가동전
매출 (Sales)	$ 125,000	$ 125,000
매출원가 (Cost of goods sold)	$ 86,000	$ 86,000
판관비 (SG&A)	$ 22,000	$ 22,000
이자비용 (Interest)	$ 3,000	$ 3,000
세전이익 (Profit before tax)	$ 14,000	$ 14,000
법인세 (Tax, 50% 세율 적용)	$ 7,000	$ 7,000
순이익 (Net income)	$ 7,000	$ 7,000
유통주식수 (Shares outstanding)	6,250	8,675
주당이익 (EPS)	$ 1.12	$ 0.81

따라서 주식발행으로 인해 주당이익이 1.12달러에서 0.81달러로 이익이 희석되어 큰 폭으로 하락할 것이며 이러한 주식발행 소식이 발표되면 주가가 하락할 수 있다.

JMC의 경영진은 **새 공장이 가동된 후** 예상되는 매출과 이익을 바탕으로 희석이익을 계산했다(표 7.5의 가설 D). **가설 D**는 새 공장에서 발생하는 예상 이익이 상당하여 유통주식수의 증가로 인한 이익희석을 보상할 수 있을 뿐만 아니라, 주당이익이 1.12달러에서 1.38달러로 상승할 것을 보여 준다. 비록 초기에는 주식의 발행으로 이익이 희석되겠지만 새 공장에서 발생하는 매출과 이익의 증가는 희석효과를 충분히 상쇄하고도 남으며 모든 일이 순조롭게 진행될 경우, 주당이익의 증가로 이어질 것이다. 따라서 경영진은 JMC의 주가가 단기적으로 하락할 가능성을 알면서도 기꺼이 주식 공모를 하려고 할 것이다.

그러나 JMC가 주식을 발행했을 때 주당이익의 증가분은 채권을 발행했을 때 주당이익 증가분보다 훨씬 낮다. 따라서 회사의 이익이 높아야 장기적인 주가상승으로 이어지기 때문에, 주식발행보다는 채권발행이 현 주주들에게 가장 유리한 선택이다. 표 7.6과 같이 채권발행은 대차대조표(총자본대비장기부채비율, long-term debt to total capital ratio)를 단기적으로 악화시키고 주식발행은 대차대조표를 개선시킬 수 있다. 하지만 채권발행에서 회사가 누릴 수 있는 높은 이익 때문에 채권발행이 주주들에게 유리한 것이 사실이다. 이에 따라 JMC는 채권발행을 진행하기로 결정했다.

표 7.5 세 가지 가설을 적용한 JMC 의 손익계산서 비교

	가설 A - 외부금융 없음		가설 B - 채권발행 - 새 공장가동		가설 D - 신주발행 - 새 공장가동	
매출(Sales)	$	125,000	$	165,000	$	165,000
매출원가 (Cost of goods sold) ...	$	86,000	$	111,000	$	111,000
판관비 (SG&A)	$	22,000	$	27,000	$	27,000
이자비용 (Interest)	$	3,000	$	5,000	$	3,000
세전이익 (Profit before tax)	$	14,000	$	22,000	$	24,000
법인세 (Tax, 50% 세율 적용)	$	7,000	$	11,000	$	12,000
순이익 (Net income)	$	7,000	$	11,000	$	12,000
유통주식수 (Shares outstanding)		6,250	$	6,250		8,675
주당이익 (EPS)	$	1.12	$	1.76	$	1.38

표 7.6의 이자보상비율과 부채비율을 비교해 보자.

표 7.6 세 가지 가설에 따른 JMC의 이자보상비율과 부채비율

	가설 A - 외부금융 없음	가설 B - 채권발행 - 새 공장가동	가설 D - 신주발행 - 새 공장가동
장기부채 (Long-term debt)	$ 26,000	$ 46,000	$ 26,000
자기자본 (Equity)	$112,000	$ 112,000	$ 132,000
장기부채 (Long-term debt) ───────────────── 총자본 (Total capital)	18.8%	29.1%	16.5%
이자보상비율 (Interest coverage)	5.7x	5.4x	9.0x

만약 주가수익비율(P/E)이 15배 또는 30배라면 지분금융(신주발행)이 주식에 어떤 영향을 미칠까? 만약 P/E가 15배라면, JMC는 신주 780주를 매각하여 자금을 조달할 수 있다. 새 공장이 완공되면 주당이익은 1.71달러가 될 것이다. 이는 채권을 발행했을 때의 주당이익 1.76달러보다 조금 낮은 수준이다. 주당이익의 미미한 감소분은 대차대조표 개선(낮은 부채비율과 높은 이자보상비율)으로 보충되기 때문에 주식발행으로 자금을 조달하는 것이 나은 선택이다. 만약 P/E가 30배라면, JMC는 신주 370주를 발행하여 20,000달러를 조달할 수 있고, 결과적으로 주당이익은 1.81달러가 될 것이다. 이는 채권을 발행했을 때의 주당이익보다 훨씬 높기 때문에 채권의 발행보다 이익의 30배(30배의 P/E)로 신주를 발행하는 것이 더 나은 선택이 분명하다. JMC가 이익의 30배로 주식을 발행한다면 주당이익이 증가할 뿐만 아니라 대차대조표 또한 개선되기 때문이다. 그러나 JMC 주식이 이익의 6배(6배의 P/E)로 거래되고 있는 상황에서는 채권의 발행이 신주발행보다 더 바람직한 선택으로 보인다.

존스는 JMC의 경영진이 채권에 대해 좀 더 배워야 한다는 생각에 게인즈에게 다시 방문을 요청했다. 게인즈는 다음 8장에서 다룰 채권에 대한 프레젠테이션을 준비했다.

8장 채권

BONDS

채권(bond)은 돈을 빌리는 사람(또는 회사)과 돈을 빌려주는 사람(또는 회사) 간의 계약이다. 돈을 빌리는 사람(또는 회사)을 **채권발행자(bond issuer)**라고 부르고 돈을 빌려준 사람(또는 회사)을 **채권보유자(bondholders)**라고 한다. **채권증서(bond certificate)**는 채권보유자가 채권발행자로부터 정해진 날짜나 기간에 원금상환과 이자를 지급받을 수 있는 권리를 갖는 서류이다. 채권증서는 다른 정보가 포함되는 경우가 드물지만 대신 채권보유자와 채권발행자 간의 상세한 합의 내용인 **약정 또는 약정서(indenture)**를 가리킨다. 채권약정은 채권발행자가 채권 계약을 이행하지 못할 경우, 채권발행자의 모든 의무와 채권보유자의 모든 권리가 명시되어 있다. 채권약정에서 **수탁자 또는 수탁기관(trustee)**은 채권보유자의 권리를 돌보는 개인 또는 단체(보통 은행)를 말한다. 예를 들어, 여러분이 XYZ사의 채권보유자이지만 아직 이자를 지급받지 못한 경우 이자를 지급해야 하는 XYZ사 대신 수탁자에 연락해야 할 것이다. 실제로 대부분의 채권발행자는 수탁자에게 이자를 지급하고, 수탁자는 채권발행자로부터 수령한 이자를 채권보유자들에게 지급한다. 만약 회사(채권발행자)가 이자를 지급하지 않을 경우 수탁자는 채권발행자를 상대로 법적 조치를 취하거나 약정서에 명시된 권리를 발동할 의무가 있다. 또한 수탁자는 채권발행자의 재무제표를 모니터링하여 채권약정에 합의 및 명시된 재무비율을 유지하고 있는지를 확인해야 한다. 만약 채권발행자인 회사가 이러한 요건들을 충족하지 못할 경우, 수탁자는 채권보유자가 권리를 행사할 수 있도록 조치를 취해야 할 의무가 있다.

채권이라는 용어는 특정 자산이나 자산 그룹을 담보로 하는 대출을 말한다. 즉 채권발행자가 이자지급이나 원금상환 의무를 이행하지 못해 파산하고 청산이 발생한 경우 채권발행자는 채권에 담보된 자산을 매각하여 조달한 돈을 채권보유자의 원금을 상환하는 데 먼저 사용해야 한다. 경우에 따라서 채권보유자는 채권을 보증하는 담보 자산을 압류한 다음 이를 매각하여 원금을 회수할 권리가 있다.[1]

사채(debenture)는 특정 자산을 담보로 하지 않는다는 점을 제외하고 채권과 매우 유사하다. 사채는 회사의 **일반적인 의무(general obligation)**이기 때문에 회사가 청산될 경우 은행이나 채권보유자 등 '청구 순위(priority of claim)'가 높은 채권자들이 충분한 돈을 회수해야만 사채 보유자들이 원금을 회수할 수 있다. 채권과 사채는 의미상 분명한 차이가 있지만, 사채를 언급할 때 흔히 **채권**이라는 용어가 자주 사용된다. 우리는 이 책에서 채권이나 사채에 동일하게 적용되는 것들을 언급할 때 이러한 관행을 따를 것이다. **어음(note)**이라는 용어는 **채권**이나 **사채**와 같은 의미로 사용된다. 일반적으로 어음은 대출기간이 10년 미만의 대출을 말하고, 채권이나 사채는 10년 이상의 기간을 갖는다.

회사는 언제든지 하나 이상의 채권이나 사채를 발행할 수 있다. 회사가 발행한 채권이 다수인 경우, 채권마다 서로 다른 약정과 수탁자가 존재할 것이며 채권약정마다 제한규정들이 다를 것이다. 예를 들어 어떤 채권의 약정서는 회사가 채권보유자의 허가 없이 추가로 채권을 발행하는 것을 금지하는데 다른 채권은 이러한 제한이 없을 수 있다.

8장에서 다루는 채권의 특성은 비전환사채(nonconvertible bonds)와 전환사채(convertible bond)에도 해당된다. 전환사채는 추가적인 중요 기능을 갖는데 11장에서 이를 상세히 소개하고 있다. 이 책에서 우리는 주로 회사채(corporate bonds)에 관한 내용을 다루고 지방 정부에서 발행한 채권(municipal bonds)이나

---

1 일부 파산은 청산이 아닌 회생(reorganization) 절차를 거친다(10장 참조). 이러한 상황에서도 담보채권은 무담보채권보다 유리하다.

기타 정부 기관에서 발행한 채권들도 유사한 기능들이 많지만 이 책에서는 다루지 않고 있다.

채권, 어음 또는 사채의 발행 (Issuing Bonds, Notes or Debentures)

채권의 발행은 신주를 발행하는 과정과 유사하다. 기업이 신규 발행한 채권을 일반 대중에 매각하려면 우선 SEC에 채권을 등록하고 투자자들에게 투자설명서를 배포해야 한다. 6장에서 이미 다룬 것처럼 언더라이터(underwriter)나 투자은행 그룹을 통해 채권 전체를 한 번에 매각하는 과정은 신주를 매각하는 과정과 비슷하다.

채권, 어음 또는 사채를 발행(매각)하는 두 번째 방법은 **일괄신고(shelf registration)**를 통해 최대 2년 동안 채권을 지속적으로 또는 간헐적으로 매각하는 것이다. 5장에서 다룬 주식의 일괄신고와 같이 회사는 기본투자설명서(base prospectus)나 핵심투자설명서(core prospectus)가 포함된 등록신고서를 SEC에 제출해야 한다. 기본투자설명서는 1. 회사 소개, 2. 필요한 자금 규모, 3. 채권, 사채, 어음, 우선주, 보통주 등과 같이 매각(발행) 증권들에 대한 광범위한 설명이 포함된다. SEC가 등록 유효를 선언하면, 회사는 핵심투자설명서에 포함된 모든 증권(채권)을 지속적으로 또는 간헐적으로 매각할 수 있으며 경영진이 원할 때까지 매각 시기를 늦출 수 있다. 시간이 흐를수록 시장 상황은 변화하기 때문에 회사는 채권을 매각할 시기의 시장 금리에 맞게 쿠폰지급액을 변경하거나 만기를 연장 또는 단축시키는 등 약정을 조금씩 수정할 수 있다. 보통 회사는 매각 대리인이나 딜러를 통해 채권을 매각한다. 채권투자자가 일괄신고된 채권 다수를 매입하는 것을 **테이크다운(takedown)**이라고 부른다. 채권을 발행한 회사는 각 테이크다운마다 채권의 구체적인 내용(쿠폰, 만기, 가격)이 포함된 **투자설명서보충본(prospectus supplement)**과 **가격보충본(pricing supplement)**을 발행한다.

회사가 채권을 처음 등록하여 매각하는 것은 **신주모집(primary offering)**이며 채권의 매각 대금은 회사에게 돌아간다. 일단 채권이 등록되고 판매되면, 채권은 주식과 마찬가지로 언제든지 2차시장(secondary market)[2]에서 매수자와 매도자가 동의하는 가격에 사고팔 수 있다.

기명채권과 무기명채권, 장부기재 형식의 채권
(Registered, Bearer, and Book Entry Bonds)

채권은 **기명(registered)** 또는 **무기명(bearer)** 형태일 수 있다. 만약 채권이 여러분의 이름으로 등록된 경우, 여러분은 이자지급일에 우편으로 수표를 받게 된다. 이처럼 **기명채권(registered bond)**은 채권 소유자의 명의가 등록되어 있기 때문에 분실의 위험이 없다. 반면, **무기명채권(bearer bonds)**은 채권의 실소유자에게 귀속되고 개인 명의가 등록되지 않는다. 무기명채권에는 이자지급을 위한 쿠폰이 첨부되어 있다. 이자지급일이 다가오면 채권보유자는 이자지급이 임박한 쿠폰을 잘라 낸 다음 이자를 지급하는 수탁자에 보여 주거나 우편으로 보낸다. 무기명채권은 드물게 발행되지만 세금을 피하고 싶은 해외 투자자들에게는 매력적이다.

오늘날 대부분의 채권은 **장부기재 형식(book entry form)**으로 발행된다. 이러한 양식에 따라 채권을 발행하는 회사는 채권의 총발행액에 대해 '글로벌 인증서(global certificate)'라는 인증서류를 발행하며, 이 인증서는 신탁 회사가 보유한다. 채권의 개인 매수자들은 이 증서의 실질적인 소유자로 간주한다. 이는 사실상 인증서를 소지할 수 없다는 점을 제외하고 여러분의 명의로 채권을 등록하는 것과 같다.

---

2 역자의 해설: 2차 시장, 즉 '세컨더리 마켓(secondary market)'이란 어느 물리적인 특정 장소를 말하는 게 아니라 투자자들이 이미 발행된 주식과 채권을 서로 주고받는 시장을 뜻한다. 다시 말해서, 뉴욕 증권거래소(New York Stock Exchange, 줄여서 NYSE)와 나스닥(NASDAQ), 그리고 그 외 모든 증권거래소들은 매수자와 매도자가 (그들의 중개인을 통해) 이미 발행된 주식이나 채권을 거래를 하기 위해 모이는 시장이다.

채권의 기능 (BOND FEATURES)

만기 (Maturity)

만기일(maturity date)은 대출자가 채권을 발행하고 대출한 원금을 상환하기로 한 날이다. 채권의 **최종만기일(final maturity date)**은 회사가 발행한 채권의 원금을 상환해야 하는 마지막 날짜이다. 일부 채권들은 최종만기일보다 이른 시점에 감채기금조항(sinking-fund provision)이나 수의상환조항(call provision)에 따라 상환된다(10장 참조).

액면가 (Face Value)

액면가(face value 또는 par value)[3]는 **상환가치(redemption value)** 또는 **만기가치(maturity value)**라고도 불리는데, 채권의 만기일에 회사가 갚아야 하는 금액이다. 만약 채권이 수의상환조항에 따라 최종만기일 전에 조기 상환되면 채권보유자에게 지급해야 하는 금액은 액면가보다 많을 수 있다(10장 참조).

대부분의 채권의 액면가는 1,000달러(채권 1장은 1,000달러의 대출을 나타낸다)지만, 최근에는 일부 회사들이 액면가 25달러의 채권을 발행하기도 했다. 액면가 1,000달러 미만인 채권을 **베이비본드(baby bond)**라고 부르는 반면, 액면가 5,000달러 이상의 채권은 **점보(jumbo)**라고 알려져 있다.

상환과 소각 (Redemption and Retirement)

상환(redemption)과 **소각(retirement)**은 정확히 같은 의미는 아니다. **상환**은 채권보유자가 만기일에 채권증서를 수탁자에게 반환하고 원금(액면가)과 교환하는 것을 말한다. 대부분의 채권약정서는 채권이 상환되면 상환된 채권은 영원히

---

3 채권의 액면가와 보통주의 액면가를 혼동하지 말자. 채권의 액면가와 주식의 액면가는 아무 관계가 없다.

소각될 것이라고 규정한다. **소각**은 채권이 더 이상 존재하지 않으며 다시 발행할 수 없음을 뜻한다. 채권의 소각은 채권의 원금이 상환되거나 회사가 발행한 채권을 2차시장에서 다시 매입했을 때 발생한다. 일부 채권약정서는 회사가 시장에서 다시 매입한 채권을 재발행할 수 있도록 허용하고 있다.

회사가 발행한 채권 중 일부를 2차시장에서 다시 매입하면 매입 가격에 관계없이 이자지급과 부채상환의 의무가 중단되며, 회사는 더 이상 원금과 이자를 갚지 않아도 된다. 만약 회사가 발행한 채권 중 일부만 매입하는 경우, 회사는 모든 채권이 회수될 때까지 채권약정서의 제약을 받는다.[4] 회사가 채권을 다시 매입하는 이유를 세 가지로 볼 수 있는데, 첫 번째로 회사에 채권을 매입할 수 있는 현금이 충분히 있고 이자지급액을 줄이고자 하는 경우, 두 번째로 감채기금조항(sinking fund provision) 때문에 회사가 채권을 상환해야 경우, 그리고 마지막으로 채권발행자가 만기일 이전에 채권을 강제로 매입하도록 하는 채권보유자의 '풋옵션(put option)' 행사로 인해 채권을 조기 상환해야 하는 경우가 있다.

감채기금 (Sinking Fund)

감채기금(sinking fund)은 최종만기일 전 정해진 날짜에 일정 금액의 채권을 상환해야 하는 의무이며 채권에 감채기금 조항이 있거나 없을 수도 있다. 예를 들어, ABC사가 2010년 1월 1일에 100,000달러(채권 100장 × 액면가 1,000달러) 상당의 채권을 발행했다고 가정해 보자. 채권약정서에는 다음과 같은 감채기금조항이 포함된다.

---

4 채권약정서의 제한은 채권보유자들의 투표로 변경될 수 있다. 만약 회사가 채권약정서 요구 사항의 변경을 원하는 경우, 채권보유자들에게 소액의 돈(예를 들어 액면가의 0.25%)을 지급해야 할 것이다. 만약 채권약정서의 변경이 이자의 미지급 또는 원금의 미상환 위험을 크게 증가시키는 경우, 약정서 변경의 승인을 위해서 쿠폰(예를 들어 액면가의 0.5% 또는 그 이상)이 영구적으로 증가할 수 있다.

채권의 최종만기일은 2025년 12월 31일이지만, 2017년부터 액면가 5,000달러(채권 5장) 이상을 매년 12월 31일까지 상환해야 한다.

따라서 감채기금은 2017년부터 2024년까지 연간 5,000달러, 총 40,000달러가 된다. 나머지 60,000달러는 최종만기일인 2025년 12월 31일에 액면가로 상환된다. 회사가 감채기금의 액수보다 많은 금액을 최종만기일에 한꺼번에 상환하는 것을 **벌룬페이먼트(balloon payment)**라고 한다. 감채기금조항이 있는 채권과는 달리 감채기금조항이 없고 최종만기일에 한꺼번에 상환되는 채권을 **일시상환채권(term bond)** 또는 **불릿(bullet)**이라고 부른다. 일시상환채권은 최종만기일 전에 반드시 조기 상환되어야 할 필요는 없지만, 회사가 만기일 전에 채권의 전부 또는 일부를 2차시장에서 매입하지 못할 이유는 없다. 어떤 채권에는 일시상환이 없고 균등한 감채기금으로 상환될 수 있다. 예를 들어 액면가 100,000달러의 채권약정서는 최종만기일까지 10년 동안 연간 10,000달러의 감채기금을 요구할 수 있다.

회사는 감채기금 의무를 여러 가지 방법으로 이행할 수 있다. 가장 쉬운 방법은 2차시장에서 원하는 만큼의 채권을 만기일 전에 매입한 후 소각하는 것이다. ABC사는 2017년부터 2024년까지 매년 최소 5,000달러 상당의 채권을 소각해야 하지만 이보다 많은 채권의 소각도 허용된다. 회사가 감채기금 일정을 1~2년 정도 앞당기는 것도 자주 있는 일이며, 만약 어떤 연도에 회사가 채권을 다시 매입할 수 없더라도, 이미 계약 조건을 이행한 것으로 간주된다.

감채기금의 목적은 채권이 최종만기일에 상환될 수 있도록 돕는 것이다. 만약 감채기금이 없다면 ABC사는 최종만기일에 100,000달러를 한꺼번에 상환해야 할 것이다. 감채기금을 설정함으로써 최종만기일에 상환해야 하는 금액이 줄어들고, 회사가 일찍 재무 계획을 수립하여 감채기금의 의무를 이행할 수 있게 만든다.

물론 만기일 전에 채권을 조기 상환하려는 회사의 의지가 채권보유자들로 하여금 채권을 강제로 팔게 만들 순 없다. 회사가 감채기금 의무를 이행할 만큼의 충분한 양의 채권을 시장에서 다시 매입할 수 없는 경우, 채권약정서는 회사가 무작위로 채권을 매입할 수 있는 대체 수단을 제공하는데 이를 **추첨(lottery)**이라고 한다. 각 채권마다 일련번호가 있기 때문에 수탁자는 일련번호를 무작위로 추첨하여 감채기금 상환에 필요한 금액만큼의 채권을 선택한다. 다음으로 추첨에서 선정된 채권은 채권보유자들에게 통보하고 채권보유자들이 수탁자에게 채권을 인도할 수 있도록 약 한 달 후에 만기일이 설정된다. 감채기금의 추첨 절차에 따라 채권이 예정보다 일찍 만기가 도래했기 때문에 감채기금의 상환일이 지나면 채권보유자들은 더 이상 이자를 지급받지 못할 것이며 채권을 포기하지 않더라도 아무런 이득을 얻지 못할 것이다.

2차시장에서 채권을 매입하거나 추첨을 통해 감채기금 의무를 이행할지는 회사의 결정에 달렸다. 만약 어떤 회사가 시장에서 1,000달러의 액면가의 채권을 940달러에 매입할 수 있다면, 추첨에 따라 1,000달러 전액에 채권을 상환하고 60달러를 절약하는 것이 더 나은 선택이다. 만약 채권이 액면가 이상으로 거래되고 있거나, 시장에서 매입할 수 있는 채권이 없는 경우에는 추첨을 시행한다. 일부 채권약정서들은 **가속감채기금(accelerated sinking fund)**을 요구조항으로 명시하고 있다. 가속감채기금은 회사가 원하면 추첨을 통해 감채기금보다 더 많은 채권(보통 감채기금의 2배)을 매입할 수 있도록 허용한다.

감채기금 의무 이행의 세 번째 방법은 연속상환(serial redemption)이다. 연속상환채권(serial bonds)이 처음 발행될 때 감채기금조항에 특정 일련번호가 부여된 채권이 정해진 연도에 소각된다는 내용이 포함된다. 연속상환채권은 지방정부채권이나 설비신탁에서 흔히 볼 수 있지만 회사채에서는 드물게 존재한다.

이자지급 (Interest Payment)

대부분의 채권은 반기마다 이자를 지급하지만, 일부 채권은 매년이나 매 분기 또는 매월 이자를 지급해야 한다. 채권이 지급하는 이자를 **쿠폰(coupon)**이라고 한다. 대부분의 채권의 쿠폰은 고정금액이며 채권의 남은 만기까지 동일하게 유지된다. **변동금리부채권(floating rate notes)**, **약정금리변동부채권(variable rate notes)**, **리셋(resets)**과 **스텝업(step-ups)**과 같은 일부 예외들이 있는데 10장에서 이에 대해 설명할 것이다. 이러한 예외들을 제외하고 이 책 전체에서 채권의 쿠폰은 항상 고정이라는 것을 전제로 할 것이다.

액면가 1,000달러, 반기 쿠폰(semi-annual coupon) 50달러의 채권을 살펴보자. 여기서 우리는 연간 쿠폰이 100달러이고 **쿠폰금리(coupon rate)**는 연간 쿠폰지급액 100달러를 액면가 1,000달러로 나눈 값인 10%라고 말할 수 있다.

$$\text{쿠폰금리 (Coupon rate)} = \frac{\text{쿠폰 (Coupon)}}{\text{액면가 (Face amount)}} = \frac{\$100}{\$1,000} = 10\%$$

쿠폰금리(coupon rate)는 항상 연이율로 표기되지만 쿠폰은 반기 50달러나 연간 100달러로 표시된다. '전체 쿠폰(full coupon)'이라는 말은 연간 쿠폰인 100달러를 말한다.

쿠폰과 액면가가 모두 고정되어 있기 때문에 **쿠폰금리 또한 고정금리**라는 사실을 알아야 할 것이다. 2차시장에서 채권의 거래 가격이 1,000달러보다 높거나 낮은 가격으로 항상 변동할 수 있지만 쿠폰금리는 항상 **액면가(face value)**의 고정 비율이며 변동이 없다. 따라서 위 채권의 쿠폰금리도 항상 10%가 될 것이다. 쿠폰금리(coupon rate)는 **쿠폰수익률(coupon yield)** 또는 **명목수익률(nominal yield)**이라고도 불린다.

현재수익률과 쿠폰금리 (Current Yield and Coupon Yield)

쿠폰금리(고정) 또는 쿠폰수익률은 채권가격에 따라 달라지는 채권의 현재수익률과 혼동해서는 안 된다. **현재수익률(current yield)**은 연간 쿠폰(고정)을 2차시장에서 거래되는 채권의 현재가(변동)로 나눈 값이다. 채권보유자가 매년마다 쿠폰을 1번 지급받기 때문에 쿠폰금리와 현재수익률은 모두 연간 수익률로 표시된다.

표 8.1은 쿠폰금리(쿠폰수익률)와 현재수익률을 비교한다. 채권가격이 상승하거나 하락할 때 현재수익률이 어떻게 되는지를 살펴보자.

표 8.1 쿠폰수익률과 현재수익률 비교

			현재수익률 (Current Yield)	쿠폰수익률 (Coupon yield)
A.	쿠폰 (Coupon) / 액면가 (Face amount)	$100 / $1,000	? %	10.0%
B.	쿠폰 (Coupon) / 현재가 (Current price)	$100 / $833	12.0%	10.0%
C.	쿠폰 (Coupon) / 현재가 (Current price)	$100 / $943	10.6%	10.0%
D.	쿠폰 (Coupon) / 현재가 (Current price)	$100 / $1,000	10.0%	10.0%
E.	쿠폰 (Coupon) / 현재가 (Current price)	$100 / $1,086	9.2%	10.0%

액면가 1,000달러보다 높은 가격(예시 E의 경우 1,000달러 이상)에 채권이 거래될 때, 우리는 채권이 **액면가보다 높은 프리미엄(selling at a premium to par)**에 거래된다고 말한다. 이 경우 현재수익률은 쿠폰금리보다 항상 낮다. 반대로, B와 C의 경우처럼 채권이 액면가보다 낮은 가격에 거래될 때 채권이 **액면가보다 할인된 가격에 거래(selling at a discount to par)**되고 있다고 말한다. 이 경우 현재수익률은 쿠폰금리보다 항상 높다. B, C, D, E의 경우 채권가격이 상승하면 현재

수익률이 감소한다. 반대로 채권가격이 하락하면 현재수익률이 상승한다. 즉, 현재수익률의 하락은 채권가격의 상승을 의미하고, 현재수익률의 상승은 채권가격의 하락을 의미한다. 독자 여러분이 현재수익률과 채권가격의 반비례 관계를 처음 접했을 때 혼란스러울 수 있다. 채권가격이 상승하면 쿠폰금리가 점점 하락한다는 사실을 명심하자. 그리고 현재수익률(current yield)과 쿠폰금리(coupon yield)를 나중에 다룰 **만기수익률(yield to maturity)**과 혼동하지 말자.

채권등급 (BOND RATINGS)

채권보유자들은 항상 안전성에 대해 걱정한다. 채권의 '안전성(safety)'은 향후 이자지급, 감채기금의 상환, 최종만기일의 원금상환이 제때 이뤄질 확률을 나타낸다. 많은 투자자들이 기업의 재무제표와 전망을 직접 분석하여 채권의 안전성을 스스로 평가하는 반면, 일부 투자자들은 채권등급을 발행하는 유명한 독립 신용평가사들 중 하나 이상 신용평가사에 의존한다. 이 신용평가사들은 무디스(Moody's Investors), 스탠다드앤드푸어스(Standard & Poor's Corporation), 그리고 피치(Fitch Ratings)이다.

신용평가사들이 가장 안전하다고 평가하는 채권 또는 회사(향후 모든 지급 의무를 이행할 가능성이 가장 높은 기업)가 가장 높은 등급을 받는다. 우리는 이러한 회사들이 **가장 신용도가 높다(most creditworthy)**고 말하거나 **최고 신용등급(best credits)**을 보유하고 있다고 말한다. 반면, 채무를 이행하지 못할 위험이 가장 높다고 판단되는 기업이 발행한 채권을 **가장 신용도가 낮다(least creditworthy)**고 말하거나 **투기성 등급(speculative credits)**이라고 한다. 채권보유자가 회사를 신용등급으로 부르는 것은 흔한 일이다. 신용평가사별 등급은 다음 표 8.2와 같다.

표 8.2 신용평가사 등급 비교 (Comparison of Credit Rating)

	Moody's	S&P	Fitch	
가장 안전함 (Safest)	Aaa Aa	AAA AA	AAA AA	} 매우 안전하다고 간주되는 고등급 채권
	A Baa	A BBB	A BBB	} 다소 안전하다고 간주되는 중간 등급 채권
	Ba B	BB B	BB B	} 낮은 등급 - 향후 이자 지급 및 최종 원금상환을 어느 정도 추측할 수 있음.
가장 위험함 (Least safe)	Caa Ca C	CCC CC C	CCC CC C	} 이자 지급 및 원금 상환에 대한 투기성이 매우 높으며, 최저 등급에 디폴트를 낸 채권이 포함될 수 있음.

S&P에도 D등급이 있고, 피치에도 DDD, DD, D등급이 있는데, 모두 디폴트 또는 채무불이행(default) 상태, 즉 지급 불능을 나타낸다.

신용등급은 여러 재무비율과 주관적인 질적 요인들(qualitative factors)을 바탕으로 하는데 이러한 질적 요인들은 'the 4C's'라고 하는 네 가지 카테고리로 분류된다.

카테고리	주요 평가 항목
Character (성격)	경영진의 신뢰도, 과거 실적
Capacity (상환능력)	채무자의 상환 능력
Collateral (담보자산)	채권 상환을 보증하는 담보 자산 여부
Covenants (제한규정)	채권약정서 제한규정들의 보호 수준

표 8.3은 신용등급 결정에 공통적으로 사용되는 두 가지 재무비율의 일반적인 수준을 보여 준다.

표 8.3 신용등급별 채권의 일반적인 재무비율

	AAA	AA	A	BBB	BB	B
세전이자보상비율 (Pretax interest coverage)	20x	12x	8x	4x	2x	1x
장기부채 (Long-term debt) / 총자본 (Capitalization)	18%	24%	29%	42%	54%	70%

실제로 신용등급별로 나눈 회사의 재무비율은 재무적 강점과 약점, 기업의 규모, 산업군 등 여러 요인들에 따라 크게 달라진다.

회사의 재무비율이 현재 양호하지만 앞으로의 전망이 악화될 것으로 예상되는 경우 신용평가사들은 채권의 등급을 재무비율이 나타내는 것보다 낮게 채권을 평가한다. 우리는 이를 회사의 신용도가 하락하고 있다고 말한다. 만약 회사의 재무비율이 개선되고 있거나 앞으로 개선될 것으로 예상되는 경우, 신용평가사들은 채권을 재무비율에서 나타난 것보다 높게 평가할 수 있으며, 우리는 이를 **신용개선(improving credit)**이라고 부른다.

신용평가사들이 회사채에 동일한 수준의 신용등급을 부여하는 것은 흔한 일이다. 때때로 신용평가사 중 한 곳이 특정 채권의 등급을 다른 신용평가사들보다 1단계 이상 높거나 낮게 평가하는데. 이를 **분할등급(split rating)**이라고 한다. 한 회사가 둘 이상의 채권을 발행한 경우, 채권들의 등급이 동일하거나 다를 수 있는데 등급이 높은 채권은 보통 우선순위가 가장 높거나(파산 시 가장 먼저 상환) 가장 가치가 높은 회사의 자산을 담보로 한다.

신용평가사들은 신용위험(credit risk)과 채무불이행(default)이 일어날 가능성, 그리고 파산 시 예상 회수가능액(recovery value)에 초점을 맞추고 있지만 채권의 가치에 대해서는 의견을 제시하지 않는다. 이것은 투자자들의 책임이다. 신용평가사의 채권등급은 미래의 전망보다 과거의 결과에 치중한다는 비판을 받아 왔다.

채권수익률과 등급과의 관계
(A BOND'S YIELD IS RELATED TO ITS RATING)

신용평가사들은 기업의 채권등급이 낮을수록 이자와 감채기금, 최종만기 상환금을 모두 상환하지 못하고 채무불이행(default)의 위험에 빠질 확률이 높다고 판단한다. 투자자들은 낮은 등급의 채권을 살 때 채무불이행의 위험을 보상받기 위해서 높은 수익률을 요구한다. 실제로 채권수익률(bond yield)은 채권 위험에 대한 시장의 인식과 직결되며, 채권가격의 상승 또는 하락으로 인해 채권의 수익률(yield)이 위험 인식의 변화에 따라 조정된다. 예를 들어, 채권가격이 하락하여 수익률이 상승하면 채권의 위험도가 올라간 것이라고 볼 수 있다.[5]

일반적으로 회사가 새로운 채권을 발행할 때 시장에서 거래되는 유사 등급 채권의 금리와 비슷한 수준의 금리를 제시해야 한다. 실제로 신규 채권을 발행하는 회사는 잠재적 투자자들로 하여금 현재 보유한 채권을 매도하고 상대적으로 덜 친숙한 신규 채권을 매수하도록 하기 위해서 시장에 거래되는 유사 채권보다 약간 높은 금리를 제시해야 할 것이다.

투자자들은 신용평가사의 의견에 항상 동의하지는 않을 것이다. 투자자들은 신용평가사들이 제공한 신용등급과는 별개로 채권의 위험이나 신용도를 평가할 수 있다. 예를 들어 채권에 AA등급이 매겨진다고 하더라도 시장(즉, 대부분의 투자자들)이 채권이 더 위험하다고 생각하고 A등급이 적절하다고 판단하는 경우, 채권은 AA등급 채권보다 낮은 A등급 채권의 수익률에 거래될 가능성이 높다. 실제로 시장이 이와 같은 변화를 반영하기 시작한 후에서야 신용평가사들이 신용등급을 높이거나 낮추는 경우가 흔히 발생한다. 하지만 대체로 시장은 신용평가사들이 제시하는 신용등급을 따르는 편이며, 채권수익률은 신용등급과 항상 연계된다.

---

5 채권가격은 나중에 9장에서 다룰 경제 상황과 정부의 정책적 요인들로 인한 금리의 변화에 따라 시장에서 가격이 변동되며 채권의 수익률이 조정된다.

2013년 초, 산업재 기업들이 새로 발행한 10년 만기 회사채들은 등급별로 다음과 같은 수익률을 보였다.

AAA	2.50%
AA	2.60%
A	2.80%
BBB	3.50%

위의 도표처럼 모든 A등급 채권의 수익률이 정확히 2.80%인 것은 아니다. 수의 상환기능(call features), 만기까지 남은 기간, 투자자가 판단하는 채권의 위험 그리고 그 외 요인들에 따라 채권수익률이 2.80% 수준에서 상승하거나 하락할 것이다. 낮은 등급의 채권은 수익률의 변동 폭이 넓기 때문에 일반적인 수익률을 파악하는 것이 힘들지만, BB등급 채권 다수가 5%에 가까운 수익률에 발행되었고, B등급 채권은 7%가 넘는 수익률에 발행되었다.

등급 간의 수익률 스프레드 (THE YIELD SPREAD BETWEEN RATINGS)

금리(interest rate)나 수익률(yields)의 변동을 나타내는 데 **베이시스포인트(basis points, BPS)** 단위가 흔히 사용된다. 베이시스포인트는 1%의 1/100을 뜻하며 0.01%를 1bp로 나타낼 수 있다. 예를 들어, 금리가 3%에서 4%로 올랐다면 100BPS, 즉 1%가 상승한 것이다. 금리가 4%에서 3.8%로 하락했다면 20BPS가 하락한 것이다. 보통 금리는 변동폭이 작고 서서히 변하기 때문에 매일 이러한 숫자들과 씨름하는 투자자들에게는 금리 변동을 표현할 때 BPS 단위를 사용하는 것이 쉽다. "10,000분의 20(20/10000)" 또는 "0.2%"라고 말하는 것보다 "20BPS가 하락하였다"라고 표현하는 게 쉬울 것이다.

보통 경제 전반의 금리가 변동하면 채권수익률도 함께 변동하지만, 등급별 채권수익률은 서로 다른 양만큼 변동할 것이다. 서로 다른 채권등급 간의 수익률

차이를 **수익률 스프레드**(yield spreads)라고 한다. 표 8.4는 **현행금리**(prevailing interest rate) 수준이 변동함에 따라 수익률 스프레드가 어떻게 변화할 수 있는지를 보여 준다.

표 8.4 수익률 스프레드의 예시

	1월	스프레드율 (% Spread)	스프레드 (Basis Point)	11월	스프레드율 (% Spread)	스프레드 (Basis Point)
AAA	3.00%			3.50%		
		0.10%	10		0.20%	20
AA	3.10%			3.70%		
		0.30%	30		0.45%	45
A	3.40%			4.15%		
		0.45%	45		0.90%	90
BBB	3.85%			5.05%		

표 8.4는 1월부터 11월까지 모든 등급별 채권수익률이 상승했음을 알 수 있는데 시간이 갈수록 채권등급 간의 스프레드가 변화하고 스프레드의 폭이 넓어졌음을 보여 준다. 이렇게 스프레드의 변화를 일으키는 시장 요인들은 수없이 많다. 여기서 채권의 상대적인 위치는 항상 동일하게 유지된다고 볼 수 있다. 즉 시장이 채권등급을 따르지 않거나 다른 종류의 채권들과 비교하지 않는 이상, AAA등급 채권의 수익률은 항상 AA등급 채권의 수익률보다 낮을 것이다. 예를 들어 산업재 회사가 발행한 채권의 수익률은 전력 회사가 발행한 채권의 수익률과는 다를 것이다.

채권투자자들은 수익률 스프레드의 변화를 면밀히 관찰하고 이를 바탕으로 투자 결정을 내린다. 예를 들어 1월의 45bps 스프레드와 같이 A등급 채권과 BBB등급 채권의 스프레드의 폭이 좁은 경우, 투자자는 A등급 채권을 매수하려 할 것이다. BBB등급 채권의 매수는 더 큰 위험을 감수해야 하는 반면, 추가 수익률은 0.45%에 불과하기 때문에 투자자는 안전한 채권의 매수를 선호할 것이다. 반면 A

등급 채권과 BBB등급 채권의 스프레드의 폭이 90bps로 확대된 11월, 투자자는 BBB등급 채권을 매수하여 훨씬 많은 0.90%의 추가 수익률을 얻음으로써 위험을 보상받을 수 있다.

금리 (INTEREST RATES)

경제에는 다양한 금리가 있다. 가장 많이 관찰되는 금리는 은행예금금리(bank borrowing rates)와 은행대출금리(bank lending rates)가 있다.[6] **우대금리(prime rate)**는 은행이 가장 안전한 기업 대출자에게 부과하는 금리이다. 그 외 투자자들이 주시하는 금리의 종류는 (1) 미국 재무부채권(treasury bond), 회사채(corporate bond), 지방정부에서 발행한 지방채(municipal bond)의 채권금리, (2) 미국 연방준비제도이사회(Federal Reserve Board, 줄여서 연준)가 은행에 돈을 빌려줄 때 부과하는 **할인율(discount rate)**, 그리고 (3) 은행이 준비금요건(reserve requirement)의 충족이 필요한 다른 은행들에게 하루나 이틀 동안 돈을 빌려줄 때 부과하는 **연방기금금리(federal fund rate)**가 있다. 이 외에도 언급하기에 너무 많은 금리들이 존재하는데, 단기국채(treasury bills), 정부기관채권(government agency bond), 그리고 기업어음(commercial paper, 기업 간의 단기대출) 금리는 극히 일부에 불과하다.

위에서 소개한 금리의 상승과 하락의 이유를 모두 설명하기엔 이 책으로는 부족할 것이다. 설령 우리가 위에 나열한 금리에 영향을 미치는 요인들에 대한 전문가가 된다고 하더라도, 가까운 시기에 금리의 상승과 하락을 예측하는 것은 여전히 어려운 일이다. 심지어 전문가들조차 금리의 향후 방향과 변동 요인이 무엇인지에 대해서는 이견을 보이고 있다. 간단히 말해서, 금리는 항상 시장의 경제

---

6 은행예금금리(bank borrowing rates)는 저축계좌, 예금증서, 당좌예금 등을 통해 은행이 예금주 고객에게 제공하는 금리를 말하고 은행대출금리(bank lending rates)는 주택담보대출, 개인대출, 기업대출과 같은 형태의 대출을 통해 은행이 대출 고객에게 청구하는 금리를 말한다.

전망을 복잡하고 알 수 없는 방식으로 반영한다. 금리는 경제에 많은 영향을 미치기 때문에 연준은 할인율 같은 특정 금리를 경제에 가장 유리하다고 판단되는 수준으로 설정한다.[7] 이와 같이 연준이 정한 금리의 변화는 앞서 언급한 다른 금리들에 영향을 미칠 것이다.

만기수익률 (YIELD TO MATURITY)

액면가 1,000달러의 채권이 1,000달러에 거래되고 100달러의 쿠폰을 지급한다면, 쿠폰수익률(coupon yield)과 현재수익률(current yield)은 둘 다 10%이다. 그러나 채권가격이 943달러로 하락하면 쿠폰금리는 여전히 10%이지만 현재수익률은 10.6%(연간 쿠폰 100달러를 현재 채권가격 943달러로 나눈 값)로 상승한다. 943달러에 채권을 사는 사람은 10.6%의 현재수익률에 대해 매년 100달러의 쿠폰을 지급받을 뿐만 아니라 만기에 원금 1,000달러가 상환될 때 57달러의 **자본이득**(capital gain)도 함께 얻게 된다.[8] 따라서 채권보유자의 실제 수익률은 현재수익률보다 높다. 현재수익률은 채권보유자가 매년 지급하는 쿠폰 100달러만 반영하고 자본이득은 무시하는데 연간 쿠폰과 자본이득을 모두 포함하는 수익률을 **만기수익률**(yield to maturity)이라고 한다. 만기수익률은 자본이득이 만기일에 한꺼번에 발생하는 것이 아니라 매년 발생하는 것으로 가정하기 때문에 만기수익률은 현재수익률과 마찬가지로 채권보유자의 연간 수익률로도 볼 수 있다. 만기수익률의 계산은 보기보다 복잡하며 간단한 계산기로 구할 수 없다. 여러분이 만기수익률을 정확하게 계산하려면 재무계산기를 사용하거나 구글(Google)에서 'Yield to Maturity Calculator(만기수익률 계산기)'를 검색하여 정확한 만기수익률을 계산

---

7 금리가 경제활동의 수준과 방향을 결정하느냐, 아니면 경제가 금리의 수준과 방향을 결정하느냐 하는 질문은 닭이 먼저냐 달걀이 먼저냐를 묻는 것과 같다.

8 차익은 보통 정기적인 소득으로 간주되지만 경우에 따라서 세금 신고 목적의 자본이득으로 간주되어 더 낮은 세율이 적용된다. 어떤 경우든 우리는 채권보유자가 지급받는 이자 소득과 구별하기 위해 자본이득으로 간주할 것이다.

해 보기를 권한다. 하지만 우리는 만기수익률을 계산하지 않아도 다음과 같이 확실하게 말할 수 있다.

- 채권이 **액면가로 할인(1,000달러 미만)**되어 거래되는 경우, **만기수익률은 현재수익률보다 높을 것이다.** 이는 자본이득이 현재수익률에 추가되기 때문이다.

- 채권이 **액면가 이상의 프리미엄(1,000달러 이상)**으로 거래되는 경우, **만기수익률(yield to maturity)은 현재수익률(current yield)보다 낮을 것이다.** 그 이유는 만기일에 채권이 액면가 1,000달러에 상환될 때 채권보유자는 연간 쿠폰 수익 외에 자본 손실(capital loss)을 입게 되기 때문이다.

표 8.5는 연간 쿠폰 70달러(반기 쿠폰 35달러), 만기가 12년인 채권에 대한 쿠폰금리, 현재수익률과 만기수익률을 보여 준다.

표 8.5 액면가 $1,000인 채권 간의 서로 다른 가격과 수익률 비교

가격 (Price)	쿠폰수익률 (Coupon Yield)	현재수익률 (Current Yield)	만기수익률 (Yield to Maturity)
$ 1,150	7.0%	6.1%	5.3%
$ 1,100	7.0%	6.4%	5.8%
$ 1,050	7.0%	6.7%	6.4%
$ 1,000	7.0%	7.0%	7.0%
$ 950	7.0%	7.4%	7.6%
$ 850	7.0%	8.2%	9.1%

만기수익률(yield to maturity)은 모든 것(쿠폰과 자본이득 또는 자본손실)을 고려하기 때문에 채권투자자들에게 정말 중요한 수익률이다. 투자자들마다 재정 상황이나 그 외 조건들이 서로 다르기 때문에 만기수익률이 동일하고 등급이 비슷한 채권들 중에서 채권을 선택하는 것이 반드시 옳은 결정이라고 볼 순 없다. 채

권 A, B, C의 만기수익률이 동일하더라도 투자자 자신의 선호 또는 개인적인 상황에 따라 채권 A, B 또는 C 중 하나가 다른 두 채권보다 매력적으로 보일 수 있기 때문이다. 예를 들어 표 8.6의 비슷한 등급이 부여된 세 회사의 채권을 살펴보자. 세 채권 모두 액면가 1,000달러에 발행되었고 남은 만기는 12년이지만 채권이 발행된 시기가 다르기 때문에 쿠폰 또한 다르다. 채권 A는 AA등급 채권의 수익률이 4%였던 시기에 발행되었기 때문에 40달러의 쿠폰을 지급한다. 채권 B는 AA등급 채권의 수익률이 7%였을 때 발행되었기 때문에 70달러의 쿠폰을 지급한다. 마지막으로 채권 C는 AA등급 채권의 수익률이 10%였을 때 발행되었기 때문에 100달러의 쿠폰을 지급한다. 현재 AA등급 채권의 수익률 7%라고 가정해 보자.

표 8.6 만기(12년)와 만기수익률이 동일하지만 쿠폰수익률이 다른 채권 간의 비교

	연간 쿠폰 (Annual coupon)	쿠폰 수익률 (Coupon yield)	오늘 가격 (Today's price)	현재 수익률 (Current yield)	만기 수익률 (Yield to maturity)	연이자 (Yearly interest)	만기시의 자본이득 (손실) (Capital gain or loss at maturity)
채권 A	$40	4%	$759	5.3%	7.0%	$40	$241
채권 B	$70	7%	$1,000	7.0%	7.0%	$70	none
채권 C	$100	10%	$1,241	8.1%	7.0%	$100	-$241

표 8.6에서 채권 A는 최초 발행 액면가인 1,000달러에서 가격이 하락한 반면, 채권 C는 액면가 1,000달러보다 훨씬 높은 가격에 거래되고 있다. 세 채권의 현재가는 서로 다르지만 만기수익률은 모두 동일하다. 따라서 만약 채권투자자가 세금 납부에 대한 걱정이 없고 남은 만기 12년 동안 돈이 필요 없을 경우 어떤 채권을 선택하느냐는 중요하지 않을 것이다. 하지만 채권투자자가 소득 수준이 낮고 생활비 충당을 위해서 정기적인 소득이 필요한 퇴직자라면 높은 쿠폰을 지

급하는 채권 C를 가장 선호할 것이다. 반면 채권투자자가 고소득자인 경우 채권 A를 선호할 가능성이 높다. 그 이유는 쿠폰이 높은 세율로 과세되고, 채권의 만기 시 기대할 수 있는 자본이득은 낮은 세율로 과세되기 때문이다. 또한 대부분의 세금이 만기까지 이연이 가능하고 낮은 자본이득세(capital gain tax)가 과세될 것이기 때문에 고소득자인 채권투자자는 채권 A를 선택할 것이다. 이처럼 세금과 관련된 개인의 상황과 재정적인 여건이 채권의 매수 결정에 영향을 줄 수 있다.

우리는 표 8.6에서 채권의 현재가(3번째 열)가 높을수록 현재수익률(4번째 열) 또한 상승하는 것을 볼 수 있다. 그러나 표 8.1과 8.5에서는 채권가격이 상승하면 수익률이 하락하는 것을 알 수 있다. 표 8.6은 쿠폰이 다른 채권들을 비교하는 반면, 표 8.1과 표 8.5는 고정 쿠폰(fixed coupon)을 지급하는 단일 채권의 가격과 수익률의 관계를 설명한다.

정의 (Definitions)

- **채권(Bond)** - 특정 자산이나 다수의 자산을 담보로 하는 대출.

- **사채(Debenture)** - 채권과 매우 유사한 대출, 회사의 일반적인 채무이지만 채권과는 달리 특정 자산을 담보로 하고 있지 않음.

- **쿠폰(Coupon)** - 채권이 지급하는 이자.

- **액면가(Face Value)** - 채권을 만기일에 상환할 때 상환해야 하는 원금.

- **쿠폰금리(Coupon Rate)** - 액면가의 백분율로 표시되는 연간 고정 쿠폰 지급률

- **현재수익률(Current Yield)** - 현재 채권가격의 백분율로 표시되는 연간 쿠폰 지급률. 변동성이 있으며, 채권의 가격에 따라 변동함.

- **만기수익률(Yield to maturity, YTM)** - 채권보유자가 채권을 만기까지 보유하는 경우 기대할 수 있는 연간 수익률, 만기수익률은 채권의 현재가, 쿠폰

수익률, 만기일까지 남은 기간, 채권의 액면가를 모두 감안해서 계산되며 채권보유자가 지급받을 쿠폰과 만기일에 채권의 원금상환 시 발생하는 자본이득 또는 손실(capital gains or losses)을 모두 고려한다.

채권명 (BOND TITLES)

기업의 연차보고서(annual report)에 있는 대차대조표를 살펴보면 부채에 관한 내용이 별도로 기재되어 있음을 알 수 있다. 채권, 사채, 그리고 어음은 다양한 이름으로 구분되며 채권의 이름은 채권의 기능 또는 특성에 관한 정보를 제공한다. 우리는 채권의 일반적인 이름들을 살펴볼 것이다. 먼저 아래 회사채들을 살펴보자. 아래 채권들은 서로 다른 종류의 채권들이며 각 채권마다 채권약정 또한 다르다는 사실을 기억하자.

장기부채 (Long Term Debt):

2036년 만기 3.60% 담보부채권
(3.60% Mortgage Bonds due 2036)

2021년 만기 4.00% 설비신탁증서
(4.00% Equipment Trust Certificates due 2021)

2020년 만기 5.10% 감채기금사채
(5.10% Sinking-Fund Debentures due 2020)

2022년 만기 5.25% 선순위 어음
(5.25% Senior Notes Due 2022)

2024년 만기 6.40% 후순위 사채
(6.40% Subordinated Debentures due 2024)

2023년 만기 7 ½ % 선임후순위 사채
(7.50% Senior Subordinated Debentures due 2023)

2044년 만기 8.10% 후임후순위 이연이자사채
(8.10% Junior Subordinated Deferrable Interest Debentures due 2044)

2019년 만기 2.00% 후순위 전환사채
(2.00% Convertible Subordinated Debentures due 2019)

보통 채권명은 회사의 청산 시 우선순위를 나타내며 '우선청구권(priority of claims)'이라고도 부른다. 청산이 발생했을 때 채권의 우선순위는 채권이 발행된 순서나 만기일에 따른 순서가 아니다. 우선순위를 확실히 하기 위해서는 각 채권의 투자설명서나 채권약정서를 살펴야 한다. 청산 시 채권명이 어떻게 우선순위를 나타내는지를 좀 더 확실하게 이해하기 위해 대차대조표 장기부채 부분에 나열된 채권들을 차례대로 살펴보자.

- **2036년 만기 3.60% 담보부채권(3.60% Mortgage bonds due 2036)** - 담보부채권의 쿠폰금리는 3.60%이고 최종만기는 2036년이다. 채권명이 감채기금조항의 존재 여부를 알려 주진 않는다. **담보부채권(mortgage bond)**이란 토지, 건물 및 장비 등 하나 이상의 특정 자산을 채권보유자에게 '보증(pledge)'함을 의미한다.[9] 이는 회사가 담보부채권 보유자에게 이자 또는 원금의 상환을 이행 못 할 경우, 채권보유자는 (채권약정서에서 명시된 수탁자를 통해) 담보 자산을 매각하여 그 돈으로 미지급된 원금과 이자를 상환할 권리가 있음을 뜻한다. 파산 및 회생 절차가 진행되면, 담보부채권 보유자들은 자산을 담보로 제공받았기 때문에 원금을 전액 회수하지만, 사채(debenture)나 무담보채권(unsecured bonds) 보유자들은 결국 원금보다 적은 금액을 회수하게 된다.

- **2021년 만기 4.00% 설비신탁증서(4.00% Equipment Trust Certificates due 2021)** - 담보부채권과 마찬가지로, 설비신탁증서(ETC)에도 담보 자산이 존재한다. ETC의 경우, 독립된 수탁자가 ETC의 담보 자산에 대한 권리를 보유한다. 보통 ETC의 담보 자산은 비행기, 철도, 차량과 같은 운송 장비들이다. ETC 채권을 발행한 회사가 채무를 이행하지 못할 경우, 수탁자는 담보 자산을 신속히 매각 또는 임대하여 ETC 채권보유자에게 원금을 상환해야 한다.

---

9 이는 지정된 담보 자산에 의해 채권이 '보증'되거나 '담보'된다고 말하는 것과 같다.

운송 장비의 가치가 ETC 채권의 원금과 이자를 초과하는 이상, ETC는 가장 안전한 채권 투자에 속한다.

- **2020년 만기 5.10% 감채기금사채(5.10% Sinking-Fund Debentures due 2020)** - 이 장의 앞부분에서 설명한 것처럼, 모든 채권이 특정 자산을 담보로 하는 것은 아니다. 담보가 없는 채권을 사채(debenture)라고 한다. 사채는 회사의 **일반적인 채무(general obligation)**이며, 회사가 사채권자(debenture holder)에게 채무를 이행할 수 없는 경우(ex: 이자를 제때 지급하지 못할 경우) 사채권자는 자산을 압류할 순 없지만 회사가 법원에서 파산 선고를 할 것을 강제할 수 있다. 만약 파산 선고가 일어나고 회사가 청산될 경우, 사채권자들은 우선순위가 높은 채권의 상환 후에 원금을 회수할 수 있다. 위의 채권명에 **감채기금(sinking fund)**이라는 단어는 채권에 감채기금조항이 있다는 정보를 제공한다. 만약 채권명에 **감채기금**이라는 단어가 포함되지 않더라도 감채기금조항이 존재할 수 있다. 사채는 자산을 담보로 하진 않지만 사채의 감채기금조항은 감채기금이 없는 다른 채권들에 비해 사채권자의 위험을 감소시킨다. 감채기금은 원금의 일부를 매년 상환하여 만기에 상환해야 할 금액을 줄이는 게 목적이라는 것을 기억하자. 만약 사채에 감채기금이 없을 경우, 채권명은 "2020년 만기 5.10% 사채"가 되었을 것이다. 사채에 감채기금조항이 존재하고 감채기금이라는 단어가 채권명에 포함되어 있기 때문에 "5.10% S.F.D(sinking fund debenture의 약자)"라는 약칭을 쓸 수 있다.

- **2022년 만기 5.25% 선순위 어음(5.25% Senior Notes due 2022)** - 어음은 본질적으로 채권이나 사채와 동일하지만 1년에서 10년 사이의 짧은 만기로 발행된다. 채권이나 사채는 어음에 비해 만기가 길다.

- **2024년 만기 6.40% 후순위 사채(6.40% Subordinated Debentures due 2024)** - 후순위 사채라는 이름은 사채권자의 권리가 다른 채권보유자의 권리

보다 후순위라는 사실을 말해 준다. 후순위(subordinated)이란 말은 우선순위가 낮음을 뜻하며 파산 시 다른 채권보유자들이 6.40% 후순위 사채 보유자보다 먼저 원금을 회수한다는 것을 뜻한다. 후순위 사채는 두 가지 방법으로 발생할 수 있다. 첫 번째로 5.10% 감채기금사채(SFD)가 2000년에 발행되었다고 가정해 보자. 5.10% SFD의 약정서에 따르면 회사가 새로운 부채를 발행할 경우, 회사가 파산 시 새로이 발행된 부채는 5.10% SFD보다 우선순위가 낮아야 한다고 규정하고 있다. 따라서 2002년에 회사가 채권을 추가로 발행할 경우, 새로 발행되는 채권은 5.10% SFD보다 후순위여야 한다. 이에 따라 6.40% 사채는 "2024년 만기 6.40% 후순위 사채"라는 채권명을 얻게 되며, "6.40% Sub"이란 약칭을 쓸 수 있다. 채권의 종속 관계는 아래 설명할 7½%의 선임후순위 사채와 같이 또 다른 방식으로 발생할 수 있다.

- **2023년 만기 7 ½% 선임후순위 사채(7½% Senior Subordinated Debentures due 2023)** - 선임후순위라는 이름은 일부 채권들보다 후순위지만 다른 후순위 사채들보다 순위가 높다는 것을 알려 준다. **선임 또는 선순위(senior)**란 말은 **후순위(subordinated)**의 반대말로 순위가 높다는 것을 뜻한다. 선임후순위라는 이름이 채권의 정확한 순위를 알려 주진 않지만, 5.10% SFD와 5.25% 선순위 어음보다 순위가 낮고, 6.40% 후순위 사채, 8.10% 이연이자 사채와 2.00% 전환사채보다 순위가 높은 것으로 보인다. 채권의 순위는 회사가 청산될 경우 채권의 상환 순서와 분명히 연관이 있다는 사실을 기억하자.

7.5% 사채가 6.40% 후순위 사채 이후에 발행되었는데 왜 '선임 후순위 사채'가 되었는지 이유를 살펴보자.

2002년 6.40% 후순위 사채가 발행될 당시, 회사에 부채가 많았기 때문에 새로 채권을 발행하기 위해서 6.40%의 높은 쿠폰금리를 제공해야 했을 뿐만 아니라 더 이상 채권의 발행이 불가능하다는 약정서에 동의해야 했다. 하지만 2005년에 회사의 상황이 악화되어 추가로 외부자금을 조달하지 못할 경우, 회사는 파산 위기에 처하게 된다. 주식을 발행하는 것은 불가능했고 은행들은 회사에 더 이상의 대출을 거부했다. 이로 인해 회사는 6.40% 후순위 사채의 약정서에서 더 이상 채권을 발행하지 않기로 합의했음에도 불구하고 추가로 채권을 발행할 수밖에 없었다.

회사 경영진은 6.40% 사채 보유자들에게 편지를 보내 회사의 위급한 상황을 알렸다. 회사가 새로 자금을 추가로 조달하지 못할 경우 파산이 불가피하기 때문에 경영진은 사채 보유자들로 하여금 채권의 발행을 금지하는 권리를 포기하여 회사가 새로 채권을 발행할 수 있도록 허락할 것을 요청했다.

또한 경영진이 보낸 편지에는 회사가 파산할 경우 6.40% 사채 보유자들이 마지막으로 돈을 받게 되며[10], 원금을 모두 회수할 가능성은 낮다는 내용과 법원에서 파산 절차가 수년 동안 진행될 수 있으며, 파산 절차가 진행될 기간 동안 이자 또한 지급받지 못할 것이라는 내용들을 포함하고 있었다. 따라서 6.40% 사채 보유자들에겐 회사가 새로운 부채를 발행할 수 있도록 허용하여 위기를 모면하고 향후 이자지급과 원금상환 의무를 모두 이행할 수 있기를 기대하는 것이 최선의 선택이었다.

투자은행은 과거의 경험에 근거하여 회사가 사채를 추가로 발행하기 위해서 7.5%의 쿠폰금리가 필요하고 파산을 할 경우 6.40% 사채보다 우선권을 부여해야 한다고 조언했다. 이에 따라 회사는 6.40% 사채 보유자들에게 6.40% 사채가 새로 발행될 7.5% 사채보다 후순위가 될 것임을 동의할 것을 편지로 요청하였다. 6.40% 사채 보유자들은 회사의 상황을 이해하고 6.40% 사채보다 순위가 높은 7.5% 사채의 발행을 허락하였다.

---

10 이 시기에 아직 8.10% 후임후순위 이연이자사채와 2.00% 전환사채는 발행되지 않았다.

6.40% 사채 보유자들은 이번만큼은 예외를 허용하지만 약정서의 다른 모든 권리들을 그대로 유지할 것이며 더 이상의 채권의 발행은 동의할 수 없음을 회사에 알렸다. 새로 발행된 7.5% 사채는 6.40% 사채보다 선순위임을 나타내기 위해 7.5% 선임후순위 사채(Senior Subordinated Debentures)라고 불렀다. 물론 7.5% 선임후순위 사채는 5.10% S.F.D나 다른 채권들보다 순위가 낮다.

- **2044년 만기 8.10% 후임후순위 이연이자사채(8.10% Junior Subordinated Deferrable Interest Debentures due 2044)** - 2004년, 회사의 은행 부채 수준은 여전히 높았지만 재무 상태가 개선되었다. 경영진은 은행 부채를 줄이기 위해 장기자본(long term capital)을 조달하기를 원했다. 하지만 신주를 발행하기엔 주가가 너무 낮았고, 기존 채권들의 약정 때문에 순위가 높은 채권을 발행할 수 없었다. 이에 회사는 다음과 같은 세 가지 옵션을 선택할 수 있었다. 첫 번째로 우선주(preferred stocks)의 발행(12장에서 논의), 두 번째로, 하이브리드 우선주(hybrid preferred securities)의 발행, 그리고 마지막으로, 후임후순위 사채(junior subordinated debentures)를 발행하는 것이었다. 후임후순위 사채(약칭 Jr. Sub. Debs 또는 J.S.D사채)는 가장 우선순위가 낮은 채권이다. 즉 회사의 청산 시 J.S.D사채는 다른 모든 부채들이 상환된 후에만 상환되는 것이다.

J.S.D의 기능은 다른 사채들과는 매우 다르다. 새로이 발행된 J.S.D 사채는 다음 세 가지 면에서 기존 채권들과 다르다. 첫째, J.S.D의 만기는 발행일로부터 30년에서 50년 사이의 긴 만기를 갖는다. 둘째, 액면가가 1,000달러인 일반 채권이나 사채와는 달리 25달러의 액면가로 발행된다. 셋째, J.S.D는 반기나 연간 쿠폰을 지급하지 않고 분기별 또는 매월 쿠폰을 지급한다. 네 번째로 가장 특이한 점은, **이자유예(deferrable interest)** 기능이 있다는 것이다. 회사를 파산시켜 지급을

청구하는 일반 사채의 기능과는 달리, 이자유예 기능은 회사가 이자지급을 일시 중단하고 최대 5년 동안 이자지급을 연기할 수 있는 권리를 회사에 제공한다. 다만 회사의 이자지급이 5년 이상 지체되는 경우 J.S.D 사채 보유자들은 이자지급을 강제할 권리를 갖게 된다.

일반적으로 J.S.D의 이연이자 조항은 회사가 그동안 유예된 모든 이자를 지급할 때까지 우선주나 보통주 주주들의 배당금을 지급할 수 없음을 명시한다. 따라서 회사는 재정 상황이 위태로운 경우를 제외하고 이자지급을 연기할 가능성은 낮다. 이자의 지급을 유예할 수 있는 회사의 권리는 이연이자사채 보유자들의 위험을 가중시키기 때문에 이연이자사채를 발행하는 회사는 높은 쿠폰을 지급해야 한다.

J.S.D 사채는 채권 순위가 가장 낮고 만기일이 매우 길며 회사에 이자지급을 미룰 권리를 부여하기 때문에 우리는 J.S.D 사채가 **후순위성이 깊다(deeply subordinated)**고 말한다.

- **2019년 만기 2.00% 후순위 전환사채(2.00% Convertible Subordinated Debentures due 2019)** - 보통 전환사채는 회사의 채권 순위에서 가장 하위권에 속한다. 전환사채는 전환기능이 없는 비슷한 신용등급을 지닌 사채들보다 낮은 쿠폰을 지급하는데, 전환사채의 기능을 통하여 상당한 이익을 얻을 수 있는 기회가 투자자들에게 매우 매력적이기 때문이다. 전환사채의 기능에 대해서는 11장에서 좀 더 자세히 다룰 것이다. J.S.D가 발행될 당시 J.S.D는 회사에서 가장 순위가 낮은 채권이었지만 2.00% 후순위 전환사채는 8.10% J.S.D가 발행된 후에 발행되었고 가장 마지막으로 발행된 부채로 대차대조표에 기재되었기 때문에 8.10% J.S.D보다 순위가 낮음을 추측할 수 있다. 하지만 약정서를 읽어 보지 않고는 이를 100% 확신할 수 없다.

9장 채권이 오르고 내리는 이유
WHY BONDS GO UP AND DOWN

8장에서 우리는 채권의 기초인 채권의 주요 기능, 채권투자자들 사이에서 쓰이는 용어들, 수익률에 대한 채권투자자들의 관점 등을 배웠다. 이번 9장에서는 시장에서 채권가격이 변동하는 이유와 투자자들이 서로 다른 채권의 상대적인 수익성을 평가하기 위해서 어떤 점에 집중해야 하는지를 살펴볼 것이다.

채권가격이 변동하는 이유는 초보 투자자들에게 주식가격이 변동하는 이유보다 훨씬 미스터리로 보일 것이다. 채권가격의 이해를 위해 우리는 채권가격과 수익률(yield)이 어떻게 변하는지 살펴보고 현행금리(prevailing interest rates)와 회사 신용등급의 변화에 따른 채권가격의 민감도, 그리고 마지막으로 채권에서 정말 중요한 수익률곡선(yield curve)을 살펴볼 것이다. 수익률곡선을 이해한다면 독자들은 채권가격을 좀 더 쉽게 이해할 수 있다.

채권가격이 변동하는 일반적인 이유는 두 가지로 나눌 수 있다. 첫 번째로, 채권가격의 변동은 경제 전반의 금리 변화를 반영한다. 왜 이런 현상이 발생하는지를 이번 9장에서 간략히 다룰 것이다. 두 번째로, 특정 회사 신용의 개선 또는 악화가 채권가격에 영향을 미친다. 이는 경제 전반의 금리의 변화가 채권가격에 미치는 영향과는 별개의 이유로 볼 수 있다. 예를 들어 경제 전반의 금리가 하락하여 대부분의 채권의 가격이 상승하더라도 일부 채권들은 회사와 관련된 개별적인 리스크 때문에 가격이 하락할 수 있다. 리스크(위험)가 커질수록 채권투자자들은 향후 이자나 원금상환이 이루어지지 않을 수 있는 위험을 보상받기 위해 더욱 높은 수익률을 요구할 것이기 때문이다.

채권수익률의 변화 (HOW BOND YIELDS CHANGE)

채권수익률이 어떻게 변하는지 알아보기 위해 2010년 12월 31일 발행된 BLT 사의 채권을 살펴보자. BLT사가 발행한 채권은 액면가 1,000달러의 4%인 40달러(반기 20달러)의 연간 쿠폰을 지급하며 만기일은 2022년 12월 31일이다. BLT 사의 채권은 AA등급을 받았고 감채기금이나 수의상환조항이 없다. BLT사의 채권이 2010년 12월 발행되어 투자자들에게 판매되었을 당시, 시장에서 AA등급 채권은 4%의 수익률을 제공하였기 때문에, BLT의 AA등급 채권 역시 같은 액면가로 발행되었다. Mr. Wood(우드)는 브로커를 통해 1,000달러를 지불하고 채권한 장을 매수했다. 우드가 매수한 채권의 쿠폰금리는 4%, 현재수익률은 4%, 만기수익률은 4%였다. 우드는 만기까지 채권을 보유하려고 했다.

2011년 1월, 금리가 상승하기 시작했다고 가정해 보자. 이는 채권가격이 하락하기 시작했음을 의미한다. 2011년 1월, 우드가 보유한 채권은 980달러에 거래되고 있었다. 980달러의 가격을 기준으로 우드가 보유한 채권의 현재수익률은 4.1%이고 만기수익률은 4.2%이다.

$$현재수익률 (Current\ Yield) = \frac{쿠폰\ (Coupon)}{현재가격\ (Current\ Price)} = \frac{\$40}{\$980} = 4.10\%$$

$$만기수익률 (Yield\ to\ Maturity) = 4.20\%$$
재무계산기에서 계산

현재수익률(current yield)과 만기수익률(yield to maturity)은 채권가격과 함께 변화한다. 다만 우드의 입장에서 볼 때 채권을 매도할 의사가 없기 때문에 달라진 것이 없다. 우드는 여전히 매년 40달러의 쿠폰을 지급받고 만기에 원금 1,000 달러를 회수할 것이다. 우드는 **투자 원금인 1,000달러**에서 여전히 4%의 수익률

(yield)을 얻고 있다. 그러나 투자자들이 채권수익률에 대해 이야기할 때 과거 어느 시점에서 지불한 가격을 기준으로 수익률을 이야기하지 않는다. 일반적으로 채권투자자들은 만약 오늘 가격으로 채권을 샀다면 채권을 매수한 오늘부터의 수익률을 말한다.

채권가격이 하락한 이유가 무엇일까? 그리고 금리가 오르는 이유는 무엇일까? 채권가격이 하락하고 금리가 상승한 이유는 다음과 같은 일이 발생한 것 때문이다. 투자자 D, 투자자 E 그리고 투자자 F가 모두 BLT 채권의 보유자들이었고 채권 시장과 금리를 면밀히 관찰하는 전문투자자들(sophisticated investors)이라고 가정해 보자. 2011년 1월 초, 이 투자자들은 우대금리(prime rate)와 미국 국채금리(U.S. Treasury bond interest rate)와 같은 금리들이 상승하는 것을 관찰했고 금리가 더 오를 것이라는 결론을 내렸다. 예를 들어 AA등급 채권의 수익률이 4.4%로 상승할 경우, 신규 채권의 발행을 앞두고 있는 XYZ사는 액면가 1,000달러 채권 1장당 44달러의 쿠폰을 지급해야 한다는 것을 뜻한다. 만약 BLT와 XYZ의 등급과 그 외 특성들이 유사하고, BLT 채권이 여전히 1,000달러에 거래되며 수익률이 정확히 4%라면, 투자자들은 당연히 BLT 채권을 1,000달러에 매도하고 XYZ의 채권을 사서 더 높은 쿠폰을 지급받는 것이 나은 선택일 것이다. 이를 예상한 D는 1월 초에 보유한 BLT 채권을 매도하고 금리가 오를 때까지 기다렸다가 더 높은 수익률이 예상되는 다른 AA등급 회사의 채권을 매수하기로 결정했다. D는 브로커에게 전화를 걸어 BLT 채권을 액면가(1,000달러)로 팔아 달라고 요청했지만, 브로커가 1,000달러에 채권을 사려는 매수 주문(bid)은 없다고 말하자 깜짝 놀랐다. 다른 투자자들 역시 금리가 오를 것을 예상했기 때문에, 4%의 쿠폰과 현재수익률을 제공하는 AA등급 채권에 1,000달러를 지불하겠다는 사람은 아무도 없었던 것이다. 따라서 D는 BLT채권의 매도 가격을 낮춰야만 했고 매도 가격은 996달러까지 내려갈 수밖에 없었다.

E와 F 또한 금리 상승으로 인해 BLT의 채권가격이 하락할 것을 예상하고 매

도를 원했다. 이들은 채권을 매도하는 과정에서 매도 가격을 더 내리도록 강요했다. 이로 인해 1월 20일에 BLR의 채권가격은 980달러까지 떨어졌다. 매물마다 매수자와 매도자가 있기 때문에 채권가격의 하락을 예상하고 채권을 매도한 투자자들과 가격이 저점을 찍고 보합세를 이루거나 다시 상승할 것이란 생각에 채권을 매수한 투자자들 간의 수급이 980달러의 가격과 현재수익률 4.1%, 만기수익률 4.2%에 반영된 것이다. 이제 AA등급 채권의 만기수익률은 4.2%까지 상승했다. BLT의 채권가격이 하락세를 멈췄는데 그 이유는 높은 수익률(낮은 가격)로 인해 BLT채권에 많은 매수자가 몰리면서 매도자들의 매도 심리가 바뀌었기 때문이다.

결론적으로 많은 투자자들의 개별적인 매수와 매도 결정이 채권가격 하락과 수익률 상승에 영향을 미치는데, 이는 다시 시장 금리의 변화에 대한 투자자들의 예상과 투자 결정이 반영된 것이다.

시장은 항상 미래를 예상한다. 채권(또는 주식) 가격은 항상 '시장 의견(market opinion)'을 나타낸다(여기서 시장 의견은 앞으로 가격이 상승 또는 하락할지 서로 다른 의견들이 투자자들 간의 거래에 반영되는 순효과를 뜻한다).

우리는 BLT사 채권의 예시에서 채권가격이 하락하고 수익률이 상승하는 현상을 살펴보았다. 이제 DTZ사의 채권을 살펴보고 채권이 액면가(1,000달러) 이상으로 거래될 수 있는지 알아보자. DTZ사의 채권은 금리가 지금보다 높았을 때 액면가에 발행되었고 80달러의 쿠폰(쿠폰금리 8%)을 지급하였는데, 이는 발행 당시 다른 유사 채권들과 동등한 수준이었다.

DTZ 채권이 발행된 지 얼마 되지 않아 금리가 하락했다. 금리가 하락하면서 쿠폰금리가 7%(쿠폰 70달러)인 유사 채권들이 새로 발행되었다. 투자자들은 DTZ 채권의 연간 쿠폰 80달러가 매력적이라 생각하고 매수를 시작했다. 투자자들이 DTZ 채권에 대해 프리미엄(액면가 이상)을 지불할 용의가 있었던 것은 만기에 채권이 1,000달러로 상환되어 궁극적으로 자본 손실(capital loss)이 발생하더라도, DTZ 채권이 매년 지급하는 쿠폰 80달러가 자본 손실을 메우기 때문이다.

문제는 투자자들이 DTZ 채권에 대해 얼마나 많은 금액을 지불하느냐는 것이다. 이 질문에 대한 답은 DTZ 채권의 만기수익률이 현재 새로 발행되고 있는 유사 채권의 만기수익률과 동일할 때의 가격이라는 것이다.

리뷰: 채권의 신용도가 높고 안정적이며 신용도가 상향 조정되거나 하향 조정될 가능성이 없다면 다음과 같은 진술들은 모두 사실이다

(REVIEW: For bonds that are creditworthy and stable; that is, unlikely to have their creditworthiness upgraded or downgraded, the following statements are true)

1. 채권가격은 동일한 신용등급을 보유한 유사 채권의 현행금리(prevailing interest rate)와 항상 반비례한다. 즉, 금리가 상승하면 채권가격이 하락하고 금리가 하락하면 채권가격은 상승한다.

2. 채권의 쿠폰금리(coupon rate)가 동일한 신용등급을 보유한 유사 채권의 현행금리가 동일한 경우 채권은 거의 액면가 그대로 매도될 것이다.

3. 채권의 쿠폰금리가 유사 채권의 현행금리보다 낮으면 채권은 액면가보다 낮은 가격에 거래된다. 액면가보다 낮은 채권의 가격은 만기일이 다가올수록 액면가로 다시 상승할 것이다.

4. 채권의 쿠폰금리가 유사 채권의 현행금리보다 높은 경우, 채권은 액면가보다 높은 가격에 거래될 것이다. 액면가의 프리미엄으로 거래되는 채권의 가격은 만기일이 다가올수록 액면가로 점차 하락할 것이다.

채권금리민감도 (Bond Interest Rate Sensitivity)

앞서 살펴본 바와 같이, 채권가격은 금리(현행금리)의 변화에 따라 상승 또는 하락한다(현행금리와 채권의 가격은 반비례 관계에 있다). 금리 변화로 인해 채권가격의 상승과 하락폭을 나타낸 것을 **금리 민감도**(interest rate sensitivity)라고 한다. 금리의 변화에 따라 가격이 많이 변동하는 채권을 금리에 매우 민감하다고 하는 반면, 금리의 변화에도 가격 변화가 적은 채권을 금리에 덜 민감하다고 한다. 채권의 금리 민감도는 1) 채권의 쿠폰과 2) 만기일까지 남은 기간[1]과 직접적인 관련이 있다. 우리는 여기서 금리 변동에 대한 채권의 민감도만을 언급하고 있으며 기업의 신용도에는 변화가 없음을 가정하고 있다. 만약 채권을 발행한 회사가 이자지급과 원금상환 의무를 이행할 수 없을 정도로 실적이 악화되기 시작하면 이는 **금리위험**(interest rate risk)에 대한 우려가 아닌 **신용위험**(credit risk)과 관련된 문제가 될 것이다.

Rule 1: 만기까지의 기간이 길어질수록 금리 민감도는 커진다

예시: 어떤 회사가 만기를 제외하고 모든 면에서 동일한 두 개의 채권을 발행한다고 생각해 보자. 채권 1의 만기는 20년이며 채권 2의 만기는 5년이다. 20년 만기 채권은 현행금리 변동에 더욱 민감하게 반응하며, 현행금리가 오르면 20년 만기 채권은 5년 만기 채권보다 더욱 큰 폭으로 하락한다. 다른 기타 요인들을 배제하고 금리 상승으로 인해 각 채권이 얼마나 하락할지는 수학적으로 결정될 수 있지만 이 책의 범주를 벗어난다. 만기가 길수록 투자자에게 돌아오는 수익(쿠폰과 원금상환)은 시간이 더 오래 걸릴 것이라고 이야기해도 충분하다. 따라서 투자자가 지금 채권을 매수하려고 하는데 금리가 상승할 수도 있다고 생각한다면,

---

1 채권에 수의상환조항(call provision)이 있는 경우 또한 금리 민감도에 영향을 끼칠 수 있다. 채권의 만기일에 영향을 미치는 수의상환조항은 10장에서 다루고 있다.

금리가 상승했을 때 채권가격의 하락폭을 줄이기 위해 만기가 짧은 채권을 선택하는 것이 좋다. 만기가 짧은 채권 매수의 문제점은 만기가 긴 채권보다 수익률이 낮은 경우가 대부분이라는 것이다. 따라서 금리의 상승을 우려하는 투자자들은 금리위험이 높고 만기수익률이 높은 채권들과 금리위험이 낮고 만기수익률이 낮은 채권들 사이에서 매수를 고민하게 될 것이다.

만약 투자자가 채권을 만기까지 보유하고 만기에 모든 쿠폰과 원금상환이 이루어질 것이라 확신할 경우, 만기일이 도래하면 채권가격은 다시 액면가로 상승하기 때문에 채권의 만기 전 일정 기간 동안 가격이 하락해도 신경 쓰지 말아야 한다. 이에 반해 투자자가 금리의 인상을 확신한다면, 최선의 결정은 채권의 매수를 보류하는 것이다. 즉, 지금 아무것도 하지 말고 금리가 더 오를 때까지 기다렸다가 금리가 상승했을 때 더 높은 수익률(낮은 가격)에 채권을 사는 것이다. 물론 금리의 변동을 절대적으로 확신할 수 없다. 만약 투자자가 기다림을 택한다면 수익이 아예 없거나, 자신의 은행 계좌나 머니마켓(money market)에서 지급하는 최소 수익률에 만족해야 할 것이다. 그리고 만약 금리가 상승할 것이라는 투자자의 예상과는 반대로 금리가 하락한다면, 나중에 더 낮은 수익률(높은 가격)에 채권을 매수해야 할지도 모른다.

채권가격의 하방위험이 '일시적'이라는 점을 잊지 말자. 채권의 만기일이 가까워지면 채권가격은 액면가로 상승할 것이다.

Rule 2: 쿠폰이 낮을수록 금리 민감도는 높아진다

예시: ABC가 3%의 쿠폰을 지급하는 채권 3과 5%의 쿠폰을 지급하는 채권 4를 각각 발행한다고 가정해 보자. 채권 3과 채권 4는 쿠폰금리가 다른 것을 제외하고 만기와 그 외 모든 조건이 동일하다. 3% 쿠폰 채권(채권 3)의 가격은 현행 금리(prevailing interest rate)의 변동에 더욱 민감하게 반응할 것이다. 즉, 금리의 변동으로 인해 3% 쿠폰 채권의 가격이 5% 쿠폰 채권의 가격보다 상승과 하락

폭이 클 것이다. 다시 말하지만 이는 채권의 수익이 투자자에게 돌아오는 데까지 더 많은 시간이 걸리기 때문이다. 즉, 3% 쿠폰 채권을 보유한 투자자가 만기 전까지 원금을 회수하는 데 걸리는 시간이 5% 쿠폰 채권을 보유하는 것보다 더 오래 걸린다. 거꾸로 말해서, 5% 쿠폰 채권은 3% 쿠폰 채권보다 쿠폰금리가 높기 때문에 투자자가 5% 쿠폰 채권을 매수하면 조기에 얻을 수 있는 이익이 3% 쿠폰 채권보다 많다. 따라서 금리가 하락하면 3% 쿠폰 채권의 가격이 5% 쿠폰 채권의 가격보다 더 많이 상승하게 될 것이다. 앞의 예시에서 다룬 것처럼, 특정 금리의 변동으로 인해 채권별 가격이 얼마나 상승하거나 하락할지는 수학적으로 결정될 수 있지만 이 책의 범주를 넘어선다.[2]

채권가격 신용 민감도 (Bond Price Creditworthiness Sensitivity)

채권가격은 신용도의 변화에도 민감하지만 금리의 변동처럼 계산적이진 않다. 만약 채권발행자의 신용도가 악화되고 있다면, 채권투자자들은 증가된 위험을 보상받기 위해 더 높은 수익률을 원할 것이다. 따라서 투자자들은 채권의 수익률이 증가된 위험을 보상할 수 있는 수준으로 채권가격이 하락할 때까지 채권을 팔 것이다. 신용도는 금리 변동보다 훨씬 더 주관적인 요인이다. 다만 우리는 채권의 수익률이 신용등급과 그 외 특성이 유사한 타 채권의 수익률과 일치할 때까지 채권가격이 계속 하락할 것이라고 말할 수 있다.

예시: 필자는 XYZ사의 AA등급 채권을 보유하고 있다(채권에 쿠폰과 만기가 존재할 수 있지만, 이 예시에서는 그리 중요하지 않다). 필자의 AA등급 채권은 현재 3.2%의 수익률(a yield of 3.2%)에 거래되고 있으며, 이는 다른 AA등급 채권과 비슷한 수준이다. 같은 시기에 A등급 채권은 3.6%에 근접한 수익률에, 그리고 BBB등급 채권은 4.2%에 근접한 수익률에 각각 거래되고 있다.

---

2 채권 분석에 관심 있는 독자라면 Homer와 Leibowitz의 Inside Yield Book을 읽어 보길 추천한다.

필자가 조사한 바에 따르면, 시장에서 XYZ사의 제품이 속한 시장에서 경쟁이 치열해지고 있으며, XYZ의 이익률과 실적이 타 A등급이나 BBB등급 회사들의 이자보상비율(interest coverage ratio)과 일치하는 수준으로 떨어질 것이 예상된다. 만약 필자의 분석이 맞아떨어져 XYZ의 실적과 이자보상비율이 악화되면 조만간 XYZ의 채권은 A등급이나 BBB등급의 회사채 수익률과 비슷한 수준으로 가격이 하락할 것이다. XYZ 채권을 보유한 다른 투자자들 역시 필자의 예상과 같이 XYZ사의 이익률의 악화를 예상하기 때문에 채권을 매도하려는 투자자들이 많을 것이고, 실제로 이익률의 악화가 XYZ의 재무제표에 반영되기 전에 채권가격의 하락이 시작될 수 있다.

결론적으로 투자자가 하나 이상의 신용평가사들에 의해 신용등급의 상향 조정이 예상되는 채권을 찾아낼 수 있다면, 등급 상향이 채권가격에 반영되기 전에 채권을 매수해야 한다. 이를 **신용상향거래(credit upside trade)**라고 한다. 신용등급 상향 조정이 발표되면 채권가격이 상승(또는 다른 채권투자자들 또한 신용등급 상향 조정을 예상하여 아직 오르지 않은 범위까지 상승)하고 채권수익률은 하락하게 된다. 반대로 투자자가 신용평가사들이 채권의 신용등급을 하향 조정할 것이라고 믿는다면 하향 조정 발표 전에 채권을 매도하여 위험을 줄일 수 있다. 이러한 거래를 **신용방어거래(credit defense trade)**라고 한다.

수익률곡선 (The Yield Curve)

채권투자자들은 채권을 평가하거나 채권의 수익성을 비교할 때 가장 일반적으로 만기수익률(YTM)을 비교 척도로 삼는다. 경우에 따라서 10장에서 보게 될 다른 수익률 지표들이 채권의 수익성 비교에 더 적절한 비교 척도가 될 수 있지만, 마찬가지로 이러한 지표들도 만기수익률의 형태로 볼 수 있다. 채권을 다른 종류의 채권들(미국 국채, 지방채, 유틸리티 회사 및 금융기관의 회사채 등)의 수익률을 비교하거나, 종류가 비슷하지만 만기나 쿠폰 그 외 요구조항이 다른 채권의 수익률과 비교하는 것은 채권이 다른 채권들에 비해 상대적으로 저평가 또는 고평가 되었는지를 알려 준다.

수익률 비교에 대한 연구는 수익률곡선을 이해하는 것부터 시작된다. 우리가 앞으로 살펴볼 것처럼 많은 종류의 수익률곡선이 있지만, 비교의 시작점은 미국 재무부채권(US Treasury Bond)의 수익률곡선이다. 앞으로 미국 재무부채권의 수익률곡선을 이야기할 때, 단기국채(1년 이하 만기), 중기국채(1년 이상 10년 이하의 만기), 장기국채(10년 이상 만기)를 모두 포함한 미국 정부의 채권들을 미국 국채 또는 미 재무부채권으로 간단히 통칭할 것이다.

아래 수익률곡선 그래프 9.1은 만기가 다른 미국 국채의 수익률을 보여 준다.

그래프 9.1 20xx년 6월 20일 기준 미국 국채 수익률

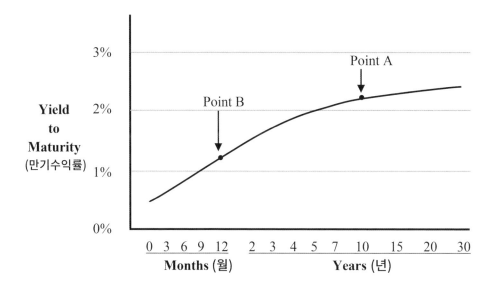

그래프 9.1에서 x축은 그래프의 왼쪽부터 오른쪽으로 0~12개월부터 30년 만기까지 이어지는 기간을 보여 준다. y축은 채권의 만기수익률이다(8장 참고). 곡선의 각 점은 수익률곡선의 날짜를 기준으로 만기까지의 미국 국채의 만기수익률을 보여 준다. Point A는 만기가 10년인 장기국채의 만기수익률이 2.2%임을 나타낸다. Point B는 만기가 12개월인 단기국채의 수익률이 1.2%을 나타낸다.

그래프 9.1의 곡선의 기울기는 우상향 또는 상승 곡선으로 보여지는데 만기가 길수록 만기가 짧은 채권보다 수익률이 높다는 점을 반영한다. 우상향하는 수익률곡선은 수익률곡선의 가장 일반적인 형태이기 때문에 이를 **정규수익률(normal yield)** 곡선이라고 부른다. 만기 기간이 길수록 높은 채권의 수익률이 만기가 긴 채권 투자의 추가적인 위험을 보상하게 되는 것이다.

그래프 9.2와 같이 단기채권의 수익률이 장기채권의 수익률보다 높다면, 우리는 수익률곡선이 음의 기울기(negatively sloped)를 나타낸다고 말하거나 수익률곡선이 **역전(inverted)**되었다고 말한다. 미국 국채의 수익률곡선이 역전되는 이유와 수익률곡선의 역전이 역사적으로 경제에 무엇을 예고하는지는 경제학자들 사이에서 끝없는 논의의 대상이다. 우리는 이 책에서 그 이유를 자세히 설명하지 않을 것이다. 다만 수익률곡선의 역전 현상은 드물게 나타나며 경기 침체가 다가오고 있다는 신호를 보낸다는 점에 주목해야 할 것이다. 이 주제에 관심이 있는 독자들은 인터넷에서 'inverted curve(역전된 수익률곡선)'를 검색한다면 많은 읽을거리를 제공할 것이다. 만약 장기 수익률과 단기 수익률 차이가 거의 없다면 그래프 9.3과 같이 평탄한 수익률곡선을 보인다.

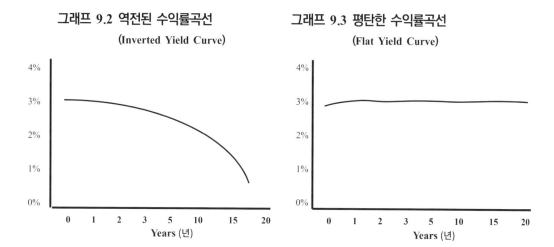

그래프 9.2 역전된 수익률곡선
(Inverted Yield Curve)

그래프 9.3 평탄한 수익률곡선
(Flat Yield Curve)

수익률곡선의 형태는 경제 상황과 향후 금리 변동의 예상에 따라 끊임없이 변화한다. 금리 변동에 따라 수익률곡선 전체가 위아래로 이동하며 수익률곡선의 형태도 끊임없이 변한다. 그래프 9.4의 기울기가 급격한 정규 수익률곡선 모양(실선)은 장기채권의 수익률이 단기채권의 수익률보다 훨씬 높다는 것을 나타낸다. 곡선의 평탄화(점선)는 장기채권의 수익률과 단기채권의 수익률 간의 차이가 감소할 때 발생한다. 곡선의 평탄화는 투자자들이 경제 성장의 둔화를 예상한다는 것을 나타낼 수 있으며, 실제로 경제 성장 둔화를 자주 예고한다. 우리는 그래프 9.5에서 수익률곡선의 기울기가 급격히 우상향하는 것을 볼 수 있다. 이와 같은 현상은 채권의 단기 수익률이 하락할 때 장기 수익률은 상대적으로 변하지 않거나 상승하는 경우(그래프 9.5의 점선), 또는 장기 수익률이 단기 수익률보다 빠르게 상승하기 때문에 발생할 수 있다(그래프 9.6 참조).

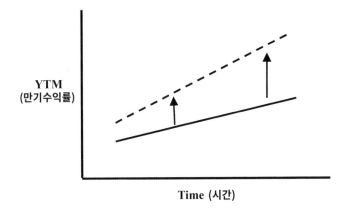

그래프 9.4 급격한 수익률곡선
기울기의 평탄화
(Sharply Sloped Yield Curve
Flattening)

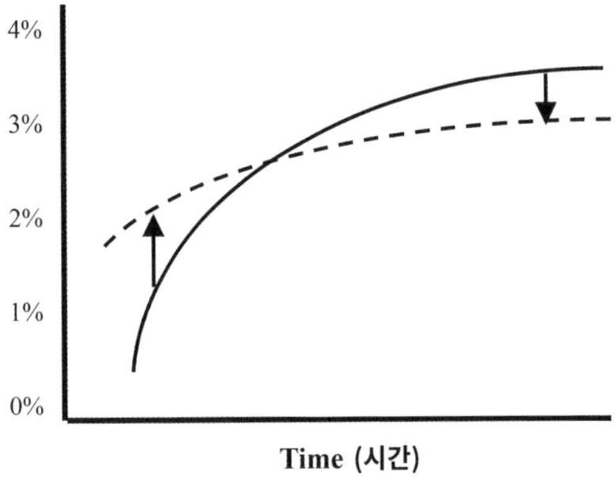

그래프 9.5 완만한 수익률곡선
기울기의 경사화
(Gentle Sloped Yield Curve
Steepening)

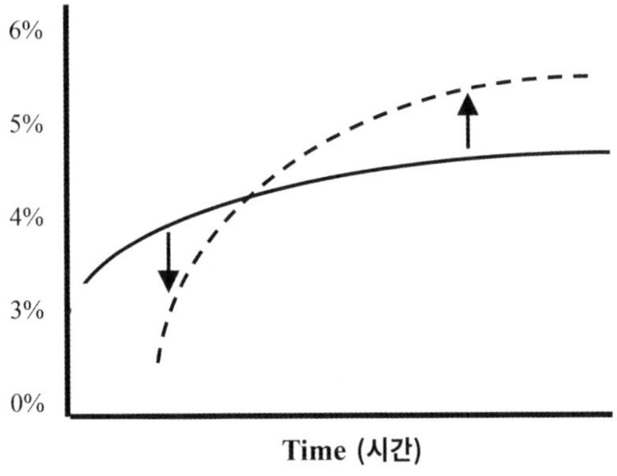

그래프 9.6 수익률곡선 상승과 기울기의 경사화
(Yield Curve Rising and steepening)

기울기가 가파른 수익률곡선은 투자자들이 더 높은 성장을 기대하거나 인플레이션이 상승할 것으로 예상한다는 것을 나타낸다.

모든 종류의 채권(산업재 채권, 유틸리티, 공공기관 채권, 외국 채권 등)을 수익률곡선으로 나타낼 수 있지만 다음과 같은 세 가지 이유로 미국 국채가 수익률곡선의 기준으로 널리 사용된다. 첫째, 수익률곡선상 모든 채권들의 등급이 동일하다. 즉, 모두 미국 재무부가 발행한 것이다. 예를 들어 AA등급 회사채의 수익률곡선을 관찰할 경우 왜곡이 발생하는데 미국 국채는 이러한 왜곡을 방지한다. 그어떤 회사도 연속적인 수익률곡선을 형성하기에 충분한 채권을 발행할 수 없기때문에 비슷한 여러 회사들의 AA등급 회사채 채권의 데이터로 수익률곡선이 형성될 수밖에 없으며 같은 AA등급 받은 회사들이라도 신용도가 서로 다르고 종류별로 수익률이 다소 차이가 있기 때문이다. 예를 들어, AA등급 카테고리에 있는산업재 회사채는 유틸리티 회사나 은행의 회사채와 비교했을 때 수익률이 다를것이다. 또한, AA등급의 산업재 회사채 중 식품 회사는 광업이나 주택 건설 회사회사채의 수익률과 차이를 보일 것이다. 또한 채권의 거래가 활발하지 않은 경우수익률곡선의 일부 포인트가 임의로 추가되어 AA등급 수익률곡선이 형성될 수있지만, 미국 국채의 동질성은 미국 국채를 채권의 수익률곡선을 비교하는 데 있어서 최선의 비교 기준으로 만든다.

둘째, 미국 국채의 디폴트 위험은 일반적으로 존재하지 않는다고 가정한다(최근 S&P가 미국의 신용등급을 AAA에서 AA+로 하향 조정한 점을 고려할 때 이는충분히 논쟁의 여지가 있다). 셋째, 미국 국채 시장은 유동성이 매우 높기 때문에소규모 거래는 시장의 채권가격에 영향을 미치지 않는다. 유동성이 낮은 시장은불안한 매수자나 매도자의 대량 거래 1~2건 때문에 유사 채권의 수익률 수준으로 제대로 가격이 반영되지 못하고 수익률곡선을 왜곡시킬 수 있다. 마지막으로,미국 국채의 만기수익률에 대한 정보는 일반에 공개되어 있으며 쉽게 얻을 수 있다. 예를 들어 야후 파이낸스(Yahoo Finance)는 만기별로 미국 국채의 현재와 과거의 수익률이 어떻게 변화했는지에 대한 정보를 제공한다.

미국 국채의 수익률곡선은 형성되기가 쉽다. 그 이유는 매주 많은 국채의 만기일이 도래하고 재무부는 매주 새로운 국채를 발행하고 있기 때문이다. 장기국채,중기국채 그리고 단기국채 수백 장이 시장에서 매일 거래되고 있다. 다음 두 가지 방법은 5년 만기 미국 국채가 생성될 수 있는지를 설명한다. 첫째, 재무부는 발행일로부터 5년 후에 만기가 되는 새로운 국채를 판매할 수 있다. 둘째, 5년 만기 미국 국채는 15년 전에 발행된 20년 만기 미국 국채에서 생성될 수 있으며 남은 채권의 만기는 5년인 것이다. 실제로 이러한 채권들은 10년, 15년, 20년 또는 30년 만기로 수명을 시작하였으며 남은 만기가 5년인 채권은 언제든지 존재한다.

재무부가 미국 국채를 매각하여 자금을 조달할 때, 우리는 채권이 **경매(auction)**에 붙여진다고 말하는데 이것이 미국 국채의 매각 방식이다. 재무부가 특정 일에 채권의 매각(경매)을 발표하면 매수자들은 새로운 채권의 매수를 위해 원하는 수익률이 얼마인지 알리고 입찰에 응하게 된다. 재무부는 모든 입찰을 검토하여 최저수익률을 선택한 다음 최저 입찰자에게 채권을 매각한다.[3]

최근에 발행된 미국 국채를 '온더런(on the run)'이라고 부르는 반면, 위에서 설명한 20년 만기 국채와 같이 시간의 경과로 인해 남은 만기가 5년이 된 채권을 '오프더런(off the run)'이라고 부른다. 오프더런 채권은 온더런 채권만큼 안전하지만 거래가 활발하지 않다. 온더런 채권은 매우 유동적(매우 활발히 거래됨)이기 때문에 온더런 채권이 수익률과 리스크에 대한 투자 심리를 정확하게 반영하는 것으로 본다.

수익률곡선의 중요성 (The Importance of the Yield Curve)

위에서 언급한 것처럼 거의 모든 종류의 채권이 수익률곡선으로 그려질 수 있다. 그러나 미국 국채의 수익률곡선은 채권 투자의 근간이며 투자자들은 미국 국채의 수익률곡선을 줄여서 '커브(curve)'라고 부른다. 누군가가 채권의 거래가가 '80 오버 더 커브(over the curve)'라고 말한다면 채권이 미국 국채의 만기수익률

---

3 사실 경매 절차는 이보다 조금 더 복잡하지만 자세한 내용은 이 책의 범주를 벗어난다. 재무부가 매각하는 채권의 일부를 '비경쟁(non-competitive)' 입찰에 할당한다는 사실에 유의해야 할 것이다. 비경쟁 입찰은 채권수익률이 어떻게 되든 간에 국채를 사겠다는 소액 투자자들의 입찰을 말한다.

보다 80bps(0.8%) 높은 만기수익률로 거래되고 있다는 뜻이다.

미국 국채의 수익률곡선은 미국과 전 세계 경제 활동의 근간이기도 하고 경제 활동의 영향을 받기도 한다. 단기 또는 장기 미국 국채를 매수(buy), 매도(sell) 또는 보유(hold)하는 투자자들의 결정은 수익률곡선의 형태에 영향을 미친다. 물가 상승(인플레이션 증가)을 예상하는 투자자들은 장기채권(10~30년)을 보유하기를 원하지 않을 것이다. 만약 채권을 매수한 이후 물가가 상승했다면 인플레이션 기간 중 상환될 액면가 1,000달러는 훨씬 더 가치가 떨어질 것이기 때문이다. 따라서 인플레이션을 예상하는 투자자들은 채권의 만기수익률이 물가 상승으로 인한 구매력 손실 위험을 충분히 보상할 수 있을 만큼의 수준이 될 때까지 장기 미국 국채를 매도하여 채권가격을 낮출 것이다. 반면, 돈을 빌리려는 기업이 은행으로부터 단기 대출을 선택할 것인지, 단기 또는 중장기채권을 발행할 것인지에 대한 결정은 수익률과 수익률곡선의 기울기에 영향을 미친다.

결론적으로 수익률곡선은 경제 활동과 금리에 직접적인 영향을 미칠 정부 정책과 경제 성장에 대한 투자자들의 기대가 반영된 것이다. 수익률곡선은 여러 가지 면에서 '경제의 맥박(pulse of the economy)'으로 볼 수 있으며 경제의 펀더멘탈이 어떤지를 나타낸다. 따라서 수익률곡선의 변화는 채권투자자들이 매수할 채권을 결정하는 데 중요한 인사이트를 제공한다. 주식투자자의 경우, 수익률곡선은 기업의 매출, 이익, 그리고 주가에 직접적인 영향을 미치는 거시 경제를 분석하는 데 사용된다.

회사채와 미국 국채의 수익률곡선 비교
(Corporate Yield Curves Compared to U.S.T. Yield Curves)

위험 회피 성향이 가장 높은 투자자들은 미국 국채만을 매수하려고 하겠지만, 대부분의 투자자들은 다른 채권 기관들이 발행하는 채권을 매수하여 높은 수익률을 대가로 더 큰 위험을 기꺼이 감수하려 할 것이다. 이러한 채권을 발행하는 기관들은 미국 정부 기관(US Government Agency), 미국 연방저당권협회(Fannie Mae) 같은 정부 후원 기관(Government Sponsored Entities, 줄여서 GSE), 지방채(주정부 기관에서 발행하는 채권), 회사채, 외국 정부 채권과 외국 회사채 등이 해당된다. 우리는 간단히 미국 국채와 회사채의 수익률 스프레드를 살펴볼 것이다.

그래프 9.7은 A등급 회사채의 수익률곡선 일부를 미국 국채의 수익률곡선과 동일한 그래프에 보여 준다. 만기 기간이 같은 A등급 회사채과 미국 국채 수익률의 차이를 두 채권 간의 스프레드라고 한다. 그래프 9.7에서 Point A는 5년 만기 A등급 회사채가 평균 3.5%의 수익률로 거래되고 있고 Point B는 5년 만기 미국 국채가 2.4%의 수익률에 거래되고 있음을 보여 준다. 따라서 5년 만기 A등급 회사채와 5년 만기 미국 국채의 수익률 스프레드는 1.1%(110bps)이다. 마찬가지로, Point C와 Point D 사이의 10년 만기 A등급 회사채와 미국 국채 간의 스프레드는 1.7%(170bps)이다. 따라서 우리는 수익률곡선상의 서로 다른 만기에 따라 스프레드가 넓어지거나 좁아질 수 있다는 것을 그래프를 통해 알 수 있다. 스프레드의 크기(bps 단위)와 수익률곡선상의 스프레드의 크기 차이는 모두 시장의 심리와 향방에 대한 단서를 제공한다.[4]

---

4 투자자들은 AAA등급 회사채와 미국 국채 사이의 스프레드, AA등급 회사채와 미국 국채 사이의 스프레드, BBB등급 회사채와 미국 국채 사이의 스프레드, 그리고 미국 국채 수익률곡선을 포함하지 않는 스프레드 또한 살펴볼 것이다. 예를 들어 AAA등급 회사채의 수익률곡선과 BBB등급 회사채의 수익률곡선을 비교하는 것 또한 투자자들의 위험 성향에 대한 정보를 얻을 수 있다. 그리고 금융회사의 AA등급 채권과 산업재 회사들이 발행한 AA등급 채권의 수익률곡선의 비교를 통하여 특정 산업 경제의 장단점을 알 수 있다. 이러한 스프레드를 활용하여 경제적 인사이트를 얻을 수 있을 뿐만 아니라 투자 기회에 대한 단서를 찾을 수 있는 것이다.

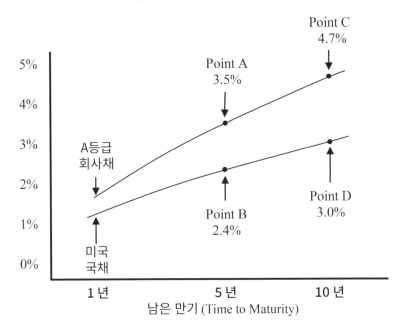

그래프 9.7 20xx 1월 미국 국채(U.S.T Bonds)와
A등급 회사채(Corporate Single A-Rated bonds)의 수익률곡선

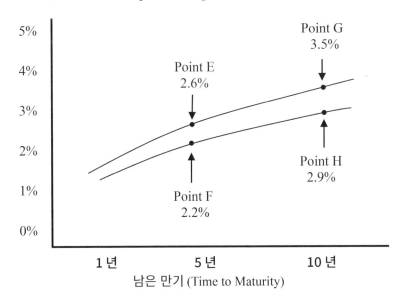

그래프 9.8 20xx 11월 미국 국채(U.S.T Bonds)와
A등급 회사채(Corporate Single A-Rated bonds)의 수익률곡선

그래프 9.7과 9.8은 서로 다른 시기(11개월 간격의 그래프)의 A등급 회사채와 미국 국채의 스프레드를 보여 준다. 그래프 9.8을 그래프 9.7과 비교해 보면 11월(그래프 9.8)은 1월(그래프 9.7)에 비해 회사채와 국채의 만기 스프레드가 더 좁은 것을 알 수 있다. 11월의 스프레드가 더 좁은 것은 미국 국채에 비해 A등급 회사채의 높은 위험에도 불구하고 A등급 회사채의 수익률이 낮은 것을 의미한다. 이런 현상은 경기가 호황이고 투자자들이 위험에 대해 크게 걱정하지 않을 때 흔히 발생한다. 반대로 1월에는 수익률곡선 스프레드 전체의 폭이 넓었다(단기와 장기를 포함한 모든 만기 기간). 넓은 스프레드는 경기 침체기에 투자자들이 위험에 대해 상당히 우려하는 경우에 흔히 나타난다. 경기 침체가 악화되면 투자자들이 위험회피적(risk averse) 성향을 보이며 회사채를 팔고 미국 채권을 사들이는 것처럼 '**안전 자산으로 도피(flight to quality)**'하는 경향이 있다. 이들 투자자들의 A등급 회사채 매도로 인해 A등급 회사채 가격이 하락하여 수익률은 상승하고 미국 국채와의 스프레드를 넓힌다.

시간의 흐름에 따른 스프레드의 변화는 투자자들에게 여러모로 유용하다. 첫 번째로 수익률곡선을 주의 깊게 관찰하는 투자자는 경기 호조에도 불구하고 회사채와 미국 국채의 스프레드가 확대되기 시작하는 것을 알아차릴 수 있다. 이는 경제가 곧 악화될 것이라는 조기 징후 또는 선행 지표(leading indicator)일 수 있다. 투자자는 이러한 조기 경고를 경기가 침체될 경우 실적의 악화가 예상되는 회사의 주식과 채권(신용등급이 낮은 회사채)을 모두 매도할 수 있는 기회로 삼는다.

두 번째로 경기 침체기에 회사채와 미국 국채 간의 스프레드가 넓고, 앞서 회사채를 매도한 투자자가 머지않아 경기의 회복을 확신한다면, 경기 회복으로 인해 회사채의 디폴트 위험이 감소할 것이기 때문에 시간이 지날수록 회사채와 미국 국채 간의 스프레드가 좁아질 것으로 예상할 수 있다.

경기 회복을 확신하는 투자자는 미국 국채를 매도하고 높은 수익률을 제공하는

A등급 회사채(또는 A등급보다 낮은 회사채)를 선호할 것이다. A등급 회사채의 매수 이유가 단지 회사채의 쿠폰금리가 높기 때문이라고 생각할 수 있지만 더 중요한 이유는 스프레드가 좁아지면서 미국 국채에 비해 회사채의 가격이 큰 폭으로 상승할 것이기 때문이다.

우리는 시간이 지남에 따라 수익률 스프레드가 어떻게 넓어지고 좁아지는지 살펴봤는데, 채권투자자들의 다음 단계는 만기가 같은 서로 다른 두 채권의 수익률 스프레드가 시간이 지남에 따라 어떻게 변하는지 이에 대한 예시를 살펴보는 것이다. 그래프 9.9는 만기가 10년인 A 등급 회사채와 만기가 10년인 미국 국채 사이의 15년간의 수익률 스프레드를 보여 준다. 참고로 그래프 9.9는 수익률곡선이 아니다. '수익률곡선(yield curve)'이란 어떤 종류의 채권에 대해 **일정 시점(at a specified point in time)**에서 만기별(단기부터 장기까지)로 서로 다른 만기수익률들을 그래프에 나타낸 것을 말한다. 그래프 9.9는 **15년 기간 동안(over a 15 year period of time)**, 서로 다른 두 종류의 채권 스프레드를 보여 준다. 우리는 이러한 곡선을 **스프레드 곡선(spread curve)**이라고 부를 수 있지만 수익률곡선(yield curve)은 아니다.

그래프 9.9에서 10년 만기 A등급 회사채와 10년 만기 미국 국채의 스프레드는 점점 넓어졌다가 좁혀졌다를 반복하고 있다. 그래프 9.9에 나타난 패턴을 살펴보면 '금융위기' 때인 2008년 말과 2009년 초 스프레드가 극단적으로 확대된 기간들을 제외하고, 스프레드가 1.5%(150 bps, 왼쪽 스케일 참조) 미만일 때는 스프레드가 '좁은(narrow)' 것으로 볼 수 있으며 채권투자자들은 A등급 회사채를 팔고 미국 국채를 매수하기에 좋은 시점이 될 것으로 보인다. 반면 스프레드가 약 2.75%(275 bps)일 때 채권투자자들은 스프레드가 '넓은(wide)' 것으로 판단할 수 있으며 A 등급 회사채가 미국 국채보다 매력적으로 보이기 때문에 A 등급 회사채의 매수를 고려할 것이다.

만약 10년 만기 채권의 매수를 원하는 어떤 초보 투자자가 이러한 전략을 바탕으로 1998년 초기에 미국 국채를 매수했다면 최고의 성과를 거둘 수 있었을 것이다. 만약 투자자가 1998년 초에 A등급 회사채를 매수했다면 1998년부터 2002년 중반까지 스프레드가 확대되었기 때문에 A등급 회사채의 퍼포먼스는 저조했을 것이다. 하지만 2000년, 2001년, 2002년에 스프레드가 약 300bps로 확대되는 것을 투자자가 알았다면, 보유한 미국 국채를 매도하고 10년 만기 회사채를 매수하기 좋은 시기였을 것이다. 만약 이 시기에 투자자가 회사채를 매수했다면 2002년부터 2007년 초까지 미국 국채의 스프레드가 좁혀지면서 A등급 회사채는 미국 국채의 퍼포먼스를 상회했을 것이고 투자자는 이와 같은 결과에 흡족했을 것이다. 그 후 2007년 스프레드가 약 130bps로 좁혀진 상황에서, 투자자는 장기적인 위험을 보상하기엔 스프레드가 너무 좁았던 2007년 초에 A등급 회사채를 팔았다면 좋은 결과를 얻었을 것이다. 2007년 초 투자자가 A등급 회사채를 매도하고 10년 만기 미국 국채를 매수했다면, 2007년 A등급 회사채의 저조한 퍼포먼스 때문에 또다시 기뻐했을 것이다. 하지만 우리는 2007년 말에 스프레드가 약 300bps로 다시 확대된 것이 잘못된 신호였음을 주목할 필요가 있다. 이번에는 2009년 초까지 스프레드가 계속해서 넓어졌다(A등급 회사채의 퍼포먼스가 미국 국채보다 계속 저조했음을 의미한다). 2008년과 2009년 초의 유난히 큰 스프레드는 2008~2009년 경기 침체가 극심했던 시기에 미국 국채 외의 채권을 살 용기가 있었던 사람들에게 A등급 회사채 매수의 최적의 시기였다는 사실을 알 수 있다.

그래프 9.9를 살펴보면 스프레드가 넓거나 좁은 기간이 몇 년 동안 연장되거나 일정 범위 내에서 크게 변동하는 것을 볼 수 있다. 이처럼 시간을 들여서 수익률 곡선과 스프레드를 분석하는 것은 투자자들에게 가치 있는 투자의사결정 도구가 될 수 있다.

그래프 9.9 미국 국채(U.S.T Bonds)와
A등급 회사채(Corporate Single A-Rated bonds) 간의 수익률곡선

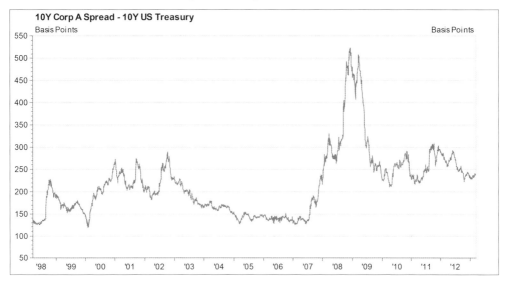

수익률 스프레드 비교 분석의 목적은 채권 포트폴리오를 찾아내서 상대적으로 가장 저평가된 섹터로 이동시키는 것이다. 여러분이 저평가된 섹터들을 찾아내는 데 성공한다면, 여러분의 포트폴리오는 채권 시장의 평균 수익률보다 훨씬 좋은 성과를 낼 것이다.

수익률곡선과 스프레드 분석의 중요성을 다시 한번 강조하자면, 주식투자자들은 주로 '시장을 이기는 데(beating the market)' 초점을 맞추고 있는 반면 채권투자자들은 상대적 퍼포먼스, 즉 미국 국채나 그 외 채권 시장 섹터를 능가할 수 있도록 시장의 올바른 섹터에 위치해야 한다는 것이다. 채권투자자들이 원하는 것은 상대적으로 작은 이익을 지속적으로 얻어 시간이 지남에 따라 시장을 능가하는 것이다.

10장 채권: 심화 편

BONDS: ADVANCED TOPICS

할인발행채권과 제로쿠폰채권

(ORIGINAL ISSUE DISCOUNT AND ZERO-COUPON BONDS)

대부분의 기업은 채권 1장당 액면가 1,000달러의 채권을 발행하고 채권이 발행되는 시점에 신용등급에 따른 이자율로 쿠폰을 지급한다. 따라서, 60,000달러를 빌리고자 하는 회사는 60장의 채권을 발행하게 되며, 채권이 발행될 당시 8%가 적정 수익률이었다면, 회사는 반기 40달러, 즉 매년 채권당 쿠폰 80달러를 지급하게 된다. 발행된 모든 채권에 대한 연간 이자지급액은 4,800달러(채권 60장 × 채권당 쿠폰 80달러 = 4,800달러)이다.

어떤 상황에서는 회사가 액면가보다 낮은 금액으로 채권을 파는 것을 선택할 수도 있다. 이 경우 회사가 **액면가보다 할인**(discount to par)된 채권을 발행했다고 말하는데 이러한 채권의 발행을 **할인발행채권**(original issue discounts) 또는 줄여서 **OID**라고 한다. 예를 들어 회사는 액면가 1,000달러 채권을 800달러에 발행할 수 있다. 비록 회사가 800달러만을 빌렸지만, 채권이 만기가 되면 1,000달러를 갚아야 할 것이다. 만약 이 회사가 60,000달러를 조달하려면 채권 60장이 아닌 75장(채권 75장 × 채권당 가격 800달러 = 60,000달러)을 발행해야 한다. 그러나 만기가 되면 75,000달러(채권 75장 × 액면가 1,000달러)를 상환해야 한다.

회사가 1,000달러를 만기에 상환해야 하는 것을 알면서도 왜 800달러에 채권을 발행하려는 것일까? 이 질문에 대한 답은 채권이 만기가 되면 보장된 이익 200달러를 얻을 수 있기 때문에 채권투자자는 채권의 수익률이 낮더라도 할인 채권을 매수하려 할 것이기 때문이다. 이렇게 회사는 채권의 할인 발행을 통해서 만기일까지의 기간 동안 이자지급을 제한할 수 있다. 쿠폰 지급 능력이 없는 회사는 액면가 1,000달러보다 훨씬 더 할인된 가격인 600달러에 채권을 팔려고 할 수도 있다. 액면가의 할인 발행으로 채권보유자는 400달러의 이득을 챙길 수 있기 때문에 낮은 쿠폰금리를 기꺼이 받아들일 것이다. 현재 쿠폰을 한 푼도 지급할 수 없는 회사는 쿠폰이 없는 채권인 **제로쿠폰채권(무이표채)**[1]을 발행할 수도 있다. 쿠폰이 없다면 채권을 매우 싼 가격에 발행해야 할 것이고, 채권이 만기에 1,000달러로 상환될 때 채권보유자의 수익이 발생하게 된다. 표 10.1은 회사가 60,000달러를 12년 동안 빌리고 채권 매수자에게 만기수익률 8% 제공하는 4가지 방법을 보여 준다.

표 10.1 동일한 만기수익률로 가격이 책정된 대체 채권의 발행

채권발행가 (Issue price per bond)	발행수량 (Number of bonds sold)	만기상환액 액면가 $1,000 기준 (Repayment or face amount of total issue, at $1,000 per bond)	쿠폰금리 (Coupon rate)	회사가 매년 지급하는 쿠폰이자 (Total annual cash coupon paid by company)	만기수익률 (Yield to maturity)
$ 1,000	60	$ 60,000	8.000%	$ 4,800	8%
$ 800	75	$ 75,000	5.375%	$ 4,031	8%
$ 600	100	$ 100,000	2.750%	$ 2,750	8%
$ 390	154	$ 154,000	0%	$ -	8%

표 10.1에서 채권의 초기 발행가격이 낮을수록(1열), 매년 지급해야 하는 쿠폰

---

1 역자의 해설: 한국에서 '제로쿠폰채권(zero coupon bond)'을 '무이표채권' 또는 '무이표채'라고 부르고 쿠폰을 지급하는 채권(coupon bond)을 '이표채'라고 부른다.

이 감소하는 사실을 알 수 있다(5열). 그러나 회사가 매년 이자를 절감하는 대신 만기일에 많은 원금을 상환해야 한다(3열).

또한 각각의 경우 만기수익률은 8%이다. 하지만 실제로 만기수익률 8%로 쿠폰 채권을 액면가 1,000달러에 발행할 수 있는 회사가 제로쿠폰채권을 발행할 경우 적어도 8% 이상의 만기수익률이나 9~10% 정도의 만기수익률을 제공하기 위해 낮은 가격에 채권을 발행해야 할 것이다. 회사가 만기에 상환해야 할 금액이 많을수록 원금을 모두 상환하지 못할 위험이 증가하기 때문이다(3열).

위의 내용을 종합해 보면 채권발행자의 입장에서 볼 때 **고할인채(deep discount)**과 **제로쿠폰본드(zero coupon bond)**의 장점은 회사가 낮은 금액으로 쿠폰을 지급하거나 지급할 쿠폰이 아예 없다는 것이다. 반면 제로쿠폰채권의 단점은 만기가 되면 상환해야 할 금액이 훨씬 더 커진다. 이런 이유 때문에 회사에 현금이 부족할 때 제로쿠폰채권의 발행은 바람직한 선택이 될 수 있다. 하지만 회사가 제로쿠폰채권을 발행할 경우 회사가 실적을 회복하여 향후 채권을 갚을 만큼 충분한 수익을 낼 것을 반드시 전제로 해야 한다.

반면 채권 매수자의 관점에서 볼 때 퇴직이나 향후 목돈이 필요할 때를 위해서 저축이 필요한 경우 쿠폰을 지급하는 채권보다 제로쿠폰채권을 선호할 수 있다. 이는 제로쿠폰채권은 지급할 쿠폰이 없기 때문에 쿠폰을 재투자하는 데 신경 쓸 필요가 없기 때문이다. 대부분의 채권은 1년에 2번 쿠폰을 지급하기 때문에 채권 보유자들은 6개월마다 들어오는 현금을 다시 투자할 방법을 결정해야 한다. 향후 금리가 하락할 경우, 채권보유자는 쿠폰을 지급받을 때마다 하락한 만기수익률(약 6~7%)로 재투자할 수 있다. 제로쿠폰채권을 구입함으로써, 만기수익률은 8%에 "고정(locked-in)"되기 때문에 하락한 만기수익률로 쿠폰을 재투자해야 할 위험이 없다. 즉, 8%의 연간 '**재투자수익률(reinvestment rate)**'이 채권의 발행가인 390달 러에서 만기 가격인 1,000달러까지의 상승에 포함된 것이다.

반면 금리가 오를 것으로 예상되면, 채권보유자는 8%의 쿠폰을 지급하는 채권을 선호할 것이다. 쿠폰을 지급받을 때마다 9%에서 10% 정도의 높은 만기수익률로 재투자할 수 있기 때문에 만기에 투자자가 보유하게 될 총금액은 만기수익률이 8%로 고정된 제로쿠폰채권을 통해 받게 될 금액보다 커지기 때문이다.

채권을 처음 매수할 때 남은 만기까지 금리가 어떻게 변화할지 알 수 없기 때문에 재투자수익률이 8%로 고정된 제로쿠폰채권과 쿠폰을 현금으로 지급하는 채권 중 어느 쪽이 나은 선택인지 알 수 없다. 이를 **재투자위험(reinvestment risk)**이라고 한다.

표 10.1의 채권들은 쿠폰과 관계없이 모두 8%의 만기수익률에 발행되었다. 채권이 발행된 후의 가격은 경제 전반에 영향을 미치는 금리와 채권을 발행한 회사의 신용도 변화에 따라 변동하지만 OID 채권의 발행가격은 만기가 가까워질수록 최종 상환가인 1,000달러에 근접할 것이다. 이처럼 OID 채권의 가치가 시간의 경과에 따라 증가하는 것을 **채권증가(accretion)**라고 한다. 월 스트리트에서는 OID 채권이 최초 발행가격에서 액면가로 상승한다고 말한다. 물론 채권의 남은 만기 기간 동안 금리나 신용도의 변화로 인해 채권의 증가액(accreted value) 이상 또는 이하로 채권가격이 변동하게 된다.

리셋, 변동금리부채권, 약정금리변동부채권
(RESETS, FLOATING RATE NOTES, AND VARIABLE RATE NOTES)

대부분의 채권의 쿠폰은 고정되어 있기 때문에 쿠폰지급액은 항상 동일하다. 하지만, 일부 채권들은 쿠폰지급액이 변경될 수 있다. 쿠폰이 변경될 수 있는 채권은 **변동금리부채권(floating rate notes)**, **약정금리변동부채권(variable rate notes)**, **이연이자채권(deferred interest bonds)**, 그리고 **스텝-업(step-up, 또는 reset이라고도 한다)** 등이 있다.

변동금리부채권(Floating rate notes, 줄여서 FRN)은 시장 금리에 따라 쿠폰지급액이 달라질 것이라고 약정서에 명시되어 있다. 예를 들어 변동 금리 부채권의 첫 쿠폰지급액은 쿠폰금리 4%로 지급될 수 있지만, 향후 쿠폰은 가장 최근에 발행된 5년 만기 미국 국채의 금리보다 1.5% 높은 금리로 항상 지급된다. 따라서 최근 발행된 5년 만기 미국 국채의 금리(만기수익률)가 2.5%라면 다음에 지급될 변동금리부 채권의 쿠폰은 연 4%의 쿠폰금리로 지급된다. 이 회사의 쿠폰은 반기 (6개월)마다 지급되기 때문에, 6개월 후 지급될 쿠폰은 채권당 20달러가 되는 것이다. 이처럼 미국 국채의 금리는 항상 변하기 때문에 변동금리부 채권의 쿠폰지급액 또한 매번 달라질 가능성이 높다.

약정금리변동부채권(Variable rate notes)과 **조정금리채권(Adjustable rate notes)**은 여러 가지 형태로 변경이 가능한데 이 책에서 다루기에 분량이 너무 많다. 일반적으로 변동금리부채권(Floating rate notes)에 비해 약정금리변동부채권이나 조정금리채권의 쿠폰지급액은 자주 변경되지 않는다. 금리와 상관없이 석유 가격이 일정 수준으로 상승 또는 하락으로 쿠폰금리가 변경되는 약정금리변동부채권도 존재한다. 약정금리변동부채권은 채권을 발행하는 회사가 신용평가사에 의해 채권등급이 상향 또는 하향 조정되는 경우 쿠폰 또한 변경될 수 있다.

이연이자채권(Deferred interest bonds)과 **스텝-업(step-ups) 채권**은 쿠폰금리가 채권의 남은 기간에 한두 번만 변경되며, 채권이 발행되고 보통 몇 년 후인 특정 시점에 변경이 발생한다고 명시한다. 채권이 발행될 때 변경분 또한 약정서에 명시되기 때문에 구매자들은 쿠폰금리의 변경이나 리셋의 발생 전후에 쿠폰이 얼마가 될 것인지 정확히 알고 있다. 이는 채권보유자가 쿠폰금리를 확실하게 예측할 수 없는 변동금리부채권이나 약정금리변동부채권과는 다르다.

일반적으로 리셋과 스텝업 채권은 '4%/7% s of 6-1-2021/2026' 같은 형식으로 표시된다. 이 채권명은 채권을 발행한 시점부터 2021년 6월 1일까지 쿠폰금리가 액면가의 4%이며 2021년 6월 1일 이후부터 쿠폰금리는 7%로 상승하여 만기가 되는 2026년 6월 1일까지 유지될 것임을 알려 준다. 이연이자채권은 쿠폰이 없는 것을 제외하고 스텝업 채권처럼 약정서에 명시된 금액으로 상환금이 늘어난다. 예를 들어 '0%/9% s of 9-1-2020/2025'로 표시된 이연이자채권의 경우, 2020 년 9월 1일까지 쿠폰이 없지만 2020년 9월 1일 이후부터 만기일(2025년 9월 1일) 까지 쿠폰금리 9%로 쿠폰을 지급한다는 뜻이다.

리셋과 변동금리부채권은 흔하지 않기 때문에 생략하고 이 책에서 우리는 별도 의 언급이 없는 이상, 모든 채권, 어음, 또는 사채가 발행일부터 만기일까지 쿠폰 금리가 고정금리라고 가정할 것이다.

수의상환과 차환 (CALL AND REFUNDING)

회사가 채권을 발행하여 자금을 조달할 때, 채권이 완전히 상환되기 전에 채 권발행에서 조달한 자금을 사용할 것으로 예상한다. 때때로 회사는 감채기금 (sinking fund)의 상환일이나 최종만기일 전에 채권의 상환을 원하지만, 채권보유 자들은 채권이 만기보다 일찍 상환되는 것을 원치 않는 경우가 발생한다. 회사가 채권을 발행하고 만기전 채권을 조기 상환할 수 있는 권리를 원할 때, 회사는 채 권의 조기 상환에 대한 채권보유자의 위험을 보상하기 위해 약간 더 높은 쿠폰을 지급해야 할 것이다.

회사가 채권을 조기에 상환할 수 있도록 하는 조항을 **콜옵션 또는 수의상환기능** (**call feature**)이라고 한다. 채권의 약정서에 수의상환기능이 없는 경우, 우리는 채권의 **수의상환이 금지(non-callable)**되었다고 말한다. 수의상환이 가능한 **콜옵션 부채권(callable bond)**의 수의상환조항(call provision)은 **특정일부터 채권의 만기일 전까지 회사가 콜옵션(수의상환권, call option)을 행사함으로써 채권이 만기 전에 상 환될 수 있다고** 명시한다. 이는 회사가 콜옵션의 행사가 가능한 날짜부터 만기 전 까지 언제든지 채권을 상환할 수 있는 권리가 있음을 뜻한다.

회사가 콜옵션을 행사하여 채권을 상환할 경우, 채권보유자는 정해진 날짜에 채 권이 상환될 것을 통보받는다. 채권보유자(또는 채권 브로커)는 수탁 기관에 채권 을 반환하고 채권의 상환금은 채권보유자에게 수표로 발송되거나 은행 계좌로 이

체된다. 수탁 기관에 채권을 반환하지 않는 채권보유자는 돈을 돌려받지 못하고 채권은 콜옵션 행사일부터 이자지급이 중단되기 때문에 채권보유자는 채권을 반환하지 않을 이유가 없다.

회사는 다음과 같은 이유로 자사의 채권을 만기 전에 상환하려고 할 것이다.

1. 회사는 그동안 축적해 온 여분의 현금으로 채권을 상환함으로써 이자(쿠폰)를 더 이상 지급할 필요가 없다.

2. 몇 년 전 회사가 쿠폰금리 7%(액면가 1,000달러, 연간 쿠폰 70달러)의 채권을 발행했는데, 지금은 금리가 하락했고 유사 신용등급의 채권수익률 또한 4%로 하락했다고 가정해 보자. 현재 금리가 4%라면 회사는 쿠폰금리 4%의 채권을 새로 발행하고 채권을 매각한 돈으로 7% 쿠폰 채권으로 상환함으로써 연간 30달러의 이자를 절감할 수 있다.

3. 금리는 그대로지만 회사의 재무적 퍼포먼스(실적 증가, 다른 채무의 상환, 이자보상비율 개선)가 월등히 나아졌고 채권등급 또한 상향 조정되었다고 가정해 보자. 채권등급이 높아지면 쿠폰금리 5.80%로 새로 채권을 발행할 수 있을 것이다. 회사는 기존 쿠폰금리 7%의 채권을 상환하고 쿠폰금리 5.8%의 채권을 새로 발행하여 채권 한 장당 연간 12달러의 이자를 절감할 수 있게 된다.

4. 신규 채권의 발행이나 타 회사의 인수 등 회사가 원하는 일을 못 하게 하는 기존 채권약정서의 제약 때문에 기존 채권을 상환함으로써 이러한 제약들이 소멸하고 회사는 다시 유연성을 갖게 되는 것이다.

채권보유자의 관점에서 볼 때 수의상환기능(콜옵션기능)이 달갑지 않을 것이다. 쿠폰금리 7%의 채권을 매수한 채권보유자들에게 4%의 재투자수익률을 감안한다면 채권의 포기를(채권이 조기 상환되는 것을) 원하지 않을 것이기 때문이다. 따라서 다른 모든 조건이 동일하다면 채권 매수자들은 채권의 수익성이 가장 높을 때 조기 상환의 위험을 보상하기 위해 더 높은 수익률을 원할 것이다. 예를 들어, 채권에 콜옵션 기능이 없다면, 6%의 쿠폰을 지급하는 채권이 발행과 동시에 매각될 수 있다. 하지만 회사가 언제든지 채권을 조기 상환할 수 있는 콜옵션을 원하는 경우, 투자자들이 채권을 매수하도록 하기 위해서 7%의 쿠폰을 지급해야 할 수도 있다. 회사가 다소 제한된 콜옵션 기능을 받아들인다고 가정한다면 5년 후에 채권을 조기 상환할 수 있는 수의상환조항(콜옵션조항)과 6.5%의 쿠폰금리로 채권을 발행할 수 있을 것이다. 이처럼 수의상환기능 유무와 수의상환기능의 유연성은 채권의 수익성을 결정하는 데 많은 영향을 미친다.

채권을 조기 상환할 수 있는 유연성을 원하는 회사와 채권보유자가 이를 원하지 않는다는 점을 감안할 때, 수의상환기능은 타협점을 나타낸다. 예를 들어 2012년 6월 1일에 액면가로 발행되고 2022년 6월 1일이 만기인 5% 쿠폰 채권은 다음과 같은 수의상환기능을 가진다.

수의상환기능(CALL FEATURE)

"이 채권은 콜옵션 행사로 수의상환이 가능하지만 6/1/17 이전에는 상환이 불가능하다. 회사가 6/1/17부터 6/1/18까지의 기간에 채권을 상환할 경우 회사는 액면가(1,000달러)와 5%의 프리미엄(50달러)을 채권보유자에게 지급해야 한다. 회사가 6/1/18부터 6/1/19까지의 기간에 채권을 상환할 경우, 회사는 4%의 프리미엄(40달러)을 지급해야 한다. 회사가 6/1/19부터 6/1/20까지의 기간에 채권을 상환할 경우 회사는 3%의 프리미엄(30달러)을 지급해야 한다. (중략) 채권의 만기일인 6/1/22에는 프리미엄을 지불하지 않는다."

위의 콜옵션조항은 발행 후 처음 5년간 채권의 상환을 금지하여 채권보유자를 보호하며 5~10년 안에 회사가 채권을 조기상환하면 채권보유자는 **콜프리미엄(call premium)**이라는 추가 금액을 지급받게 된다. 이러한 콜옵션 기능은 채권이 발행된 초기에는 매수자들에게 매력적으로 보일 수 있지만 말년에는 채권 상환의 유연성을 회사에 제공한다.

월 스트리트에서는 "이 채권은 5년 동안 콜옵션 행사가 불가능하지만 액면가의 5% 프리미엄부터 2022년까지 액면가로 균등하게 하락할 때까지 콜옵션 행사가 가능하다(This bond is noncallable five years and then callable at a 5% premium declining evenly to par in 2022), 또는 이 채권은 NC 5이고 2022년까지 액면가로 균등하게 하락한다(This bond is NC 5 and then at 105 declining ratably to par in 2022)"라고 말한다. 두 문구 모두 같은 의미이다. NC는 'non-callable(수의상환금지)'의 약칭이며 'ratably(균등한)'란 말은 매년 동일한 금액을 뜻한다. 콜프리미엄을 포함한 수의상환가격(call price)은 1,050달러이다. 여기서 채권가격을 표시할 때 100은 실제로 1,000달러를 말하며 채권의 최초 상환가가 105란 말은 1,050달러를 뜻한다. 마찬가지로, 두 번째 상환가가 104로 표시된다면 실제 금액은 1,040달러라는 걸 기억하자. 이 채권은 2017년 6월 1일 이전까지는 조기 상환이 금지되어 있다. 첫 번째 상환 가능일(콜옵션 행사일)이 도래하면, 우리는 **현재 채권의 조기 상환이 가능(currently callable)**하다고 말한다. 이 말은 즉 상환 가능일인 오늘부터 언제든지 채권을 상환할 수 있다는 뜻이다. 또한 "이 채권은 정해진 날짜부터 만기까지 지정된 프리미엄으로 상환(redemption)이 가능하지만 **차환(refunding)할 수 없다**"라는 조항을 약정서에서 자주 볼 수 있다. 이는 회사가 현금을 충분히 보유하는 경우 콜옵션을 행사하여 기존 채권을 조기에 상환해도 문제가 없지만 **신규 채권을 더 낮은 금리로 발행하여 기존 채권을 상환할 수 없다는 뜻이다.**

정의 (Definitions)

- **수의상환(Call)** – 채권의 만기일이나 감채기금 상환일 전에 발행된 채권을 상환할 수 있는 회사의 권리.

- **차환(Refunding)** – 회사가 낮은 금리로 신규 채권을 발행한 금액으로 이자율이 높은 기존 채권을 상환하는 경우에 발생한다. **차환(refunding)**이라는 용어는 채권보유자가 돈을 돌려받기 위해 회사에 채권을 반환하는 과정인 **상환(redemption)**을 말하는 것이 아니라는 사실을 기억하자.

차환의 예로, 회사가 4%의 신규 채권 발행에서 나온 돈으로 기존 7% 채권을 상환하여 채권 한 장당 30달러의 이자를 절감할 수 있다.

결론적으로 채권약정서는 채권의 **수의상환** 가능 여부와 언제 얼마의 액면가프리미엄에 수의상환이 가능한지를 명시하고 있다. 또한 채권의 **차환(Refunding)** 가능 여부가 약정서에 명시될 수 있다. 일부 채권의 약정서에는 "수의상환이 가능하지만 차환될 수 없다(callable but not refundable)"라는 제한규정을 볼 수 있다. 이는 유보이익에서 생기는 현금이 충분하거나 지분 제공(신주발행)을 통하여 현금을 조달한 경우 채권을 조기에 상환할 수 있지만, 새로 발행한 이자율이 낮은 채권을 매각하여 조달한 돈으로 기존 채권을 상환할 수 없다는 것을 말한다.

채권을 만기까지 보유하여 이자를 지급받으려는 투자자의 입장에서는 단순히 수의상환이 가능한 채권보다 '수의상환이 가능하지만 차환이 불가능한(callable but not refundable)' 채권의 매수가 더 유리할 것이다. 채권에 콜옵션이 없는 경우, 채권보유자에게 더 유리할 것이 분명하다. 채권에 콜옵션이 존재하는 경우(수의상환이 가능한 경우), 채권보유자는 콜옵션 행사를 제한하는 기간, 높은 프리미엄 지불, 차환 불가, 그리고 그 외 콜옵션을 제한할 수 있는 권리들을 원할 것이다. 이러한 기능들을 '**콜보호 또는 수의상환보호(call protection)**'라고 한다. 채권을 매수하려는 투자자가 이러한 콜옵션 조항들이 마음에 들지 않는다면 채권을 매수하지 않아도 된다. 오늘날 발행되는 많은 채권들은 언제든지 수의상환이 가능하지만 일정 기간 동안 차환이 불가능하다. 일부 채권들은 채권의 수명 기간 동안 수의상환이나 차환이 아예 불가능하다. 수의상환기능은 채권에 따라 상당히 다를 수 있기 때문에 투자자들은 주의 깊은 분석이 필요하다.

수의상환수익률과 최저수익률 (YIELD TO CALL AND YIELD TO WORST)

8장에서 우리는 만기수익률이 채권보유자가 매년 받는 쿠폰과 만기에 실현하는 자본 손익(만기의 상환액과 액면가 1,000달러의 차이)을 모두 감안한 수익률이라는 것을 알게 되었다. 수의상환채권의 매수를 고려하는 투자자는 채권이 조기 상환될 경우 얻을 수 있는 수익률에 대해 궁금해할 것이다. 만약 채권이 최종만기일에 상환될 경우, 만기수익률은 채권보유자가 채권을 만기까지 보유했을 경우 실제로 얻게 될 수익률이다. 그러나 채권이 최종만기보다 일찍 상환될 경우, 채권보유자의 수익률은 다음 두 가지 이유로 달라질 것이다. 첫 번째로 채권보유자는 콜프리미엄(액면가보다 많은 금액)을 지급받을 수 있기 때문이며, 두 번째로, 최종만기일 전에 채권의 상환금을 지급받게 된다. 따라서 채권투자자는 **수의상환수익률(yield to call)**이라는 또 다른 수익률을 계산해야 할 것이다. 수의상환수익률은 채권의 액면가 대신 액면가에 콜프리미엄을 더한 **수의상환가격(call price)**을 사용하고 채권의 최종만기일이 아닌 **콜옵션 행사일(call date)**을 사용한다는 점을 제외하고는 만기수익률과 같은 방식으로 계산된다. 앞서 '수의상환기능(call feature)'에 대해 설명한 것과 같이 2022년 6월 1일 만기 5% 채권을 보면 2017년 6월 1일 1,050달러의 가격으로 첫 콜옵션 행사가 가능했던 것을 알 수 있다. 2017년 6월 1일의 콜옵션 행사일과 수의상환가격(콜옵션 행사가격)인 1,050달러를 기준으로 계산한 수의상환수익률을 **첫 번째 수의상환수익률(yield to first call)**이라고 한다. 채권의 두 번째 콜옵션 행사일은 2018년 6월 1일이며, 상환가는

1,040달러이다. 두 번째 콜옵션 행사일과 수의상환가격으로 계산한 수의상환수익률을 **두 번째 수의상환수익률(yield to second call)**이라고 하며 나머지도 이런 식으로 계산된다. 채권투자자는 채권의 조기상환 여부를 미리 예측할 수 없으며 어떤 연도를 기준으로 만기수익률과 콜옵션 행사일의 수의상환수익률을 계산해야 할지 알 방법이 없다. 따라서 채권의 매수(Buy), 보유(Hold), 매도(Sell) 여부를 결정할 때 위에서 계산한 수익률 중 가장 낮은 수익률을 사용하는데 이를 **최저수익률(Yield to worst)**이라고 한다. 최저수익률은 채권보유자가 채권을 만기 또는 조기 상환될 때까지 보유할 때 얻을 수 있는 최소 수익률이다.

제한규정 (COVENANTS)

채권투자자가 채권을 매수하는 것은 채권을 발행한 회사에 10~20년 동안 돈을 빌려주는 것이다. 회사의 수익성이 높기 때문에 매수 시점에 채권이 안전해 보일지도 모르지만, 만기 기간 동안 많은 것이 변할 수 있다. 채권보유자가 회사의 신용도가 악화되고 있는 것을 알아차릴 때, 즉 회사의 재무건전성이 약화되고 회사가 이자지급이나 원금상환을 제때 이행하지 못할 위험이 증가하게 되면, 채권보유자는 채권을 매도하려 할 것이다. 불행히도 채권의 매수를 고려했던 투자자들도 마찬가지로 데이터를 보고 채권의 위험성이 커지고 있다는 결론에 도달하게 될 것이기 때문에 낮은 가격에는 채권 매수자를 찾기가 어려울 것이다. 채권투자자들은 회사의 신용도 악화로부터 최대한 자신을 보호하기 위해 회사가 재무건전성 유지에 집중할 수 있도록 법적 구속력이 있는 계약 조항들을 채권발행자에게 동의할 것을 요구한다. 이러한 합의 사항을 **제한규정 또는 커버넌트(covenant)**라고 하며, 채권 또는 사채의 약정서에서 중요한 부분을 차지한다.

채권의 제한규정들은 여러분이 사업을 시작하기 위해 친구에게 돈을 빌려줄 때 여러분이 요구할 계약서의 조항들과 크게 다르지 않다. 하지만 이러한 제한규정들은 오랜 세월 동안 변호사들이 작성해 왔기 때문에 일반인이 이해하기 어려운 법률 용어들로 구성되어 있다. 채권의 약정서마다 비슷한 기본적인 제한규정들이 존재하며 일부 제한규정들은 채권발행자와 채권보유자들의 특별한 요구 사항들에 맞게 작성된다. 일반적으로 뮤추얼펀드, 보험사 등 금융기관들은 신중히 제한규정들을 검토한 후 제한규정들이 충분한 보호를 제공하지 않는다고 판단하면 채권을 매수하지 않을 것이다. 채권의 제한규정들이 부실한 경우 회사 소유주(주주)들은 이러한 약점을 이용하여 채권보유자를 희생시켜 이익을 얻을 수 있기 때문에 채권보유자들에게 제한규정은 중요하다. 우리는 다음 페이지에 걸쳐 몇 가지 기본적인 제한규정들에 대해서 설명하고 있으며 이와 유사한 제한규정들은 대부분의 약정서에서 찾아볼 수 있다.

1. **유지규정(Maintenance covenants)** – 유지규정은 회사가 일정한 재무비율을 유지해야 한다고 말한다. 보통 유지규정은 회사가 최소 4배의 이자보상비율의 범위 유지를 요구한다(4장의 이자보상비율 참고). 경우에 따라 회사가 순자산(장부가치)을 일정 수준 이상으로 유지할 것을 요구할 수 있다.

2. **부채한도(Limitation on additional debt)** – 부채한도규정은 **회사가 부채를 추가로 발행하고자 할 경우** 이자보상비율과 총자본대비장기부채비율(long term debt-to-total capital ratio)이 일정 수준 이상일 경우에만 부채를 새로 발행할 수 있다는 내용을 포함한다. 새로 발행되는 부채는 제한규정의 주체인 채권보다 후순위여야 하며 더 늦은 만기일로 발행되어야 한다고 명시할 수 있다.

3. **지급제한(Restricted payment)** – 지급제한규정은 채권보유자에게 피해를 줄수 있는 회사의 지출을 제한 또는 금지하기 위한 제한규정 이며 일반적으로 다음이 포함된다.

   a) **배당 한도(Limit on dividends)** – 배당 한도는 회사가 주주들에게 지급하는 배당금을 제한한다. 기업이 벌어들인 이익은 유보이익으로 남거나 주

주들에게 배당을 지급할 수 있다는 점을 기억하자. 만약 회사가 너무 많은 배당을 지급하고 있고 경기 침체기에 실적이 악화되면, 회사는 만기일에 채권을 상환하지 못할 수도 있다. 최악의 경우 회사가 재정난을 겪고 있고 배당 한도 제한규정이 없다면, 회사는 보유한 자산이나 사업체를 매각한 현금을 주주들에게 배당으로 모두 지급하고 채권보유자에게 아무것도 남기지 않을 수 있다.

b) **자사주 매입 한도(Stock repurchase limit)** - 이 제한규정은 회사가 자사주를 매입하는 데 사용할 수 있는 금액에 제한을 두고 있다.

c) **후순위채권 환매제한(Limit on junior debt repurchases)** - 후순위채권 환매제한규정은 만기일이 아직 도래하지 않은 채권이나 사채를 회사가 다시 매입하는 것을 만기일 전까지 제한 또는 금지하는 제한규정이다. 이러한 모든 **지급제한 규정(restricted payments covenants)**들은 회사가 사업에 집중하도록 하고 재정 상태를 악화시킬 수 있는 일들을 못 하도록 함에 그 목적이 있다.

위에서 다루지 않은 그 외 제한규정들은 자산의 매각이나 다른 회사와의 합병 및 기타 활동 등을 제한하고, 회사의 자산에 보험을 유지하도록 요구할 수 있다. 채권이 처음 발행된 시점에는 이러한 제한규정들이 중요치 않게 보일 수 있지만, 몇 년 후 회사에 문제가 생기기 시작하면 채권보유자에게 피해를 줄 수 있는 일들을 회사가 못 하도록 막을 수 있기 때문에 제한규정들은 정말 중요하다.

우리는 회사의 이사회의 의무가 채권보유자가 아닌 주주들의 이익을 최선으로 한다는 사실을 기억해야 한다. 채권약정서에 명시된 제한규정들은 채권보유자의 유일한 안전장치이다. 제한규정들이 제공하는 보호는 채권보유자가 손해를 입지 않도록 하는 데 그 목적이 있다는 사실을 명심해야 할 것이다. 만약 채권보유자가 안심할 만한 엄격한 제한규정들의 보호에 회사가 동의할 경우, 회사는 좀 더 낮은 금리로 채권을 발행하려고 할 것이다.

　때때로 경영진이 최선의 노력을 다했음에도 불구하고 회사의 상황이 악화되어 파산하는 경우도 있다. 이러한 상황들 속에서 제한규정들은 여러 가지 방법으로 채권보유자를 보호하는 역할을 한다.

채무불이행과 가속권 (DEFAULT AND ACCELERATION)

　이자나 감채기금 또는 최종만기일에 채권을 상환하지 않는 것을 **채무불이행 또는 디폴트(default)**라고 한다. 우리가 위에서 다룬 제한규정들을 위반하는 것 또한 채무불이행으로 간주된다. 보통 채권약정서는 30일의 '유예기간(grace period)'을 두어 유예기간 동안 회사가 제한규정에 따라 지급 의무를 이행하거나 재무비율을 약정에 명시된 수준으로 회복하여 **채무불이행 상태를 회복할 수 있게 한다(cure the default)**. 만약 회사가 채무불이행 상태를 회복하지 못할 경우, 채권보유자는 자신의 권리가 무엇인지, 그리고 회사의 의무가 무엇인지를 이해하기 위해서 반드시 채권약정을 검토해야 할 것이다. 일반적으로 회사가 파산했을 경우 채권보유자의 권리는 **채권 또는 사채의 원금 전액을 만기일에 즉시 지급하도록 요구하는 권리**를 포함한다. 전체 대출금의 상환을 상환 일정(최종만기일이나 감채기금 스케줄)보다 앞당기는 일을 **가속(acceleration)**이라고 한다.[2] 월 스트리트에서는 "XYZ 회사가 정해진 날짜 또는 유예기간 내 이자를 지급하지 않았기에 채권보유자들은 XYZ 회사의 채권의 상환을 강제로 가속시켰다"라고 말한다.

　회사가 재정난에 빠졌을 때, 가속을 강요하는 것은 회사가 감당할 수 있는 것보다 더 많은 채권을 상환하게 만든다. 이로 인해 회사가 파산 신청을 해야 할 수도 있다. 회사가 파산할 경우 회사 주주들이 보유한 주식의 가치는 없어질 것이

2　역자의 해설: '가속(acceleration)'은 '기한이익상실'이라는 법률 용어로도 불리는데 채권보유자가 채권발행자의 신용위험이 높아질 경우 원금을 만기 전에 회수하는 것을 뜻한다.

다. 이러한 가속권 행사의 위협과 이에 따른 결과는 회사들이 채권의 제한규정들을 이행하도록 만든다.

또한 파산은 많은 채권보유자들, 특히 우선순위가 낮은 채권보유자들에 막대한 손실을 끼칠 수 있는데 청산이 발생하고 우선순위가 높은 채권들이 상환된 후 나머지 채권들을 모두 상환할 충분한 돈이 회사에 남지 않기 때문이다. 따라서 회사가 현재 채무불이행(디폴트) 상태라도 채권보유자는 회사가 재정난에서 벗어나 미지급된 이자와 부채를 상환하기를 기대할 것이기 때문에 가속권을 행사하지 않을 수 있다.

파산 (BANKRUPTCY)

법원이 회사의 파산을 선언할 때는 보통 두 가지 절차 중 하나를 따른다. 첫째, 챕터 11(chapter 11)에 따라 **회생(reorganization)**을 시도하거나, 둘째, 챕터 7(chapter 7)에 따라 회사를 **청산(liquidation)**할 수 있다.[3]

회생 절차에서는 회사와 파산의 영향을 받는 모든 당사자들이 동의할 수 있는 계획을 세우게 된다. 예를 들어 채권자들은 미지급된 이자보다 낮은 금액으로 이자를 지급받거나, 몇 년 동안 이자를 포기하거나, 회사가 원금보다 낮은 금액으로 채권을 상환하는 방안 등에 동의할 것이다. 회생 절차에서 담보 자산이 있는 채권들은 사채와 같은 후순위 채권들에 비해 포기해야 할 권리가 적다. 보통 채권자들이 얼마만큼의 원금과 이자를 포기할지에 대해 채무자와 채권자들 간의 합의가 가능하다면 법원은 회생계획안(reorganization plan)을 수용한다. 간혹 일부 채무자 또는 채권자 그룹이 회생계획안에 대한 합의를 반대함에도 불구하고 법원이 회생계획안을 승인하는데 월 스트리트에서 이를 '**강제인가(cram down)**'라고 부

---

3 역자의 해설: 'Chapter 11(챕터11, 미국 연방파산법 제 11장)'은 미국 연방 파산법에 의거한 기업 파산 절차의 한 형태이며 회사의 사업, 보유 자산 및 부채의 개편을 수반하는 회생 절차인 반면 'Chapter 7(챕터7, 미국 연방파산법 제7장)'은 회사가 채무를 감당하지 못할 경우 회사 자산을 매각하여 채권자에게 채무를 상환하도록 하는 청산 절차를 뜻한다.

른다. 강제인가가 발생하면 법원 주도로 회생 절차가 진행되는데 후순위 채권자들은 우선순위가 높은 채권자들보다 많은 권리를 포기해야 할 것이다.

회생 절차에서 각 채권자 그룹은 이자와 원금의 일부를 포기하는 것에 대한 보상으로 회생된 회사의 주식을 새로 제공받는다. 채권자들이 회생된 회사 전체 지분(소유권)의 90% 이상을 획득하는 일도 극히 드문 일이 아니다. 만약 채무자들과 채권자들이 모두 회생계획안에 합의하지 못할 경우 회사는 청산 절차를 밟게 된다. 청산 절차를 거치는 경우, 법원은 회사의 모든 자산의 매각과 상환을 감독하게 된다. 일반적으로 법원은 채권의 우선순위를 신중히 따르는 편이기 때문에 우선순위가 높은 채권들이 완전히 상환되지 않는 이상 후순위 채권자들은 아무것도 지급받지 못할 것이다.

대부분의 주정부 법에 따르면 채권자들이 채권을 상환받기 전에 그동안 체불된 직원들의 임금 및 체납 세금은 물론 파산 변호사들의 수임료부터 먼저 지불해야 할 것을 명시하고 있다. 파산법은 복잡하기 때문에 이 책에서 상세한 내용을 다루기엔 적절하지 않다. 우리는 성공적인 회사들에 더욱 관심을 기울여야 할 것이다.

11장 전환사채
CONVERTIBLE BONDS

전환사채(convertible bond)[1]는 이전 9장과 10장에 다룬 일반 채권과 동일하지만 주식으로 전환이 가능하다는 기능을 가지고 있다. 예를 들어 BCD Corporation이 2012년 1월 2일에 100,000달러 상당의 전환사채를 발행했다고 가정해 보자. 채권의 만기 기간은 10년이고 2022년에 만기가 된다. 이러한 전환사채의 **전환기능(conversion feature)**은 다음과 같다.

> "각 채권은 2017년 1월 1일 이후 언제든지 채권보유자의 옵션 행사에
> 따라 BCD Corp 사의 보통주식 20주로 전환될 수 있다."

위의 내용은 채권의 전환을 결정한 채권보유자가 수탁 기관에 채권 증서를 전달하고 그 대가로 BCD사의 보통주 20주를 받는 것을 의미한다. 물론 오늘날 채권의 전환은 증권 회사를 통해 전자적으로 이루어진다. 위의 채권은 발행 후 처음 5년 동안은 전환할 수 없다. 때때로 채권은 정해진 날짜 이후에만 전환될 수 있다고 약정서에 기록된다. 전환사채 약정서들 중 일부는 정해진 날짜 이후에는 채권을 전환할 수 없다고 명시한다. 예를 들어 어떤 전환사채는 발행 후 처음 6년 동안 전환이 가능하지만 그 이후는 전환이 불가능하다. 이런 특별한 경우를

---

1 역자의 해설: 'Convertible bond'의 정확한 영문명 해석은 '전환채권'이다. 사실 전환 가능 증권 대부분이 사채(debentures)이기 때문에 한국에서는 '전환채권(convertible bonds)'과 '전환사채(convertible debentures)'의 의미에 차이를 두지 않고 두 가지 모두를 통틀어 전환사채라고 부른다. 반면 미국의 경우, 'convertible bonds'와 'convertible debentures' 모두를 통틀어 'convertible bond'라고 지칭한다.

제외하고 대부분의 전환사채들은 만기일 전에 언제든지 전환이 가능하다. 마지막으로 **의무전환(mandatory conversion)** 기능이 있는 전환사채도 있는데, 의무전환기능은 만기 전에 채권이 주식으로 전환되지 않으면 만기일에 자동으로 주식으로 전환된다.

전환기능은 위와 같은 방식으로 작성되어 채권이 전환되는 주식수를 알려 줄 수 있지만 보통 다음과 같이 작성된다.

> 이 채권은 주당 50달러에 BCD의 보통주로 전환될 수 있다.
>
> (This bond may be converted into common stock of BCD at \$50 per share.)

위의 내용은 채권보유자가 보통주 1주당 50달러를 지불해야 한다는 뜻이 아니다. 위의 내용이 명확하지는 않지만 **채권의 액면가 50달러당** 보통주 1주로 전환할 수 있음을 뜻한다. 채권의 액면가가 1,000달러이므로 보통주 20주로 전환된다.

$$\frac{\text{액면가 (Face Value)}}{\text{전환"가격" (Conversion "price")}} = \frac{\$1,000}{\$50} = 20주$$

다시 말하지만 전환사채가 전환될 때 현금이 지급되지 않는다. 채권보유자는 주식을 대가로 현금이 아닌 채권을 포기하는 것이다. 채권이 주식으로 교환될 때, 여러분은 향후 이자를 지급받을 권리와 만기일에 채권의 액면가를 상환받을 권리를 포기하는 것이다. 회사가 주식을 제공하고 채권을 회수하면 채권은 영구적으로 소각된다. 채권이 더 이상 존재하지 않기 때문에 더 이상의 쿠폰 지급이 없으며 채권의 액면가 역시 그 누구에게도 현금으로 지급되지 않는다.

채권은 부분적으로 전환될 수 없다. 만약 여러분이 채권의 전환을 결정하면 위의 전환사채의 예시처럼 채권 전체가 보통주 20주로 전환된다. 그러나 여러분이 전환사채를 다수 보유한 경우 보유한 전환사채 중 일부 전환이 가능하다.

BCD가 발행한 전환사채는 채권투자자가 지불한 채권가격이나 주식으로 전환을 결정했을 시점의 BCD의 주가와 관계없이 보통주 20주로 전환된다는 것을 기억하자. **전환비율(conversion rate, 채권이 전환되는 주식수)은 채권의 현재가가 아니라 액면가를 기준으로 계산된다.** 채권의 액면가는 변하지 않기 때문에 1주당 50달러로 전환되는 액면가 1,000달러 전환사채는 전환사채 가격이 894달러로 하락하든 1,150달러까지 상승하든 그 외 어떤 가격으로 거래되든 관계없이 정확히 20주로 전환된다. 다시 말해서 채권의 전환 '가격'은 항상 50달러인 것이다.

BCD의 예시처럼 대부분의 전환사채는 전환비율이 정해져 있지만, 전환비율이 변동하는 전환사채를 간혹 볼 수 있다. 이러한 전환사채의 전환기능은 다음과 같다.

> "이 채권은 2018년 12월 31일 이전에는 보통주 25주로 전환되며,
> 2019년 1월 1일부터 2023년 12월 31일까지 보통주 30주로 전환되며,
> 이후 보통주 40주로 전환된다."

실제로 변동전환비율 기능은 다음과 같이 작성될 것이다.

> "이 채권은 2018년 12월 31일 이전에는 주당 40달러, 2019년 1월 1일
> 부터 2023년 12월 31일까지는 주당 33.33달러, 그 이후 주당 25달
> 러로 보통주로 전환된다."

위의 두 내용 모두 같은 뜻이지만 두 번째 내용이 좀 더 일반적인 작성 방식이다. 두 번째 방식을 보면 2019년 1월 1일 전환사채의 전환가격(conversion price)이 40달러에서 33.33달러로 바뀐 뒤 2024년 1월 1일 33.33달러에서 25달러로 다시 바뀐다고 볼 수 있다.

전환비율이 변동하는 전환사채들은 이전 페이지의 예시처럼 정해진 날짜에 전환비율이 변동한다. 전환사채 중 일부는 회사가 향후 얼마나 많은 이익을 창출하느냐에 따라 전환비율이 달라진다. 전환비율이 변동하는 전환사채를 변동전환사채(Variable conversion rate bond)라고 하는데 변동전환사채는 드물게 존재하기 때문에 이 책의 나머지 부분을 통틀어 전환사채의 전환비율은 항상 고정이라고 가정할 것이다.

전환사채의 가격 (PRICE OF A CONVERTIBLE BOND)

전환사채의 가격은 때로 일반 채권들과는 다르게 움직인다. 우리는 8장에서 경제 전반의 금리 변동과 채권발행자의 신용도 변화로 인해 일반 채권의 가격이 변동한다는 사실을 알게 되었다. 전환사채의 가격 또한 이러한 이유로 변동하겠지만, 전환사채의 가격은 보통주(전환사채가 전환되는 주식)의 주가가 충분히 상승한다면 채권등급이 비슷한 유사 채권들보다 높은 폭으로 상승할 수 있다.

BCD사의 전환사채를 다시 살펴보자. BCD의 전환사채는 쿠폰금리 5%, 채권의 신용등급은 A등급, 남은 만기는 8년이며, 보통주 20주(보통주 1주당 채권 액면가의 50달러)로 전환이 가능하다. 만약 주식이 60달러에 거래되고 있다면 전환사채는 얼마에 거래될까? 채권 1장당 보통주 20주로 전환이 가능하고, 보통주 1주당 가격이 60달러이므로, 전환사채 보유자들은 전환사채를 보통주 20주로 전환하여 보통주 1주당 60달러, 총 1,200달러 상당의 주식을 시장에서 매도할 수 있기 때문에 전환사채는 1,200달러의 가치가 있다.

채권 1장당 보통주 주식수 (Number of common shares per bond)		보통주 거래주가 (Market Price per common share)		전환사채 보유자의 전환후가치 (Value to bondholder if converted)
20	x	$60	=	$1,200

주가가 60달러인 상황에서 채권의 **전환후가치(converted value)**[2]는 **1,200달러라**
고 할 수 있다.

만약 전환사채가 1,200달러보다 낮은 1,000달러에 거래된다면 투자자는 전환사
채를 1,000달러에 매수하여 주식으로 전환한 다음 전환된 주식을 1,200달러에 팔
고 200달러의 이익을 얻을 수 있다. 따라서 전환사채의 가격은 보통주 가격에 따
라 상승할 것이다. 예를 들어, 주식이 주당 70달러까지 상승했다고 가정해 보자.
전환사채의 전환후가치 또한 1,400달러까지 상승하고 전환사채의 가격도 함께 상
승할 것이다.

주식수 (Number of shares)		거래주가 (Market Value per share)		전환후가치 (Converted Value)
20	x	$70	=	$1,400

주가가 전환사채의 전환가격 50달러보다 높은 이상 전환사채 가격은 표 11.1과
같이 주가와 함께 상승한다.

---

2 역자의 해설: '전환후가치(converted value)'는 만약 여러분이 오늘 전환사채를 주식으로 전환해
   서 오늘 주가에 주식을 매도할 경우 전환사채의 가치가 얼마나 될지를 말해 준다. 반면 '전환가격
   (conversion price)'은 현재 주가, 향후 주가 또는 과거 주가와는 아무런 관계가 없다. 전환가격은
   회사로부터 주식을 얻기 위해 전환사채의 액면가에서 얼마의 가치가 사용되어야 하는지 알려 주는
   회계 수치일 뿐이다.

표 11.1 주식가격과 연계된 전환사채 가격

보통주 가격 (Common stock price)	채권가격 (Bond price)	쿠폰금리 5%, 8년 만기채권의 만기수익률 (Yield for a 5% coupon with 8 years to maturity)		
		쿠폰금리 (Coupon yield)	현재수익률 (Current yield)	만기수익률 (Yield to Maturity)
$70	$1,400	5.0%	3.6%	Negative
$65	$1,300	5.0%	3.8%	1.08%
$60	$1,200	5.0%	4.2%	2.25%
$55	$1,100	5.0%	4.5%	3.55%
$50	$1,000	5.0%	5.0%	5.00%

주가가 상승하면 전환사채의 가격도 상승하게 되고 전환사채의 현재수익률과 만기수익률이 낮아지게 된다. 이로 인해 현재수익률과 만기수익률이 전환사채의 매수나 매도 결정에 미치는 영향이 줄어든다. 여기서 전환사채의 매수와 매도 결정은 주로 주가와의 관계나 주가 변동에 대한 투자자의 전망이 기준이 된다.

만약 보통주의 주식가격이 주당 30달러로 하락한다고 가정해 보자. 주가가 30달러로 하락하면 전환사채의 전환후가치 또한 600달러로 하락할 것이다.

주식수 (Number of shares)		거래주가 (Market Value per share)		전환후가치 (Converted Value)
20	x	$30	=	$600

그러면 전환사채 가격 또한 600달러로 하락할까? 그렇지 않다. 전환사채의 만기수익률이 8년 만기 A등급 일반 채권(비전환)의 만기수익률과 동등한 수준의 가격으로만 하락할 것이다. 위의 전환사채와 유사한 8년 만기 A등급 일반 채권이 약 6.6%의 만기수익률에 거래되고 있다고 가정해 보자. 쿠폰금리5%, 8년 만

기 채권이 6.6%의 만기수익률로 거래되려면 채권가격은 900달러 정도일 것이다. 따라서 BCD 전환사채 가격이 900달러 아래로 하락할 가능성은 낮다. 만약 BCD 전환사채 가격이 900달러 아래로 떨어진다면 다른 A등급 일반 채권보다 만기수익률이 큰 폭으로 상승할 것이고 전환기능이 제공하는 가치와는 별개로 투자자는 순수한 '채권 가치'만 지불하여 BCD 전환사채를 매수할 수 있기 때문에 투자 매력이 있다.

현재 주식가격이 45달러까지 올랐다고 가정해 보자. 45달러의 주가로 환산한 전환사채의 전환후가치가 정확히 900달러(20주 × 주당 45달러 = 900달러)이다. 따라서 주가가 45달러 아래일 경우 채권은 약 900달러에 거래될 것이다. 주가가 45달러 이상으로 상승하면 채권가격도 함께 오르기 시작한다. 실제로 주가가 45달러보다 약간 낮은 가격이라도 전환사채는 900달러가 조금 넘는 가격으로 거래될 가능성이 높다. 이는 전환사채에 미래에 무제한 이익의 가능성을 부여하는 전환기능이 일부 투자자들로 하여금 전환사채에 대하여 다른 일반 채권의 가격보다 좀 더 많은 금액을 지불하게 만들 것이기 때문이다.

만약 주식이 전환가격(conversion price)보다 훨씬 낮은 가격인 주당 15달러에 거래될 경우, 전환사채가 주식으로 전환될 가능성은 매우 희박해진다. 따라서 전환사채는 채권의 순수한 가치인 900달러 근처에서 거래될 것이다.

투자자들은 전환기능에 대해 많은 프리미엄을 지불하려 하지는 않을 것이다. 이를 **파산전환사채(busted convertible)**라고 한다. 파산전환사채는 **부실전환사채 (distressed convert)**와 다르다. '**부실(Distressed)**'이란 말은 회사가 채무불이행 (default)에 빠질 위험, 즉 만기일에 이자지급이나 원금상환을 이행하지 못할 심각한 위험이 있음을 의미한다. 문맥상 '**파산(Busted)**'이라는 단어의 의미는 주가가 너무 낮아서 채권이 주식으로 전환이 요원하다는 것을 뜻하지만, 실제로 채권의 디폴트나 회사가 파산하는 뜻이 아니라는 점을 기억하자.

채권자의 관점에서 본 전환사채의 장점
(ADVANTAGE OF A CONVERTIBLE BOND FROM THE BONDHOLDER'S POINT OF VIEW)

채권보유자의 관점에서 볼 때 우리는 채권과 주식의 장점을 전환사채가 모두 가지고 있다는 것을 알 수 있다. 만약 주식가격이 전환가격보다 큰 폭으로 하락할 경우 전환사채의 가격은 일반 채권처럼 움직이고 적정 수익률 수준 아래로 가격이 하락하지 않기 때문에 전환사채는 '하방보호(downside protection)'를 받게 된다. 그러나 주가가 전환가격 이상으로 상승할 경우, 전환사채 가격 또한 주가와 함께 상승하며, 얼마나 상승할 수 있는지에 제한이 없다(표 11.2 참조). 반면 전환이 불가능한 일반 채권의 경우 채권가격은 항상 적정 수익률만을 반영할 것이다. 일반 채권의 가격은 주가와 함께 움직이지 않는다.

보통주는 전환사채가 제공하는 하방보호가 없다는 점을 기억하자. 회사의 전망이 악화되면 배당지급에도 불구하고 주가가 계속 하락할 수 있는데, 보통주는 배당이 감소하거나 취소될 가능성이 있는 반면 전환사채의 쿠폰은 회사의 채무로 반드시 지급되어야 하기 때문이다.

표 11.2 주식가격의 하락에 따른 전환사채 가격의 안정

주식가격 (Stock Price)	채권가격 (Bond Price)	쿠폰수익률 (Coupon Yield)	현재수익률 (Current Yield)	만기수익률 (Yield to Maturity)
$80	$1,600	5.0%	3.1%	Negative
$70	$1,400	5.0%	3.6%	Negative
$60	$1,200	5.0%	4.2%	2.3%
$55	$1,100	5.0%	4.5%	3.6%
$50	$1,000	5.0%	5.0%	5.0%
$45	$900	5.0%	5.6%	6.6%
$40	$900	5.0%	5.6%	6.6%
$30	$900	5.0%	5.6%	6.6%
$20	$900	5.0%	5.6%	6.6%

* 8년 만기 기준

발행 회사의 관점에서 본 전환사채의 장점
(ADVANTAGE OF CONVERTIBLE BONDS FROM THE ISSUING COMPANY'S POINT OF VIEW)

일반 채권에 없는 전환기능은 가격이 무제한으로 상승할 가능성을 제공하기 때문에 다른 모든 조건이 동일한 경우 전환사채는 채권투자자에게 훨씬 매력적인 투자임이 분명하다. 따라서 회사가 전환사채를 발행하기로 결정한다면 일반 채권보다 낮은 쿠폰으로 전환사채를 발행할 수 있다. 쿠폰을 얼마나 낮게 책정할 것인가는 전환기능의 수익성에 달려 있다. 예를 들어 CDE사의 신용등급은 A등급이고 주식이 40달러에 거래된다고 가정해 보자. CDE가 일반 채권을 발행하려면 유사 A등급 채권의 현재수익률 6%를 또는 매년 60달러의 쿠폰을 지급해야 할 것이다. 만약 CDE가 일반 채권 대신 주당 40달러의 주식(전환 가능 주식수 25주)으로 전환이 가능한 전환사채를 발행한다면 주가의 상승은 바로 전환사채 가격의 상승을 유발하기 때문에 전환사채가 투자자들에게 정말 매력적인 투자 수단일 것이다. 따라서 투자자들은 매년 60달러의 쿠폰을 지급하는 일반 채권 대신 연간 쿠폰금리 3% 또는 매년 30달러의 쿠폰을 지급하는 전환사채를 매수하려 할 것이다.

반면에 CDE의 전환사채가 20주(주당 50달러)만 주식으로 전환이 가능하다면 전환사채는 그다지 매력적이지 않을 것이다. 현재 채권의 전환후가치는 800달러(주식 20주 × 현재 주가 40달러 = 800달러)이며 채권가격이 상승하기 위해서는 주가가 40달러에서 약 50달러로 상승해야 한다. 이처럼 전환가격이 50달러인 경우, 전환기능은 여전히 미래에 많은 수익을 창출할 수 있지만 상대적으로 매력도가 떨어진다. 이처럼 전환기능의 가치가 다소 떨어지는 경우, 회사가 투자자를 끌어들이기 위해서 제공해야 할 전환사채의 쿠폰금리는 전환후가치가 40달러인 전환사채의 쿠폰금리 3%보다 높아야 할 것이며 전환이 불가능한 일반 채권의 쿠폰금리 6%보다 낮은 4~5%의 쿠폰금리를 제공해야 할 것이다. 결국 전환기능이 매력적일수록 투자자가 채권을 사도록 하기 위해 회사가 지급해야 할 쿠폰지급액은 낮아진다. 낮은 쿠폰금리는 당연히 회사에 유리하지만, 전환사채가 전환되면 전환주식수가 많을수록 주당이익이 희석된다는 단점이 있다.

전환사채의 또 다른 장점은 회사에 문제가 발생하여 빨리 돈을 빌려야 할 때, 일반 채권을 발행한다면 투자자들이 지나치게 높은 쿠폰금리를 요구할 가능성이 있는데 회사는 일반 채권 대신 전환기능이 있는 전환사채를 발행하여 낮은 쿠폰금리로 채권을 팔 수 있다.

전환프리미엄과 전환할인 (PREMIUM AND DISCOUNT TO CONVERSION)

BCD사의 채권을 다시 한번 살펴보자(표 11.1 참조). BCD의 주식이 60달러에 거래되고 있다면 채권이 정확히 전환후가치 1,200달러에 거래되지 않을 가능성이 높다. 만약 전환사채의 가격이 1,224달러라고 가정할 경우, 우리는 전환후가치 1,200달러보다 **24달러 높은 프리미엄**(premium to conversion)에 전환사채가 거래되고 있다고 말한다. 일반적으로 프리미엄은 전환후가치의 백분율로 표시된다. 즉, 전환사채가 전환후가치보다 2% 높은 가격에 팔리고 있는 셈이다(프리미엄 24 달러 / 전환후가치 1,200달러 = 2%).

$$\frac{\text{전환후가치 달러프리미엄}}{\text{전환후가치 (Converted value)}} \\ \frac{\text{(Dollar premium above converted value)}}{\text{전환후가치 (Converted value)}} = \frac{\$1,224 - 1,200}{\$1,200} = \frac{\$24}{\$1,200}$$

$$= .02 = \text{전환프리미엄 2\%}$$
$$\text{2\% Premium to conversion}$$

이와 유사하게 전환사채가 전환후가치보다 낮은 가격에 판매된다면 우리는 전환사채가 **전환후가치보다 할인**(discount to conversion)되어 거래되고 있다고 말한다. 예를 들어 전환사채가 1,182달러에 판매된다고 가정해 보자. 이는 채권가격이 전환후가치에서 18달러 할인된 금액 또는 전환후가치보다 1.5% 할인된 금액을 의미한다.

$$\frac{\text{전환후가치 달러디스카운트}}{\text{전환후가치 (Converted value)}} = \frac{\$1{,}200 - 1{,}182}{\$1{,}200} = \frac{\$18}{\$1{,}200}$$

$$= .015 = \text{전환할인율 } 1.5\%$$

$$1\ 1/2\%\ \text{Discount to conversion}$$

전환사채가 **전환후가치에서 할인(discount to conversion)**된 가격에 판매되는 이유 중 한 가지는 만약 여러분이 전환사채를 매수하고 주식으로 전환하여 전환된 주식을 매각하려면 채권의 매수와 주식의 매도에 대한 수수료를 지불해야 하는 번거로움 때문이다. 따라서 전환사채의 실제 가치는 전환후가치보다 약간 낮다. 반면 전환사채가 전환후가치보다 높은 가격에 거래되는 이유는 여러 가지가 있다. 첫 번째 이유는 주식의 유동성과 관련이 있다. 여러분이 어떤 주식의 가격이 상승할 것을 예상하지만 하루에 거래되는 주식이 거의 없다고 가정해 보자(거래량이 적음). 만약 여러분이 그 주식을 대량으로 매수하려 한다면, 주식가격이 지불하려는 가격보다 훨씬 상승할 수 있다. 대안으로 주식 대신 전환사채의 매수를 선택할 수 있다. 하지만 다른 투자자들도 여러분과 똑같은 생각을 한다면, 여러분이 원하는 전환사채를 모두 매수하기 위해서는 **전환후가치에 전환프리미엄 (premium to conversion)을 더한 가격**으로 매수해야 할 것이다. 여러분은 이런 방법을 이용해서 여전히 좋은 가격에 주식을 매수할 수 있다.

전환사채가 전환후가치보다 높은 가격에 거래되는 두 번째 이유는 주식이 전환사채의 쿠폰보다 낮은 배당을 지급하거나 배당지급이 아예 없을 경우 전환사채의 쿠폰이 주식보다 훨씬 매력적이기 때문이다. 주가가 오르면 주식과 전환사채 중 어느 쪽이든 동일한 시세 차익을 얻을 수 있기 때문에 전환사채를 매수해서 수익률을 높이는 것이 더 나은 방법일지도 모른다. 게다가 여러분의 예측과는 반대로 주가가 하락한다고 가정해 보자. 주식 대신 전환사채를 매수함으로써 여러분은 주가의 급락에 대한 보호를 어느 정도 받게 된다.

전환사채가 전환후가치보다 높은 가격에 거래되는 세 번째 이유는 많은 채권뮤추얼펀드는 주식을 직접 매수할 수 없기 때문에 전환사채를 전환후가격보다 높은 가격에 매수하려 할 것이다. 왜냐하면 전환사채의 매수가 주가 상승의 혜택을 누릴 수 있는 유일한 방법이기 때문이다.

전환후가치의 전환프리미엄과 전환할인을 액면가프리미엄과 액면가할인과 혼동하지 말자. 예를 들어, 만약 BCD사의 전환사채가 927달러에 거래되고 주식이 45달러에 거래되고 있다면, BCD 전환사채의 전환후가치는 900달러(20주 × 주당 45달러 = 900달러)이다. BCD 전환사채의 가격이 현재 927달러라면 전환사채는 전환후가치 900달러에서 3%의 프리미엄이 더해진 가격, 그리고 액면가 1,000달러에서 7.3% 할인된 가격에 거래되는 것이다. 만약 전환사채가 990달러에 거래되고 있다면, 전환후가치에서 10%의 프리미엄이 더해진 가격, 액면가에서 1% 할인된 가격에 거래되는 것이다.

투자자들은 전환사채의 전환프리미엄을 전환사채에 대한 위험을 측정하는 기준으로 삼는다. 전환프리미엄이 클수록 하방위험 또한 커진다. 예를 들어 10%의 전환프리미엄에 거래되는 전환사채는 2%의 전환프리미엄에 거래되는 전환사채보다 리스크가 훨씬 높을 것이다. 반면, 전환후가치보다 할인된 가격에 거래되는 전환사채는 주식이 폭락하지 않는 이상 상대적으로 리스크가 낮다.

수의상환권과 감채기금 (CALL RIGHTS AND SINKING FUND)

전환사채에는 전환이 불가능한 일반 채권들과 마찬가지로 수의상환권이나 감채기금조항이 둘 다 존재할 수 있다. 만약 기업이 수의상환이나 감채기금조항에 따라 만기 전에 전환사채를 상환한다면, 채권보유자는 주식으로 언제든지 전환할 수 있는 기회를 먼저 갖게 된다. 회사는 전환사채의 콜옵션을 행사하고 전환사채가 액면가 이상으로 거래될 경우 주식으로 전환을 강제할 수 있다. 예를 들어 BCD의 채권이 주당 60달러의 주가가 반영되어 1,200달러에 팔리고 있고 채권의 수의상환기능은 올해 회사가 콜옵션을 행사할 경우 회사는 4%의 콜프리미엄(call premium)을 전환사채 보유자에게 지급해야 한다고 가정해 보자(10장의 콜프리미엄 참조). 만약 BCD가 전환사채를 보통주로 전환을 강제하기를 원한다면, BCD는 전환사채의 콜옵션을 행사할 것이고 전환사채 보유자는 1,040달러(액면가 + 콜프리미엄 4%)를 현금으로 지급받거나 전환사채를 주식으로 전환하여 1,200달러 상당의 주식을 받을 것인지 둘 중 하나를 선택해야 한다. 당연히 전환사채 보유자들은 후자를 택할 것이다. 이에 반해 만약 BCD의 주가가 낮고 전환사채가 1,040달러(액면가+ 콜프리미엄 4%)보다 낮은 가격에 거래된다면 전환사채 보유자들은 전환사채를 주식으로 전환하지 않을 것이다. 대신 전환사채 보유자들은 회사가 전환사채를 회수하고 1,040달러를 현금으로 상환받기를 원할 것이다.

때때로 전환사채의 수의상환기능은 주식이 전환가격보다 일정 가격(약 25~50%) 이상으로 상승하고 상승한 주가가 일정 기간(보통 20~30일) 동안 그대로 유지될 경우에만 전환사채의 수의상환을 허용한다. 이를 **조건부상환(provision call)** 또는 **소프트콜(soft call)**이라고 한다. **중도비상환(hard non-call)**이란 정해진 기간 내 그 어떠한 이유로도 채권이 조기 상환될 수 없는 것을 뜻한다.

전환사채가 주당이익에 미치는 영향
(EFFECT OF CONVERTIBLE BONDS ON EARNINGS PER SHARE)

우리는 4장에서 투자자가 지불하는 주식의 매수가격은 현재와 미래의 주당이익(EPS)과 밀접한 관련이 있다는 것을 배웠다. 회사의 이익을 예측하는 것은 힘든 일이며 전환사채는 이익의 예측을 훨씬 복잡하게 한다.

전환사채의 일부 또는 전부가 주식으로 전환되면 주당이익이 변하게 된다. 전환사채가 주식으로 전환되면 주당이익에 영향을 미치는 두 가지 일이 발생한다. 첫째, 유통주식수가 증가하기 때문에 주당이익이 감소할 것이다. 둘째, 채권(전환사채)이 주식으로 전환되면 채권은 더 이상 존재하지 않기 때문에 회사는 쿠폰을 더 이상 지급할 필요가 없다. 이에 따라 회사의 이자비용이 감소하면 이익이 증가할 것이다. 이 두 가지 변화를 모두 적용하여 EPS를 계산하면 전환사채가 전환되지 않았을 때보다 주당이익이 감소할 가능성이 높다. 이를 우리는 전환사채의 전환으로 인하여 주당이익이 **희석(diluted)**되었다고 말한다. 다시 말해서 전환사채는 **희석(dilutive)** 효과가 있다. 반면에 전환사채가 전환되었을 때가 전환이 일어나지 않았을 때보다 EPS가 훨씬 증가할 수 있는데 이러한 전환사채는 **반희석(anti-dilutive)** 효과가 있는 것이다.

전환사채의 전환으로 발생하는 EPS의 변화는 중요하다. 그 이유는 투자자들이 주식을 평가할 때 전환사채의 전환이 발생하지 않을 경우의 EPS를 기준으로 삼아야 할지 또는 전환사채의 전환이 발생한 후의 EPS(감소 예상)를 사용할지를 결정해야 하기 때문이다. 전환사채의 전환 전 EPS 수치와 전환 후의 EPS 수치는 모두 유용하다. 회사가 주당이익을 보고할 때 회계 규정[3]에 따라 **기본주당이익(Basic EPS)**과 **희석주당이익(Diluted EPS)**, 두 가지 유형의 EPS 수치를 모두 보고해야 한다. 기본주당이익은 회사의 전환사채가 전환되지 않는다는 것을 전제로 하는 반면 희석주당이익은 희석효과가 있는 전환사채들이 모두 전환된다는 것을 전제로 한다.

정의 (Definitions)

- **기본주당이익(Basic earnings per share)** – 기본주당이익은 전환사채의 전환 가능 주식수를 제외하고 특정 연도(또는 분기)의 실제 순이익을 해당 연도(또는 분기)의 유통주식수[4]로 나눈 값이다.

---

3 미국 재무회계표준위원회(The Financial Accounting Standards Board)는 회계사와 투자자들로 구성되며 상장한 회사가 반드시 지켜야 할 회계 규정을 만들 수 있는 권한을 미국 증권거래위원회(SEC)로부터 부여받은 조직이다.

4 보통 기본주당이익을 계산할 때 회계연도 말의 유통주식수가 아닌 전체 연도의 가중 평균 유통주식수가 사용된다. 가중 평균은 연중 유통주식수가 다른 기간 또한 계산에 포함되기 때문이다. 하지만 필자는 연말의 유통주식수를 사용하는 것을 선호하는데 그 이유는 연말의 유통주식수는 미래의 유통주식수에 가장 근접한 수치이며, 주가는 앞으로 일어날 일들에 항상 선행하기 때문이다.

- **희석주당이익(Diluted earnings per share)** - 희석주당이익은 희석효과가 있는 모든 전환사채가 주식으로 전환되는 것을 가정하고 계산한 주당이익이다. 반희석효과가 있는 전환사채는 희석주당이익 계산에 포함되지 않는다.

위에서 정의한 희석주당이익은 문맥상 그 뜻이 정확하지만 희석주당이익을 계산할 때 유통주식수를 증가시킬 수 있는 다른 요인들도 함께 고려되어야 한다. 여기에는 전환우선주(12장 참고), 워런트(Warrant), 인수권(Rights), 스톡옵션(stock options) 등이 포함된다.[5] 워런트와 인수권, 스톡옵션은 전환사채나 전환우선주에 비해 EPS에 미치는 영향이 미미하기 때문에 이에 대해서는 다루지 않을 것이다.[6] 이렇게 전환사채나 그 외 요인들로 인해 추가될 주식수가 상당한 경우, 일반 대중에 보고되는 희석주당이익 수치에 반드시 포함되어야 한다.

만약 회사의 기본주당이익과 희석주당이익이 크게 다른 경우 투자자는 어떤 수치를 사용하여 주식을 평가해야 할까?

BCD사의 기본주당이익은 4.00달러가 예상되고 희석주당이익은 2.80달러가 예상된다고 가정해 보자. 주식의 주가수익비율(P/E)이 10일 경우, 주식의 가치는 얼마일까?

---

5 역자의 해설: '워런트(Warrant)'는 정해진 날짜와 가격에 주식을 매수할 수 있는 권리를 말한다. 워런트의 행사 가격은 주식의 시장 가격보다 높고 워런트를 보통주로 전환할 수 있는 옵션 행사 기간이 인수권에 비해 길다. 반면 '인수권(Rights)'은 기존 주주들이 회사가 새로 발행한 주식을 추가로 매수할 수 있는 권리를 말하며 행사 가격이 주식의 시장 가격보다 낮고 인수권의 행사기간은 보통 발행일에서 30~60일로 기간이 워런트에 비해 짧다. 한국의 경우 워런트와 인수권 모두 '신주인수권'으로 지칭된다.

6 '스톡옵션(stock option)'이란 기업이 자사로부터 회사 주식을 매입하기 위해 직원들에게 주는 옵션을 말한다. 투자자들이 옵션 시장에서 브로커리지 회사를 통해 거래가 가능한 콜옵션이나 풋옵션과는 관계가 없다. 콜옵션과 풋옵션 거래는 회사의 이익에 영향을 미치지 않으며 이 책에서는 다루지 않는다. 신주인수권은 회사가 자금을 조달할 때 때때로 주주들에게 제공하는 옵션으로서, 주주들이 회사로부터 더 많은 주식(신주)을 매수할 수 있는 권리를 말한다. 옵션과 같이 워런트나 기타 신주 인수 권리가 행사될 경우, 추가되는 주식 수만큼 유통주식수가 증가한다.

주당이익 (EPS)		주가수익비율 (P/E)		주식가치 (stock value)
$4.00	x	10x	=	$40
		또는		
$2.80	x	10x	=	$28

실제로 채권이 전환되지 않았기 때문에 기본주당이익은 4달러이다. 하지만 채권보유자들이 채권을 전환함으로 인해 주당이익이 희석될 것을 예상한다면 여러분은 주당 40달러에 주식을 매수할 것인가? 아마 아닐 것이다.

대부분의 투자자는 낮은 희석주당이익 수치를 사용할 것이기 때문에 주당이익 2.80달러를 기준으로 주식의 가치를 평가하려 할 것이다. 만약 투자자들이 주식의 가치를 주당이익의 10배로 평가한다면, 주식에 대해 최대 28달러까지 지불할 의향이 있겠지만 그 이상은 아닐 것이다.

반면에, 만약 채권이 전환되지 않고 만기에 상환되면 어떻게 될까? 마찬가지로 주식의 가치가 10배의 주당이익으로 평가되면 최대 주당 40달러까지 투자 매력이 있다. 현재 주가가 30달러 정도라면 이는 매우 매력적인 가격일 것이다.

실제로 많은 전문투자자들은 회사가 발행한 전환사채가 만기 전에 전환될 가능성이 높은지에 대해서 판단하려고 노력한다. 투자자들이 전환사채의 상당 부분이나 전부가 주식으로 전환될 것을 예상한다면 희석주당이익을 사용하는 것이 좋다. 반대로 전환사채의 대부분 또는 전부가 전환되지 않을 거라 예상한다면 기본주당이익을 사용해야 할 것이다. 투자자들은 전환사채의 전환 여부를 확실히 알 순 없지만 경험에 근거한 추측을 해 볼 수 있다. 예를 들어, 어떤 회사의 주가가 현재 10달러이고 전환사채는 주당 40달러에 보통주로 전환이 가능하다고 가정해 보자. 만약 전환사채의 만기가 1년 내 도래할 경우 전환사채는 만기 전에 전환되지 않을 가능성이 높다. 반대로, 회사가 주당 30달러의 보통주로 전환이 가능한 전환사채를 발행하였고 보통주가 현재 30달러를 훨씬 넘는 가격에 거래되고 있다면 예상치 못한 악재로 인해 주가가 하락하지 않는 이상 전환사채는 주식으로 전환될 가능성이 높다.

기본주당이익과 희석주당이익의 차이가 5% 미만으로 근소한 회사의 경우, 기본주당이익이나 희석주당이익 중 어느 쪽을 사용하든 별 차이가 없을 것이다. BCD사와 같이 기본주당이익과 희석주당이익이 상당히 다른 회사의 경우, 전환사채가 전환되지 않을 것이라는 확신이 없는 이상 희석주당이익을 사용하는 것이 더욱 보수적이고 안전한 계산법이다.

전환사채의 전환 과정 (CONVERTING A CONVERTIBLE BOND)

대부분의 회사는 연차보고서에 기본이익(Basic earnings)과 희석이익(Diluted earnings) 수치를 모두 표시해야 하기 때문에 이 책을 읽는 독자들 중 다수는 채권이 전환되는 과정을 일일이 파악할 시간적 여유가 없을 것이고 따라서 이 부분을 생략할 수도 있다. 그러나 채권이 전환되는 과정에 대한 이해는 재무제표를 읽는 능력을 향상시킬 수 있기 때문에 독자들은 시간이 남을 때 이 부분을 읽어보길 추천한다. 전환사채가 어떻게 주식으로 전환되고 희석주당이익이 계산되는지 알아보기 위해서 EFG 회사를 살펴보자.

다음 페이지의 도표들은 2014년 12월 31일 기준 EFG의 2014년 손익계산서와 대차대조표 우측 하단의 총자본 부분이다. 손익계산서에는 기본주당이익 계산이 포함되었다. 대차대조표의 **총자본(Capitalization)**은 전환사채의 전환에 영향을 받는 대차대조표의 유일한 부분이기 때문에 이 부분만 따로 표시하였다.

EFG사의 기본주당이익 - 채권의 전환을 예상하기 전

2014년 손익계산서

매출 (Sales)		$100,000
비용 (Expenses)		
원가비용 (COGS Expense)	$60,000	
판관비용 (SG&A Expense)	$24,000	
이자비용 (Interest Expense)	$6,000	
	$90,000	
		$ 90,000
세전이익 (Profit before tax)		$ 10,000
소득세 50% 적용 (Income Tax @ 50%)		$ 5,000
순이익 (Net profit)		$ 5,000

$$\frac{\text{기본주당이익}}{\text{(Basic EPS)}} = \frac{\text{순이익 (Net Profits)}}{\text{유통주식수 (Shares Outstanding)}} = \frac{\$5,000}{1,250} = \text{주당 \$4}$$

12/31/14 기준 부분 대차대조표

총자본 (Capitalization)

장기부채 (Long-term debt)

4% 담보부채권 (4% Mortgage bonds)	$ 50,000
10% 전환사채 (10% Convertible bonds)	$ 25,000

자기자본 (Equity)

보통주 액면가$1 (Common at Par $1)	$ 1,250
유통주식 1,250주 (1,250 shares outstanding)	
추가납입자본 (Additional paid-in capital)	$ 40,000
유보이익 (Retained earnings)	$120,000

채권의 전환과 희석주당이익 계산에 필요한 정보
(Information to Be Used in Converting Bonds and Calculating Diluted EPS)

1. 발행된 전환사채는 총 25,000달러이다. 각 채권당 액면가가 1,000달러이기 때문에 발행된 전환사채의 수량은 총 25장이다. 대차대조표에 기재된 **장기부채(long-term debt)**는 항상 채권의 액면 금액이라는 사실을 명심하자. 대차대조표의 장기부채는 채권의 현재가를 반영하지 않는다.

2. 각 전환사채는 보통주 40주로 전환된다. 발행된 전환사채의 총수량이 25장이기 때문에 전환사채 25장은 주식 1,000주(채권 25장 × 채권당 보통주 40주)로 전환된다.

3. 전환사채의 연간 쿠폰은 채권의 액면금액(25,000달러)의 10%(쿠폰금리)이다. 따라서 전환사채의 총 연이자(연간 쿠폰)는 2,500달러이다.

4. 4% 담보부채권의 연이자(쿠폰)는 액면가 50,000달러의 4%로 2,000달러이다.

5. 손익계산서에 표시된 해당 연도(2014년)의 총이자비용은 6,000달러였다. 6,000달러는 전환사채 보유자들에게 지불한 쿠폰 2,500달러, 담보부채권 보유자들에게 지급한 쿠폰 2,000달러, 그 외 채권보유자들에게 지급한 1,500달러가 모두 포함된 비용이다. 1,500달러는 단기 부채에 대한 이자 또는 연초에 발행되었지만 연중 상환된 일부 채권의 쿠폰일 수 있으며 연말 대차대조표에 포함되지 않는다. 우리는 1,500달러가 어떻게 지급되었는지에 대해서 알 길이 없고 이는 그리 중요하지 않다.

전환 과정 (The Conversion Process)

채권이 전환된다고 가정하고 EPS를 계산할 때는 항상 연초에 채권이 전환되었다고 가정한다. 계산법은 다음과 같다.

1. 전환사채는 연초에 주식으로 전환된 것으로 가정하고, 전환이 발생하면 채권은 소멸하기 때문에 전환이 일어난 해에 채권의 이자(쿠폰)가 지급되지 않았을 것이다. 따라서 회사의 총이자비용 6,000달러에 포함되었던 전환사채의 연이자(또는 연간 쿠폰) 2,500달러는 차감되어야 하고 차감 후의 총이자비용은 3,500달러이다. 이자비용의 감소는 세전이익, 법인세 그리고 세후이익을 변화시킨다는 점을 명심하자.

2. 전환사채가 신주 1,000주로 전환되었기 때문에, 신주 1,000주는 기존 유통주식 1,250주에 추가되어 총유통주식수는 2,250주로 증가한다.

이러한 변화에 따라 조정된 손익계산서와 대차대조표는 다음과 같다. 전환의 결과로 변경된 수치는 기울임 꼴로 표시하였다.

EFG사의 희석주당이익 - 채권이 전환된다고 예상할 경우

2014년 손익계산서

매출 (Sales)		$100,000
비용 (Expenses)		
원가비용 (COGS Expense)	$60,000	
판관비용 (SG&A Expense)	$24,000	
이자비용 (Interest Expense)	*$3,500*	
	$87,500	*$87,500*
세전이익 (Profit before tax)		*$12,500*
소득세 50% 적용 (Income Tax @ 50%)		*$6,250*
순이익 (Net profit)		*$6,250*

$$\frac{\text{희석주당이익}}{\text{(Diluted EPS)}} = \frac{\text{순이익 (Net profit)}}{\text{유통주식수 (Shares Outstanding)}} = \frac{\$6,250}{2,250} = 주당\$2.78$$

12/31/14 기준 부분 대차대조표

총자본 (Capitalization)

장기부채 (Long-term debt)

    4% 담보부채권 (4% Mortgage bonds) .... $ 50,000

자기자본 (Equity)

    보통주 액면가$1 (Common at Par $1) .... *$ 2,250*
    유통주식 2,250주 (2,250 shares outstanding)
    추가납입자본 (Additional paid-in capital) .... *$ 64,000*
    유보이익 (Retained earnings) $120,000

위의 부분 대차대조표에서 10% 전환사채의 액면금액 25,000달러가 장기부채에서 제외되었고 자기자본 항목에 25,000달러가 추가된 것을 알 수 있다. 이는 채권이 주식으로 전환되었음을 나타낸다. 2장에서 설명한 규칙에 따라 25,000달러는 보통주 액면가(Common at par)와 추가납입자본(Additional paid-in capital)에 할당된다. 즉 1,000달러는 보통주 액면가에 추가되었고(보통주의 액면가는 1달러이며 신주는 1,000주이다) 나머지 24,000달러는 추가납입자본에 추가된 것이다. 전환사채의 전환은 유보이익에 아무런 영향을 미치지 않는다.

12장 우선주
PREFERRED STOCK

JMC는 2013년에 새로운 공장을 짓기 위해 채권을 발행(부채금융)하여 20,000 달러의 공장 건설 자금을 조달하였다. JMC는 지분금융인 보통주의 발행도 고려했지만 7장에서 다룬 것처럼 부채금융이 더 나은 선택이었다. 당시 JMC가 고려하지 않았던 또 다른 대안은 우선주를 발행하는 것이었다.

2014년 초인 지금, JMC는 추가 자금 조달이 필요하지만, 더 이상 주식(보통주)이나 채권을 발행하는 것은 어려운 일이다. JMC 주식은 작년 실적이 감소했기 때문에 낮은 P/E에 거래되고 있고, 투자자들은 JMC의 실적이 성장 추세를 재개할지 여부에 대해서 확신할 수 없다. JMC의 주식이 낮은 P/E에 거래되고 있기 때문에 공장의 업그레이드에 필요한 자금을 조달하고 기타 비용을 충당하기 위해서는 상당한 양의 신주(보통주) 발행이 필요하고, 이로 인해 이미 발행된 주식이 희석되고 가치가 훨씬 더 하락할 거란 사실을 존스는 알고 있다. 게다가 JMC는 이제 많은 부채가 있다. JMC의 부채대비총자본비율(debt-to-total capitalization ratio)은 50%가 넘었고 이자보상비율은 2배에 불과하다. 존스는 JMC가 부채를 새로 발행할 경우 이자비용의 급격한 증가로 인해 이자보상비율이 훨씬 낮아질 것이며, 사업 여건이 악화되면 이자를 더 이상 지급할 수 없게 될 위험에 처한다는 사실 또한 알고 있다. 존스는 회사에 새로 부채를 추가하는 위험을 감수하고 싶지 않았다. 보통주나 채권의 추가 발행이 매력적이지 않았기 때문에 존스는 우선주를 발행하여 자금을 조달할 수 있는지 알아보기로 결정했다. 존스는 JMC의 투자은행가인 게인즈에게 전화를 걸어 우선주에 대해서 설명해 달라고 방문을 요청했고 게인즈는 다음과 같은 내용을 발표했다.

우선주의 개요 (OVERVIEW OF PREFERRED STOCK)

언뜻 보기에 우선주는 보통주가 아닌 채권처럼 보이는데 그 이유는 우선주의 배당금이 채권의 쿠폰처럼 고정되어 있기 때문이다. 일부 우선주는 회사에 의해 다시 매입되어야 하며, 감채기금이 있거나 조기 상환이 가능하다. 다시 말해서 우선주는 보통주보다 채권의 전형적인 특성을 지닌다.

이렇게 채권과 비슷한 형태에도 불구하고 우선주는 부채가 아닌 주식으로 분류되며 회사의 대차대조표 자본(Equity) 항목 아래에 기재된다. 일반적인 우선주(전통적 우선주) 외에 **하이브리드우선주**(hybrid preferreds), **혼합형우선주**(synthetic preferreds) 또는 **신탁우선주**(trust preferreds) 같은 새로운 유형의 우선주들이 존재한다. 이러한 종류의 우선주들은 일반적인 우선주들과는 별도로 대차대조표에 기재된다. 이번 12장에서는 특별한 언급이 없는 이상 100년 이상 발행되어 온 일반적인 우선주(또는 '전통적' 우선주)에 대해서만 다룰 것이다.

일반적인 우선주와 새로운 유형의 우선주의 구별을 명확히 하기 위해 일반적인 우선주를 **우선주**(preferred stock)라고 부르고 새로운 유형의 우선주를 **신탁우선주**(trust preferreds) 또는 **하이브리드우선주**(hybrid preferreds)라고 부른다. **우선증권**(preferred securities)이라는 용어는 모든 종류의 우선주를 통칭하기 위해 오늘날 널리 사용된다. 일반적인 우선주의 기능들은 신탁우선주나 하이브리드우선주 같은 새로운 유형의 우선주의 그것과는 다르기 때문에 이러한 차이점들을 파악하는 것은 투자자들이 투자 결정을 내릴 때 중요한 일이다.

일부 우선주들은 채권과 같이 보통주로 전환이 가능하다. 보통주로 전환할 수 없는 우선주를 **비전환우선주**(straight preferreds)라고 한다. 본 장에서 다루는 우선주의 특성은 **전환우선주**(convertible preferreds)에도 해당된다. 전환우선주는 13장에서 다루고 있다.

우선주를 발행하는 회사들이 한 종류 이상의 우선주를 발행하는 것은 자주 있는 일이다. 이는 회사가 우선주를 발행할 때마다 현행금리와 시장 상황이 다르기 때문에 그에 맞게 배당수익률 그리고 그 외 조건을 제시하여 신규 투자자를 유치할 필요가 있기 때문이다. 기업이 발행할 수 있는 우선주의 수량에 제한이 없지만 우선주의 발행은 보통주 주주들의 승인을 반드시 거쳐야 한다. 한 회사가 두 종류 이상의 우선주를 발행할 경우, 각각의 우선주는 시리즈 A(Series A), 시리즈 B(Series B), 나머지도 알파벳 순으로 표시된다. 이러한 표시에 별다른 의미는 없다.

우선주배당 (THE PREFERRED DIVIDEND)

우선주와 보통주의 주된 차이점은 배당을 지급받을 수 있는 권리이다. 보통주 주주들에게 지급되는 배당(보통주배당)은 이사회의 결정에 따라 지급된다. 보통주배당은 회사의 실적에 따라 수시로 변동하거나 아예 지급되지 않을 수도 있는 반면 대부분의 우선주는 최초로 발행될 시점에 정해지는 고정배당이 지급된다. 본 장의 뒷부분에서 다루게 될 일부 우선주는 배당이 정해진 금액만큼 상승하거나 하락할 수 있으며, 이러한 우선주들은 배당 수준을 결정하는 공식이 존재한다. 일반적으로 회사의 정관(Articles of Incorporation)[1]에는 고정배당금의 지급 액수와 배당 공식이 표시된다. 대부분의 우선주는 분기별 배당을 규정으로 하지만 일부 우선주는 월별이나 반기별로 배당을 지급한다. 우선주의 배당금과 지급 빈도가 정해지더라도 우선주배당은 채권의 쿠폰과 같이 약정에 따라 회사가 반드시 지급을 이행해야 할 의무라고 볼 수 없다. 우선주도 보통주와 마찬가지로 배당 기일이 도래할 때마다 매번 이사회에서 배당을 의결해야 한다. 하지만 이사회는 현재 회사가 배당을 지급할 충분한 현금이 없거나 가까운 미래에 현금이 고갈

---

1 2장에서 JMC의 법인 설립에 대해서 설명한 것처럼 회사 주식에 대한 정보를 항상 포함하는 회사의 정관은 회사가 최초로 법인화될 때 주정부에 제출된다.

될 것이라 예상하는 경우를 제외하고 항상 우선주배당의 지급을 투표할 것이다. 따라서 우선주가 처음 발행될 때 이사회는 우선주가 유통주식으로 남아 있는 동안 발생할 회사의 이익과 현금이 우선주배당지급에 최우선으로 사용되어야 한다고 선언할 것이다.

우선주배당의 지급이 중요한 이유는 투자자들이 우선주가 보통주에 비해 정기적으로 배당이 지급될 확률이 훨씬 높다고 생각하고 우선주를 매수하기 때문이다. 만약 회사가 배당을 지급할 수 있음에도 불구하고 이사회에서 우선주배당지급을 투표하지 않는다면, 투자자들은 해당 회사의 우선주를 다시 매수하는 일은 없을 것이고, 나중에 회사가 돈이 필요할 때 우선주를 발행하여 자금을 조달하는 것 자체가 불가능할 수도 있다. 따라서 이사회는 회사가 배당지급이 어려운 상황에 처해 있더라도 항상 우선주배당을 지급한다는 평판을 쌓고자 한다.

보통주배당의 경우도 마찬가지다. 보통주배당은 우선주배당만큼 투자자들에게 중요하지 않지만 보통주를 매수할 때 여전히 중요한 고려사항이다. 회사의 상황이 좋고 나쁨에 관계없이 보통주배당을 계속 지급한다고 알려진 회사는 투자자들을 더욱 많이 유치할 수 있기 때문에 보통주배당을 주기적으로 삭감하거나 중단했을 때보다 훨씬 높은 주식가격을 유지할 수 있다. 보통주 배당의 삭감이나 취소는 시장에 부정적인 신호를 보내는데, 그 이유는 회사가 배당금을 유지하는 데 필요한 잉여현금흐름이 현재 발생하지 않거나 앞으로 발생하지 않을 것을 암시하기 때문이다. 그러므로 배당의 삭감이나 취소는 주가의 하락으로 이어질 가능성이 높다. 또한 일부 투자 펀드의 경우, 주식이 펀드에 편입될 자격을 갖추기 위해서는 주식을 발행한 회사가 배당을 지급할 것을 규정하고 있는데, 만약 회사가 배당을 취소한다면 잠재적인 투자자 기반이 감소할 것이다. 이사회는 이러한 사실을 알고 있기 때문에 꼭 필요한 경우를 제외하고 보통주배당금을 삭감하거나 취소하지 않고 그대로 유지하려 할 것이다.

누적적우선주와 비누적적우선주
(Cumulative and Noncumulative Preferred Stock)

우선주는 우선주배당이 지급되지 않을 경우 해당 분기에 보통주배당 역시 지급이 불가능한 점을 항상 명시하고 있다. 우리는 배당금의 미지급을 배당이 **누락(omitted)**되었다고 말하고, 배당금이 1분기 이상 누락되었다가 다시 지급되기 시작하면 배당이 **재개(resumed)**되었다고 말한다. **비누적적우선주(noncumulative preferred)**의 경우 우선주배당이 재개되면 회사는 다시 보통주배당을 원하는 대로 자유롭게 선언할 수 있다.

만약 회사가 1분기 이상 **누적적우선주(cumulative preferred)**의 배당을 누락한 경우 누락된 우선주의 배당을 모두 지급할 때까지 보통주배당을 지급할 수 없다. 우선주배당금이 1분기 이상 누락되었을 때, 우리는 우선주배당이 **연체 중(in arrears)**이라고 말한다. 연체된 배당이 모두 지급되면 회사는 다시 보통주배당을 원하는 대로 자유롭게 선언할 수 있다. 따라서 우선주가 '선호(preferred)'되는 첫 번째 이유는 우선주배당금이 보통주배당금보다 항상 우선되어 지급되기 때문이다.

고정배당이 있는 우선주 (Preferreds with Fixed Dividends)

고정배당이 있는 우선주는 다음과 같이 대차대조표에 표시될 수 있다. 각각의 경우 연간 고정배당금은 2달러이다.

8% Preferred Stock (Liquidating value $25)	8% 우선주 (청산가치 25달러)
8% Preferred Stock (Stated value $25)	8% 우선주 (공시가격 25달러)
8% Preferred Stock (Par value $25)	8% 우선주 (액면가 25달러)
8% Preferred Stock (Redemption value $25)	8% 우선주 (상환가격 25달러)
8% Preferred Stock	8% 우선주
$2.00 Preferred Stock	우선주 (연배당 2달러)

최근 발행된 우선주들 대부분은 배당금을 우선주 청산가치의 백분율로 표시한다(청산가치는 12장의 뒷부분에서 다루고 있다). 청산가치는 일반적으로 회사가 처음 우선주를 발행한 가격이기도 하다. 여기서 연배당은 25달러의 8%인 2달러이다. 만약 우선주배당이 분기별로 지급된다면, 분기별 배당금은 0.50달러가 된다. 다른 회사들은 우선주배당금을 액면가, 공시가격, 또는 상환가격의 백분율로 표시할 수 있고, 이러한 가격에 8%를 곱하여 연배당을 구할 수 있다. **238페이지의 하단에 나열된 우선주들의 명칭에서 8%는 우선주의 시장 가격(우선주가 시장에서 거래되는 가격)의 8%를 뜻하는 것이 아니라는 점을 유의하자.**

이 8% 우선주들 중 마지막에서 두 번째 줄의 우선주는 액면가, 공시가격 그 외 다른 가격이 별도로 표시되지 않았음을 알 수 있다. 따라서 배당금이 얼마인지 알기 위해서는 재무제표의 주석(foot notes)을 살펴볼 필요가 있다.

맨 마지막 줄의 우선주와 같이 옛날에 발행된 우선주는 배당금에 명칭이 표시되어 있다. 이 우선주는 주당 2.00달러의 연배당을 받을 권리가 있다. 우선주배당이 백분율이 아닌 달러로 모두 표시되는 게 간단할 것이며, 이러한 표기 방식이 다시 사용될지도 모른다.

변동배당이 있는 우선주: 변동배당우선주와 참가적우선주 (Preferreds with Variable Dividends: Adjustable Rate Preferreds and Participating Preferreds)

모든 우선주가 고정배당을 지급하는 것은 아니다. 배당이 변동하는 우선주는 다음과 같다.

1. **변동배당우선주(Adjustable Rate Preferreds 또는 Floating Rate Preferred, 줄여서 ARP 또는 FRP 라고 부름)** - 변동배당우선주는 10장에서 다룬 변동금리부 채권의 이자와 마찬가지로 금리에 따라 배당이 상향 또는 하향 조정되어 지급된다. 변동배당우선주는 대차대조표에 '변동배당우선주'라고 기재

된다. 변동배당우선주의 배당금은 항상 변하기 때문에 우선주의 명칭에 배당
금이 표시될 수 없으며, 특정 금리(LIBOR[2]나 미국 국채[3]) 수준에 따라 상향
또는 하향 조정된다.

2. **경매배당률우선주(Auction Rate Preferreds, Auction Preferreds, Auction
   Market Preferred Stock, 또는 Remarketed Preferreds라고 부름)** - 경매
   배당률우선주는 우선주 보유자가 더치옥션(Dutch Auction)에 정기적으로 참
   여해야 할 것을 요구하며 우선주의 배당률은 모든 우선주가 기존 보유자 또
   는 신규 매수자에게 매각될 수 있는 최저 배당률로 재설정된다. 경매배당률
   우선주는 주로 금융기관에서 판매되며 이 책에서 논외로 할 것이다. 여기서
   말하는 더치옥션은 우선주를 사려는 경매 참여자의 입찰이 있을 때까지 매
   각 대상 우선주의 배당률이 재조정되는 것을 말한다.

3. **참가적우선주(Participating Preferreds)** - 참가적우선주는 어떤 특정 상황에
   서 배당이 상승 또는 하락할 수 있다고 명시한다. 참가적우선주는 우선주가
   발행될 때 함께 설정되는 공식이 우선주의 약정서에 포함되며, 이 공식은 배
   당이 언제 얼마나 변경될지를 결정한다. 참가적우선주들 중 일부는 회사의
   이익이 일정 수준에 도달하게 되면 배당 또한 증가하게 된다. 또한 보통주의

---

2 리보금리(LIBOR)는 런던 은행 간 금리(London Interbank Offered Rate)를 말하며 은행 간 3
   개월이나 그 외 단기간 동안 자금을 조달할 때 사용되는 이자율이다. 런던 인터뱅크 마켓(London
   Interbank Market)은 매우 크고 활발한 시장이므로 리보금리는 투자자 사이에서 대표적인 현행금
   리(prevailing interest rate)로 통용되며 여러 종류의 금리들을 비교하기 위한 기준으로 사용된다.
3 예를 들어 변동배당우선주(ARP)는 최근 발행된 10년 만기 미국 국채의 수익률보다 2% 높은 연
   이율로 배당 지급을 규정할 수 있다. 따라서 최근 발행된 10년 만기 미국 국채의 수익률이 3.6%
   라면, 다음 분기의 배당금은 연 5.6%의 수익률로 배당이 지급된다. 배당금이 분기별로 지급되기
   때문에, 배당금은 5.6%의 4분의 1 또는 ARP 액면가의 1.4%가 된다. 따라서 ARP의 액면가
   100달러인 경우 배당은 1.40달러이다. 보통 ARP에는 '칼라(collars)'가 있는데 이는 금리 변동
   으로 인한 배당수익률의 상승이나 하락에 제한을 두는 것을 말한다. 일반적으로 칼라는 ARP의 초
   기 배당수익률이 미국 국채의 수익률보다 3% 이상 상승 또는 하락할 수 없다고 규정할 수 있다.
   이는 금리가 큰 폭으로 상승할 경우 회사가 과도한 배당금을 지급하는 것을 막을 뿐만 아니라 금
   리가 지나치게 하락할 경우 투자자가 매우 적은 배당을 받는 것을 방지할 수 있다.

배당이 일정 수준 이상으로 상승할 경우 우선주배당이 상승하는 참가적우선주도 존재한다. 이렇게 참가적우선주는 회사의 성공에 간접적으로 참여할 수 있는 기회를 제공한다. 참가적우선주의 주가는 회사가 잘될 경우 배당이 증가할 수 있기 때문에 보통주의 주가와 비슷하게 움직이는 모습을 보이지만, 참가적우선주의 배당은 보통주의 배당이 상승하는 것만큼 큰 폭으로 상승하진 않는다.

4. **기타(Others)** – 일부 우선주는 정해진 날짜 이후 또는 그 외 다른 조건들이 충족될 경우 배당이 자동으로 증가 또는 감소한다고 명시한다. 대부분의 우선주는 배당금의 변동이 사전에 정해지거나 공식에 따라 결정된다. 예를 들어 어떤 우선주는 유가가 정해진 가격 수준을 돌파할 경우 배당이 증가하도록 약정할 수 있다. 이처럼 회사들과 창의적인 투자은행가들이 제안하는 다양한 우선주 기능에는 제한이 없다.

채권이자와 우선주배당의 차이
(THE DIFFERENCE BETWEEN DEBT INTEREST AND PREFERRED DIVIDENDS)

채권의 쿠폰과 우선주 배당은 비슷해 보일 수 있지만 회사의 관점과 투자자의 관점에서 볼 때 몇 가지 중요한 차이점들이 있다.

이자와 배당의 첫 번째 차이점은 회사의 손익계산서상에서 처리되는 방식이다. 세전이익을 계산할 때 이자는 기타 비용과 함께 매출에서 차감되는 비용이다. 회사는 이러한 공제를 통해 세금을 절감할 수 있다. 우선주배당이나 보통주배당은 비용이 아니라 회사의 세후이익에서 지급되는 금액이다. 따라서 회사가 우선주의 배당을 통해서 절감할 수 있는 세금은 없다. 하지만 **주당이익(EPS)을 계산할 때 우선주배당은 세후이익에서 차감된다**는 점을 유념해야 할 것이다.

두 번째로 채권의 쿠폰(이자)은 채권을 발행한 회사의 채권 계약상의 의무, 즉 회사의 채무임을 잊지 말자. 만약 이자가 제때 지급되지 않을 경우, 채권보유자들은 회사가 채무불이행(default) 상태라고 선언할 수 있고, 채권의 원금 전액과 이자를 즉시 상환할 것을 요구할 권리가 있다. 만약 원금과 이자가 상환되지 않는다면, 채권보유자들은 법원에 가서 회사가 파산 선고를 하도록 할 수 있다.

우선주의 경우 배당지급은 계약상 의무가 아니며, 회사가 우선주배당을 지급하지 않을 경우 우선주 주주들은 배당금 지급을 강제할 방법이 없다. 일정 기간(통상적으로 4분기에서 6분기 기간) 동안 우선주배당이 지급되지 않은 경우, 우선주 주주들은 두 명을 임의로 선택하여 회사 이사회에 이사로 선출할 권리를 가질 것이라고 규정한다. 우선주 주주들이 이사회에 자신들의 대표를 두는 것은 도움이 되지만 우선주의 상환을 요구하거나 회사를 파산하도록 강제할 수 있는 권리가 없는 것이 우선주를 부채가 아닌 자본으로 구별하는 주요 특징이다.

배당을 수령하는 투자자의 관점에서 볼 때, 채권의 쿠폰과 우선주배당의 차이점은 세금을 부과하는 방법이다. 개인의 경우 이자 소득과 배당 소득은 과세 방식에 별 차이가 없지만 기업의 경우 큰 차이가 있다. 기업은 이자 소득에 대해 세금을 내더라도 배당 소득의 70%를 과세대상에서 제외시킬 수 있다. 이것을 **수취배당소득공제(Dividend Received Deduction, 줄여서 DRD)**[4]라고 부르고 배당 소득의 70%가 공제되는 우선주를 **'DRD 우선주(DRD Preferreds)'**라고 부른다. 이렇게 우선주배당이 제공하는 세금 감면 혜택 때문에 개인이나 기업은 IRA와 같은 비과세 계좌를 통해 일반적인 우선주를 매수한다. 기업의 세금 감면이 신탁 우선주에는 적용되지 않는다. 신탁우선주는 주로 개인투자자들에게만 발행된다.

---

4 DRD가 제공하는 세제 혜택의 이해를 위해 타 회사의 채권과 우선주를 모두 보유한 ABC사의 예시를 살펴보자. ABC는 채권의 이자수익 100달러, 우선주의 배당수익을 100달러를 각각 지급받는다. ABC의 세율은 40%이다. 이자수익 100달러에 40%의 세율이 적용되므로 ABC는 이자수익에 40달러의 세금을 낼 것이다. 우선주의 배당수익 100달러의 경우 우선주의 배당수익의 70%인 70달러가 과세대상에서 제외된다. 따라서 배당수익 100달러 중 30달러만이 과세대상이며 30달러에 40%의 세율로 세금이 부과된다. 결국 ABC는 채권의 이자수익에 대한 세금보다 훨씬 적은 수준인 12달러만 세금으로 납부하면 되는 것이다.

우선주의 발행 (ISSUING PREFERRED STOCK)

우선주 발행은 보통주 발행과 동일하며 먼저 보통주 주주들로부터 승인을 받아야 한다. 회사의 정관(Articles of Incorporation)에 우선주 발행의 승인이 기록되면 이사회는 우선주의 배당금, 상환일(회사가 조기 상환을 원할 경우)과 같은 최종 조건들을 정할 수 있다. 만약 회사가 우선주를 일반 대중에게 매각하려면 SEC(미 증권 거래 위원회)[5]에 등록 절차를 거쳐야 한다. 보통주나 채권과 마찬가지로 우선주의 공모는 투자은행을 통해서 매각된다.

우선주의 초기 발행가격(회사가 처음으로 우선주를 매각하는 가격)은 보통주의 가격과 관련이 없다. 4장에서 우리는 보통주의 주가는 회사의 현재 실적과 미래 실적 전망과 관련이 있다고 말했다. 회사의 실적 전망이 밝을수록(그리고 배당 가능성이 높을수록) 투자자들은 높은 P/E(주가수익비율)에 주식을 매수하려 할 것이다. 우선주의 경우는 그렇지 않다. 대부분의 우선주는 배당금이 고정되어 있기 때문에, 투자자들이 지불하려는 우선주의 매수 가격은 수익률(yield)에 따라 결정된다.

만약 JMC가 우선주를 새로 발행하려면 JMC와 비슷한 기업의 우선주 수익률과 일치하는 수익률로 우선주를 발행해야 할 것이다. JMC와 비슷한 회사의 우선주가 약 5.9%의 수익률로 거래되고 있다고 가정해 보자. 아마도 JMC는 투자자들에게 상대적으로 덜 친숙한 JMC의 우선주의 매수를 유도하기 위해 조금 더 높은 수익률을 제공해야 할 것이다. JMC의 투자은행가들이 신규로 발행된 모든 우선주의 신속한 매각을 위해 JMC에게 6%의 수익률로 우선주를 발행할 것을 제안했다고 가정해 보자. 그렇다면 JMC가 배당금 6달러, 1주당 100달러에 우선주를 발행할 것인지 아니면 배당금 3달러, 1주당 50달러에 우선주를 발행할 것인지 또

---

5 회사는 5장에서 언급한 144A 규정(Rule 144A) 또는 S 조항(Regulation S)에 따라 주식을 매각함으로써 등록 절차를 피할 수 있음을 기억하자.

는 배당금 1.50달러, 1주당 25달러에 우선주를 발행할지에 대한 여부는 중요하지 않을 것이다. JMC가 발행한 우선주에 1,000달러를 투자할 의향이 있는 투자자는 그가 10주를 100달러에 사야 하는지, 20주를 50달러에 사야 하는지, 또는 40주를 25달러에 사야 하는지에 대해서 무관심할 것이다. 어쨌든 이 투자자는 연배당금 60달러를 지급받게 되므로 초기 투자금인 1,000달러를 기준으로 6%의 수익을 얻게 된다. 예전에는 우선주가 주당 100달러에 발행되는 것이 일반적이었지만 오늘날 발행되는 대부분의 우선주는 주당 25달러나 50달러에 발행된다.

우선주의 수명 (LIFE OF A PREFERRED STOCK)

영구우선주와 상환우선주 (Perpetual and Redeemable Preferreds)

일부 우선주는 보통주와 같이 회사가 2차시장에서 다시 매입해서 소각하지 않는 한 영원히 발행 상태로 남을 수 있다. 이를 **영구우선주**(perpetual preferreds)라고 한다. 어떤 우선주는 고정 수명이 있다는 점에서 채권과 비슷하다. 이러한 우선주는 채권의 최종만기일과 같이 **필수 또는 확정상환일**(Mandatory or guaranteed redemption date)[6]을 갖는다. 상환우선주들 중 일부는 **리타이어펀드**(Retirement Fund)라는 감채기금이 있다.

일부 우선주들은 확정상환일이 있는지 여부에 관계없이 **매입소각기능**(optional redemption feature)을 가진다. 매입소각기능은 채권의 **수의상환기능**(call feature)과 유사하며, 회사가 정한 조기상환일에 우선주 주주로부터 직접 우선주를 다시 매입할 수 있는 권리가 있다고 명시한다. 우선주의 매입소각기능 조항들은 회사가 언제 매입소각의 권리를 갖게 되는지(보통 우선주 발행일로부터 5년 후 시작), 회사가 우선주 주주들로부터 매입하려는 자사의 우선주에 대해 얼마의 상환가격(redemption price)을 지급해야 하는지 등이 명시된다. 우선주에 임의 또는 필수적인 상환 기능이 있다면, 회사는 우선주의 상환일 이후부터 상환된 우선

---

6 확정상환일은 시장에 유통되는 모든 주식이 상환되어야 하는 날짜를 말한다.

주에 대해 더 이상 배당을 지급하지 않는다고 항상 명시하고 있다. 따라서 우선주 주주들은 정해진 상환 날짜에 보유한 우선주를 상환받지 않을 이유가 없다. 회사의 입장에서 볼 때, 오픈 마켓에서 우선주를 다시 사들이는 것보다 매입 소각 권리가 선호되는데 그 이유는 주주들이 보유한 우선주의 매각을 원치 않을 수 있기 때문이다.

만약 우선주에 확정상환일(guaranteed redemption date)이 있다면 해당 우선주를 주식보다는 장기부채로 간주하는 것이 적절하다. 우선주가 주식으로 간주되는 이유는 회사가 정해진 상환일에 우선주를 상환하지 못할 경우 우선주 주주들은 회사의 파산을 강제할 수 없지만, 채권보유자들은 회사가 만기에 채권을 상환하지 못할 경우 회사의 파산을 강제할 수 있는 권리를 갖기 때문이다.

우선주의 차환 (Refunding a Preferred)

우선주를 발행하는 회사는 여러 가지 이유로 원하는 기간에 언제든지 우선주를 상환할 수 있는 옵션을 갖기를 원한다. 첫 번째 이유는 금리가 하락하면 회사는 낮은 배당으로 우선주를 새로 발행하고 그 돈으로 높은 배당을 지급하는 우선주를 상환하여 이득을 볼 수 있다. 이 과정을 **차환(refunding)**이라고 한다. 차환은 회사가 자사의 우선주를 매입하여 소각하는 과정인 **상환(redemption)**과는 다르다. 두 번째 이유는 만약 회사에 여유 자금이 있는 경우 회사는 우선주를 조기 상환함으로써 우선주배당을 더 이상 지급할 필요가 없을 것이다.

우선주 차환의 이점을 이해하기 위해서 다음 예를 살펴보자. 어떤 회사가 1주당 연배당 8달러를 지급하는 액면가 100달러의 Series A 우선주 1,000,000주를 발행하였고 이 회사는 Series A 우선주를 주당 100달러로 언제든지 상환할 수 있는 권리가 있다. 이제 금리가 하락하고 유사 우선주가 7%의 수익률로 발행될 수 있다고 가정해 보자. 회사는 8% Series A 우선주를 조기 상환할 권리가 있기 때문에 7% Series B 우선주 1,000,000주를 주당 100달러에 발행하고, 그 돈으로

8% Series A 우선주를 상환할 수 있다. Series B 우선주의 배당금이 7달러(발행가 100달러의 7%)에 불과하기 때문에, 우선주의 연배당금은 8,000,000달러에서 7,000,000달러로 감소하고 회사는 연간 1,000,000달러를 절감할 수 있게 된다.

회사는 우선주를 상환하고 차환할 수 있는 유연성을 분명히 원하지만, 연배당 8달러의 우선주를 보유한 주주들은 연배당 7달러의 신규 우선주로 대체될 수 있는 상황에서 연배당 8달러의 우선주가 상환되는 것을 원하지 않을 것이다. 이러한 이유 때문에 회사가 우선주를 처음 발행할 때, 우선주 약정이 매입 소각의 이점을 이용한 주식의 '차환'을 허용한다면, 아마도 회사는 조기 상환 기능이 없는 우선주보다 좀 더 높은 배당금으로 우선주를 발행해야 할 것이다.

우선주 등급 (PREFERRED STOCK RATINGS)

채권의 이자지급과 원금상환의 안전성을 평가하는 신용평가사는 우선주배당과 상환(상환 규정이 있는 경우)의 안전성도 평가한다. 무디스의 투자자 서비스(Moody's Investor Services)와 스탠다드앤푸어스(Standard & Poor's)의 우선주 등급은 다음과 같다.

스탠다드앤드푸어스(S&P)는 우선주에 채권등급과 같은 등급 명칭을 사용하지만, 투자자들은 우선주가 채권(사채 포함)보다 안전하지 않다는 것을 알고 있다. 이는 우선순위가 가장 낮은 회사채라도 회사가 발행한 모든 우선주들보다는 순위가 높기 때문이다. 회사가 채권보유자들에게 지급해야 할 모든 금액이 지급되지 않는 이상 우선주배당을 지급하거나 상환할 수 없다.

무디스는 우선주에 알파벳 소문자를 사용하여 우선주 등급을 채권등급과 구별한다(8장 참조).

Moody's (무디스)	S&P (스탠다드앤푸어스)	
aaa	AAA	safest (가장안전)
aa	AA	
a	A	
baa	BBB	
ba	BB	
b	B	risky (위험)
caa	CCC	
ca	CC	
c	C	

caa 또는 CCC 등급 이하의 우선주들은 우선주배당지급을 중단했거나 향후 지급을 중단할 가능성이 높은 것으로 간주된다.

우선주가 발행된 경우 주당이익 계산법
(CALCULATING EARNINGS PER SHARE WHEN THERE IS A PREFERRED STOCK OUTSTANDING)

주당이익(EPS)이란 용어는 **보통주 1주당 이익**을 뜻한다. **주당이익을 계산할 때 우선주 주식수는 보통주 주식수에 포함되지 않는다.** 주당이익 수치는 보통주 주주들이 회사의 실적에서 얼마나 이익을 얻는지 측정하는 데에만 사용되기 때문이다.

우선주 주주들은 보통주 주주들이 배당금을 받기 전에 배당을 지급받기 때문에 우선주배당금을 세후순이익에서 차감하고 남은 이익을 **보통주 순이익(profit available for common shareholders)**이라고 한다. **보통주 순이익**은 보통주 1주당 이익을 계산하기 위해서 보통주 유통주식수로 나눈 값이다.

'주당이익(earnings per share)'은 항상 '보통주 주당이익(earnings per common share)'을 뜻하기 때문에 대부분의 투자자들은 '보통(common)'이라는 단어를 생략하고 그냥 '주당이익'이라고 말한다. 다시 말하지만 보통주 주당이익의 올바른 계산법은 순이익에서 모든 우선주배당금을 차감하여 계산한다.

마찬가지로 주당이익의 정확한 계산법은 보통주의 유통주식수만을 사용하고 우선주를 포함시키지 않는다. 이는 우선주 주주가 고정배당금을 지급받은 후에는 회사 이익의 증가에 따라 상승하는 보통주배당의 이점을 누릴 수 없기 때문이다(앞서 논의한 참가적우선주는 회사의 이익 증가로부터 어느 정도 혜택을 누릴 수 있다). 우선주와 보통주를 모두 발행한 회사의 주당이익 계산법을 이해하기 위해서 다음 두 종류의 주식을 발행한 ABC 회사를 살펴보자.

발행주식 (Issue)	유통주식수 (shares outstanding)	주당배당금 (Dividend per share)	총배당금 (Total dividend)
우선주 (Preferred stock)	40	$2	$80
보통주 (Common stock)	100		

다음 페이지의 손익계산서 참조

ABC 회사의 손익계산서는 (A) 열에, 주당이익 계산은 (B) 열에 다음과 같이 표시된다.

	손익 계산서 (A)	EPS 계산 (B)
매출 (Sales)	$ 1,000	$ 1,000
원가비용 (COGS Expense)	− $ 400	$ 400
판관비용 (SG&A Expense)	− $ 150	$ 150
이자비용 (Interest Expense)	− $ 50	$ 50
세전이익 (Pretax Profit)	$ 400	$ 400
법인세 50% 가정 (Income tax, assuming 50% rate)	− $ 200	$ 200
순이익 (Net Profit)	$ 200	$ 200
차감: 우선주배당 (Less: Preferred dividend)		$ 80
동일: 보통주 순이익 .... (Equals: Profit available for common)	⟶	$ 120

$$\frac{\text{보통주 순이익 (Profit available for common)}}{\text{보통주 유통주식수 (Common shares outstanding)}} = \frac{\$120}{100} = \text{주당 } \$1.20$$

또 다른 예로 다음과 같이 주식을 발행한 XYZ 회사를 살펴보자.

발행주식 (Issue)	유통주식수 (shares outstanding)	주당배당금 (Dividend per share)	총배당금 (Total dividend)
시리즈 A 우선주 (Series A preferred)	200	$5	$ 1,000
시리즈 B 우선주 (Series B preferred)	100	$6	$ 600
보통주 (Common stock)	1,000		

손익계산서와 주당이익 계산
(Income Statement and Calculation of Earnings per Share)

매출 (Sales)	$100,000
차감: 원가비용 (COGS Expense)	$ 60,000
판관비용 (SG&A Expense)	$ 18,000
이자비용 (Interest Expense)	$ 2,000
세전이익 (Earnings before income tax)	$ 20,000
소득세 (Income tax)	– $ 10,000
순이익 (Net earnings)	= $ 10,000
차감: 총우선주배당 (Less: Total preferred dividend)	$ 1,600
동일: 보통주 순이익 (Equals: Earnings available for common)	$ 8,400

$$\frac{\text{보통주 순이익 (Earnings for common)}}{\text{보통주 유통주식수 (Common shares outstanding)}} = \frac{\$8,400}{1,000} = \text{주당 } \$8.40$$

위의 계산에서 **보통주 순이익(earnings available for common)**을 계산할 때 Series A 우선주배당금과 Series B 우선주배당금을 합한 전체 우선주배당금을 먼저 차감해야 한다. 그다음 보통주 이익을 보통주의 유통주식수로 나눈다. 만약 순이익 10,000달러를 보통주의 유통주식수와 우선주의 유통주식수를 모두 합하여 계산했다면 EPS는 주당 7.69달러(순이익 10,000달러/1,300주)가 될 것이다. 이는 잘못된 계산법이다.

질문: XYZ사의 순이익(net earnings)은 얼마인가?   **답변: 10,000달러**

회사의 순이익과 보통주 순이익을 혼동하지 말자. 그 차이는 우선주배당이며, 이는 이사회에서 회사의 이익에 대해서 결정할 수 있는 것들 중 하나이다. XYZ사의 경우 XYZ사의 이사회가 Series A 우선주와 Series B 우선주를 발행할 때

회사에서 발생할 이익의 일부를 우선주배당으로 지급하기로 이미 오래전에 결정
했다.

청산우선권 (LIQUIDATING PREFERENCE)

우리는 우선주가 보통주보다 우선하는 권리가 우선주가 보통주보다 먼저 배당
을 지급받을 수 있는 권리라는 것을 앞에서 살펴보았다. 우선주가 보통주보다 우
선하는 두 번째 권리는 회사가 청산될 때 돈을 받을 수 있는 권리이다. 회사가
자발적으로 청산하거나 파산이 일어난 경우, 먼저 회사는 모든 자산을 매각한 다
음 부채를 상환한다는 점을 기억하자. 만약 모든 부채의 상환 후 남은 돈이 있다
면 주주들에게 돌아간다. 하지만 회사가 우선주를 발행한 경우, 우선주 주주들은
보통주 주주들보다 먼저 일정 금액을 지급받게 된다. 각각의 우선주가 지급받게
될 금액을 **청산우선권**(liquidating preference) 또는 **청산가치**(liquidating value)
라고 한다. 각각의 발행된 우선주는 동일한 청산우선권을 갖는다(즉 청산 시 우
선주 주주에게 동일한 금액을 지급받을 권리를 부여함). 그러나 우선주마다 청산
우선권이 다를 수 있다. 청산우선권은 우선주가 처음 발행될 때 설정되며 우선주
배당과 마찬가지로 일부 특이한 우선주의 경우를 제외하고는 거의 변경되지 않는
다.

우선주의 청산우선권은 우선주의 초기 발행가격과 금액이 동일하거나 다를 수
있다. 둘 이상의 우선주를 발행한 회사의 대차대조표는 다음과 같다.

자기자본 (Equity)

$3.75 시리즈 C 비누적적우선주 ($3.75 Noncumulative preferred Series C)

    승인 60,000주 (Authorized 60,000 shares)

    유통 10,000주 (Outstanding 10,000 shares)

    주당 청산가치 $50 (Liquidating value $50 per share)

7.2% 시리즈 B 누적적우선주 (7.2% Cumulative preferred Series B)

    승인 10,000주 (Authorized 10,000 shares)

    유통 8,000주 (Outstanding 8,000 shares)

    주당 청산가치 $25 (Liquidating value $25 per share)

5% 시리즈 E 누적적전환우선주 (5% Cumulative convertible preferred Series E)

    승인 40,000주 (Authorized 40,000 shares)

    발행 및 유통 1,500주 (Issued and Outstanding 1,500 shares)

    주당 청산가치 $10 (Liquidating value $10 per share)

만약 이 회사가 청산될 경우 아래 표는 회사의 모든 부채들이 상환되고 남은 돈이 있다고 가정할 때 우선주 주주들에게 지급될 금액을 보여 준다.

	유통주식수 (Shares outstanding)		청산우선권 (Liquidating preference)		총액 (Total)
Series C 우선주	10,000	x	$50	=	$500,000
Series D 우선주	8,000	x	$25	=	$200,000
Series E 우선주	1,500	x	$10	=	$ 15,000
총청산가치 (Total liquidating value)				=	$715,000

우선주 주주들에게 715,000달러가 지급되고 남은 돈은 보통주 주주들에게 배분될 것이다. 우선주 주주가 지급받을 수 있는 금액이 715,000달러보다 적은 경우 지급 순서에 대해서 우선순위가 미리 정해져 있거나 위의 우선주 모두 동등한

우선순위를 가질 수 있다. 우선주 순위가 동등한 경우, 각 우선주는 청산가치에서 동등한 비율의 금액을 지급받게 된다.

이 회사에는 Series A 우선주나 Series B 우선주가 없는 것을 알 수 있다. 과거에 Series A 우선주와 Series B 우선주가 발행되었지만 둘 다 이미 상환되었거나 (회사에 의해 매입 및 소각됨), 전환우선주였다가 보통주로 전환되었을 가능성이 높다.

보통주당 장부가치 (BOOK VALUE PER COMMON SHARE)

4장에서 보통주당 장부가치(book value per common share)는 총자산에서 총부채를 뺀 값을 보통주 유통주식수(number of common shares outstanding)로 나눈 값으로 정의하였다. 이 정의는 이제 우선주의 청산가치를 고려하도록 수정되어야 한다. 수정된 **보통주당 장부가치(book value per common share)**는 총자산에서 총부채와 우선주 청산가치(우선주가 존재하는 경우)를 모두 뺀 값을 보통주 유통주식수로 나누어 계산한 값이다.

정의 (Definitions)

- **보통주당 장부가치(Book value per common share)** - 총자산에서, 총부채, 우선주 청산가치(우선주가 존재하는 경우)를 차감한 다음 보통주 유통주식수로 나눈 값.

보통주당 장부가치를 계산하려면 먼저 장부가치를 계산한 다음(1단계), 장부가치를 발행된 보통주 유통주식수로 나눈다(2단계). **우선주 주식수를 보통주 주식수에 추가하지 말자.**

예: 다음 MNO사의 대차대조표를 보고, MNO사의 보통주당 장부가치를 계산해 보자.

MNO사 대차대조표 (Company MNO Balance Sheet)

자산 (Assets)		부채 (Liabilities)	
유동자산 (Current assets):		**유동부채 (Current liabilities):**	
현금 (cash)	$ 100	은행차입금 (bank debt payable)	$ 150
매출채권 (Account receivable)	$ 300	미지급세금 (Tax payable)	$ 50
재고 (Inventory):	$ 200	기타부채 (Other liabilities)	$ 100
총유동자산 (Total curent assets)	$ 600	총유동부채 (Total current liabilities)	$ 300
고정자산 (Fixed assets):		**장기부채 (Long-term debt):**	
부동산 (Property)	$ 100	4% 담보부채권 (4% Mortgage bonds)	$ 200
건물 (Buildings)	$ 250	7% 사채 (7% Debentures)	$ 140
장비 (Equipment)	$ 850	8% 후순위사채	
	$1,200	(8% Subordinated Debenture)	$ 60
		총장기부채 (Total Long-term debt)	$ 400
총자산 (Total Assets)	$1,800	**소유권지분 (Ownership Equity):**	
		$2.50 배당 우선주, 유통주식 50주, 청산가치 주당 $5 ($2.50 Preferred, Outstanding 50 shares Liquidating value $5/ share)	$ 100
		액면가 $.50 보통주, 유통주식 200주 (Common at par $.50 Outstanding 200 shares)	$ 100
		추가납입자본 (Additional paid-in capital)	$ 250
		유보이익 (Retained earnings)	$ 650
		총자기자본 (Total equity)	$1,100
총부채 및 소유권지분 (Total Liab. and Ownership Equity)			$1,800

MNO사의 보통주당 장부가치는 다음과 같이 계산된다.

1단계 총자산 (Total Assets) $1,800
차감: 총부채 (Less: total liabilities) .... $ 700
차감: 우선주 청산가치
(Less: liquidating value of preferred) ... $ 250 ◀ (우선주 50주 x
청산가치 주당 $5 = $250)

동일: 장부가치 (Equals: book value) .... $ 850

2단계 $$\frac{\text{장부가치 (Book Value)}}{\text{보통주 유통주식수 (Common shares outstanding)}} = \frac{\$850}{200} = \text{주당 } \$4.25$$

따라서, MNO사가 청산되고 모든 자산이 장부가치와 동일한 금액으로 매각된다고 가정한다면 **모든 부채가 청산되고 우선주 주주들이 청산가치를 지급받고 난 후** 보통주 주주들은 주당 4.25달러를 지급받게 될 것이다.

보통주당 장부가치는 금융 서비스나 회사의 연차보고서를 통해 제공될 수 있지만 때때로 이러한 수치들이 우선주의 청산가치를 정확히 반영하지 않기 때문에 독자들은 우선주의 청산가치를 직접 계산해 보기를 권한다.

대차대조표의 우선주 (PREFERRED STOCK ON THE BALANCE SHEET)

회사가 신규 우선주를 매각할 때(신주발행) 대차대조표 왼쪽의 **현금(cash)** 항목과 대차대조표 오른쪽의 **자본(Equity)** 항목에 매각 대금이 추가된다. 다만 회사는 액면가 또는 공시가격, 청산가치 또는 상환가치 등 다양한 방식으로 대차대조표 자본 부분에 우선주를 기재할 수 있다.

액면가 또는 공시가격 (Par or Stated Value)

우선주의 초기 발행가격은 **액면가(par value)** 또는 **공시가격(stated value)**으로 신고되고 대차대조표 자본 부분의 우선주 항목 오른쪽에 금액이 표시된다. 일부 회사들은 우선주를 보통주와 같이 취급하며 소액의 액면가 금액을 신고하고 나머지 우선주의 매각 대금을 추가납입자본(Additional Paid in Capital) 항목에 포함시킨다. 보통주와 마찬가지로 우선주의 액면가 또는 공시가격은 투자를 하는 데 있어서 중요하지 않은 수치이다. 하지만 일부 주에서 회사는 주식의 액면가를 기준으로 세금을 납부한다. 일부 회사들이 주식을 발행할 때 매우 낮은 액면가를 신고하는 것도 이런 이유 때문이다.

청산가치와 상환가치 (Liquidating Value and Redemption Value)

일부 우선주는 액면가나 공시가격이 없으며, 청산가치(liquidating value)나 상환가치(redemption value)로 대차대조표에 표시된다. 여기서 청산가치 또는 상환가치는 우선주의 초기 매각 대금이다.

우선주의 청산가치, 상환가치, 액면가 또는 공시가격은 금액이 모두 동일하거나 다를 수 있지만 이는 그리 중요하지 않다.

우선주가 많은 자본 (A Capitalization with Many Preferred Stocks)

다수의 우선주를 발행한 회사의 대차대조표 자본 부분은 다음과 같다. 다음 페이지의 부분 대차대조표는 독자들이 쉽게 이해할 수 있도록 각각의 우선주가 다양한 방식으로 대차대조표에 포함되는 것을 보여 준다. 오래된 우선주와 신규로 발행된 우선주들이 모두 있는 일부 회사들의 경우를 제외하고 대부분의 회사는 한 가지 방식을 고수할 가능성이 높다.

표 12.1 총자본 (Capitalization)

장기부채 *(Long-term debt)*

4% 담보부채권 (4% Mortgage Bonds)	$ 16,000,000
6% 감채기금사채 (Sinking Fund Debentures)	$ 25,000,000

자기자본 *(Equity)*

$2.40 비누적적우선주 ($2.40 Noncumulative preferred) .... $ 55,200 ?
    승인 60,000주 (Authorized 60,000 shares)
    발행 및 유통 55,200주 (Issued and Outstanding 55,200 shares)

$3.20 Series A 누적적우선주 ($3.20 Cumulative preferred Series A)....... $ 640,800 ?
    액면가 $1 (Par Value $1)
    승인 400,000주 (Authorized 400,000 shares)
    발행 22,000주 (Issued 22,000 shares)
    유통 16,020주 (Outstanding 16,020 shares)

7.85% Series B 누적적우선주 (7.85% Cumulative preferred Series B) ...... $ 2,500,000
    액면가 $25 (Par Value $25)
    승인 100,000주 (Authorized 100,000 shares)
    발행 및 유통 100,000주 (Issued and Outstanding 100,000 shares)

8.2% Series C 우선주 (8.2% Series C preferred) .... $ -
    승인 100,000주, 발행주 없음 (Authorized 100,000 shares, non issued)

Series D 변동배당우선주 (Series D Adjustable Rate Preferred) .... $ 4,000,000
    주당 청산가치 $50 (Liquidation Value $50 per share)
    승인 120,000주 (Authorized 120,000 shares)
    유통 80,000주 (Outstanding 80,000 shares)

4.4% 누적적전환우선주 (4.4% Cumulative convertible preferred) .... $ 631,200 ?
    주당 청산가치 $40 (Liquidation Value $40 per share)
    승인 50,000주 (Authorized 50,000 shares)
    유통 6,312주 (Outstanding 6,312 shares)

액면가$2 보통주 (Common at Par $2) .... $ 2,000,000
    승인 2,000,000주 (Authorized 2,000,000 shares)
    발행 및 유통 100,000주 (Issued and Outstanding 100,000 shares)

추가납입자본 (Additional Paid in Capital) .... $ 17,650,000

유보이익 (Retained Earnings) .... $ 33,473,000

총자기자본 (Total Stockholders Equity) .... $ 60,950,200

2.40달러 비누적적우선주와 3.20달러 Series A 누적적우선주는 배당금이 백분율이 아닌 금액(달러)으로 표시되기 때문에 이 회사가 발행한 우선주들 중 가장 오래된 우선주들로 보인다. 2.40달러 비누적적우선주가 Series로 시작하는 명칭이 없기 때문에 가장 오래되었을 가능성이 높다. 2.40달러 비누적적우선주는 액면가나 공시가격 또는 청산가치를 표시하지 않고 있다. 이 정보를 얻으려면 재무제표의 주석(financial statement footnotes)이나 회사의 정관(Articles of Incorporation)을 참고해야 한다.

3.20달러 Series A 누적적우선주는 유통주식수가 발행주식수보다 약간 적은 것을 알 수 있다. 이 회사는 발행한 우선주 일부를 매입했을 가능성이 높다.

대차대조표에 기재된 Series B 우선주 금액(액면가 25달러 × 유통주식수 100,000주 = 2,500,000달러)은 액면가이고 Series D 우선주 금액은 청산가치(청산가치 50달러 × 80,000주 = 4,000,000달러)로 장부에 기재되었다. 출처를 확인할 수 없는 다른 우선주 금액들은 물음표로 표시되었다. 이러한 수치들은 액면가, 공시가격, 상환가격 또는 청산가치가 될 수 있지만, Series A 우선주 640,800달러는 액면가가 아닌 것으로 보이고, 전환우선주 631,200달러는 청산가치가 아닌 것으로 보인다. 마찬가지로 회사의 정관이나 다른 소스를 참고할 필요가 있다.

Series D 변동배당우선주는 발행주식수를 표시하지 않고 있지만 유통주식수가 승인주식수보다 적다는 것을 알 수 있다. Series D 우선주가 추가로 발행되었다가 회사가 다시 매입 소각(상환)했는지에 대해서는 위에 제공된 정보로는 알 수 없다.

전환우선주 또한 유통주식수가 승인주식수보다 적으며, 유통주식수 6,312주가 초기 발행주식수였는지 또는 초기 발행된 전환우선주가 6,312주보다 많았지만 보통주로 일부가 전환되었거나 회사에 의해 상환되었는지 위의 정보로는 알 수가 없다.

Series C 우선주는 승인되었지만 아직 발행된 적이 없다. 회사가 Series C 우선주를 발행하지 않기로 결정한 이유가 금리가 회사가 지불하고자 하는 것보다 상승하였거나 신용평가사들이 회사의 예상보다 우선주의 등급을 낮게 평가하여 회사가 지급하려던 배당보다 높은 배당을 지급해야 했기 때문일 가능성이 있다. 또다른 이유는 특별한 목적 때문에, 예를 들어 다른 회사의 인수를 위해서 Series C 우선주가 승인되었지만 인수 계약이 무산되었음을 추측해 볼 수 있다.

우선주의 수익률 (PREFERRED STOCK YIELD)

우선주의 수익률을 논할 때 우선주의 액면가를 기준으로 한 수익률을 이야기하는 것인지 아니면 시장 가격을 기준으로 한 수익률인지 밝히는 것이 중요하다. 액면가가 25달러인 8% 우선주를 살펴보자. 현재 시장에서 거래되는 우선주의 가격은 26.50달러이다.

우선주 명칭의 8%는 미화로 환산한 연배당금이 액면가 25달러의 8%, 즉 주당 2달러임을 의미한다. 이 8% 수치를 때때로 **증권금리(security rate)**라고 부르지만 일반적으로 수익률(yield)을 의미하는 것은 아니다. 일반적으로 고정금리 우선주의 수익률은 연배당금을 우선주의 현재 시장가격으로 나눈 값을 말한다.

$$\frac{\text{연배당 (Annual dividend)}}{\text{시장가격 (Price on market)}} = \frac{\$\,2.00}{\$26.50} = 7.57\%\ \text{수익률 (yield)}$$

위의 수익률을 우선주의 **현재수익률(current yield)**이라고도 부를 수 있으며, 채권의 경우 연배당금 대신 연이자(쿠폰)를 사용한다는 점을 제외하고 채권의 현재수익률을 계산하는 방법과 동일하다. 만약 우선주에 확정상환일이 있다면, 우리는 채권의 만기수익률과 같은 상환수익률(yield to redemption)을 계산할 수 있다. 영구우선주(상환일이 없는 우선주)의 경우 상환수익률을 계산할 수 없기 때문에 현재수익률이 적절한 수익률로 사용된다.

자기자본이익률 (RETURN ON EQUITY RATIO)

우리는 4장에서 보통주 주주의 자기자본이익률은 세후순이익(net profit after tax)에서 자기자본(Stockholders' equity)으로 나눈 값으로 정의하였다. JMC의 대차대조표에 발행된 우선주가 없었기 때문에 자기자본이익률의 기준은 보통주 자본이었다. 만약 회사가 우선주를 발행했다면 자기자본이익률을 구할 때 우선주를 반드시 고려해야 한다.

일부 애널리스트들은 아래와 같이 분모에 보통주자본금과 우선주자본금을 모두 포함시켜 자기자본이익률을 계산하는 것을 선호하는데 우선주배당 차감전 순이익(Net Income before the preferred dividend)을 분자값으로 사용하는 것이 가장 적절한 계산법이다. 이렇게 우리는 회사의 **총자기자본(total equity)** 기반과 비교해서 회사의 **총수익(total return)**이 얼마인지를 알 수 있다.

$$\text{총자기자본이익률 (Return on total equity)} = \frac{\text{우선주배당차감전순이익 (Net income before Preferred Dividend)}}{\text{보통주 + 우선주자본 (Common + Preferred Shareholer equity)}}$$

회사의 총우선주자본(total preferred equity)은 표 12.1과 같이 대차대조표의 우선주 항목 오른쪽에 기재된 금액의 합계가 될 것이다. 위의 우선주자본의 계산 방식에서 발생할 수 있는 문제는 대차대조표 기재된 우선주의 장부가액 중 하나 이상의 우선주가 회사가 우선주 발행을 통해 받은 매각 대금과 동일하지 않을 수 있다는 것이다. 이 경우 '누락된' 우선주 자본의 일부 또는 전부는 추가납입자본(Additional Paid in Capital)에 포함되며 자기자본 수치(우선주자본 제외)는 여전히 주식발행에서 유입된 모든 현금을 나타낸다.

만약 애널리스트가 보통주의 수익률만 계산하고자 한다면 분모에서 우선주를 제외시키고 분자에서 순이익에서 우선주배당을 차감한 값을 사용해야 한다.

$$\text{보통주자본수익률} = \frac{\text{우선주배당차감전순이익 (Net income before Preferred Dividend)}}{\text{보통주 액면가 + 추가납입자본 + 유보이익}}$$

보통주자본수익률
(Return on Common
Shareholders Equity)

(Common Stock at Par + Additional Paid in Capital + Retained Earning)

이전 페이지에서 이미 언급했지만 우선주 장부가액 중 일부가 추가납입자본 항목에 포함된다면 두 번째 공식의 분모가 왜곡될 수 있다.

13장 전환우선주

CONVERTIBLE PREFERRED STOCK

전환우선주 (CONVERTIBLE PREFERRED)

일부 우선주들은 전환사채와 마찬가지로 보통주로 전환이 가능하다. 전환우선주(convertible preferreds)는 비전환우선주(straight preferreds)의 모든 특성들을 가지고 있지만, 보통주로 전환할 수 있는 추가 기능을 가진다. 전환우선주는 우선주 주주에 의해 언제든지 전환 가능하지만 지정된 날짜 이전이나 이후에만 전환이 가능한 경우도 있다. 대부분의 전환우선주들은 일정 수량의 보통주로 전환된다. 하지만 일부 전환우선주들은 전환사채와 마찬가지로 시간의 흐름에 따라 전환비율(conversion ratio)이 변경되거나 회사의 수익성이나 그 외 요인들에 따라 전환비율이 바뀔 수 있음을 명시한다. 예를 들어 일부 특정 전환우선주는 다음과 같은 사항을 명시할 수 있다.

> "이 전환우선주는 2020년 1월 1일 이전에는 전환될 수 없다. 2020년 1월 1일 이후, 전환우선주 보유자는 2022년 12월 31일까지 전환우선주 1주당 보통주 2주의 비율로 전환우선주를 보통주로 전환할 수 있다. 2023년 1월 1일 이후, 이 전환우선주는 전환우선주 1주당 보통주 2.4주의 비율로 보통주로 전환이 가능하다."

회사가 전환우선주를 발행한 경우 회사는 전환사채를 발행한 경우와 같이 **기본주당이익(Basic Earnings Per Share)**과 **희석주당이익(Diluted Earnings Per**

Share)을 모두 보고해야 한다(11장 참조). 기본주당이익 계산을 할 때 **전환우선주가 아직 전환되지 않았다고 가정**하는 반면, 희석주당이익 수치는 **전환우선주가 보통주로 이미 전환되었음을 가정**한다. 전환사채와 전환우선주를 모두 발행한 회사의 경우, 희석주당이익(diluted EPS) 수치는 전환사채와 전환우선주 모두가 보통주로 전환됨을 반영해야 할 것이다.[1]

대부분의 투자자들은 주가수익비율(P/E)을 계산할 때 희석주당이익을 사용하는데 이는 좀 더 보수적인 접근 방식이기 때문이다. 하지만, 만약 회사가 발행한 전환 가능 증권들이 보통주로 전환될 가능성이 극히 낮은 경우 기본주당이익을 사용하는 게 바람직할 것이다.

전환우선주의 전환 (CONVERTING A CONVERTIBLE PREFERRED)

전환우선주의 전환 과정이 어떻게 되는지 관심이 없는 독자들은 이 장의 나머지 부분을 건너뛰어도 내용 연결에 아무런 문제가 없다. 그러나 독자들은 전환 과정을 통해서 전환우선주의 개념들에 좀 더 익숙해질 것이므로 전환 과정을 이해하고자 하는 독자들을 위해 다음 예시들을 포함시켰다.

우리는 PQR사의 기본주당이익과 희석주당이익을 다음과 같이 계산할 것이다. Series A 우선주는 전환이 불가능하며 Series B 우선주의 전환비율은 전환우선주 1주당 보통주 2주의 비율로 고정되어 있다.

---

1 11장에서 언급한 것처럼 반희석(anti-dilutive) 증권들은 보통주로 전환될 경우 주당이익이 증가할 수 있는 전환사채나 전환우선주를 말한다. 대부분의 전환 증권들은 희석이 발생하고 전환 과정의 결과로 EPS가 감소한다. 우리는 희석주당이익을 계산할 때 희석효과가 있는 전환 증권들만 전환하기 때문에 주당이익은 감소하게 되는 것이다.

PQR사 손익계산서 **(Company PQR Income Statement)**	
매출 (Sales)	$ 10,000
매출원가 (COGS)	$ 5,000
판관비 (SGA)	$ 2,000
이자비용 (Interest Expense)	$ 1,000
세전이익 (Pretax profit)	$ 2,000
소득세 (Income Tax)	$ 1,000
순이익 (Net Profit)	$ 1,000

PQR사
유통주식 (Stock Outstanding)

$4 Series A 우선주
($4 Series A Preferred)
　유통주식 (Outstanding): 50주

$1 Series B 전환우선주
($1 Series B Convertible Preferred)
　유통주식 (Outstanding): 100주
　전환비율 (Conversion ratio):
　주당 보통주 2주로 전환됨

보통주 (Common Stock)
승인 (Authorized)	800주
유통 (Outstanding)	500주

다음 두 페이지의 이익 계산 참조

예시 1: 기본주당이익 계산(Calculate Basic Earnings Per Share)

1단계. 보통주 이익 계산

순이익 (Net profit) $1,000
   차감: Series A 우선주 배당
   (Less: Preferred Dividend on Series A) .... $ 200
   차감: Series B 우선주 배당
   (Less: Preferred Dividend on Series B) .... $ 100
동일: 보통주 순이익
(Equals: Profit available for common) .... $ 700

참고 사항: 위의 예시에서 Series B 우선주는 전환된 것으로 가정하지 않는다. Series B 우선주는 이미 발행되어 시장에 유통되고 있는 주식이기 때문에 보통주배당지급 전에 우선주배당이 먼저 지급되어야 한다.

2단계. 보통주 주식수 계산

보통주 주식수: 시장에 유통 중인 주식수는 500주이며 아무것도 변경된 것이 없다. 우리는 기본주당이익을 계산하고 있기 때문에 Series B 우선주의 전환은 반영되지 않는다.

3단계. 기본주당이익(EPS) 계산

$$\frac{\text{보통주 이익 (Profit for common)}}{\text{보통주 주식수 (Common Shares)}} = \frac{\$700}{500} = \text{보통주 주당이익 } \$1.40$$

예시 2: 희석주당이익 계산(Calculate Diluted Earnings Per Share)

1단계. 보통주 이익 계산

순이익 (Net profit) $1,000
차감: Series A 우선주 배당
(Less: Preferred Dividend on Series A) .... $ 200

동일: 보통주 순이익
(Equals: Profit available for common) .... $ 800

참고 사항: Series B 우선주가 전환된 것으로 가정하기 때문에 Series
B 우선주배당은 존재하지 않는다.

2단계. 희석된 보통주 주식수 계산

보통주 주식수: 500주(기존 유통주식수)

　　　　　+ 200주(Series B 우선주의 전환으로 발생한 보통주)

　　　　　　　(Series B 우선주100주 × 우선주 1주당 보통주 2주)

　　　　　= 희석된 보통주 총 700주

3단계. 희석주당이익(EPS) 계산

$$\frac{\text{보통주 이익 (Profit for common)}}{\text{희석주식수 (Diluted Shares)}} = \frac{\$800}{700} = \text{보통주 주당이익 } \$1.14$$

PART 3

회사의 자산과 현금흐름

COMPANY ASSETS AND CASH FLOW

주식이
오르고
내리는
이유

"Cash flow is different from earnings. Here we will find out what that means, and why it matters to investors."

"현금흐름과 이익은 다르다. 우리는 이것이 무엇을 의미하는지 그리고 왜 투자자들에게 중요한지 알게 될 것이다."

14장 고정자산, 감가상각과 현금흐름
FIXED ASSETS, DEPRECIATION, AND CASH FLOW

이번 14장에서 다루는 주제들은 칵테일 파티(cocktail party)[1]에서 흔히 들을 수 있는 투자 이야기가 아니다. 실제로 이러한 주제들은 투자와 관련된 주제가 아니라 회계 문제들처럼 보일 수 있다. 하지만 우리는 회계사가 재무제표와 연차보고서의 주석에 이러한 항목들을 어떻게 표시하는지를 이해하고 해석하는 법을 배울 필요가 있다. 올바른 투자자라면 주석에 포함된 정보가 특별한 의미가 없는 회계 항목인지 또는 회사 이익에 영향을 미칠 수 있고 결과적으로 투자 수익에 영향을 미칠 수 있는 내용인지를 파악할 수 있어야 한다. 14장에서는 회사의 공장이나 장비의 마모, 매각 및 폐기를 회계 처리하는 방법과 이것이 회사의 이익, 더 나아가 주가에 어떠한 영향을 미치는지 살펴볼 것이다. 우리가 명심해야 할 것은 **현금흐름(cash flow)**과 **이익(earnings)**은 동일하지 않다는 것이다.

감가상각 (DEPRECIATION)

3장에서 JMC의 대차대조표를 보면 고정자산(Fixed assets)은 다음과 같이 나타났다.

---

1 역자의 해설: 시장 예측에 대해서 피터 린치가 이야기한 '칵테일 파티 이론'은 펀드매니저인 자신이 칵테일 파티에 참석했을 때 사람들의 주된 대화 내용이 주식이라면 그것은 곧 주식시장이 과열되었다는 신호로 해석할 수 있다는 것이다.

고정자산 (Fixed assets):		
부동산 (Property)	$	3,000
공장 (Plant)	$	13,000
장비 (Equipment)	$	44,000
총고정자산 (Fixed assets)	$	60,000

위의 도표의 고정자산 수치는 각 항목별 자산에 대한 JMC의 최초 원가를 반영한다.[2] 하지만 이러한 자산들은 시간이 갈수록 회사가 지불한 최초 원가에서 자산 가치가 변하게 된다. 예를 들어, 공작기계는 시간이 지남에 따라 마모되거나 더 나은 신형 공작기계가 개발되어 오래된 공작기계가 쓸모없게 된다.

건물이나 장비가 마모되어 최초 원가보다 가치가 하락하면 회사는 분명 무언가 가치를 잃은 것이다. 따라서 이러한 손실은 회사의 재무제표에 반영되어야 한다. 예를 들어, ABC사가 공작기계를 10,000달러에 취득했다고 가정해 보자. 공작기계의 취득이 발생했을 때 장비 계정(Equipment account)에 10,000달러가 추가된다. 회사는 과거 경험에 비추어 볼 때 공작기계가 완전히 마모되어 쓸모없을 때까지의 수명을 약 10년으로 예상하고 있다. 회사는 공작기계의 원가 10,000달러를 10년 동안 장부(장비 계정)에 기재하고 공작기계가 완전히 마모되어 더 이상 쓸모없게 되었을 때, 손익계산서에 10,000달러를 비용으로 처리하여 손실을 반영할 수 있다. 하지만 실제로 공작기계가 10년 동안 점차 마모되기 때문에 공작기계의 가치의 손실 또한 10년에 걸쳐 점차적으로 반영해야 할 것이다. 만약 공작기계가 10년 동안 매년 균등하게 마모된다고 가정해 보자. 10,000달러의 원가와 10년의 수명이 예상되기 때문에 우리는 공작기계가 매년 1,000달러씩 본래의 가치를 상실한다고 말하거나 월 스트리트에서 널리 쓰는 표현으로 "it is depreciating by $1,000 a year(매년 1,000달러씩 가치가 감가상각 된다)"라고 말

---

2 고정자산의 초기 비용은 취득원가와 취득한 자산의 사용에 필요한 기타 모든 지출을 포함한다.

할 수 있다. 재무제표에 감가상각을 어떻게 표시할 수 있을까?

단순히 공작기계가 ABC사의 유일한 자산이며 2013년 1월 1일에 취득되었다고 가정해 보자. ABC사가 공작기계를 취득할 당시의 고정자산 계정은 다음과 같다.

ABC 사
2013년 1월 1일 기준 부분 대차대조표

고정자산 (Fixed assets):

　유형자산 (Plant and equipment) $10,000

1년 동안 기계는 1,000달러의 가치가 하락했기 때문에 연말의 고정자산 계정은 다음과 같다.

ABC 사
2013년 12월 31일 기준 부분 대차대조표

고정자산 (Fixed assets):
　총유형자산 (Gross plant and equipment) $10,000
　차감: 감가상각누계액 (Accumulated depreciation) .　$1,000
순유형자산 (Net plant and equipment) $9,000

정의 (Definitions)

- **총유형자산(Gross plant and equipment)** – 총(Gross)이란 단어는 최초 원가를 뜻한다. 회사가 자산을 보유하는 이상, 자산의 최초 취득원가는 감가상각과 관계없이 총유형자산(Gross plant and equipment) 항목으로 기록된다.

- **감가상각누계액(Accumulated depreciation)** – 감가상각누계액은 총고정자산 계정의 모든 자산들의 연간 감가상각비용을 누계한 총액이다. **단일 장비의 감가상각누계액은 해당 자산의 수년 동안의 감가상각비용을 모두 합한 금액이다.**

ABC의 부분 대차대조표에 따르면 ABC사가 보유한 자산은 공작기계밖에 없기 때문에 공작기계에 대한 감가상각누계액(1,000달러)은 결국 모든 자산들의 감가상각누계액과 동일하다.

- **순유형자산(Net plant and equipment) - 순(Net)**이란 말은 단순히 총유형자산에서 감가상각누계액을 뺀 금액을 뜻한다. 회사의 장부가치를 계산할 때, 총유형자산이 아니라 순유형자산을 사용한다는 사실을 명심해야 할 것이다. **단일 장비의 장부가치는 장비의 최초 원가에서 장비의 감가상각누계액을 뺀 값이다.** 2013년 12월 31일 기준 ABC사 공작기계의 장부가는 9,000달러였다.

공작기계의 원가에서 차감된 감가상각액 1,000달러는 2013년 손익계산서에 비용으로 표시된다.

ABC 사 손익계산서
2013년 1월 1일 ~ 12월 31일 기준

매출 (Sales)		$10,000
비용 (Expenses):		
매출원가 (Cost of goods sold)	$4,000	
판관비 (SG&A)	$1,500	
이자비용 (Interest expense)	$ 500	
감가상각비용 (Depreciation expense)	$1,000	
총비용 (Total expenses)	$7,000	$ 7,000
세전이익 (Profit before tax)		$ 3,000
법인세 (Tax expense)		$ 1,500
세후이익 (Profit after taxes)		$ 1,500

감가상각은 위의 손익계산서 예시와 같이 별도의 비용 항목으로 나열되는 것이 일반적이다. 일부 회사들의 경우 다음 손익계산서와 같이 매출원가(COGS)나 판

관비용(SG&A) 또는 두 항목들 모두에 감가상각비용이 포함된다.

ABC 사 손익계산서
2013년 1월 1일 ~ 12월 31일 기준

매출 (Sales)		$10,000
비용 (Expenses):		
매출원가 (Cost of goods sold)	$4,600	
판관비 (SG&A)	$1,900	
이자비용 (Interest expense)	$ 500	
총비용 (Total expenses)	$7,000	$ 7,000
세전이익 (Profit before tax)		$ 3,000
법인세 (Tax expense)		$ 1,500
세후이익 (Profit after taxes)		$ 1,500

위의 손익계산서에서 1,000달러의 감가상각비용 중 600달러는 매출원가에, 나머지 400달러는 판관비에 포함되었다. 실제로 회사 재무제표의 주석에 따로 표시가 없는 이상, 각 항목별 감가상각비용이 얼마인지 알 수 있는 방법이 없다.

두 번째 연도인 2014년에는 기계에 1,000달러의 감가상각비용이 추가로 발생하였다. 만약 회사가 여전히 기계만 자산으로 보유하고 있다고 가정한다면, 두 번째 연도 말 대차대조표의 고정자산 부분은 다음과 같다.

ABC 사 부분 대차대조표
2014년 12월 31일 기준

고정자산 (Fixed assets):	
총유형자산 (Gross plant and equipment)	$10,000
차감: 감가상각누계액 (Accumulated depreciation) .	$2,000
순유형자산 (Net plant and equipment)	$8,000

대차대조표의 감가상각누계액은 과거 모든 연도와 현재 연도의 감가상각비용을 합산한 금액이다. 반면 2014년 **손익계산서의 감가상각비용**은 여전히 1,000달러에 불과하다. 어느 특정 연도의 손익계산서의 감가상각비용은 **그해에 발생한 감가상각**에만 해당된다.

중간에 다른 자산을 취득하지 않았다고 가정할 경우, 10년 차 말의 고정자산은 다음과 같이 표시된다.

ABC 사 부분 대차대조표
2022년 1월 1일 기준

고정자산 (Fixed assets):

   총유형자산 (Gross plant and equipment) $10,000

   차감:감가상각누계액 (Accumulated depreciation) .. $10,000

순유형자산 (Net plant and equipment) $0

만약 공작기계가 계속 작동한다면 어떻게 될까? 이 질문에 대한 답변은 아무것도 바뀌는 것이 없다는 것이다. 공작기계가 0달러로 감가상각 되었기 때문에 더 이상 하락할 가치가 없다. 따라서 기계가 매각되거나 폐기되기 전까지 매년 대차대조표의 고정자산은 2022년 12월 31일 대차대조표의 고정자산과 동일하게 유지된다. 그리고 총유형자산, 감가상각누계액과 순유형자산(0달러) 등 공작기계와 관련된 모든 항목들이 대차대조표에서 제외된다.

일부 회사들의 경우 보유한 자산들이 **유형자산(Property, plant and equipment, 줄여서 PPE)**이라는 하나의 카테고리에 모두 편입된다. 일부 회사들의 경우 재무제표는 유형자산 항목들이 별개의 항목들로 기재된다. 또한 회사가 보유한 자산의 특성에 따라 다른 자산 카테고리가 대차대조표에 나타날 수 있다. 일반적인 대차대조표의 고정자산 부분은 다음과 같다.

XYZ 사 부분 대차대조표		
2014년 12월 31일 기준		
고정자산 (Fixed assets):		
총부동산 (Gross property)		$ 5,000
총유형자산 (Gross plant and equipment)		
공장 (Plant)	$ 50,000	
장비 (Equipment)	$ 100,000	
	$ 150,000	
차감: 감가상각누계액	$ 60,000	
(Accumulated depreciation)		
순유형자산_{부동산제외} (Net plant and equipment)	$ 90,000	$90,000
순유형자산_{부동산포함} (Net property, plant and equipment)		$95,000

위의 대차대조표의 감가상각누계액 60,000달러 중 공장과 장비의 감가상각이 각각 얼마나 반영되었는지 알 수 있는 방법이 없다. 또한 60,000달러에 몇 년 동안의 감가상각이 반영되었는지 알 길이 없다. 우리가 확실히 알고 있는 것은 회사가 아직 보유하고 있는 모든 자산의 감가상각 총액이 60,000달러라는 것이다.

부동산(토지)은 별도로 기록되고 감가상각 되지 않는다는 점을 주목해야 할 것이다. 그 이유는 부동산은 마모되지 않기 때문이다. 실제로 부동산 가치는 시간이 지남에 따라 상승하지만, 예상 증액분이 대차대조표에 반영되지 않는다. 일반적으로 토지는 매각될 때까지 최초 원가로 장부에 기재된다.

감가상각이 회사 이익에 미치는 영향
(DEPRECIATION'S IMPACT ON COMPANY EARNINGS)

감가상각을 이해하고 회사의 감가상각비의 연도별 변화를 관찰하는 것은 투자자들에게 중요한 일이다. 그 이유는 감가상각의 변화가 향후 회사 이익의 변화에 대한 단서를 제공할 수 있고 결과적으로 회사 주가에 직접적인 영향을 미칠 수 있기 때문이다. High Flying Airlines Corporation(HFA)를 예시로 살펴보자. 현재 HFA사 보통주 유통주식수는 100주이며, 과거 4년 동안 회사의 손익계산서는 다음과 같다.

2010 ~ 2013년 HFA 사 손익계산서				
	2010	**2011**	**2012**	**2013**
매출 (Sales)	$10,000	$11,000	$12,000	$10,000
매출원가 (Cost of goods sold)	$ 5,000	$ 5,500	$ 6,000	$ 5,000
판관비 (SG&A)	$ 1,000	$ 1,100	$ 1,200	$ 1,000
감가상각비 (Depreciation)	$ 3,000	$ 3,000	$ 2,800	$ 2,400
총비용 (Total expenses)	$ 9,000	$ 9,600	$10,000	$ 8,400
세전이익 (Profit before tax)	$ 1,000	$ 1,400	$ 2,000	$ 1,600
법인세 (50% 적용)	$ 500	$ 700	$ 1,000	$ 800
순이익 (Net income)	$ 500	$ 700	$ 1,000	$ 800
주당이익 (EPS)	$ 5	$ 7	$ 10	$ 8

HFA사의 매출과 이익은 2010년부터 2012년까지 증가하다가 2013년에 다른 항공사에게 사업을 빼앗기면서(시장 점유율 상실) 매출과 이익이 감소했다. 하지만 개별적인 비용 수치들을 살펴보면 투자자들이 미래를 예측하는 데 도움이 될 만한 흥미로운 점들 몇 가지를 발견할 수 있다.

먼저 매년 매출과 매출원가가 같은 비율로 증가했다는 점을 주목할 필요가 있다. 매출원가는 매출의 50%로 일정하게 유지되었다. 마찬가지로 판관비도 매년 매출액과 동일한 비율로 증가하여 매년 매출액의 10%를 유지하였으나, 2010년부터 2011년까지 감가상각비용이 더 이상 증가하지 않았다. 그리고 2012년과 2013년에 감가상각비용이 감소하기 시작했다. 감가상각비용의 감소는 완전히 감가상각(fully depreciated) 된 항공기 수가 계속 증가하면서 재무제표에 더 이상 감가상각이 반영되지 않음을 나타내는 것이 분명하다. 만약 투자자로서 우리가 연차 보고서와 다른 회사들의 보도 자료들을 꼼꼼히 읽고, HFA가 현재 신규 항공기의 대량 구매를 계획하고 있지 않다는 것을 알게 된다면, 감가상각비용은 계속해서 감소할 것이라고 예측해 볼 수 있다. 따라서 2014년 항공 여행 수요가 증가하여 HFA의 시장 점유율이 회복될 경우, HFA의 매출은 적어도 2012년 수준으로 되돌아갈 가능성이 높다. 그리고 만약 매출원가와 판관비가 과거 연도의 매출에서 차지했던 비율로 계속 일정하게 유지될 경우 우리는 2014년 이익 추정치를 다음과 같이 산출할 수 있다.

	2013 실제	2014 추정치
매출 (Sales)	$ 10,000	$ 12,000
매출원가 (Cost of goods sold)	$ 5,000	$ 6,000
판관비 (SG&A)	$ 1,000	$ 1,200
감가상각비 (Depreciation)	$ 2,400	$ 2,200
총비용 (Total expenses)	$ 8,400	$ 9,400
세전이익 (Profit before tax)	$ 1,600	$ 2,600
법인세 (50% 적용)	$ 800	$ 1,300
순이익 (Net income)	$ 800	$ 1,300
주당이익 (EPS)	$ 8	$ 13

물론 감가상각비용이 얼마만큼 감소할지, 2014년에 매출이 회복될지는 확실하지 않다. 그러나 항공 산업에서 HFA의 과거 성장률과 현재 성장률을 비추어 볼 때, 2014년 추정 이익에 대한 각각의 가설들은 합당한 것으로 보인다. 따라서 애널리스트로서 우리는 HFA의 주당이익이 2014년에 크게 증가하여 HFA의 주가가 2012년의 이전의 전고가보다 훨씬 높은 수준으로 급등하여 사상 신고가를 갱신하게 될 것이라고 예측해 볼 수 있다. 만약 그렇게 된다면 지금이 주식을 매수할

수 있는 절호의 기회가 될 수 있다.

반면에 HFA는 시장에서 경쟁력을 유지하기 위해서는 구형 항공기를 매각하고 신형 항공기들을 구입해야 할 것이다. 그럴 경우 HFA가 매입한 신형 항공기들의 감가상각이 시작되는 해부터 감가상각비용이 급격히 증가할 것이며, 감가상각비용의 증가는 HFA의 이익을 감소시킬 것이다. 또한, HFA가 신형 항공기를 매입하기 위해 돈을 빌려야 하는 경우 이자비용이 증가한다. 따라서 항공 여행 수요가 계속 증가하고 HFA가 시장 점유율을 유지하더라도 2015년이나 2016년에 이익이 급격히 감소할 가능성이 존재한다.

이를 깨달은 투자자들은 2014년의 높은 이익을 의심하게 될 것이며, 사상 최대 실적(2014)에도 불구하고 주가가 저조할 가능성이 높다. 시장은 **미래지향적(forward-looking)**이란 사실을 잊지 말아야 한다.

감가상각이 향후 이익에 어떤 영향을 미칠 것인지를 이해하기 위해 투자자들은 항상 감가상각비용의 변화에 주의를 기울여야 한다. 그리고 투자자들은 회사의 모든 연차보고서, SEC에 정기적으로 제출되는 공시 자료와 그 외 보도 자료들을 살펴보고 HFA의 신형 항공기 구입의 필요성과 같이 회사의 향후 계획에 실마리를 제공할 수 있는 경제 신문이나 업계의 간행물 등을 읽어야 할 것이다. 투자자들은 이러한 모든 정보들을 토대로 회사의 향후 실적 전망과 주가에 미치는 영향에 대해 더욱 올바른 판단을 할 수 있는 것이다.

자산의 매각 (SELLING OFF AN ASSET)

회사가 오래된 건물이나 장비를 매각하거나 다른 방식으로 처분하면, 총비용, 감가상각누계액과 순장부가액은 모두 대차대조표에서 제외된다. 이것이 어떻게 처리되는지를 파악하기 위해 XYZ사의 2014년 대차대조표의 고정자산 부분을 다시 살펴보고 다음 페이지의 변경 사항들이 어떻게 대차대조표에 반영되는지 살펴보자.

XYZ 사 부분 대차대조표
2014년 12월 31일 기준

고정자산 (Fixed assets):

총부동산 (Gross property)		$ 5,000
총유형자산 (Gross plant and equipment)		
공장 (Plant)	$ 50,000	
장비 (Equipment)	$ 100,000	
	$ 150,000	
차감: 감가상각누계액 .... (Accumulated depreciation)	$ 60,000	
순유형자산_{부동산제외} (Net plant and equipment)	$ 90,000	$ 90,000
순유형자산_{부동산포함} (Net property, plant and equipment)		$ 95,000

2015년에 다음과 같은 사건들이 있었다.

1. 취득원가 20,000달러, 감가상각 후 장부가 6,000달러인 장비가 현금 7,000달러에 매각되었다.

2. XYZ사는 2015년에 고정자산을 새로 취득하지 않았다.

3. 2015년의 감가상각비용은 5,000달러이다.

위의 사건들을 반영하기 위해서 다음과 같은 회계 기록들이 작성된다.

12/31/14 기준 총유형자산 (Gross plant and equipment) .... $ 150,000
  차감: 장비의 취득원가 (Original cost of equipment sold) .... $ 20,000
12/31/15 기준 총유형자산 (Gross plant and equipment) .... $ 130,000

12/31/14 기준 감가상각누계액 (Accumulated depreciation) .... $ 60,000
  차감: 매각장비의 감가상각누계액 (Acc. Depr. of equip. sold off) $ 14,000
                                            $ 46,000
  추가: 2015년 감가상각비 (Depreciation for 2015) .... $ 5,000
12/31/15 기준 감가상각누계액 (Accumulated depreciation) .... $ 51,000

12/31/14 기준 순유형자산 (Net plant and equipment) .... $ 90,000
  차감: 매각장비의 장부가액 (Book value of equipment sold off) ... $ 6,000
                                            $ 84,000
  차감: 2015년 감가상각비 (Depreciation for 2015) .... $ 5,000
12/31/15 기준 순유형자산 (Net plant and equipment) .... $ 79,000

이에 따라 2015년 말 대차대조표의 고정자산 부분은 다음과 같이 표시된다.

XYZ 사 부분 대차대조표
2015년 12월 31일 기준

고정자산 (Fixed assets):

  총부동산 (Gross property) .... $ 5,000
  총유형자산 (Gross plant and equipment)

    공장 (Plant) .... $ 50,000
    장비 (Equipment) .... $ 80,000
                                   $ 130,000

    차감: 감가상각누계액 .... $ 51,000
    (Accumulated depreciation)
  순유형자산_{부동산제외} (Net plant and equipment) ..... $ 79,000 $ 79,000

  순유형자산_{부동산포함} (Net property, plant and equipment) $ 84,000

이러한 고정자산의 변경 사항들 외에도 몇 가지 다른 변경 사항들이 재무제표에서 발생한다. 먼저, 장비의 매각금액이 유동자산의 현금 계정에 추가된다. 장비의 매각금액은 대차대조표의 고정자산 부분에 영향을 미치지 않는다. 또한 **장부가액**이 6,000달러인 장비가 7,000달러에 매각되었기 때문에 1,000달러의 이익이 손익계산서에 기록되어야 한다. 만약 장비를 2,000달러에 매각했다면, 4,000달러의 손실이 손익계산서에 기록되었을 것이다. 수명이 다한 장비의 매각으로 발생되는 손익은 회사 전체의 손익에 비해 매우 적다. 불행하게도 재무제표에서 이와 같은 손익이 얼마인지 알 수 있는 방법이 없는 경우가 많다. 회사 자산의 매각으로 발생하는 손익이 클수록 회사의 이익 성장에 대해서 투자자들에게 잘못된 인상을 심어 줄 수 있기 때문에 회사는 자산의 매각에 관한 정보를 주석에 포함시켜야 할 것이다.

자산은 완전히 감가상각 되기 전(0달러까지)에 마모되어 쓸모없게 될 수 있다. 만약 회사가 자산을 매각하지 못할 경우 자산은 '폐기(retired)'된 것으로 간주되지만 여전히 회사의 자산으로 남게 된다. 이 경우 회계 처리는 자산이 0달러에 매각된 것으로 처리하는데 이를 '자산을 **전액감액(writing off asset)** 처리한다'고 말한다. 예를 들어, XYZ사가 5,000달러에 취득한 장비가 장부가액 2,000달러로 감가상각 처리되었는데 장비가 더 이상 쓸모가 없게 된 경우 회사는 장비의 나머지 장부가액 2,000달러를 한 번에 모두 **전액감액(write-off)**된 것으로 처리한다. 즉, 2,000달러를 **감가상각비용(Depreciation expense)**으로 손익계산서에 기재하고 **감가상각누계액(Accumulated Depreciation)**에 2,000달러를 추가하여 장비의 순장부가치를 0으로 만드는 것이다.

실제로 장비가 폐기되거나 기타 방식으로 처분되는 경우, **총유형자산(Gross plant and equipment)**과 **감가상각누계액(Accumulated Depreciation)** 항목에서 5,000달러가 차감된다.

감가상각 방법 (METHODS OF DEPRECIATION)

우리는 감가상각이 회사의 자산 가치 하락을 반영한다고 이야기했다. 앞서 우리는 ABC사의 공작기계가 1년 동안 균등하게 가치가 하락한다고 가정했다. 이러한 가정이 항상 합당한 것은 아니며, 자산 가치가 얼마나 빨리 하락하는지에 대해서 설명할 수 없는 경우들이 많다. 예를 들어 회사 차량의 경우, 영업 사원의 이동 수단으로 회사 차량이 계속해서 사용된다면 회사 차량의 가치는 전혀 하락하지 않았다고 볼 수도 있는 것이다. 반면에 차가 오래되어 회사가 매각을 결정한다면 중고차 시장에서 가치가 떨어지게 된다. 더군다나 차가 오래되었기 때문에 고장이 난다면 한 번에 쓸모가 없어질 가능성이 높다.

기업은 자산의 감가상각 속도를 어떻게 결정할까? ABC사의 공작기계처럼 자산의 예상 수명 기간 동안 균등하게 감가상각을 해야 할까? 아니면 초기에는 많은 금액을 감가상각비용으로 처리하고 후기에 감가상각비용을 줄여야 할까?

자산이 예상 수명 기간(내용연수)에 따라 균등하게 감가상각 되는 것을 **정액법(straight-line depreciation)**이라고 한다. 반면 자산의 수명 기간 초기에 많은 금액이 감가상각비용으로 처리되고 시간이 갈수록 감가상각비용이 감소하는 것을 **가속상각법(accelerated depreciation)**이라고 한다. 기업이 가속상각법을 채택하는 이유는 다음과 같다. (1) 장비가 예상보다 빨리 마모되거나 (2) 일반적으로 자산의 재판매가치(resale value) 또는 잔존가액(residual value)이 수명 기간 초기에 더 빠른 속도로 하락하기 때문이며 (3) 대체할 수 있는 더 나은 장비가 나오거나 회사가 제품의 생산을 중단하여 장비가 더 이상 필요가 없어진 경우로 인해 장비가 예상보다 빨리 노후화되기 때문이다. 기업이 가속상각법을 사용하는 또 한 가지 중요한 이유는 가속상각법이 제공하는 세금 혜택이다. 이에 대해서 곧 설명할 것이다.

일반적으로 감가상각을 계산하는 네 가지 방법은 (1) 정액법(straight-line method), (2) 수정가속원가회수법(modified accelerated cost recovery system, 줄여서 MACRS), (3) 이중체감법(double declining balance), 그리고 (4) 연수합계

법(sum-of-the-years' digit)이 있다. 정액법을 제외한 나머지 세 가지 감가상각법은 다른 유형의 가속상각법이다. 감가상각법을 서로 비교해 보기 위해서 2014년 초에 10,000달러의 취득원가에 공작기계를 매입한 BCD사를 살펴보자. 공작기계의 예상 수명은 5년이다. 따라서, 정액법을 사용할 경우 기계는 매년 2,000달러 또는 20%씩 감가상각 될 것이다.

MACRS에 따라 연도별 감가상각비용을 단계적으로 계산하는 법과 이중체감법 그리고 연수합계법은 회계 관련 서적에서 찾아볼 수 있기 때문에 이 책에 포함시키지 않았다. 대신 우리는 표 14.1에서 이중체감법과 연수합계법을 사용한 결과 수치만 보여 주고 있다. MACRS는 미국 국세청(IRS)이 채택하는 방식이며 이중체감법보다 좀 더 널리 사용되지만 정액법과 가속상각법 간에 서로 다른 감가상각 효과를 보여 주는 것은 어렵기 때문에[3] 다음 예시에서 제외시켰다.

표 14.1 감가상각 비교표

	정액법 (Straight-line depreciation)		가속상각법 (Accelerated depreciation)	
			이중체감잔액법 (Double-decling balance)	연수합계법 (Sum-of-the-years's- digits)
취득원가	$10,000		$10,000	$10,000
1년 차 감가상각		$ 2,000	$4,000	$3,333
1년 차 연말 장부가	$ 8,000		$ 6,000	$ 6,667
2년 차 감가상각		$ 2,000	$2,400	$2,667
2년 차 연말 장부가	$ 6,000		$ 3,600	$ 4,000
3년 차 감가상각		$ 2,000	$1,440	$2,000
3년 차 연말 장부가	$ 4,000		$ 2,160	$ 2,000
4년 차 감가상각		$ 2,000	$ 864	$1,333
4년 차 연말 장부가	$ 2,000		$ 1,296	$ 667
5년 차 감가상각		$ 2,000	$ 518	$ 667
5년 차 연말 장부가	$ -		$ 778	$ -

---

3 MACRS는 어느 특정 연도에 매입한 모든 자산들이 연중에 매입되었다고 가정하기 때문에 첫해에 반년 동안의 감가상각을 적용해야 한다.

감가상각법의 채택은 회사의 현재 이익과 미래 이익에 영향을 미칠 것이다. 표 14.1을 보면 가속상각법들 중 하나를 적용했을 때의 초기 감가상각비용이 정액법을 적용했을 때보다 높은 것을 볼 수 있다. 반대로 자산의 수명 후반기에는 가속상각법이 정액법에 비해 감가상각비용이 감소하게 된다. 따라서 회사가 가속상각법을 사용한다면 초기에 높은 감가상각비용으로 인해 이익이 감소할 것이다. 그외 조건들이 동등하다는 전제하에 자산의 수명 후반기에 감가상각의 비용의 감소로 인해 회사의 이익이 증가하게 된다. 물론 회사가 매년 새로운 자산을 매입할 것이기 때문에 그 외 모든 조건들이 그대로 유지되지는 않을 것이다. 따라서 가속상각법을 채택한 회사의 경우, 투자자들은 회사의 자본적지출(고정자산 취득)이 크게 증가함에 따라 처음 2년 동안의 감가상각비용의 급격한 증가를 예상할 수 있고 수년이 지나면서 자본적지출이 점차적으로 감소함에 따라 감가상각비용 또한 감소할 것으로 예상할 수 있다.

이중체감법의 경우 5년 차 연말에 자산이 0달러로 완전히 감가상각 되지 않고 778달러의 소액의 장부가액을 남겼다. 이를 **잔존가액(residual value)**이라고 한다. 이러한 잔존가액은 금액이 매우 적기 때문에 회사가 정액법이나 가속상각법 사용을 결정하는 데 아무런 영향을 미치지 않는다.

회사가 가속상각법을 사용하거나 정액법을 사용하는 이유가 무엇일까? 다음의 경우를 살펴보자. 2014년에 BCD사는 40,000달러의 매출을 올렸다. 매출원가와 판관비, 그리고 이자비용을 모두 합산한 총비용은 20,000달러이다. 계산의 편의를 위해서 다음 페이지의 손익계산서에 해당 비용들을 한 가지 항목으로 일괄 처리시켰다. BCD사의 유통주식수는 1,000주이다. BCD가 정액법과 가속상각법을 채택했을 경우 손익계산서는 다음과 같다.

2014년 BCD 사 손익계산서

	정액법 (Straight-line)	가속상각법 (Accelerated)
매출 (Sales)	$ 40,000	$ 40,000
COGS + SG&A + 이자비용 (Int. expense) ...	$ 20,000	$ 20,000
감가상각 및 법인세 차감전 이익 (EBTDA) .	$ 20,000	$ 20,000
감가상각비 (Depreciation)	$ 2,000	$ 4,000
세전이익 (Profit before taxes)	$ 18,000	$ 16,000
법인세 (세율 50%)	$ 9,000	$ 8,000
세후이익 (Profit after taxes)	$ 9,000	$ 8,000
주당이익 (Earnings per share)	$ 9.00	$ 8.00

BCD 가 현재 연도에(2014년) 최대한 많은 주당이익을 보고하려면 정액법을 사용하겠지만 만약 그렇게 할 경우 더 많은 세금을 납부해야 한다. 만약 회사가 가능한 최저 세금을 납부하기를 원하면 가속상각법을 사용할 것이다. 두 가지 대안들 모두 바람직하지만, 회사는 정액법과 가속상각법 중 어느 쪽을 선택할까? 정답은 둘 다이다. 회사가 소득세(법인세) 신고를 할 때 가속상각법을 사용하고, 주주들에게 실적을 보고할 경우 정액법을 사용한다.

이연법인세 (DEFERRED TAXES)

재무 보고를 위해 사용되는 정액법과 세금 보고를 위해 사용되는 가속상각법, 이 두 가지 감가상각법을 회사가 모두 사용하면 흥미로운 문제들이 발생한다. 회사의 연차보고서에 포함된 손익계산서에는 위의 도표의 왼쪽 열과 같이 9,000달러의 세금이 표시된다. 하지만 실제 납부해야 할 세금은 8,000달러에 불과하다(세금이 아직 납부되지 않았다고 가정할 경우). 이러한 차이는 **이연법인세 (deferred tax)**라는 새로운 항목이 대차대조표의 부채에 추가되어 세액이 조정되는데 여기서 금액은 1,000달러이다. 이처럼 세액이 조정되는 이유는 다음과 같다. BCD는 주주들에게 실적을 보고하려는 목적이 아닌 세금 보고 목적으로 가속상각법을 사용했기 때문에 자산의 수명 기간 초기에 (세금 목적으로 정액법을 채택했을 경우 납부했을 세금과 비해) 더 낮은 세금을 납부하지만 나중에 남은 수명 기간 동안 더 많은 세금을 납부하게 되는 것이다.

실제로 BCD는 가속상각법을 사용하여 세금을 납부하는 것을 선택함으로써 손익계산서에 세금이 정액법을 통해 납부되었다고 나와 있는 경우에 비해 실제로 세금을 납부해야 할 시간을 단순히 지연시키는 것이다.

이연법인세는 자산의 수명 기간 중 가속 상각비용이 정액 상각비용보다 적은 해인 3년 차, 4년 차, 5년 차 되는 해에 '납부(paid-off)'될 것이다(표 14.1 참조). 이 기간동안 정액법을 사용한 손익계산서는 실제로 납부된 세금보다 낮은 세금을 표시할 것이다. 일반적으로 이연법인세 계정은 다음과 같이 대차대조표의 장기부채와 자기자본 사이에 기재된다. 따라서 BCD 대차대조표의 자본 부분은 다음과 같다.

총자본 (Capitalization)

장기부채 (Long-term debt)
   5% 담보부채권 (5% Mortgage bonds) $20,000
   7% 사채 (7% Debentures) .... $ 4,000

이연법인세 (Deferred tax) .... $ 1,000

자기자본 (Stockholder's Equity):

보통주 액면가 $2 (Common Stock at $2 par)
   (승인 2,500 주, 유통 1,000 주) .... $ 2,000

추가납입자본 (Additional paid-in capital) $14,000

유보이익 (Retained earnings) $40,000

총자기자본 (Total stockholders' equity) $56,000

이연법인세에 대해서 우리가 이제까지 다룬 내용들을 요약하면 대차대조표의 자본 부분에서 이연법인세 항목이 등장하는데 이는 회사가 주주들에게 실적을 보고할 때와 IRS에 세금을 보고할 때 서로 다른 감가상각법을 선택했기 때문이다.

이 내용을 좀 더 다르게 표현하자면 대차대조표의 자본 부분에 이연법인세 계정이 있다는 것은 손익계산서에 표시된 법인세 비용의 일부가 아직 납부되지 않았지만 향후 몇 년 안에 납부될 것을 의미한다. 만약 회사가 손익계산서에 표시된 세금보다 실제로 세금을 적게 납부하고 있다면, 현재 회사가 손익계산서에 나타난 것보다 더 많은 현금을 창출하고 있음을 뜻한다. 이에 대해서 본 장의 '현금흐름' 부분과 16장에서 다시 자세히 논의될 것이다.

감가상각법의 변경
(CHANGING THE METHOD OF DEPRECIATION ACCOUNTING)

투자자의 관점에서 볼 때 우리는 기업이 감가상각 방식을 채택하거나 변경할 때 이익을 어느 정도 컨트롤할 수 있음을 깨닫는 것이 중요하다. 세금 보고와 실적 보고에 항상 가속상각법을 사용하던 회사가 실적 보고에 대한 감가상각 방식을 정액법으로 변경하여 실적이 부진한 해의 주당이익의 감소를 은폐할 수 있고, 이에 따라 보고 이익이 증가할 수 있다. 이러한 유형의 회계적 변경은 주당이익을 왜곡하고 회사 성장에 대해 잘못된 인상을 심어 줄 수 있기 때문에 투자자들이 이를 식별하는 것은 정말 중요한 일이다. 다행히도 회계 규칙에 따르면 이익에 '상당한 왜곡(significant distortion)'을 불러일으키는 감가상각법의 변경(또는 그 밖의 회계 변경)에 대해서 회사가 재무제표의 주석을 통해 이를 설명해야한다고 규정하고 있다. '상당한 왜곡'은 정확하게 정의되지 않았지만, 일반적으로 보고 이익 수치[4]의 5% 또는 10% 이상 실적에 영향을 미치는 변경을 뜻한다.

물론 회사가 필요에 따라 회계 방식을 계속 바꿀 수는 없다. 회계의 기본 원칙 중 하나는 회사가 특정 회계 방식을 채택한 후 그것을 수년간 일관되게 적용해야 한다는 것이다. 일시적인 변경은 수용 가능하지만 회사가 실적이 부진한 해의 이익 감소를 감추기 위해 회계 방식을 변경할 수 있기 때문에 신중한 분석이 필요하다.

가속상각법은 정액법에 비해 보수적인 방식으로 간주된다. 보통 회계 방식을 선택할 때 가장 보수적인 방법은 현재 연도에 낮은 이익을 보고하는 대신 미래에 높은 수준의 이익을 보고하는 방식이다. 보수적 회계(conservative accounting)의 반대를 진보적 회계(liberal accounting)라고 하는데, 진보적 회계 방식을 사용하는 회사는 현재 연도에 최대한의 이익을 보고하지만, 이는 향후 몇 년 동안 이익률이 감소하는 결과를 초래한다. 다른 조건들이 동일하다면, 보수적 회계 방식을 채택한 회사들이 진보적 회계 방식을 선택한 기업들보다 주가수익비율(P/E)이 높은 경향이 있다. 회사가 진보적 회계 방식을 선택하는 여러 가지 이유 중 한 가지는 회사가 조만간 지분금융(equity financing)을 통해 필요 자금을 조달하기를 원할 경우, 가능한 최대 이익을 보고하여 회사 주가를 높인 다음 최소한의 희석으로 지분금융을 받기 원하기 때문이다.

현금흐름 (CASH FLOW)

현금흐름(Cash flow)은 회사에 들어오고 나가는 돈이다. BCD사가 원자재를 매입하여 현금을 지불한다면 회사 밖으로 현금이 빠져나간다(현금유출). BCD가 5월 15일에 원자재를 구입했지만 6월 15일까지 구매대금을 지불할 계획이 없다면

---

4 저자의 기억에 남는 투자 분석 보고서 중 하나는 실적을 왜곡시킬 수 있는 작은 항목들이 많은 회사에 관한 것이다. 실제로 이렇게 작고 개별적으로 중요하지 않은 항목들이 모여 3년 동안의 실적을 심각하게 왜곡시켰으며 더 이상 실적이 성장하지 않는 회사가 실적 발표 때 빠른 실적 성장세를 보이게 만들었다. 이 문제를 밝히는 데 필요한 모든 정보는 재무제표의 주석에 있었다. 이는 투자자들 항상 재무제표의 주석을 자세히 읽고 회사의 IR 부서에 이해가 어려운 사항들에 대한 설명을 요청해야 하는 것을 상기시킨다.

현금유출은 6월 15일까지 발생하지 않는다.

마찬가지로 BCD사가 고객에게 완제품을 판매할 때 고객이 현금을 지급하거나 수표를 발행한다면 이는 즉각적인 현금유입이 발생한 것이다. 만약 고객이 물품을 구입하고 물품 대금을 지불하지 않을 경우, 물품 구입이 일어난 시점에는 현금유입이 없다. 현금유입은 대략 30~60일 후에 발생하거나 고객이 BCD에 실제로 현금을 지급하거나 수표를 전달할 때 발생한다.[5]

현금흐름이 기업의 '이익(earnings)'과 동일하다고 생각할 수 있지만, 현금흐름과 사실상 이익은 다르다. 특히 감가상각비용으로 인해 기업이 주주들에게 보고하는 이익과 현금흐름이 상당히 다를 수 있다. 현금흐름이 이익과 어떻게 다를 수 있는지 확인하기 위해 BCD사의 2014년 손익계산서를 다시 살펴보자. 우리는 당분간 BCD가 회사가 세금 보고와 실적 보고 두 가지 경우 모두 가속상각법을 사용한다고 가정할 것이다.

ABC 사 손익계산서 2014년 1월 1일 ~ 12 월 31일 기준 (가속상각법 적용)		
매출 (Sales)		$40,000
비용 (Expenses):		
매출원가 (COGS)	$14,000	
판관비 (SG&A)	$ 4,000	
이자비용 (Interest)	$ 2,000	
감가상각비용 (Depreciation)	$ 4,000	
총비용 (Total expenses)	$24,000	$24,000
세전이익 (Profit before tax)		$16,000
법인세 (세율 50%)		$ 8,000
세후이익 (Profit after taxes)		$ 8,000

---

5 수표가 현금화되기 전까지 현금유입이 실제로 일어나지 않는다고 주장할 수 있지만, 이는 하루 이틀의 문제일 뿐이며 투자자들은 이를 무시할 수 있다.

가속상각법을 적용한 손익계산서에서 ABC의 세후이익은 8,000달러지만 현금흐름은 다르게 나타날 것이다. 2016년 현금흐름을 계산하기 위해 손익계산서를 항목별로 살펴보고 현금흐름에 어떤 영향을 미치는지 살펴보자.

매출 (SALES)

매출액은 회사로 '유입(flowed)'된 현금흐름을 꽤 정확히 반영하고 있지만 2014년 12월, BCD의 일부 고객들이 연말까지 구매 대금을 지불하지 않았기 때문에 현금유입(cash inflow)이 완벽히 반영되었다고 볼 순 없다. 이 경우 BCD에 지불되어야 하는 금액은 2014년 12월 31일 대차대조표의 BCD의 매출채권에 반영될 것이다. 한편, **2014년 초**에 대차대조표에 기재되었던 매출채권(2013년 말 매출 반영)은 2014년에 회수되었을 가능성이 높다. 따라서 2014년 BCD에 유입된 현금흐름은 매출액에 상당히 가까운 수치였을 것이다. 2014년 말 BCD가 매출에서 아직 수령하지 못한 현금은 2013년 말 매출에서 2014년 초에 수령한 현금으로 상쇄된다. 보통 현금유입액은 매출액과 거의 동일하기 때문에 투자자들은 단순히 매출을 현금유입액으로 간주할 수 있다.

매출원가 (COST OF GOODS SOLD)

매출원가는 회사가 지불한 원자재 매입 대금과 인건비 등을 반영하지만, BCD가 모든 비용을 아직 지불하지 않았을 수 있기 때문에 매출원가는 현금유출과 정확히 일치하지 않는다. 또한, 회사는 2013년에 원자재와 인건비를 지불한 제품들 중 일부를 2014년 초에 판매했을 수 있다. 마찬가지로 BCD는 2014년에 지불한 제품들이 2014년 12월 31일에 여전히 재고로 남을 수 있으며 이러한 제품들은 2015년까지 판매되지 않을 수도 있다(만약 완제품 재고의 판매가 발생하면 제품을 제조하는데 BCD가 지불한 금액은 손익계산서에 매출원가로 처리된다). 이러한 시간적인 차이에도 불구하고 매출원가 수치(손익계산서에 COGS로 표시)는 투자자들이 현금유출 항목으로 취급할 수 있을 정도로 실제 회사에서 유출된 현금흐름과 거의 동일한 것이 일반적이다.

판매관리비용 (SELLING, GENERAL & ADMINISTRATIVE EXPENSE)

판매관리비용(SG&A)은 회사의 회계사나 경비원 같은 용역에 지불된 급여, 사무용품 및 그 외 물품 비용, 광고, 인쇄비 등을 포함한다. 손익계산서상의 판관비는 원가와 마찬가지로 실제로 회사에서 유출된 현금흐름을 완벽하게 반영할 수 없지만 투자자들이 현금유출 항목으로 취급할 수 있을 정도로 실제 현금유출액과 비슷할 가능성이 높다.

이자비용 (INTEREST EXPENSE)

이자비용 또한 현금유출 항목으로 처리할 수 있다. 다시 말하지만 이자비용 또한 현금유출액과 정확히 일치하지 않을 수 있지만 충분히 근접한 수치일 것이다.

감가상각비용 (DEPRECIATION EXPENSE)

감가상각비용은 현금유출을 반영하지 않는다는 점에서 다른 항목들과 차별화된다. 감가상각은 과거에 매입한 고정자산의 마모를 반영하는 회계 항목이다. 따라서 감가상각비용으로 인한 현금유출은 없다. 현금유출은 회사가 유형을 매입한 전년도에 발생한 것이다. 월 스트리트의 언어로 감가상각비용은 **비현금성 지출(non-cash expense)**이라고 하는데 이는 감가상각비용으로 인해 회사에서 현금이 유출되지 않음을 의미한다. 이에 반해 매출원가, 판관비, 이자비용은 동일 연도에 재화와 용역에 대해 지불한 현금을 반영하기 때문에 **현금성 지출(cash expense)**로 간주된다.

세금 (TAXES)

대부분의 경우 기업은 이익이 발생한 해에 세금을 납부한다. 따라서 당분간 **법인세 비용(tax expense)**은 현금유출 항목으로 처리되어야 한다. 우리는 세액에 조정이 필요하다는 것을 곧 보게 될 것이다.

이제 각 항목들을 처리하는 방법을 개별적으로 살펴봤으니 BCD사의 손익계산서를 현금흐름표와 다시 비교해 보자.

2014년 ABC 사 손익계산서 (가속상각법 적용)			2014년 ABC 사 현금흐름표 + 현금유입 - 현금유출	
매출 (Sales)		$40,000	매출 (Sales)	+ $40,000
비용 (Expenses):				
매출원가 (COGS)	$14,000		매출원가 (COGS)	− $14,000
판관비 (SG&A)	$ 4,000		판관비 (SG&A)	− $ 4,000
이자 (Interest)	$ 2,000		이자 (Interest)	− $ 2,000
감가상각비 (Depreciation)	$ 4,000			
	$24,000	$24,000		
세전이익 (Profit before tax)		$16,000		
법인세 (세율 50%)		$ 8,000	법인세 (Taxes)	− $ 8,000
세후이익 (Profit after taxes)		$ 8,000	현금흐름 (Cash flow)	+ $12,000

위의 현금흐름표(도표 오른쪽)는 순현금유입액 12,000달러는 순이익 8,000달러보다 4,000달러 많다. 이는 감가상각비용이 현금유출을 나타내지 않음에도 불구하고 순이익을 계산할 때(도표 왼쪽) 매출에서 감가상각비용 4,000달러를 차감했기 때문이다. 따라서 현금흐름을 계산하려면 현금흐름표 오른쪽 열과 같이 매출에서 모든 현금 비용을 차감하거나 편법으로 단순히 순이익(8,000달러)에서 감가상각비용(4,000달러)을 더하여 12,000달러의 순현금유입액을 구할 수 있다. 이러한 계산법이 가능한 이유는 손익계산서에서 차감한 4,000달러의 감가상각비를 다

시 추가하기 때문이다.

회사가 가속상각법을 채택하여 세금을 납부하더라도 정액법을 적용한 재무제표가 투자자들에게 제공될 경우 현금흐름의 계산은 조금 더 복잡해진다. 이 경우 292페이지의 현금흐름표의 현금흐름 계산과의 유일한 차이점은 세금이 처리되는 방식이다. 이 장의 앞부분에서 기업이 세금 보고 목적으로 가속상각법을 사용하지만 주주들에게 실적 보고를 위해 정액법을 사용할 경우, 주주들에게 보고된 세액은 실제 납부된 세액보다 크며, 이러한 일이 발생할 경우 회사는 차액을 반영하기 위해서 대차대조표에 이연법인세(Deferred tax)라는 새 항목을 추가해야 한다. 따라서 세금 보고 목적으로 가속상각법을 사용하고 실적 보고 목적으로 정액법을 사용하는 회사의 현금흐름을 계산할 때, **해당 연도의 정확한 현금흐름을 얻기 위해서는 이연법인세 증가분을 더해야 한다.** 왜 이런 일이 일어나는지 처음에는 이해하기 어려울 수 있지만, 다음과 같은 절차를 쉽게 따를 수 있다.

예시: 손익계산서에서 재무 보고가 목적인 경우 정액법을 사용하지만 세금 보고가 목적인 경우 가속상각법을 채택하여 현금흐름을 계산한다.

2014년 BCD 사 손익계산서
정액법 (Straight-Line Depreciation) 적용

매출 (Sales)		$40,000
비용 (Expenses):		
매출원가 (COGS)	$14,000	
판관비 (SG&A)	$ 4,000	
이자 (Interest)	$ 2,000	
감가상각비 (Depreciation)	$ 2,000	
	$22,000	$22,000
세전이익 (Profit before tax)		$18,000
소득세 (세율 50%)		$ 9,000
순이익 (Net profit)		$ 9,000

간략하게 계산한 현금흐름

순이익 (Net profit)		$ 9,000
다시 추가 (Add back):		
감가상각비 (Depreciation)		$ 2,000
이연법인세 (Deferred Tax)		1,000*
순현금흐름 (Net cash flow)		$12,000

---

* 본 장의 이연법인세 부분에서 계산한 2014년 BCD의 이연법인세는 1,000달러였다.

현금흐름 계산 결과는 정액법이나 가속상각법 사용과 관계없이 12,000달러로 동일하다.[6] 위에서 계산한 현금흐름을 **영업현금흐름(cash flow from operation)**이라고 한다.

6　정액법 또는 가속상각법을 사용했을 때의 현금흐름과 동일한 수치로 산출되는 이유는 다음과 같다. 정액법을 사용할 때 가속상각법을 사용한 것에 비해 손익계산서의 순이익이 1,000달러 더 높고, 이연법인세인 1,000달러가 현금흐름 계산에 '추가'된다. 합산한 총 금액 2,000달러는 감가상각액이 2,000달러 낮기 때문에 정확히 상쇄되며, 현금흐름은 정액법이나 가속상각법 사용 여부에 관계없이 12,000달러로 정확히 계산된다. 실제로 엄밀히 말하자면 이연법인세 1,000달러가 '추가'된 것이 아니라 손익계산서상의 9,000달러의 세금을 실제로 납부된 8,000달러로 정정하는 조정이 발생한 것이다.

정의 (Definitions)

- **영업현금흐름**(Cash flow from operations, 줄여서 CFO 혹은 CF ops) – 회사가 제품을 제조하고 판매하거나 서비스 제공을 통해 창출한 현금을 말한다. 주식이나 채권을 발행하여 조달한 현금은 여기에 포함되지 않는다. 이를 **재무현금흐름**(Cash flow from financing activities, 줄여서 CFF 또는 CF fin)이라고 한다.

현금흐름을 계산하는 것은 정말 중요하다. 그 이유는 앞으로 16장에서 보게 될 것처럼 **기업이 현금흐름의 일부(또는 전부)로 무엇을 해야 하는지, 그리고 나머지 현금(현금이 남은 경우)으로 무엇을 할 것인지에 대한 결정**이 회사의 주가에 상당한 영향을 미칠 수 있기 때문이다.

요점 리뷰 (REVIEW OF KEY POINTS)

감가상각은 고정자산의 물리적 마모와 손상을 반영하는 비현금성 지출이며 감가상각 방법의 선택은 현재와 미래의 이익에 영향을 미칠 것이다. 감가상각비용은 이익 계산을 위해 매출에서 차감되지만 **동일 연도의 현금 지출을 나타내지 않기 때문에** 회사가 어느 특정 연도에 영업활동으로 벌어들인 현금흐름은 동일 연도의 회사 손익계산서에 표시된 이익보다 많은 것이 일반적이다. 회사가 제품이나 서비스를 판매해서 창출한 현금을 **영업현금흐름**(Cash flow from operations)이라고 한다. 영업현금흐름을 가장 쉽게 계산하는 방법은 회사의 재무 보고 이익에서 동일 연도에 발생한 감가상각비용과 이연법인세 증가분을 다시 더해서 계산할 수 있다. 이연법인세 증가분을 다시 추가함으로써 투자자는 회사가 정액법 또는 가속상각법을 사용하는지 여부에 대해 더 이상 걱정할 필요가 없다.

15장 원가와 비용의 차이, 자산의 자본화와 감액손실
COST VERSUS EXPENSE, CAPITALIZING ASSETS, AND WRITE-OFFS

'원가'와 '비용'의 차이
(THE DIFFERENCE BETWEEN A 'COST' AND AN 'EXPENSE')

일반적으로 원가(cost)와 비용(expense), 두 단어는 모두 같은 의미를 갖는다. 하지만 회계적인 관점에서 볼 때 두 단어는 명백히 다른 의미를 가진다. 그럼에도 불구하고 월 스트리트에서조차 원가와 비용 두 단어의 명확한 구별 없이 바꿔가며 사용한다. 원가와 비용의 차이를 정확히 이해한다면 여러분은 많은 회계 처리를 좀 더 상세하게 이해할 수 있고 회계 용어들이 혼용되는 경우 문맥상 무슨 뜻인지를 파악할 수 있을 것이다.

원가와 비용에 대한 정의는 처음에는 혼란을 불러일으킬 수 있지만 이후에 등장할 예시들이 이러한 개념들을 좀 더 명확히 할 것이다. 그리고 구체적인 회사 예시(SFC Corp)를 통해 투자자들이 살펴야 할 중요한 요인들을 무엇인지를 파악할 수 있게 해 줄 것이다.

정의 (Definitions)

- 원가(Cost) - 원가는 회사가 어떤 것에 대해 지불하거나 어떤 것에 대해 지불할 의무가 생길 때 비용이 발생한다. 원가가 발생할 때, 원가가 비용으로

간주되거나 그렇지 않을 수도 있다.

- **비용**(Expense) - 비용은 순이익을 계산하기 위해 매출에서 차감되는 금액을 말한다. 비용은 항상 원가를 반영하지만 원가는 동일 연도에 발생하지 않을 수 있다. 즉 이전 연도에 이미 발생했거나 향후 발생할 것으로 예상할 수 있다.

회사가 어떤 장비나 물품을 매입할 때 현금으로 지불하거나 매입채무(account payable) 계좌를 개설하여 나중에 물품 대금을 지불할 수 있다. 두 가지 경우 모두 원가가 발생한다. JMC가 쥐덫을 만드는 데 사용할 목재를 구입하면 목재를 매입하는 데 지불한 금액은 재고 계정에 포함된다. JMC가 목재를 현금 또는 외상으로 매입하는지 여부에 관계없이 재고의 매입은 원가로 간주된다. 재고가 완제품으로 팔리기 전까지는 목재의 매입원가를 비용으로 간주하지 않기 때문에 손익계산서상 매출에서 목재의 매입원가를 차감하지 않는다. 완제품이 팔리면 목재의 매입원가는 재고 계정에서 차감되고 손익계산서에 매출원가비용이 추가된다. 보통 재고는 완제품으로 전환되어 1년 이내 판매되기 때문에 재고 매입을 원가인 동시에 비용으로 생각하는 사람들도 있지만 이는 정확하지 않다.

회사가 지급하는 이자(interest payment)를 살펴보자. 회사가 이자를 지급하면 지급 금액은 원가와 비용 모두 해당된다. 이자를 지급했기 때문에 원가로 간주되며, 이익을 계산하기 위해 매출에서 즉시 차감되기 때문에 비용으로 볼 수 있다.

직원 임금은 어떨까? 이미 판매된 쥐덫에 대해 임금을 지급한다면 임금은 원가와 비용 모두 해당된다. 아직 판매되지 않은 쥐덫에 대해 임금을 지급한다면, 임금은 원가로 간주되지만 아직 비용은 아니다. 해당 원가(임금)는 쥐덫이 실제로 판매될 때까지 대차대조표의 완제품에 포함된다. 쥐덫이 판매되면 임금과 원자재 매입원가는 완제품(Finished Goods) 항목에서 차감되고 모두 **매출원가비용(Cost of Goods Sold expense)**이 된다. 결론적으로 쥐덫의 제조 원가는 쥐덫이 팔리기 전까지는 비용으로 간주되지 않는다.

1장에서 알베터에게 지급한 임금 중의 일부가 판관비에 해당하는 것처럼 관리 및 행정 업무에 대해 지급한 임금은 원가와 비용 모두 해당된다. 이미 임금이 지급되었기 때문에 원가로 간주되며 손익계산서에 기재되어 지급 당시 (또는 지급 발생 기간 내) 매출에서 차감되기 때문에 비용이다. 판관비(SG&A expense)는 비용이 발생한 기간 내 매출에서 차감되기 때문에 **기간비용(period expense)**이라고도 한다. 이와 달리 쥐덫 제조 업무에 대해 지급한 임금은 쥐덫이 언제 판매되느냐에 따라 비용이 발생한 기간 내 매출원가비용이 되거나 나중에 매출원가비용이 될 수도 있다.

원가의 또 다른 예는 회사가 **현금배당(cash dividend)**을 선언할 때이다. 회사가 현금배당을 선언한 후 실제로 현금이 지급되는 시기는 3주 후지만 회사는 배당금을 지급할 의무가 있기 때문에 원가는 배당금이 선언될 때 발생되는 것이며 3주 후에 실제로 현금이 지급될 시기에 발생하는 것이 아니라는 점에 유의하자. 배당금은 비용으로 처리되지 않으며 이익을 계산할 때 매출에서 차감되지 않는다. 배당금은 회사가 이익의 일부를 주주들에게 나누어 주는 것을 말한다.

자산의 자본화 (CAPITALIZING AN ASSET)

회사가 공작기계를 매입하면 원가가 발생한다. 공작기계는 수년간 사용되기 때문에 공작기계의 원가는 대차대조표의 고정자산 항목 아래에 기재된다. 순이익을 계산할 때 공작기계를 매입한 연도의 매출에서 원가의 대부분은 차감되지 않는다. 즉 고정자산을 매입할 때 원가는 발생하지만 비용이 발생한 것은 아니다.[1]

월 스트리트에서는 공작기계의 원가가 한 번에 비용으로 처리 또는 **지출(expensed)되지 않고 자본화(capitalized)**되었다고 말한다. 다시 말해서 자산의 원

---

[1] 좀 더 정확히 말하면 대부분의 자산의 원가는 첫해에 비용으로 처리되지 않는다. 자산을 연중에 취득할 경우 반년 동안의 감가상각 비용이 기록된다. 따라서 연중에 취득한 자산의 예상 수명(내용연수)이 10년이라면 자산 원가의 20분의 1이 감가상각 비용으로 처리되는 것이다.

가는 대차대조표에 고정자산으로 표시되며 자산의 수명 기간 동안 감가상각 될 것이다.

자본화된 자산(capitalized asset)이 감가상각 될 때 특정 연도에 발생한 감가상각은 원가가 아닌 비용으로 간주된다. 감가상각은 매출에서 차감되기 때문에 비용으로 간주되며 지불 의무가 없기 때문에 원가로 간주되지 않는다. 공작기계 대금 지불 의무는 전년도에 발생했다. 따라서 자산의 원가가 자본으로 전환되고 나중에 감가상각 될 경우, 회계적 관점에서 실제로 발생한 것은 **원가에 대한 지출(비용 처리)이 나중 연도로 이연된 것이다(the expensing of the cost is deferred to later years)**. 실제로 모든 원가는 결국 지출되어야 하지만 다음과 같은 예외들이 있다. (1) 토지를 매입하는 경우(토지는 감가상각 대상이 아니다), (2) 세후이익으로 배당금 지급을 선언하는 경우, (3) 채무의 원금상환 등이 예외들이다.

정의 (Definitions)

- **자산의 자본화(Capitalizing an asset)** – 자산의 원가를 대차대조표에 고정자산, 유형자산 또는 기타 항목으로 기재하고 **첫해에 전체 원가를 지출 처리하지 않는 것을 말한다.** 자본 자산(예: 공장, 기계, 장비 등)은 일정 기간에 걸쳐 감가상각(지출 또는 비용 처리) 되지만 토지는 예외이다. 토지의 원가는 자본으로 전환되지만 감가상각이 적용되지 않는다.

공작기계의 원가를 자본화시키고 수년에 걸쳐 비용으로 처리하는 이유는 공작기계가 수년 동안 사용되어 회사의 매출을 창출하는 데 도움이 될 것이기 때문에 기계가 사용되는 기간을 감안하여 원가를 계산하는 것이 적절한 방법이다. 이러한 방법은 공작기계의 예상 수명 기간(내용연수)에 걸쳐 감가상각비를 반영하는 것이다.

이연비용 (DEFERRED EXPENSE)

이전 장에서 우리는 자산이 마모되기 때문에 감가상각이 발생한다고 말했다. 이것이 사실이지만 회계적 관점에서 볼 때, 자산이 마모되는 데 걸리는 예상 시간과 같은 기간 동안 원가가 수년에 걸쳐 지출되기 때문에 자산이 감가상각 된다고 말하는 것도 정확한 표현이다.

따라서 모든 자본화된 자산은 이연비용을 발생시킨다고 생각할 수 있다. 실제로 많은 대차대조표에는 **이연비용(Deferred Expense)**이라는 자산 카테고리가 포함되어 있다. 이연비용이라는 명칭이 많은 것을 알려 주진 않지만 그것은 특정 자산의 원가가 발생했고 아직 원가가 모두 지출되지 않았다는 것을 알려 줄 뿐이다. 이 이연비용의 정의에 따르면 유형자산(plant and equipment)은 대차대조표에 이연비용으로 표시될 수 있다는 것을 뜻하지만 실제로 유형자산 항목은 14장의 부분 대차대조표 유형자산 항목처럼 항상 별도 항목으로 기재된다. 대차대조표상의 이연비용은 일반적으로 작고 다양한 항목들을 가리킨다.

대차대조표의 이연비용을 가리킬 때, 'Deferred expenses' 대신 'Deferred costs' 혹은 'Deferred charges'라는 용어들이 사용되기도 한다. 이 용어들은 정확히 같은 뜻은 아니지만 비슷한 의미를 가진다. 'Charge'라는 단어는 문맥에 따라 의미가 다를 수 있지만 보통 '비용'을 뜻한다. 원가와 비용의 개념적 차이를 이해한다면, 우리는 자산(Charge), 원가(Cost)와 비용(Expense)이 문맥상 무엇을 의미하는지를 알 수 있다.

자산을 자본화시켜야 할지 또는 한 번에 모두 비용으로 처리할지에 대한 결정은 그리 간단한 문제가 아니다. 예를 들어 공작기계는 수년 동안 존속하기 때문에 원가가 자본화된 다음 수년에 걸쳐 감가상각(지출) 된다. 하지만 절삭날과 같은 특정 부품은 매달 또는 심지어 매일 교체해야 한다. 만약 회사가 한 번에 많은 양의 절삭날을 구입한다면 구입한 절삭날의 모든 원가는 자본화해야 할까? 아니면 비용으로 처리해야 할까? 6개월 혹은 18개월 수명의 회사 트럭 타이어는 어떨까? 이러한 결정을 내리는 데 어느 정도의 분별력이 요구됨이 틀림없다. 이러한 경영진의 재량권은 실적에 영향을 미치며 때로는 실적을 조작할 수 있는 기회를 만든다.

보수적인 회사는 이러한 재량적인 항목들(discretionary items)을 모두 비용(즉 재량적인 항목들을 매출원가나 판관비로 처리하여 자산을 매입한 연도의 매출에서 차감하는 것)으로 처리하고 낮은 이익을 보고한다. 회계 처리 방식이 진보적인 회사는 이러한 항목들을 자본화된 자산으로 보고 수년에 걸쳐 감가상각 한다. 따라서 진보적인 회계 방식을 채택한 회사는 보수적인 회사와는 반대로 재량적인 항목들 중 일부만 지출로 처리하기 때문에 초기에 높은 실적을 보일지 모르지만, 후반기로 갈수록 높은 감가상각비용으로 인해 낮은 실적을 보일 것이다.

회사가 자산을 취득한 연도에 자산의 전체 원가를 비용으로 처리할 경우, 원가는 해당 연도에 완전히 지출된 것으로 간주하거나 자산 가치가 **감액손실 또는 전액감액(written off)** 된 것으로 본다. '**감액손실된다(written off)**'라는 말은 단순히 비용(expense)으로 처리되는 것을 뜻한다. 일반적으로 '감액손실'이란 자산의 모든 원가가 비용으로 처리되는 것을 뜻하지만 "1년 내 공작기계의 원가의 20%가 감액손실되었다(20 percent of a machine tool was written-off in one year)"라고 말하는 것도 올바른 표현인데, 이는 그해 기계의 원가에서 20%만큼 감가상각이 발생했다는 뜻이다. 예를 들어, 공작기계의 원가가 10,000달러이고, 5년 동안 정액법 기준으로 감가상각 되었다고 가정해 보자. 다음 문장들은 모두 같은 의미를 가진다.

1. 기계는 연간 2,000달러씩 감가상각 된다.

   (The tool is being depreciated by $2,000 per year.)

2. 기계는 20% 또는 연간 2,000달러씩 감액손실되었다.

   (The tool is being written off by 20 percent or $2,000 per year.)

3. 자본화된 기계의 원가는 회사 실적에서 연간 2,000달러씩 비용으로 처리되고 있다.

    (The capitalized value of the machine tool is being charged to earnings at the rate of $2,000 per year.)

4. 기계의 원가가 이연되었으며 5년 동안 균등하게 비용으로 처리되고 있다.

    (The cost of the machine tool has been deferred and is being expensed evenly over a five-year period.)

4번의 경우 실제로 기계의 원가가 이연된 것이 아니라 **비용이 이연된 것**이지만 이 표현 또한 앞의 세 문장들과 같은 뜻으로 해석하면 된다.

이연자산의 상각 (AMORTIZING A DEFERRED CHARGE)

오직 유형자산만이 원가가 자본화되어 수년에 걸쳐 비용으로 처리되는 것은 아니다. 다음 Super-Fast Computer(SFC)사 특허의 취득원가를 살펴보자. SFC는 자사의 연구개발(R&D) 업무를 통해 많은 특허를 취득했고, 최근 다른 컴퓨터 회사로부터 특허 포트폴리오를 취득했다. 현행 회계 규정에 따르면, SFC의 자체적인 연구개발비는 제품의 제조 또는 특허 출원 여부에 관계없이 같은 연도에 손익계산서상의 비용으로 처리되어야 한다. 하지만 다른 회사로부터 취득한 특허 포트폴리오의 원가는 자본화되어야 할 것이다. 즉, 특허 포트폴리오의 원가가 대차대조표에 자산으로 표시되어 여러 해에 걸쳐 매년 비용으로 지출되어야 하는 것이다. 특허 포트폴리오는 **무형자산(Intangible Asset)**이기 때문에 무형자산의 원가가 비용으로 지출되는 것을 **상각(Amortization)**이라고 한다. 무형자산은 상표권, 저작권, 프랜차이즈 권리, 특허권 등 가치가 있지만 물리적 형태가 없는 자산을 말한다. 일반적으로 유형자산의 감가상각은 공장이나 장비와 같이 가치가 하락하는 경질자산(hard assets)[2]의 원가를 비용 처리하거나 감액손실(write off) 처리하는 것이다. 특허 포트폴리오는 경질자산이 아니며, 회사의 기존 제품군에 새로운 기능을 부여하거나 새로운 제품을 추가할 수 있기 때문에 실제로 가치가 증가할 수 있다. **상각**은 자산 가치의 하락을 뜻하는 것이 아니라 전년도에 발생한 원가의 이연비용을 말한다. 따라서 특허 포트폴리오는 '무형자산(Intangible Assets)', '이연비용(Deferred Expense)', 또는 단순히 취득한 특허(Acquired Patents)와 같이 여러 가지 방식으로 대차대조표에 기재될 수 있다. 이러한 명칭들은 모두 올바른 표현들이다.

특허 포트폴리오의 원가와 상각비용이 대차대조표와 손익계산서 어디에 위치하는지 살펴보자. SFC가 2013년 12월 31일에 특허를 80,000달러에 취득했다고 가정할 경우 대차대조표는 다음과 같다.

SFC 사 부분 대차대조표
2013년 12월 31일 기준

장기자산 (Long Term assets):

  총유형자산 (Gross plant and equipment) $100,000

  차감: 감가상각누계액 (Less: Accumulated depreciation) $40,000

  순유형자산 (Net Plant and equipment) $60,000

무형자산 (Intangible Assets) $80,000

특허 포트폴리오는 특허의 예상 유효 수명인 20년에 걸쳐 매년 원가의 5%씩 균등하게 상각되고 있다(정액법). 무형자산의 상각이 발생한 첫해인 2014년의 상각비용은 80,000달러의 5%인 연간 4,000달러가 될 것이다. 또한, 2014년에 SFC의 유형자산은 총 10,000달러가 감가상각 되었다. 따라서 2014년 12월 31일의

---

2 역자의 해설: '경질자산(hard assets)'이란 내재가치가 있는 유형자산 또는 자원을 말하며 토지, 건물 및 그 외 부동산, 차량, 오일, 천연가스, 귀금속 등이 경질자산에 해당한다.

부분 대차대조표는 다음과 같이 표시된다.

SFC 사 부분 대차대조표
2014년 12월 31일 기준

장기자산 (Long Term assets):

    총유형자산 (Gross plant and equipment) $100,000

    차감: 감가상각누계액 (Less: Accumulated depreciation) $50,000

    순유형자산 (Net Plant and equipment) $50,000

    상각후 무형자산 (Intangible Assets, net of amortization) $76,000

독자들은 2013년과 2014년의 두 부분 대차대조표들의 회계적인 차이를 주목해야 할 것이다. 유형자산은 항상 원가(총유형자산), 감가상각누계액(Accumulated depreciation), 순유형자산(Net Plant and Equipment) 항목들과 함께 표시된다. 따라서 감가상각비용 10,000달러가 감가상각누계액에 추가되고 이로 인해 순유형자산에서 10,000달러가 감소한다. 반면에 무형자산(Intangible Assets)과 그 외 이연비용(Deferred Expenses)은 남은 미상각 잔액(remaining unamortized amount)으로만 표시된다. 동일 연도 SFC의 무형자산 상각액 4,000달러는 연초의 무형자산 80,000달러에서 차감되어 76,000달러의 순무형자산이 남은 것이다. 위의 대차대조표로는 전년도의 상각액이 얼마인지를 알 수 없다.

손익계산서상에서 상각은 다음 페이지의 손익계산서와 같이 별도의 비용 항목으로 표시될 수 있지만 대부분의 회사들은 두 번째 손익계산서처럼 유형자산의 감가상각비용과 합산하여 표시한다.

SFC 사 2014년 손익계산서
유형자산 감가상각과 무형자산 상각 분리

매출 (Sales)		$200,000
차감: 비용 (less expenses):		
매출원가 (COGS)	$100,000	
판관비 (SG&A)	$ 66,000	
유형자산 감가상각 (Depreciation)	$ 10,000	
무형자산 상각 (Amortization)	$ 4,000	
이자비용 (Interest)	$ 6,000	
총비용 (Total expenses)	$186,000	$186,000
세전이익 (Profit before tax)		$ 14,000
법인세 50% (Tax at 50%)		$ 7,000
세후순이익 (Net Profit After Tax)		$ 7,000

SFC 사 2014년 손익계산서
유형자산 감가상각과 무형자산 상각 합산

매출 (Sales)		$200,000
차감: 비용 (less expenses):		
매출원가 (COGS)	$100,000	
판관비 (SG&A)	$ 66,000	
감가상각비 (Depr. & Amortization)	$ 14,000	
이자비용 (Interest)	$ 6,000	
총비용 (Total expenses)	$186,000	$186,000
세전이익 (Profit before tax)		$ 14,000
법인세 50% (Tax at 50%)		$ 7,000
세후순이익 (Net Profit After Tax)		$ 7,000

SFC가 취득한 특허 포트폴리오는 위의 대차대조표에서 무형자산으로 표시되었다. 회계적 관점에서 볼 때, 특허 포트폴리오를 이연비용(Deferred Expenses 또는

Deferred Charges), 이연원가(Deferred Costs) 또는 특허 포트폴리오의 미상각취득원가(Unamortized Cost of Acquired Patent Portfolio)라고 부를 수 있다. 미상각취득원가는 이연비용을 발생시킨 자산이 무엇인지 알려 주기 때문에 용어가 서술적이다. 앞서 말한 것처럼, 원가가 이연되는 것이 아니라 원가가 비용으로 처리(또는 상각)되어 이연되기 때문에 이연원가라는 용어를 사용하는 것은 적절치 못하다. 대형 기업들의 경우 이연비용의 범주 내 작은 항목들이 많고 이러한 작은 항목들을 가리킬 수 있는 적절한 용어가 없기 때문에 이연비용과 같은 좀 더 일반적인 용어가 사용된다.

SFC의 특허 포트폴리오의 취득원가 80,000달러를 자본화하고, 20년에 걸쳐 정액법에 따라 (균등하게) 상각하는 것을 다음 방법들 중 하나로 나타낼 수 있다. 다음 진술들은 모두 동일한 의미를 가진다.

1. SFC는 80,000달러의 무형자산 원가를 자본화했으며 매년 5%(4,000달러)씩 비용으로 처리한다.

   (SFC capitalized an $80,000 intangible cost and is expensing it by 5%, or $4,000, per year.)

2. SFC는 특허 취득원가를 대차대조표에 이연비용으로 포함하고 있으며 20년에 걸쳐 균등하게 감액손실 처리한다.

   (SFC is carrying its patent acquisition cost as a deferred charge (or deferred expense) on the balance sheet and will write it off evenly over 20 years.)

3. 취득한 특허 포트폴리오의 자본가치는 20년에 걸쳐 균등하게 상각되고 있다.

   (The capitalized value of the acquired patent portfolio is being amortized evenly over 20 years.)

4. 무형자산 취득원가가 반영된 이연비용은 정액법에 따라 20년에 걸쳐 상각된다.

(Deferred charges, reflecting intangible acquisition costs, will be amortized straight line over 20 years.)

앞서 기술한 네 문장들의 뜻은 명확하지만, 회사의 연차보고서나 SEC의 공시자료의 주석은 항상 명확하지는 않다. 예를 들어, "이연비용은 회사에 이익이 예상되는 방식으로 상각되는 특정 자산들의 원가를 반영한다(Deferred Expenses reflect the cost of certain assets which will be amortized in a manner reflecting their expected benefit to the company)"라는 내용이 주석에 포함될 수 있다. 이 내용은 이연비용이 발생하는 이유와 회사 실적에 어떤 영향을 미칠지에 대한 단서를 제공하지 못한다.

여기서 투자자들에게 말하고자 하는 요지는 대차대조표에 이연자산 계정이 등장하거나 이연원가, 이연비용, 이연자산, 무형자산 등의 항목들의 급격한 증가는 회사 실적이 증가함에도 불구하고 아직 손익계산서에 비용으로 지출되지 않은 대량의 현금(원가) 유출이 발생할 수 있다는 경고로 볼 수 있다는 것이다. 따라서 회사의 재무 상태나 향후 실적이 재무제표에 보고된 것만큼 좋지 않을 수 있다. 이러한 경우 투자자들은 이연비용이 향후 몇 년간의 실적에 얼마나 큰 영향을 미칠지에 대해서 회사로부터 답변을 구해야 할 것이다.

무형자산과 영업권 (Intangible Assets and Goodwill)

회사가 취득한 특허는 무형자산의 한 종류에 불과하다. 무형자산은 저작권(copy right), 프랜차이즈 계약(franchise agreement) 또는 브랜드 명칭이 될 수도 있다. 그러나 대차대조표에 무형자산이 있다는 것은 일반적으로 회사가 무형자산을 자체적으로 개발한 것이 아니라 취득한 것임을 나타낸다. 예를 들어, 과일 건강 음료를 제조하고 판매하는 회사인 Regal Drinks, Incorporated(줄여서 RDI)를 살펴보자. RDI가 성공적인 브랜드를 개발하면 브랜드를 소유함으로써 얻을 수 있는 모든 혜택을 모두 누리지만 RDI가 자체적으로 음료 브랜드를 개발했기 때문에 대차대조표에는 무형자산으로 나타나지 않는다. 반면 RDI가 다른 회사를 인수하여 브랜드명을 취득했다면, RDI는 회계 규정에 따라 브랜드 취득원가의 일부를 대차대조표에 '무형자산(Intangible asset)'으로 표시해야 한다. 만약 RDI가 인스턴트 커피 개발 판매 회사인 COF사를 인수했다고 가정해 보자. RDI는 COF사에 140만 달러의 인수 대금을 지불했다. 인수 당시 COF사의 자산가치는 110만 달러, 총부채가 20만 달러였기 때문에 COF사의 순장부가치는 90만 달러였다. 회계 규정에 따라 다음과 같은 회계 처리가 필요하다. 첫째, RDI는 COF 자산의 **공정가치(fair market value, 줄여서 FMV)**를 결정해야 한다. COF 자산을 조사한 결과 COF 자산의 공정가치는 약 120만 달러로 장부가인 110만 달러보다 약간 높은 것으로 나타났다. COF의 공정가치 120만 달러에서 부채 20만 달러를 차감하면 COF 자산의 **순공정가치(net fair market value, 줄여서 net FMV)**는 100만 달러이다. 그러나 RDI는 원소유주인 COF사에게 COF의 순공정가치보다 40만 달러 많은 140만 달러를 지불했다. 즉, RDI는 100만 달러의 공정 가치를 지닌 COF 자산 매입과 더불어 COF의 브랜드명을 함께 매입한 셈이다. COF 자산의 순공정가치인 100만 달러를 초과한 RDI의 원가 40만 달러는 브랜드명의 가치에 기인하며 무형자산인 **영업권(goodwill)**으로 간주되는 것이다.

영업권 계산 (Calculation of Goodwill)	
첫번째 과정	
COF 인수자산의 공정가치	$ 1,200,000
차감: COF의 총부채	$ 200,000
동일: COF 자산의 순공정가치	$ 1,000,000
두번째 과정	
RDI가 지불한 COF의 인수가격*	$ 1,400,000
차감: COF 자산의 순공정가치	$ 1,000,000
동일: COF 인수로 발생한 영업권	$ 400,000

* 인수 가격은 현금으로 지불되거나 RDI의 보통주나 우선주의 가치 또는 RDI가 보유한 다른 자산 가치에 상응하는 가격으로 지불될 수 있다.

우리는 위의 SFC의 특허 포트폴리오 인수 예시에서 특허 포트폴리오의 무형자산은 상각되어야 한다는 사실을 알 수 있었다. 그러나 인수 과정에서 무형자산인 영업권(goodwill)이 발생한 경우 영업권은 상각되지 않고 대차대조표에 자산으로 남게 되며 회계 규정에 따라 **감손(impairment)** 여부를 판단하는 평가를 매년 받아야 한다. 감손은 가치의 상실을 의미한다. RDI가 COF사와 함께 인수한 인스턴트 커피 브랜드의 판매가 원활하고 수익을 창출하는 이상 무형자산 가치는 감손되지 않고 대차대조표의 영업권은 변동이 없을 것이다. 하지만 인스턴트 커피가 잘 팔리지 않고 이익이 예상보다 낮거나 손실이 예상된다면 영업권의 가치가 감손될 것이며 대차대조표의 영업권 가치가 감소되거나 영업권의 변동이 예상되는 가치[3]로 **감액(written down)** 되어야 한다. 이러한 무형자산의 감액은 상각으로 나타날 수 있지만, 감액되어야 하는 금액이 큰 경우, 손익계산서에 별도의 비용 항

---

3 브랜드의 가치를 추정할 수 있는 한 가지 방법은 영업권 자산(커피 브랜드)에 의해 발생할 것으로 예상되는 매출, 이익 및 현금흐름을 예측하고 이를 대차대조표의 영업권 가치와 서로 비교하는 것이다. 만약 향후 예상되는 현금흐름의 가치가 대차대조표의 영업권 가치의 절반에 불과하다면 영업권은 감손되어 절반으로 감액된다.

목으로 표시될 가능성이 높다. 우리는 본 장의 뒷부분에서 감손비용(impairment expense)의 예를 살펴볼 것이다.

대차대조표의 영업권은 취득(인수)뿐만이 아니라 다른 이유로 발생할 수 있다. 회사의 규모에 비해 영업권의 금액이 적은 경우, 영업권은 무형자산이나 이연비용 그리고 그 외 항목들에 포함된다. 반면 영업권의 금액이 상당한 경우, 대차대조표의 장기자산이나 고정자산 아래 영업권이 별도의 항목으로 표시될 것이다.

정의 (Definitions)

- **영업권(Goodwill)** - A사가 B사를 인수할 경우, A사가 B사의 순공정가치를 초과하는 인수가액을 지불할 때, 그 차액을 영업권이라고 하며 A사의 대차대조표에 표시된다. 영업권은 가치가 있지만 형태가 없는 무형자산이다.

영업권이 투자에 미치는 영향은 경우에 따라서 미미하거나 상당할 수 있다. 대차대조표에 **영업권(Goodwill)**으로 표시된 금액이 감소하거나 감소가 예상될 경우 이는 회사의 장부가치가 과대 평가되었다는 신호로 작용한다.

특히 일부 투자자들은 주당 장부가치로 주식가격을 평가하기 때문에 영업권은 중요하다. 이 때문에 영업권보다 **유형자산 장부가치(tangible book value)**가 나은 지표로 활용된다. 우리는 유형자산 장부가치에 대해서도 곧 이야기할 것이다.

소비자들에게 인기 있는 브랜드의 영업권은 대체로 수명이 길지만 상당한 금액의 영업권이 감액손실된 사례들을 IT 분야에서 쉽게 찾아볼 수 있다. IT 회사들이 제품군을 확대하기 위해 다른 회사들의 제품들을 순공정가치 이상의 가격으로 인수하면 대차대조표에 영업권이 발생한다. 그러나 IT 산업의 짧은 제품 수명과 높은 제품 노후화율로 인해 인수한 제품들이 성공하지 못하는 경우가 많고 이러한 제품들의 인수로 발생한 영업권의 가치는 감액손실된다. 많은 비슷한 사례에서 투자자들은 회사가 인수한 제품들의 판매가 저조할 것이라 예상하지 못했기 때문에 영업권의 감액은 주가가 급락하는 결과를 낳았다.

대차대조표의 '**이연비용(Deferred Charges)**'에 영업권이 포함될 수 있지만, 선급보험료 같은 선급비용(prepaid expense)에서도 이연비용이 발생한다. RDI가 보험기간 3년간의 보험료 6,000달러를 선납한다고 가정해 보자. 현재 RDI가 3년 보험에 가입했기 때문에 보험의 원가를 상각하거나 3년에 걸쳐 균등하게 이익에서 비용이 발생한다고 처리해야 할 것이다. 이와 유사한 항목들 또한 이연비용에 포함되지만 금액이 적을 경우 투자에 미치는 영향은 미미하다.

영업권이 표시된 RDI의 대차대조표는 다음과 같다.

RDI 대차대조표
12/31/14 기준

자산 (Assets)		부채 (Liabilities)	
유동자산 (Current assets):		**유동부채 (Current liabilities):**	
현금 (Cash)	$ 1,000,000	단기차입금 (Short debt payable)	$ 500,000
매출채권 (Account receivable)	$ 3,000,000	매입채무 (Accounts payable)	$ 4,000,000
재고 (Inventory)	$ 4,500,000	총유동부채 (Total current liabilities)	$ 4,500,000
총유동자산 (Total curent assets)	$ 8,500,000		
고정자산 (Fixed assets):		**장기부채 (Long-term debt):**	
총유형자산 (Gross PP&E)	$21,000,000	2022년 만기 7% 채권	$ 7,000,000
감가상각누계액 (Accum. Depr)	$ 7,000,000	(7% bonds due 2022)	
순유형자산 (Net PP&E)	$14,000,000	**자기자본 (Stockholder's Equity):**	
무형자산 (Intangible assets):		**자기자본 (Equity)**	
영업권 (Goodwill)	$ 400,000	보통주 (Common Stock)	$ 500,000
이연비용 (Deferred charges)	$ 60,000	추가납입자본 (Add. paid-in capital)	$ 4,604,000
	$ 460,000	유보이익 (Retained earnings)	$ 6,356,000
		총자기자본 (Total equity)	$11,460,000
총자산 (Total assets)	$22,960,000	총부채및자본 (Total liab. and equity)	$22,960,000

장부가치와 유형자산 장부가치 (BOOK VALUE AND TANGIBLE BOOK VALUE)

우리는 12장에서 장부가치는 총자산에서 총부채와 우선주 청산가치를 차감한 것이라고 정의를 내렸다. 장부가치를 계산할 때 장부가치에서 다시 무형자산을 차감한 후 **유형자산 장부가치**(tangible book value)를 계산하여 사용하는 것이 좀 더 신중한 접근법이다.

정의 (Definitions)

- **장부가치**(Book value) - 총자산에서 총부채와 우선주 청산가치를 차감한 것을 말한다.
- **유형자산 장부가치**(Tangible book value) - 총자산에서 무형자산과 총부채 그리고 우선주 청산가치를 차감한 것을 말한다.

RDI가 우선주를 발행하지 않았기 때문에 장부가치와 유형자산 장부가치를 다음과 같이 계산할 수 있다.

	장부가치 (Book value)	유형자산 장부가치 (Tangible book value)
총자산 (Total assets)	$22,960,000	$22,960,000
차감: 무형자산 (Less:Intangible assets)		− $460,000
		= $22,500,000
차감: 총부채 (Less:Total liabilties)	− $11,500,000	− $11,500,000
	$11,460,000	$11,000,000

투자자들이 장부가치에 대해서 이야기할 때 종종 '유형자산 장부가치(Tangible book value)'를 뜻하는 것을 명심해야 할 것이다. 유형자산 장부가치는 장부가치를 좀 더 보수적으로 계산한 값이다. 많은 투자자들이 유형자산 장부가치를 선호

하는 이유는 첫 번째로 무형자산이 실제로 현재 가치가 있는지 파악하기 어렵고, 두 번째로 회사가 파산할 경우, 영업권과 같은 무형자산들은 큰 금액에 매각할 수 없는 경우가 많기 때문이다.

유형자산 장부가치를 **순자기자본**(tangible net worth)이라고도 부른다.[4] 순자산 (net worth)은 단순히 자기자본(equity)을 뜻하기 때문에 **순자기자본**은 무형자산을 차감한 자기자본을 말한다. **장부가치**(book value), **순자산**(net worth), **순자기자본**(tangible net worth) 같은 용어들은 서로 바꿔 가며 사용된다. RDI의 순자기자본 1,100만 달러는 장부가치 또는 순자산 1,146만 달러에 근접한 수치이다. 이처럼 순자기자본이 장부가치와 비슷하거나 동일한 경우, 회사가 보유한 무형자산이 거의 없거나 무형자산이 아예 없음을 나타낸다. 장부가치가 자기자본이나 순자산과 항상 동일하다고 생각한다면 오산이다. 특히 우선주가 있거나 무형자산이 많은 회사들의 경우, 장부가치를 직접 계산해 보는 것이 좋다.

무형자산의 상각과 현금흐름 (AMORTIZATION AND CASH FLOW)

우리는 14장에서 **영업현금흐름**(cash flow from operations)이 손익계산서 상의 이익보다 크다는 것을 알았다. 그 이유는 감가상각비용은 실제로 현금유출이 발생한 것은 아니지만 매출에서 감가상각비용이 차감되어 이익이 계산되기 때문이다. 자본화 비용(이연비용)의 상각 또한 이와 비슷한 결과를 낳는다. 유형자산의 감가상각과 마찬가지로 무형자산의 상각은 이전 연도에 발생한 원가의 지출을 반

---

4 역자의 해설: 우리가 흔히 알고 있는 '순자산(net worth)'이란 내재가치가 있는 실물자산(무형자산 포함)과 금융자산의 가치를 모두 합한 값에서 부채를 차감한 가치를 말한다. 금융적 관점에서 볼 때 '순자산(net worth)'은 주식을 보유한 주주들의 '자기자본(shareholders' equity)'과 같은 뜻으로 해석할 수 있다. 그리고 'tangible net worth'란 회사의 영업권(good will)과 무형자산 (intangible assets)을 차감한 자기자본을 말하는데 한국의 자본시장법이나 그 외 회계 규정에서 'tangible net worth'를 대체할 수 있는 용어를 따로 정의하고 있지 않다. 따라서 역자는 'tangible net worth'를 '순자기자본'이라고 표기하였으며 'tangible net worth'를 '유형자산 자기자본'이라고 불러도 문제가 없다는 게 역자의 의견이다.

영한다. 무형자산의 상각은 매출에서 차감되기 때문에 이익이 감소하지만 실제로 같은 연도에 현금유출이 발생한 것은 아니다. 자본화 비용이나 이연비용을 발생시키는 현금유출은 수년 전에 발생했을지도 모른다.

영업현금흐름을 계산할 때 무형자산의 상각이 회계 처리되는 방식은 유형자산의 감가상각과 동일하다. 즉 이전 장에서 다룬 것처럼 영업현금흐름을 계산하기 위해서 순이익이 다시 추가된다. 만약 BCD사의 감가상각액이 2,000달러이고 무형자산의 상각액이 500달러일 경우 BCD의 현금흐름표는 다음과 같다.

BCD 사 - 간략하게 계산한 영업현금흐름 (Cash flow from operations using the shortcut method)	
순이익 (Net profit)	$ 9,000
다시 추가 (Add back):	
감가상각비 (Depreciation and amortization)	$ 2,500
이연법인세 (Deferred tax)	$ 1,000
순현금유입 (Net cash inflow)	$12,500

감가상각전 영업이익 (EBITDA)

우리는 4장을 통해 EBIT이 **이자 및 법인세 차감전 이익**(earnings before interest and taxes)이라는 것을 알 수 있었다. EBIT은 이자보상비율을 계산할 때 가장 유용한 지표이다. 또한 투자자들 다른 회사들을 서로 비교할 때 EBIT을 매출로 나눈 **EBIT 이익률**(EBIT margin)을 살펴보는데 회사마다 다른 법인세나 이자 수준을 고려할 필요 없이 회사별 수익성을 서로 비교할 수 있다.

EBITDA는 **법인세·이자·감가상각비 차감전 영업이익(줄여서 감가상각전 영업이익)**을 말한다. EBITDA는 우리가 4장에서 본 **영업실적**(operating earnings)이다. 투자자들이 EBITDA를 선호하는 이유는 기업의 일상적인 운영 관점에서 볼 때 회사의 효율성이나 이익 창출 능력을 측정할 수 있기 때문이다. 장기부채에 발생하는 이자비용은 상대적으로 고정적인 비용이며 매출, 임금, 원자재, 그리고 그 외 운영비용과는 별개의 비용이다.

감가상각은 원가나 판관비용과는 달리 고정적인 비용이다. 감가상각비는 여러 해에 걸쳐 자본화되는 고정자산이나 무형자산의 원가와 관련이 있다.

따라서 매출에서 EBITDA가 차지하는 비율 즉, EBITDA 이익률은 동종업계 내 기업들을 비교하기 좋은 지표이다. 원자재, 인건비, 포장비, 운송비 등 회사의 운영에 필요한 비용들은 동종기업들 간 서로 유사할 수 있지만 회사마다 다른 고정자산의 취득 시기나 취득 방식(예: 공장 신축, 인수) 때문에 감가상각비용이 다를 수 있으며, 감가상각 방식이나 무형자산의 보유 규모가 다를 수 있다. 아울러 회사마다 부채비율이 다른 것은 이자비용 수준 또한 다르다는 것을 의미한다.

EBITDA 이익률로 회사들을 비교할 경우 감가상각비용이나 이자비용이 이익을 왜곡시키는 효과가 사라지기 때문에 회사 간의 이익률을 동등한 기준에서 비교할 수 있다.

EBITDA 이익률은 단순하게 EBITDA를 매출로 나눈 값이다. 위 SFC의 손익계산서를 바탕으로 계산한 세전이익률, EBIT이익률, EBITDA 이익률은 다음과 같다.

	세전 이익률 (Pretax Profit Margin)	EBIT 이익률 (EBIT Profit Margin)	EBITDA 이익률 (EBITDA Profit Margin)
매출 (Sales)	$ 200,000	$200,000	$200,000
차감: 비용 (less expenses):			
매출원가 (COGS)	$ 100,000	$100,000	$100,000
판관비 (SG&A)	$ 66,000	$ 66,000	$ 66,000
유형자산 감가상각 (Depreciation)	$ 10,000	$ 10,000	
무형자산 상각 (Amortization)	$ 4,000	$ 4,000	
이자비용 (Interest)	$ 6,000		
총비용 (Total expenses)	$ 186,000	$180,000	$166,000
세전이익 (Profit before tax)	$ 14,000		
이자 및 법인세차감전 이익 (EBIT profit)		$ 20,000	
감가상각전 영업이익 (EBITDA profit)			$ 34,000
매출대비이익률 (Percent of sales)	7%	10%	17%

애널리스트들은 위 세 가지 이익률을 모두 살펴볼 것이다. 여기서 우리는 회사들을 서로 비교하거나 여러 분기 또는 해에 걸쳐 회사의 이익률의 변화를 관찰할 때 항상 동일한 방식으로 이익률이 계산되어야 한다는 사실을 명심해야 한다.

특별감액손실 (EXTRAORDINARY WRITE-OFFS)

전액감액(write-off)과 감액(write-down)은 다른 용어들과 마찬가지로 투자자들이 이러한 용어들을 어떻게 사용하느냐에 따라 다양한 의미를 가진다. 먼저 자산의 감가상각은 자산 가치의 감액으로 볼 수 있다. 감가상각으로 인한 자산 가치의 감액은 자산이 지속적으로 감가상각 되거나 가치가 감소되기 때문에 다소 규칙적이며 마찬가지로 무형자산의 상각 또한 자산 가치의 정기적인 감액으로 볼

수 있다.[5]

전액감액 또는 감액은 자산이 더 이상 쓸모없어져 가치가 잔존 가치 또는 0으로 한꺼번에 감액되는 경우 자주 사용되는 용어들이다. 예를 들어 예상 수명이 8년인 기계가 5년 후에 고장이 났는데 수리비가 너무 비싼 나머지 회사가 수리를 원하지 않는다고 가정해 보자. 기계가 아직 완전히 감가상각 되지 않았기 때문에, 회사는 기계를 0이나 기계의 잔존 가치로 감액한다. 또 다른 예로 구입한 지 1년이 채 지나지 않은 무보험 회사 차량이 사고가 난 경우, 회사가 차를 수리할 수 있음에도 불구하고 사고차를 폐차하고 새 차를 구입하기로 결정한다면 회사는 사고차의 자산 가치를 전액감액 처리해야 한다. 마지막 예로, 가구 회사가 대량으로 보유한 침구세트 제품들이 팔리지 않을 경우를 생각해 보자. 수많은 광고에도 불구하고 침구세트 제품들의 판매가 저조하다면, 경영진은 제품들의 판매를 멈추고 폐목재로 폐기할 것이다. 따라서 **완제품 재고**(finished goods inventory)에서 팔리지 않은 침구세트들은 잔존 가치로 감액 처리되어야 한다.

위의 세 가지 경우의 감액손실은 감가상각처럼 규칙적으로 발생하지 않으며 회사의 전체적인 재무 결과에 비하면 미미한 금액이다. 회사는 감액손실비용이 적은 경우 정상적인 회계 절차에 따라 손익계산서에 매출원가, 판관비 또는 감가상각의 일부로 포함시킨다. 실제로 매 분기마다 소규모의 감액손실이 한두 차례 발생하고 감액손실의 효과가 회사의 주당이익(EPS) 패턴에 드러나지 않기 때문에

---

5 역자의 해설: 나라별로 회계 실무가 다르기 때문에 미국 회계 용어와 한국 회계 용어를 완벽히 매칭 시키는 것은 어려운 일이다. 본문에서 짧게 다루지만 'write-off'는 전체 금액을 감액하는 것을 말하고 'write-down' 일부 금액을 감액하는 것을 뜻한다. 장부가액을 전액 감액한 자산은 장부에서 제거되어야 한다는 점에 볼 때 한국의 일부 서적에서는 'write-off'를 '제각'으로 번역하는 경우가 종종 있는데, 한국 회계의 실무적 관점에서 '제각'이란 회수가 불가능한 채권을 회수불능에 대비하여 미리 쌓아 놓은 돈(대손충당금)과 상쇄시켜서 장부에서 제거하는 것(대손처리)을 뜻한다. '제각'은 앞서 설명한 채권의 대손처리 외에는 회계 실무에서 거의 사용되지 않는 용어이며 오히려 법률 용어로 더 많이 사용된다. 따라서 역자는 이 책에서 'write off'를 '감액손실' 또는 문맥에 따라 '전액감액'이라고 표현하고 'write down'을 '감액'으로 정의해서 구분하였다. 'write off'를 (전액) 감액손실, 'write-down'을 (부분) 감액손실로 표기하는 것도 올바른 표현이다.

투자자들이 오해할 만한 소지가 없다.

하지만 대체로 회사들이 4분기에 이러한 조정을 많이 한다. 경영진이 침구세트 제품의 디자인에 실수가 있었음에 대해 인정하는 것을 뒤로 미루는 이유가 인간의 본성일지도 모른다. 또는 회사가 실적을 최대한 많이 보고하여 연초에 주가를 최대한 높이 끌어올리기 위해 자산 가치의 감액손실 처리를 미루고 있을 가능성도 있다. 회사가 주식 공모를 할 계획이 있거나 회사 경영진들이 보유한 주식들 중 일부를 매각하고자 할 경우 이와 같은 일들이 일어날 수 있다.

마지막 두 가지 이유 중 어느 경우를 막론하고 회사가 인위적으로 높은 실적을 보고하는 것은 비윤리적이고 불법적인 일이다. 어떤 경우라도 4분기에 발생하는 감액손실은 회사의 4분기 실적을 1~3분기 실적보다 예측하기 어렵게 만든다.

이러한 자산의 감액손실이 이익의 상당 부분(5% 이상)을 차지할 경우, 회사는 이를 재무제표의 주석을 통해서 설명해야 한다. 감액손실 금액이 상당한 경우, 회계 규정에 따라 이를 특별감액손실 항목으로 별도로 기재한다. 특별감액손실이 발생할 수 있는 한 가지 예는 실적이 저조한 회사의 사업부나 제품군을 매각하거나 폐쇄하는 것이다. 이러한 감액손실에는 1) 폐기되거나 매각된 유형자산의 감액, 2) 미판매 재고의 가치, 3) 퇴직금 및 해고 관련 기타 비용, 4) 제품이 단종되거나 제품을 개발한 사업부가 문을 닫았을 때 이미 판매된 제품들의 보증 금액 원가, 5) 관련 법률 및 회계 비용 등이 포함될 수 있다. 이러한 종류의 감액손실을 **구조조정비용(restructuring cost)**이라고 부른다. 또한 화재나 자연재해로 공장이 손상되어 공장의 가치가 감액손실 처리되어야 하는 경우, 특별감액손실이 발생한다.

이러한 특별감액손실과 구조조정비용을 **일회성비용(nonrecurring costs)**이라고도 하는데, 회사의 영업에서 정기적으로 발생하지 않는다는 것을 뜻한다. 일회성 감액손실은 회사의 실적을 부정적으로 왜곡시키기 때문에 주가에 영향을 미칠 수 있다. 따라서 투자자들은 특별감액손실 또는 일회성 감액손실이 실적에 어떠한 영향을 미치는지를 이해하고 회사의 가치를 평가할 때 계속사업이익(earnings from continuing operations, 일회성항목을 제외한 이익)을 사용해야 한다는 점을 기억해야 할 것이다.

다음 Boom Boom Dynamite Company(BBD)의 예를 살펴보자. 2014년 12월 4일 BBDC의 공장들 중 한 곳에서 폭발 사고가 일어났다. 폭발 사고가 일어난 공장은 보험에 가입되어 있지 않았다. 만약 사고가 발생하지 않았다면 연말 재무제표는 다음과 같았을 것이다.

BBD 부분 대차대조표
2014년 12월 31일 기준

고정자산 (Fixed assets):

총유형자산 (Gross property, plant and equipment)	$12,000,000
감가상각누계액 (Accumulated depreciation)	$7,000,000
순유형자산 (Net property, plant and equipment)	$5,000,000

2014년 BBD 사 손익계산서

매출 (Sales)		$6,000,000
비용 (less expenses):		
매출원가 (COGS)	$2,000,000	
판관비 (SG&A)	$ 500,000	
감가상각 (Depreciation)	$ 400,000	
이자비용 (Interest)	$ 100,000	
총비용 (Total expenses)	$3,000,000	$3,000,000
세전이익 (Profit before tax)		$3,000,000
법인세 (Tax)		$1,500,000
순이익 (Net profit)		$1,500,000
EPS (유통주식수 500,000 주)		주당 $3.00

그러나 폭발 사고로 원가가 500만 달러였던 공장이 손상되고 300만 달러만큼의 가치가 하락하여 장부가치는 200만 달러가 되었다. 공장이 지어졌을 때부터 폭발 전까지의 공장의 감가상각누계액은 300만 달러였다. 공장이 손상되었기 때문에, 공장은 장부에서 삭제되어야 한다. 따라서 500만 달러의 원가가 총유형자산에서 차감되고, 감가상각누계액 300만 달러와 순유형자산 200만 달러가 차감된다. 이로 인해 대차대조표의 고정자산 부분은 다음과 같다.

BBD 부분 대차대조표
2014년 12월 31일 기준 (감액손실 후)

고정자산 (Fixed assets):

  총유형자산 (Gross property, plant and equipment) $7,000,000

    감가상각누계액 (Accumulated depreciation) $4,000,000

  순유형자산 (Net property, plant and equipment) $3,000,000

공장이 손상되기 전의 장부가치가 200만 달러였기 때문에, 회사는 200만 달러의 손실을 입은 것이다. 이와 같은 손실은 지출로 처리되거나 회사의 이익에서 감액손실 처리되어야 한다. 또한 공장의 손실은 매출원가 또는 감가상각에 포함되거나 특별감액손실 항목으로 별도로 회계 처리될 수 있다. 후자의 두 가지 방법들은 다음과 같이 표시된다.

2014년 BBD 사 손익계산서
(공장의 감액손실이 감가상각비에 포함될 경우)

매출 (Sales)		$6,000,000
비용 (less expenses):		
매출원가 (COGS)	$2,000,000	
판관비 (SG&A)	$ 500,000	
감가상각 (Depreciation)	$2,400,000	
이자비용 (Interest)	$ 100,000	
총비용 (Total expenses)	$5,000,000	$5,000,000
세전이익 (Profit before tax)		$1,000,000
법인세 (Tax)		$ 500,000
순이익 (Net profit)		$ 500,000
EPS (유통주식수 500,000 주)		주당 $1.00

공장의 손상이 감가상각비에 포함된 경우, 손익계산서에 보고된 주당이익 1달러는 회사가 정상적으로 운영될 때 얻을 수 있는 주당이익 3달러보다 훨씬 악화된 것으로 보인다. BBD는 손상이 일어난 공장 없이 3달러의 주당이익을 다음 연도에 벌어들일 수 없겠지만, 새로운 공장이 완공되기 전까지 남은 공장들의 생산량을 늘리고 경쟁 회사들로부터 다이너마이트들을 임시로 구입하여 고객 수요를 만족시킴으로써 주당이익 1달러가 아닌 3달러에 가까운 실적을 올릴 수 있다. 그리고 새 공장이 완공되면 실적은 주당이익 3달러 수준으로 회복될 것으로 예상할 수 있다. 따라서 공장의 감액손실이 감가상각비용에 포함되는 경우, 실제로 무슨 일이 일어났는지 재무제표상에 뚜렷하게 나타나지 않으며, 새로운 공장이 완공되어 다시 가동됨에도 불구하고 실적이 주당이익 3달러를 회복하는 것이 아니라 1달러의 주당이익 수준에서 제자리 걸음을 할 것이라는 오해의 소지를 불러일으킬 가능성이 높다. 따라서 다음 페이지의 손익계산서와 같이 공장의 감액손실은 **특별**

감액손실항목(extraordinary item) 또는 **일회성항목(nonrecurring item)**으로 처리하는 것이 바람직하다.

2014년 BBD 사 손익계산서
(공장의 감액손실을 특별감액손실로 처리할 경우)

매출 (Sales)		$6,000,000
비용 차감 (less expenses):		
매출원가 (COGS)	$2,000,000	
판관비 (SG&A)	$ 500,000	
감가상각 (Depreciation)	$ 400,000	
이자비용 (Interest)	$ 100,000	
총비용 (Total expenses)	$3,000,000	$3,000,000
세전이익 (Profit before tax)		$3,000,000
법인세 (Tax)		$1,500,000
특별감액손실전이익 (Profit before extraordinary item)		$1,500,000
세율 50% 적용 후 특별감액손실 (Extraordinary loss, net of tax at 50%)		$1,000,000
순이익 (Net profit)		$ 500,000
특별감액손실전 EPS (before extraordinary loss)		주당 $3.00
특별감액손실포함 EPS (including extraordinary loss)		주당 $1.00

우리는 도표에서 세금이 어떻게 처리되는지 주목해야 할 것이다. 공장의 감액손실은 세금 공제가 가능한 비용이다. 즉 200만 달러의 손실로 인해 100만 달러의 세금이 절감된 것이다. 그러나 세금 절감액 100만 달러는 회사의 정상적인 실적이 아니라 특별감액손실항목에서 차감된다. 위와 같이 특별감액손실항목을 별도로 표시하는 이유는 특별감액손실이 발생하지 않았을 경우 회사의 실적이 어땠을지 보여 주기 위해서이다. 따라서 실제로 납부한 세금이 50만 달러임에도 손익

계산서에 세금이 150만 달러로 표시되는 것이다. 마찬가지로 특별감액손실(세율 50% 적용)은 실제로 발생한 손실이 200만 달러임에도 불구하고 100만 달러로 표시된다.

주가에 미치는 영향 (EFFECT ON STOCK PRICE)

이 장에서 중요한 점은 회사에 예기치 못한 특이한 사건이나 일회성 이벤트가 발생했을 때 투자자들은 이러한 사건들이 일어난 원인이 무엇인지 그리고 회사의 영업에 일시적으로 또는 지속적으로 어떤 영향을 미칠 것인지 파악하기 위해 노력해야 한다는 것이다. 이러한 정보를 토대로 투자자는 회사의 주가에 미치는 영향에 대해 올바른 판단을 내릴 수 있다. 감액손실의 효과가 일시적인 경우 특별감액손실항목(extraordinary item) 없이 회사의 영업이 어떻게 운영되는지 반영하여 위와 같이 손익계산서를 재구성할 수 있다.[6] 이를 **계속사업이익(earnings from continuing operations)**이라고 한다.

BBD의 경우, 주당이익 1달러보다 주당이익 3달러가 향후 예상되는 회사의 이익을 잘 나타낸다고 볼 수 있다. 공장 폭발 소식이 뉴스로 전해졌을 때, 투자자들이 공장의 폭발이 회사의 이익 창출 능력과 배당금 지급 능력에 장기적으로 어떤 영향을 미칠지 모른다고 생각했을 것이기 때문에 주가가 바로 하락했을 것이다. 하지만 투자자들이 향후 회사 실적에 미치는 부정적인 영향은 일시적이며 영구적인 손실이 발생하지는 않는다는 것을 알게 된다면 주가는 사고 전 주가 수준으로 다시 되돌아갈 것이다.

BBD의 사례에서 **특별감액손실(Extraordinary write-off)**은 예기치 못한 유형자산의 손상으로 인해 발생한다. 회사가 어떤 제품들을 대량으로 제조했는데 해

---

6 역자의 해설: 'Extraordinary item(특별손익항목)'은 과거 한국의 회계기준(K-GAAP)에서 사용되었으나, 현행 한국채택국제회계기준(K-IFRS)에서 더 이상 사용되지 않는다. 따라서 역자는 이 책에서 'Extraordinary item'을 '특별감액손실항목'으로 표기하였다.

당 제품들을 판매할 수 없다면 특별감액손실 또는 일회성 감액손실이 발생할 수 있다. 특별감액손실이 발생하면 재고의 가치는 잔존 가치로 감액되거나 감액손실 처리될 것이다. 마지막으로, 영업권 감손은 특별감액손실을 통해 처리가 가능하며 손익계산서상에 '특별감액손실전이익(profit before extraordinary write-off)' 대신 '영업권감손전이익(profit before goodwill impairment)'이라고 기재된다.

16장 현금흐름

CASH FLOW

회사가 일정 기간에 걸쳐 이익을 창출하고 배당을 지급하는 능력은 주가에 영향을 미치는 중요한 요소일 것이다. 투자자들은 회사에 대해 좀더 완벽하게 파악하고 주가의 움직임을 예측하기 위해서 이익뿐만 아니라 회사의 현금흐름도 함께 살펴봐야 한다.

일정 기간 동안 발생하는 회사의 **영업현금흐름**(cash flow from operations)은 가장 중요한 현금의 출처이지만 회사에 유입되거나 유출되는 현금은 다른 곳에서도 발생할 수 있다. 일반적으로 회사의 연차보고서에는 손익계산서, 대차대조표 그리고 **현금흐름표**(statement of cash flow)가 포함되며 현금흐름표는 영업현금흐름, 재무현금흐름, 투자현금흐름, 세 가지 범주로 나뉜다. 우리는 먼저 각각의 현금흐름들을 개별적으로 살펴본 다음 현금흐름표를 통해 회사에 대해 어떤 정보를 얻을 수 있는지 알게 될 것이다.

영업현금흐름 (CASH FLOW FROM OPERATIONS)

14장에서 살펴본 것처럼 **영업활동현금흐름** 또는 **영업현금흐름**(cash flow from operations)은 제품이나 서비스의 판매를 통해 회사로 유입되는 현금에서 원자재, 임금, 그리고 회계수수료, 사무용품 같은 회사의 운영에 필요한 비용을 지불하기 위해 회사로부터 유출되는 현금을 차감한 금액을 말한다.

또한 우리는 영업현금흐름은 이익과 동일하지 않음을 알 수 있었다. 그 이유는 이익을 계산할 때 감가상각, 이연법인세가 매출에서 차감되지만 현금흐름을 계산할 때는 이러한 항목들이 **매출(sales)**에서 차감되지 않기 때문이다. 따라서 영업현금흐름을 계산하기 가장 쉬운 방법은 이익에서 감가상각 비용과 이연법인세 증가분을 **다시 추가(add back)**하는 것이다. 일반적인 영업현금흐름표는 다음과 같다.

영업현금흐름 (Cash flow from operating activities)

순이익 (Net profit) .... $ 10,000,000

다시 추가 (Add back):

  감가상각비 (Depreciation and amortization) .... $ 2,000,000

  이연법인세 (Deferred Tax) .... $ 600,000

순영업현금흐름 (Net cash flow from operations) .... $ 12,600,000

실제로 매출채권, 매입채무, 재고, 그 외 항목들의 증감분같이 일반적으로 금액이 적은 여러 항목들이 존재하며 현금흐름에 영향을 미치는데, 이와 같은 항목들은 모두 영업현금흐름에 포함된다. 재무적으로 문제가 있는 회사의 경우 현금흐름에서 추가되거나 차감되는 항목들이 중요할 수 있다. 반면 재무건전성이 뛰어난 회사의 경우 위의 도표에 나타난 항목들만으로 투자자들은 회사의 영업현금흐름에 대해서 합리적인 추측을 할 수 있다. 이 책에서 우리는 위의 항목들만 다루기로 한다.

독자 여러분은 순영업현금흐름(net cash flow from operations)이 단순히 회사의 매출에서 유입되는 현금을 가리키는 것이 아니라 회사의 매출에서 일상적인 운영비용(임금, 원재료, 이자비용 등)을 차감한 순 결과라는 것을 이 장을 통틀어서 명심해야 할 것이다. 만약 회사가 일상적인 운영에 필요한 현금을 창출하지 못할 경우 회사는 파산할 것이다. 따라서 우리가 영업현금흐름에 대해서 이야기할 때, 영업현금흐름은 기업의 일상적인 영업활동에 **필요한 자금을 모두 충당한 후**의 현금흐름을 말하는 것이다.

재무현금흐름 (CASH FLOW FROM FINANCING)

재무활동현금흐름 또는 **재무현금흐름**(cash flow from financing)은 간단하다. 재무활동으로 인한 현금유입은 회사가 보통주, 우선주 등 신주를 발행하거나 차입을 통해 외부자금을 조달할 때 발생한다. 여기서 차입(borrowing)은 회사가 신규 채권을 발행하거나 은행, 보험 회사 또는 기타 금융기관으로부터 돈을 빌리는 것을 포함한다. 반면 재무활동으로 인한 현금유출은 회사가 채권, 사채, 기타 부채의 원금을 만기에 상환하거나, 또는 이러한 부채들을 감채기금이나 수의상환조항을 통해 다시 매입하거나 오픈마켓(open market, 흔히 공개시장이라고도 함)에서 매입하여 소각하는 경우 발생한다. 대출이자나 채권이자(쿠폰)는 재무현금흐름으로 간주되지 않는다. 이자(interest)는 정기적으로 지급되기 때문에 영업현금흐름에 포함되는 것이 적절하다.

또한 보통주와 우선주의 배당 지급액, 회사가 자사주를 매입하는 데 지출한 금액도 재무활동으로 인한 현금유출로 간주된다.

투자현금흐름 (CASH FLOW FROM INVESTING)

투자활동현금흐름 또는 **투자현금흐름**(cash flow from investing)은 주식이나 채권을 매수하는 것을 뜻하지 않는다. 회사의 관점에서 투자활동이란 제품을 더욱 신속하고 많이 만들기 위해서 또는 값싸고 좋은 제품을 만들기 위해서 새로운 유형자산을 매입하는 것을 말한다. 이러한 유형자산들은 건물, 제품을 제조하는 데 사용되는 기계, 제품을 배송하는 트럭, 영업사원들이 이용하는 회사 차량, 회사 장부를 기록하기 위해 사용되는 PC, 심지어 회사의 주방 및 구내식당 장비 등이 포함된다. 회사가 다른 회사의 주식이나 채권을 매수하는 경우도 투자활동이 될 수 있지만, 일반적으로 위와 같은 맥락에서의 투자활동을 의미하는 것은 아니다. 16장에서 투자활동이란 별도의 설명이 없는 이상 회사가 유형자산을 새로 매입하는 활동으로 간주한다.

투자활동으로 인한 현금유출에는 다른 회사를 인수하는 것도 포함될 수 있다. 예를 들어 JMC가 쥐덫 사업을 확장하기 위해서 또 다른 쥐덫 업체인 Swift Rat Trap 사와 강아지 사료 회사인 Hungry Dog Food(HDF) 사를 인수했다고 가정해 보자. 이들 회사의 인수 비용은 투자활동으로 인한 현금유출이다. 몇 년 후 JMC가 애완견 사료 사업에서 손을 떼기로 결정하고 HDF를 매각할 경우 이를 자산의 처분(divesting)으로 볼 수 있으며 매각에서 발생하는 돈은 투자활동으로 인한 현금유입으로 간주된다. 마찬가지로 회사가 보유한 유형자산을 매각하는 경우, 매각 대상 자산의 남은 수명이나 감가상각과 관계없이 매각 대금은 자산의 처분 또는 투자활동으로 인한 현금유입으로 간주된다.

용어 복습 (Review of Terminology)

회사가 새로운 유형자산을 매입하는 것을 **자본적지출(capital spending 또는 capital expenditures)**이라고 말한다. 자본적지출과 재고에 대한 지출의 차이를 알아야 할 것이다. 자본적지출은 제품을 만드는 데 사용되는 유형자산에 대한 지출을 말하며 투자활동으로 인한 현금유입으로 간주된다. 이러한 유형자산은 **자본설비(capital equipment)**라고 불리며 대개 수년 동안 회사에 존속한다.

JMC에서 쥐덫을 만들기 위해 공장을 매입하거나 드라이버, 톱, 그 외 도구들을 매입하는 것은 **자본적지출(capital spending)**, 즉 **자본 원가(capital costs)**로 간주된다.

재고(Inventory)는 모두 사용되어 완제품의 일부가 될 재료를 말한다. JMC의 경우 쥐덫을 만드는 데 드는 목재, 금속, 인건비 등이 모두 재고 원가(inventory cost)이다. 재고 원가는 투자현금흐름이 아니라 영업활동으로 인한 현금유출로 간주된다.

월 스트리트에서는 재고의 매입은 **지출(expensed)**된다고 말하는데, 이는 원가가 발생한 기간(분기 또는 연도)의 매출에서 재고 원가가 차감되는 것을 의미한다. 하지만 이전 장에서 다룬 것처럼 엄밀히 말하면 이는 사실이 아니다. 재고의 매입은 먼저 대차대조표에 원자재(Raw Material)로 기재되고 나중에 완제품 (Finished Goods)으로 전환된다. 따라서 제품이 실제로 판매될 때까지 '비용(매출원가 비용, Cost of goods sold expense)'이 발생했다고 볼 수 없다. 하지만 투자자로서 우리는 재고 원가 수치를 임의로 조정하여 비용으로 간주할 수 있다.

이에 반해 자본적지출은 지출(expensed)되지 않고 자본화(capitalized)되어 원가가 대차대조표에 기재되고 수년에 걸쳐 감가상각 되는 것을 말한다. 따라서 자본적지출(새로운 유형자산에 대한 지출)은 투자활동으로 인한 현금유출로 간주된다.

현금흐름의 유입과 유출은 회사의 영업활동, 재무활동, 또는 투자활동에서 발생한다. 앞으로 회사가 계속 사업을 영위하며 성장해 나갈지 또는 앞으로 주가가 어떠한 움직임을 보일지는 회사로 유입되는 현금흐름의 규모와 출처 그리고 회사가 현금흐름을 어떻게 사용하는지에 달려 있다. 회사의 영업현금흐름은 현금흐름의 가장 중요한 출처이다. 영업현금흐름이 회사의 기본적인 운영에 필요한 모든 것들을 충족시키고, 향후 사업의 확장과 성장, 그리고 주주들에게 배당금을 지급할 만큼 충분히 발생한다면 주가는 상승할 가능성이 높다. 반대로 영업현금흐름이 회사의 기본적인 운영에 필요한 것들을 모두 충족시키지 못할 경우 주가는 하락할 것이다.

존속을 위한 현금흐름의 사용
(USES OF CASH FLOW – SURVIVAL NEEDS)

우리는 먼저 회사가 존속하기 위해 현금흐름으로 **무엇을 해야 하는지**, 그리고 회사가 존속하기 위해 필요한 모든 것들을 충족하고 남은 여유 자금으로 **무엇을 할 수 있는지** 살펴볼 것이다. 다시 한번 강조하지만 **영업현금흐름(cash flow from operations)**은 회사의 일상적인 운영에 필요한 재고 비용, 인건비, 이자, 기타 비용을 매출에서 차감 후 사용 가능한 현금임을 기억하자.

부채의 소각 (Debt Retirement)

회사는 부채를 제때 상환해야 한다. 부채의 상환은 은행 대출의 상환, 채권의 감채기금과 만기의 원금상환 등이 포함된다. 만약 회사가 채무를 이행할 수 없는 경우, 대출기관들은 회사의 파산을 선언할 수 있다. 부채에 대한 이자는 원금상환의 일부가 아니라 회사의 일상적인 운영비용으로 처리된다는 점을 기억하자.

유지 수준의 자본적지출 (Maintenance Level of Capital Spending)

유지 수준의 자본적지출(maintenance level of capital spending)은 회사가 낡은 장비를 새로운 장비로 교체하여 제품을 만드는 데에 필요한 최소 지출 금액이다. JMC가 최신 장비를 도입하지 않을 경우, 경쟁 회사들은 저가에 쥐덫을 제조하거나 JMC보다 낮은 가격에 쥐덫을 판매하여 JMC의 사업을 망하게 만들지도 모른다. 공장을 확장하거나 사업을 확장하려는 목적으로 새로운 기계를 매입하는 것은 **재량적인 자본적지출**(discretionary capital spending)이며 유지 수준의 자본적지출로 볼 수 없다. 또한 유지 수준의 자본적지출은 경미한 수리 또는 조정 비용을 포함하지 않는다. 이러한 비용들은 회사에서 정기적으로 발생하는 운영비용의 일부이기 때문에 영업활동현금유출로 간주되며 매출원가나 판관비(SG&A)에 포함될 것이다.

우선주배당금 (Preferred Dividends)

우선주 배당금의 미지급은 회사의 파산에 영향력이 없기 때문에 우선주 배당금 지급이 회사가 존속하는 데 반드시 충족될 필요가 없는 요건이라고 볼 수 있지만 우선주 배당금의 지급이 불가능하다는 것은 회사가 어려움에 처했다는 신호로 볼 수 있다. 만약 회사가 우선주 배당금을 지급할 수 없다면, 보통주 배당금 또한 지급하지 않을 것이고, 회사가 성장하는 데 필요한 여유 자금이 없을 가능성이 높다.

결론적으로 투자자들은 회사의 영업현금흐름이 1) 부채의 원금상환 요건, 2) 유지 수준의 자본적지출, 3) 우선주배당금, 이 세 가지 요건들을 모두 충족시킬 수 있는지 확인해야 한다. 만약 영업현금흐름이 회사가 사업을 영위하기 위해서 필요한 요건들을 충족시키지 못할 경우, 투자자는 회사가 현금 부족을 겪는 것이 짧게 1년, 길게는 2년일 것이며, 주식이나 채권의 신규 발행을 통해 현금흐름의 부족분을 충당하여 실적이 나쁜 해를 넘길 수 있다는 강한 믿음이 없는 이상, 이러한 회사들의 주식 매수는 좋은 투자가 될 수 없다.

간이 현금흐름표 (THE SIMPLIFIED CASH FLOW STATEMENT)

대부분의 회사 연차보고서는 현금흐름을 영업현금흐름, 재무현금흐름, 투자현금흐름의 세 가지 범주로 나눈다. 투자자 입장에서 현금흐름표를 다음과 같이 **자금운용보고서(sources and uses of funds statement)**로 재구성하여 회사의 전반적인 상황에 집중하는 것이 좋다. 우리는 다음 페이지의 현금흐름표에서 시간의 경과에 따른 현금흐름의 패턴을 볼 수 있다. 더욱 상세한 현금흐름표는 이 장의 후반부에서 다룰 것이다. 다음 페이지의 현금흐름표에서 달러 수치를 백만 단위(in millions)로 표시하였으며 회사의 감가상각비는 2011년 2,100만 달러($21M)에서 2013년 2,400만 달러($24M)로 상승했음을 알 수 있다.

ABC 사 현금흐름표 - 실적 성장						
	실제 (Actual)			예상 (Forecast)		
	2011	2012	2013	2014	2015	2016
출처 (Sources)						
1. 순이익 (Net profit)	$50	$54	$59			
다시 추가 (Add back):						
2. 감가상각비 (Depreciation and amort.)	$21	$23	$24	$25	$25	$25
3. 이연법인세증가액 (Incr. in Deferred Tax)	$4	$5	$5	$5	$5	$5
4. 영업현금흐름 (Cash flow from operations)	$75	$82	$88			
사용 (Uses)						
5. 부채원금상환 (Debt principal repayments)	$25	$15	$30	$30	$150	$22
6. 유지보수 자본적지출 (Maintenance CAPEX)	$15	$15	$20			
7. 우선주배당 (Preferred dividend)	$5	$5	$5	$5	$5	
8. 현금흐름사용 (Cash flow uses)	$45	$35	$55			

ABC사의 사업은 잘되고 있음을 확인할 수 있다. 순이익은 증가하고 있고 (Line 1), 영업현금흐름(Line 4)은 회사가 존속하기 위해 필요한 것들(Line 8)을 모두 충족시킬 수 있으며, 남은 현금으로 성장을 위한 추가적인 자본적지출이나 보통주의 배당을 지급이 가능하다. 하지만 회사는 2015년에 1억 5,000만 달러($150M) 상당의 대규모의 부채를 상환해야 하는데 순이익이 두 배가 되지 않는 이상 영업현금흐름으로 충당할 수 없으며 회사의 과거 실적을 돌이켜 볼 때 부채의 상환이 불가능해 보인다. 이에 대해서 ABC사는 부채의 상환을 재융자 (refinance) 할 수 있다. 즉 신규 채권(또는 주식)을 매각한 자금으로 기존 부채를 상환하는 것이다. 만약 투자자들이 ABC의 실적이 계속 증가하고 사업이 잘 될 경우, 2015년 1억 5,000만 달러($150M) 규모의 부채가 재융자 될 가능성이 높다. 하지만 부채의 상환금이 2016년과 2017년에도 1억 5,000만 달러($150M) 수준으로 계속 유지된다면 어떻게 될까? 투자자들은 ABC의 주식이나 채권을 매수

하지 않을 것이다. 만약 ABC의 실적이 상승하지 않고 감소하는 추세를 보이거나 급격한 감소가 예상된다면 어떻게 될까? 이러한 가설들을 바탕으로 작성한 다음 현금흐름표를 살펴보자.

ABC 사 현금흐름표 - 실적 감소	실제 (Actual)			예상 (Forecast)		
	2011	2012	2013	2014	2015	2016
출처 (Sources)						
1. 순이익 (Net profit) 다시 추가 (Add back):	$50	$54	$46	$20	$10	$0
2. 감가상각비 (Depreciation and amort.)	$21	$23	$24	$25	$25	$25
3. 이연법인세증가액 (Incr. in Deferred Tax)	$4	$5	$5			
4. 영업현금흐름 (Cash flow from operations)	$75	$82	$75	$45	$35	$25
사용 (Uses)						
5. 부채원금상환 (Debt principal repayments)	$25	$15	$30	$30	$150	$150
6. 유지보수 자본적지출 (Maintenance CAPEX)	$15	$15	$20			
7. 우선주배당 (Preferred dividend)	$5	$5	$5	$5	$5	$5
8. 현금흐름사용 (Cash flow uses)	$45	$35	$55			

ABC의 실적이 악화될 것이라 예상할 경우, 이연법인세를 추가하더라도 회사의 영업현금흐름(Line 4)이 부채상환금(Line 5)에 미치지 못할 것이며 유지 수준의 자본적지출 또한 충족시킬 수 없다. ABC가 겪고 있는 현금 유동성의 부족과 실적이 급속히 악화될 것이라는 전망 때문에 투자자들은 ABC의 부채의 재융자 가능성에 대해 매우 회의적인 시각을 갖게 될 것이다. 따라서 ABC는 실적 하락이 일시적일 뿐이며 실적이 다시 강하게 회복될 것이라고 투자자들을 납득시킬 만한 액션을 취해야 할 것이다. 만약 ABC에 이러한 대응책이 없다면 투자자들은 ABC가 발행한 채권을 매수하지 않을 것이며, ABC의 주식은 나쁜 실적 전망과 더불어 회사가 더 이상 신주를 발행해서 자금을 조달할 수 없는 수준까지 하락할

가능성이 높다. 이러한 예상을 바탕으로 ABC는 2015년에 만기가 도래하는 채무의 상환이 불가능할 것으로 보이며 현재 곤경에 처해 있는 것이 분명하다. 만약 ABC가 2015년까지 존속하더라도 투자자들은 다가올 채무 상환이 어렵다는 것을 미리 예측할 수 있다. 결국 ABC 주식의 매수는 매우 위험한 투자일 것이다.

현금흐름 정보 얻기 (OBTAINING CASH FLOW INFORMATION)

위에서 살펴본 것처럼 현금흐름의 출처와 사용에 대한 추정치들을 계산한 다음 이러한 추정치들을 바탕으로 투자 결정을 내리는 것이 애널리스트뿐만 아니라 모든 투자자들이 마땅히 해야 할 일이다. 일반적으로 회사의 순이익(현금흐름표 상단 항목)을 예상하는 것은 가장 어려운 일이다. 애널리스트는 회사의 순이익에 대해서 경제 상황, 회사 제품의 향후 전망, 업계에서의 경쟁 위치, 판매가격, 원자재 매입 비용과 임금 비용 예상 등 모든 지식들을 종합하여 판단해야 한다. 일부 회사들은 애널리스트들이 이익 추정치를 산출하는 데 도움이 되는 가이던스를 제공하지만 회사가 제공하는 가이던스가 항상 정확한 것은 아니다. 투자자들은 향후 실적에 대해 회사가 제공하는 가이던스에 자신의 판단을 적용하고 각종 투자 관련 웹사이트에서 이용 가능한 이익 추정치들과 어떻게 비교할 수 있는지 살펴보는 것이 좋다.

순이익 외 현금흐름 항목들은 구하기 쉽고 예측하기 용이하다. 일반적으로 감가상각비용은 매년 큰 변화가 없다. 만약 회사의 총자본적지출이 증가할 경우 향후 몇 년 동안 감가상각비용 또한 증가할 가능성이 높다. 반대로 회사의 자본적지출이 감소한다면 향후 감가상각비용 또한 감소할 것이다. 어떤 경우든 대부분의 회사들은 투자자들에게 현재 연도나 다음 연도의 감가상각비 추정치를 제공할 것이다. 회사가 예측하는 이러한 수치들은 사업 상황의 불확실성에 덜 영향을 받기 때문에 신뢰할 수 있는 정보로 받아들여진다. 마찬가지로 회사들은 한 해의 자본적지출 예산을 공개하거나 이를 요청하는 투자자들에게 제공한다. 간혹 성장을 위한 자본적지출과 유지 수준의 자본적지출의 구별이 어려운 경우도 있지만[1] 기업들은 사업의 확장을 위한 자본적지출 예산이 얼마인지, 유지 수준의 자본적지출이 얼마인지를 구분해서 이야기할 수 있다. 예를 들어, 회사가 새로운 장비를 매입하여 오래되고 비효율적인 장비를 교체하고 일일 부품 생산량을 증가시킬 수 있는 경우가 여기에 포함된다.

향후 5년간 부채의 상환 일정은 재무제표의 주석이나 SEC에 공시되는 연차보고서(10-K filing)에서 대부분 확인이 가능하다. 우선주배당의 경우, 회사가 우선주를 신규로 발행하거나 이미 발행한 우선주를 매입하여 소각하지 않는 이상 매년 변하지 않는다.

잉여현금흐름 (FREE CASH FLOW)

앞서 우리는 회사가 존속하기 위해 현금흐름이 반드시 필요한 항목들을 보았으므로, 이제 **잉여현금흐름(free cash flow)**을 정의할 수 있다. 잉여현금흐름이란 영업현금흐름에서 부채의 상환, 유지 수준의 자본적지출, 우선주배당금 등 회사가 존속하는 데 필요한 것들을 모두 충족시킨 후, 자유롭게 쓸 수 있는 현금흐름이다. ABC의 현금흐름표 예시들을 살펴보면 현금흐름의 출처(Line 4)에서 현금흐름의 사용(Line 8)을 차감하여 잉여현금흐름을 계산하는 것을 알 수 있다. 따라서 **이익이 성장할 경우의 현금흐름표(Cash Flow Statement - earnings growth)**에서, ABC의 잉여현금흐름은 2011년 3,000만 달러($30M), 2012년 4,700만 달러($47M), 2013년 3,300만 달러($33M)를 기록했다.

---

1 여러 회사들이 유지 수준의 자본적지출과 성장을 위한 자본적지출을 구분하지 않기 때문에 대부분의 애널리스트는 잉여현금흐름(FCF)을 산출하기 위해 영업현금흐름에서 총자본적지출(total capital expenditures)을 차감한다. 이와 같은 계산법은 정확성이 다소 떨어질 수 있는데 그 이유는 대부분의 회사들이 실적이 감소할 때 자본적지출을 감소시킬 여지가 있기 때문이다. 그러나 만약 회사가 유지 수준의 자본적지출을 몇 년 동안 충당할 수 없는 경우, 이러한 회사는 문제가 있는 회사이며 이러한 회사에 투자하는 것은 좋은 투자로 볼 수 없다.

정의 (Definitions)

- **잉여현금흐름**(Free cash flow) - 영업현금흐름에서 정기적인 부채상환금, 우선주배당금, 유지 수준의 자본적지출을 차감한 현금흐름을 말한다.

일부 투자자들과 금융 서비스 기관들은 잉여현금흐름을 다르게 정의한다. 예를 들어 회사가 우선주배당을 지급하지 않아도 파산하지 않기 때문에 우선주배당금을 차감하지 않거나 일부 중요하지 않은 항목들을 잉여현금흐름 계산에서 제외시킨다. 그러나 잉여현금흐름의 개념이 회사가 존속할 수 있는 기본적 요건들이 모두 충족된 후 경영진이 자유롭게 사용할 수 있는 현금흐름이라는 것이 분명해야 할 것이다.

잉여현금흐름의 사용: 주주가치의 증가 (USES OF FREE CASH FLOW: INCREASING SHAREHOLDER VALUE)

잉여현금흐름이 발생하는 회사는 주주가치를 높이기 위해 잉여현금흐름으로 무엇을 할 수 있는지에 대해 여러 대안들이 있다. 주주가치를 높이기 위해 잉여현금흐름을 사용하는 일반적인 방법들은 다음과 같다.

자본적지출의 증가 (Increase Capital Spending)

회사는 유지 수준의 자본적지출보다 많은 금액을 들여 신규 유형자산을 매입할 수 있다. 제조 설비의 확대로 더 많은 제품의 생산과 더 높은 매출과 실적으로 이어질 수 있으며 이는 곧 주가 상승에 반영될 것이다.

보통주배당금의 증가 (Increase the Dividend to Common Stockholders)

배당금 또한 주주들에게 즉시 가치를 제공한다. 투자자들은 보통주배당금의 증가를 회사가 향후 전망에 대해 자신이 있다는 신호로 간주한다. 보통 회사들은 배당금을 곧 낮춰야 할 것 같으면 배당금을 올리는 것을 선호하지 않는다. 보통 주배당금의 증가는 때때로 주가에 즉각적인 영향을 미칠 수 있다. 다만 회사에 상당한 잉여현금흐름이 발생하는 경우 투자자들은 배당금의 증가 가능성을 미리 예측할 수 있으며, 실제로 배당금이 발표되기 전에 주가가 상승할 수도 있지만 배당금의 증가가 발표된 직후 주가가 하락할 가능성도 있다. 이렇게 회사가 배당금 증가를 발표한 직후 주가가 하락하는 것은 잉여현금흐름을 분석하지 않고 배당금 증가를 미리 예측한 투자자들에게 서프라이즈가 될 것이다. 이는 나중에 18장에서 다시 보게 될, '**주식시장은 예측한다. 즉 배당금의 증감과 같은 이벤트들이 실제로 발생하기 전에 주가가 반응하는 경우가 많다(The stock market anticipates; that is, stock prices often react to events, such as dividend changes, before they actually occur)**'라는 중요한 교훈을 제공한다. 반면 투자자들이 배당금의 증가를 예상하지 못했다면 배당금의 증가가 발표될 때 주가가 상승할 가능성이 높다.

마찬가지로 잉여현금흐름이 상당하기 때문에 배당금이 대폭 증가할 것이라는 투자자들의 기대와는 달리 배당금 규모가 소폭 증가한다면 투자자들은 실망과 함께 회사의 향후 전망이 예상보다 좋지 않다는 신호로 받아들일 것이고 이로 인해 주가가 하락할 수 있다. 따라서 투자자들은 회사의 배당 정책과 현금흐름의 변화를 주의 깊게 관찰해야 한다. 즉, 끊임없이 변화하는 사업 환경과 실적에 대응하여 회사가 보통주배당금을 얼마나 올렸거나 낮췄는지 과거 데이터를 살펴보는 것이다. 이는 투자자들이 향후 배당금의 변화와 주가 움직임을 더욱 잘 예측할 수 있게 해 준다.

회사채의 환매 또는 기타 채무의 조기 상환
(Repurchase Company Bonds or Prepay Other Debt)

회사는 은행이나 대출기관들에 부채를 조기 상환하거나, 감채기금조항이 없음에도 불구하고 시장에서 채권을 다시 사들임으로써 이자비용을 낮출 수 있다. 이는 이익을 증가시켜 주주가치를 더욱 높인다. 또한 부채가 소각되면, 회사는 부채 계약서의 각종 제한이나 그 외 제한규정들로부터 자유로워질 것이다.

현금 비축 (Hoard Cash)

회사가 현금을 비축하면 주주가치 또한 높아진다. 현금은 처음에 이자를 지급하는 유가증권에 투자될 것이고 여기서 발생하는 수익은 실적에 더해진다. 그러나 더 중요한 것은 현금이 향후 매력적인 투자 기회에 사용될 것이라고 투자자들이 예상할 수 있다는 점이다. 여기에는 회사의 제품군 확대, 신규 사업으로 다각화, 효율성의 증대, 타회사 인수 등이 포함된다.

회사가 현금을 비축한다면 대차대조표에 기재된 높은 현금이나 현금성자산들은 다른 투자자들의 이목을 끌 것이며 대형 기업들의 인수 타깃이 될 수 있다. 대형회사들이 현금이 풍부한 회사를 인수하려고 한다면 피인수 회사의 주가는 상승한다. 이는 주주가치의 직접적인 증가로 이어진다.

회사 경영진들 대부분은 자신의 회사가 타 회사에 인수되는 것을 원치 않기 때문에 대차대조표에 현금이 쌓이게 함으로써 원치 않는 관심을 끌고 싶지 않다. 이러한 이유로 최근 몇 년 동안 더욱 흔해진 잉여현금흐름의 또 다른 용도는 회사가 발행한 보통주 중 일부를 다시 매입하는 것이다.

회사가 발행한 보통주 또는 우선주의 환매
(Repurchase the Company's Outstanding Common Stock or Preferred Issues)

잉여현금흐름이 발생하는 회사들은 때때로 자사주(보통주)를 다시 매입할 것이고 유통주식수가 감소하면 주당이익은 증가할 것이다. 잉여현금흐름을 사용한 자사주 매입은 배당금 지급에 비해 회사 경영진에게 더 많은 유연성을 제공한다. 즉 회사가 때때로 잉여현금이 있을 것으로 예상할 때 이사회의 의결을 통해 자사주를 매입할 수 있는 것이다. 이와는 대조적으로 이사회에서 배당금을 올리기 위해서는 향후 잉여현금흐름이 지속적으로 강세를 유지할 것이라는 확신이 있어야 한다.

회사가 자사주 중 일부를 재매입하겠다고 발표하면 주가가 오르는 경우가 많은데, 그 이유는 첫째, 회사의 주식 매수가 주가를 직접적으로 끌어올릴 수 있고, 둘째, 주당이익의 증가로 인해 주식이 훨씬 저렴해 보이기 때문이고, 셋째, 경영진이 자사의 주식이 저평가되었다고 믿는다는 신호이기 때문이다. 반면 회사의 경영진 또는 이사회에서는 자사주 매입 발표가 주가를 끌어올릴 수 있다는 사실을 알고 있으며 일부 경영진은 실제로 자사주를 매입하려는 생각이 없더라도 자사주 매입 의사를 발표하는 경우도 있다. 따라서 회사가 자사주 매입 계획을 발표한다면 투자자들은 회사의 현금흐름을 파악하여 회사가 현실적으로 많은 양의 주식을 매입할 수 있는 충분한 잉여현금흐름이 발생하고 있는지를 살펴봐야 한다.

회사가 발행한 우선주를 다시 매입하는 것 또한 우선주배당금을 없애 주당이익을 높일 수 있다. 주당이익을 계산할 때 우선주배당금(보통주배당금 제외)은 순이익에서 차감된다는 사실을 기억하자.

결론적으로 잉여현금흐름은 부채의 상환, 자사주 매입, 자본적지출을 증가할 수 있는 기회 등을 제공한다. 잉여현금흐름이 증가할수록 주주가치를 높일 수 있는 기회가 많기 때문에 주가가 상승하는 것이다. 잉여현금흐름이 발생한다고 해서 주주가치가 저절로 높아지는 것은 아니다. 만약 JMC가 잉여현금흐름을 사용하여 더 많은 쥐덫을 만들 수 있는 생산력을 확충했음에도 불구하고 쥐덫 제품을 추가적으로 판매할 수 없다면 공장을 증설하는 데 현금을 낭비했다고 볼 수 있기 때문이다. 마찬가지로 회사가 새로운 사업에 진출하기 위해 잉여현금흐름을 사용하더라도 새로 진출한 사업에서 실패한다면 주주들은 가치를 잃게 된다.

이미 이야기했지만 회사의 이사회나 경영진이 잉여현금흐름을 활용하여 주주가치를 높일 수 있는 방법들은 여러 가지가 있다. 회사는 자사주나 채권의 매입, 배당금 증가, 성장을 위한 자본적지출의 증가 등 이러한 방법들을 조합할 수 있는 옵션이 있다. 반면에 투자자들은 경영진이 잉여현금을 어떻게 사용하고 있는지 알게 될 것이며 경영진의 결정이 회사의 단기 및 장기 실적과 그에 따른 주주가 치와 주가에 어떤 영향을 미칠지에 대해 스스로 판단할 것이다.

현금흐름표: 살펴야 할 항목들
(CASH FLOW STATEMENTS: WHAT TO LOOK FOR)

우리는 이 장 앞부분의 현금흐름표 예시에서 ABC사가 사업을 영위하기에 충분한 영업현금흐름이 발생하고 있는지를 살펴보았다. 이제 좀 더 상세한 현금흐름표를 살펴보자. 다음 현금흐름표는 조금 다른 형식으로 작성되었는데 회사가 잉여현금을 창출하고 있는지 또는 새로 현금을 조달할 필요가 있는지를 잘 보여 줄 것이다.

다음 XYZ사의 현금흐름표에서는 모든 숫자들의 단위 기준은 백만 달러 (million)지만 독자들의 빠른 이해를 돕기 위해 0을 생략했다. 지금이 2014년 초라고 가정하고 각 항목들을 살펴보자.

다음 페이지의 현금흐름표 참조

XYZ 사 현금흐름표 (단위: 백만달러)							
	실제 (Actual)				예상 (Forecast)		
	2010	2011	2012	2013	2014	2015	2016
1. 순이익 (Net profit) 다시 추가 (Add back):	$10	$12	$12	$15	$17	$18	
2. 감가상각비 (Depr. and amort.)	$5	$6	$7	$7	$8	$9	$9
3. 이연법인세 (Deferred Tax)	$1	$2	$2	$3	$3	$3	$3
4. 영업현금흐름 (Cash flow from ops)	$16	$20	$21	$25	$28	$30	$12
차감(minus):							
5. 부채상환 (Debt repayments)	$0	$2	$10	$2	$2	$20	$4
6. 우선주배당 (Preferred dividend)	$1	$1	$1	$1	$1	$1	$1
7. = 잉여현금흐름 (Free cash flow ops)	$15	$17	$10	$22	$25	$9	
차감(minus):							
8. 보통주배당 (Common dividend)	$4	$5	$5	$6	$6	$6	
9. 자본적지출 (Capital spending)	$10	$10	$12	$14	$15	$12	$12
10. = 외부자금조달전 순현금흐름 (Net cash flow before external financing)	$1	$2	-$7	$2	$4	-$9	
추가(plus):							
11. 외부자금 (External financing)	–	–	$11	–		?	
12. = 순현금증감액 (Net change in cash)*	$1	$2	$4	$2			

> * Line 12이 정확히 현금의 증감(net change in cash)이라고 할 수 없다. 계산을 간략하게 하기 위해서 매출채권, 매입채무, 재고 등의 변동으로 인한 현금 증감액을 제외했다는 점을 기억하자. 따라서 Line 12는 현금의 증감보다는 운전자본의 증감(Net change in working capital)이라고 부르는 것이 적절할 것이다. 운전자본은 유동자산에서 유동부채를 뺀 금액으로 정의되는데, 매출채권, 매입채무, 재고 등의 증가로 인한 현금의 증감액을 포함한다.

Line 1. 순이익은 2010년부터 2013년까지 증가했으며 2014년과 2015년에도 계속 증가할 것으로 예상된다. 2016년은 예측하기엔 너무 먼 미래지만 현시점에서 볼 때 큰 변화를 기대할 이유가 없기 때문에 2016년의 순이익은 대략 2015년 수준에 근접할 것으로 예상된다.

Line 2. 자본적지출(Line 9)이 증가함에 따라 감가상각비 또한 증가하고 있다. 자본적지출의 증가는 감가상각 처리되어야 하는 장비들이 많다는 것을 뜻하기 때문이다. 2015년과 2016년에 자본적지출이 감소함에 따라 감가상각비는 더 이상 증가하지 않고 점차적으로 감소할 것으로 예상된다.

Line 3. 이연법인세는 예측하기 힘든 수치이지만, XYZ의 경우 실적과 함께 증가했다. 영업현금흐름에 포함된 항목들과 비교하면 적은 수치이기 때문에 연 3달러로 꾸준히 유지될 것이라고 가정할 수 있다.

Line 4. XYZ의 영업현금흐름은 꾸준히 성장하고 있고, 앞으로도 지속될 것으로 예상된다. 그러나 나머지 현금흐름표를 검토하기 전까지 모든 요건들을 충족시키고 있다고 확신할 수 없다.

Line 5. XYZ는 2012년에 대규모의 부채를 상환하였고 2015년에 만기가 돌아오는 또 다른 대규모 부채를 상환해야 한다. 2012년의 영업현금흐름은 그 해의 부채의 상환을 충당하기에 충분했다. 2015년 전망에 따르면 2015년 영업현금흐름은 2015년의 부채상환을 충족할 수 있을 만큼 많아야 한다. 하지만 이러한 사실만으로는 투자를 거론할 수 없으며 우리는 현금흐름표를 더 자세히 살펴볼 필요가 있다.

Line 6. 우선주배당금은 작은 항목으로 현금흐름표에 큰 영향을 미치지 않는다.

Line 7. XYZ는 투자자들이 기대하는 잉여현금흐름을 매년 창출해 왔다. 그러나 Line 8과 Line 9에서 XYZ가 높은 수준의 자본적지출을 유지할 뿐만 아니라 매년 보통주배당금을 유지 또는 인상하려고 한 사실을 알 수 있다. 이는 대규모 부채상환의 만기가 도래한 2012년에 회사가 외부자금 조달이 필요했음을 뜻한다.

Line 8. 현금이 부족하여 외부자금 조달이 필요했던 2012년을 제외하고 2010년부터 2013까지 배당금이 매년 증가했다. 여기서 우리는 또 다시 현금 부족과 외부자금 조달이 필요할 것으로 예상되는 2015년에는 XYZ가 배당금을 인상하지 않을 거라 예측해 볼 수 있다. 실제로 회사가 2015년에 외부금융을 피하기 위해 배당과 자본적지출을 줄일 가능성도 존재하지만, 2012년 경험에 비추어 볼 때 그럴 가능성은 낮아 보인다. 우리가 회사가 어떤 결정을 내릴지 판단하기 위해 더욱 긴 기간 동안의 과거 데이터를 살펴보는 것이 도움이 될 것이다.

XYZ 회사를 분석하는 투자자들은 회사에 "2015년 외부금융을 피하기 위해 배당금을 삭감할 것인가?"라는 질문을 회사에 물어봐야 한다. 대개 회사 경영진은 '아마도(probably)' 또는 '만약(if)'으로 채워진 애매한 답변들을 내놓겠지만 애널리스트들은 경영진의 생각을 짐작할 수 있다. 오랜 시간 동안 회사를 추종하는 애널리스트들은 회사의 행동과 의견을 더 잘 판단할 수 있다.

과거 데이터를 바탕으로 2014년에 배당이 소폭 상승하고 2015년에는 변동이 없을 거라 예상할 수 있지만 2014년에는 자본적지출이 여전히 증가할 것이라는 점을 주목해야 할 것이다. 2015년 대규모 부채상환을 예상하고 XYZ의 이사회가 배당금을 올리지 않기로 결정하여 2015년에 필요한 외부자금 규모를 줄일 수도 있다. 반대로 경영진은 배당금을 올리면 시장에 긍정적인 신호를 보내 주가가 상승하게 되고, 이에 따라 XYZ는 보통주를 신규 발행하여 외부자금을 조달할 수 있으며 주가가 높아짐에 따라 희석효과가 적을 것이라 판단할 수 있을 것이다.

Line 9. 경영진은 자본적지출이 2014년에 15달러로 정점을 찍은 다음 조금씩 감소할 것으로 예상한다고 밝혔다. 또한 유지 수준의 자본적지출이 연간 300만~600만 달러 수준에 불과하기 때문에 만약 XYZ가 외부자금 규모를 줄이거나 외부금융을 피하려면 2015년 자본적지출을 대폭 삭감할 수 있다고 말했다.

Line 10. Line 10은 매년 회사의 순현금흐름이 플러스인지 마이너스인지를 명확하게 보여 주며 투자자들이 새로운 자금 조달에 대한 가능성을 우려해야 하거나 배당금 인상이나 삭감을 예상할 수 있는 연도를 나타낸다. XYZ의 현금흐름표에서 2012년 열을 살펴보면 영업현금흐름이 예정된 부채상환금을 충당하기에 충분했지만 회사의 모든 **현금유출액(부채상환금, 보통주배당금, 자본적지출 예산을 모두 합한 금액)**을 충당하기에는 부족한 것이 분명하다. Line 10은 2012년의 현금 부족분이 700만 달러임을 보여 준다. Line 11을 살펴보면 XYZ가 현금 부족분을 충당하기 위해 외부자금 조달을 했기 때문에 보통주배당금을 삭감하거나 자본적지출을 감소시킬 필요가 없음을 알 수 있다. 이를 통해 투자자들은 XYZ 실적의 강세 전망이 유지되는 이상 배당금을 삭감하거나 자본적지출을 감소시키는 것보다 2015년에 또 다른 외부자금을 조달할 가능성이 높다고 판단할 수 있다. 실제로 2015년에 XYZ가 외부금융을 선택할지 여부는 해당 시점의 회사의 전망과 금융시장의 상황에 따라 달라지는데, 즉 XYZ가 부채금융을 선택할 경우 얼마의 이자를 추가로 지급해야 하는지 또는 XYZ가 주식을 추가로 발행했을 때 매각할 수 있는 주식가격 등 여러 가지 요인에 달려 있다.

Line 11. Line 11은 외부자금 조달 규모를 보여 주는 것으로, XYZ가 현금 부족분을 충당하기 위해 필요한 금액보다 더 많은 외부자금을 조달했음을 알 수 있다. 기업이 외부금융을 통해 자금을 조달하는 이유는 여러 가지가 있는데, 우선 외부금융에 드는 시간과 비용을 감안할 때 XYZ가 외부금융을 통해 조금이라도 추가적인 현금을 미리 조달하여 가까운 미래에 발생할 수 있는 또 다른 외부금융에 대한 부담을 줄이는 것이다. 반면에 경영진은 외부금융에 드는 비용 때문에 너무 많은 외부자금을 원하지 않을 것이다.

XYZ가 부채금융을 통해 자금을 조달하는 경우 추가 이자비용이 발생할 것이고 지분금융(신주발행)을 통해 자금을 조달하는 경우 이익희석이 발생할 가능성이 높다. 회사가 지분금융이나 부채금융을 결정하는 것은 당시 어떤 선택이 매력적으로 보이느냐에 달려 있다. 만약 XYZ의 P/E가 높다면(희석효과가 거의 없을 경우), XYZ는 지분금융을 선택할 가능성이 높다. 반면에 XYZ의 P/E가 낮고 (상당한 희석이 발생할 경우) 금리 또한 낮다면 XYZ는 부채금융을 통해 자금을 조달하려 할 것이다. 그 이유는 부채금융에서 추가로 발생할 이자비용이 지분금융에서 발생하는 희석효과보다 주당이익에 덜 영향이 미치기 때문이다(7장의 부채금융과 지분금융이 주당이익에 미치는 영향을 계산하는 법을 참고하기 바란다).

만약 P/E가 낮고 금리가 높다면 회사는 희석효과 또는 이자비용의 과도한 증가를 피하기 위해 필요한 최소한의 외부자금만을 조달하거나 자본적지출을 줄이고 배당금을 삭감하여 외부금융을 피할 수 있다. 기업이 필요한 부족액보다 많은 외부자금을 조달하는 또 다른 이유는 기업이 성장함에 따라 **운전자본(working capital)** 또한 증가해야 하기 때문이다. 운전자본이란 재고나 매출채권 등에 묶여 있는 돈을 말한다. 우리는 독자 여러분이 현금흐름표를 좀 더 쉽게 읽을 수 있도록 이러한 항목들에서 변경된 현금흐름을 포함시키지 않았다. 그러나 성장률이 높은 회사의 경우 더 많은 운전자본이 필요하다고 가정하는 것이 바람직하다. 즉 회사가 더 많은 재고를 보유하고 더 많은 임금을 지급해야 할 것이며 고객이 청구서를 지불하기를 기다리는 동안 더 많은 현금이 묶여 있을 것을 뜻한다. 따라서 성장률이 높은 회사는 새로운 유형자산에 대한 자본적지출(장기)과 운전자본(단기)을 충족시키기 위한 현금이 필요할 것이다. 물론 회사가 이 두 가지 모두를 충족시킬 충분한 영업현금흐름을 창출하여 외부자금 조달을 피하는 것이 바람직한 케이스이다.

결론적으로 XYZ는 안정적인 성장 기업으로 보인다. XYZ는 이익의 약 40%를 배당금으로 지급하면서 새로운 유형자산(Line 9 – 자본적지출)에 많은 비용을 지출하는 것을 두려워하지 않는다는 것을 알 수 있다. XYZ는 2012년 현금이 부족할 때 자본적지출이나 배당금을 줄이는 대신 외부금융을 선택했다. 2014년과 2015년에도 실적이 계속 증가할 것으로 예상되는 상황에서 주가가 충분히 높거나 금리가 낮은 수준으로 유지되어 외부금융이 매력적으로 보일 경우, XYZ가 2015년에 자본적지출을 줄이거나 배당금을 삭감할 이유가 없어 보인다. 그럼에도 불구하고 투자자로서 우리는 XYZ가 2015년에 부채를 상환하고 새로운 외부자금을 조달하기 전까지 배당금 인상이 없을 것이라고 가정하는 것이 현명할 것이다.

예측이 어려운 현금흐름표 (A Less Predictable Cash Flow Statement)

이제 실적이 좀 더 불규칙적인 Low Flying Airlines(LFA)의 예를 살펴보자. 지금이 2014년 초이고 숫자 단위가 백만 달러라고 가정해 보자. LFA의 순이익을 예측하는 것이 어렵기 때문에 우리는 2016년의 현금흐름을 예측하려는 시도를 하지 않을 것이다. 대신에 2015년에 대해 **최저추정치(최악의 시나리오)**와 **최고추정치(최상의 시나리오)**, 두 가지 예측을 하는 것이 유용하다. 최악의 시나리오에서 우리는 최소한의 이익 추정치를 바탕으로 감가상각비용과 이연법인세 최저치를 예측한다. 이런 식으로 우리는 회사의 가장 낮은 현금흐름이 얼마인지 알 수 있다. 반면 최상의 시나리오에서는 우리가 예상할 수 있는 최대 현금흐름을 보여준다. 실제 결과는 극단적인 두 가지 시나리오 사이의 어딘가에 위치해 있을 것이며 최악의 시나리오와 최상의 시나리오 예측은 이익이 불규칙적인 회사를 분석하는 데 도움이 될 것이다.

다음 페이지의 현금흐름표 참조

로우플라잉 항공사 현금흐름표 (단위: 백만달러)	실제 (Actual)				예상 (Forecast)		
	2010	2011	2012	2013	2014	2015 low	2015 high
1. 순이익 (Net profit)	$12	$30	-$12	$8	$15	$6	$30
다시 추가 (Add back):							
2. 감가상각비 (Depr. and amort.)	$20	$22	$20	$18	$16	$20	$24
3. 이연법인세 (Deferred Tax)	$3	$2	$0	$2	$2	$1	$3
4. 영업현금흐름 (Cash flow from ops)	$35	$54	$8	$28	$33	$27	$57
차감(minus):							
5. 부채상환 (Debt repayments)	$10	$24	$11	$11	$8	$7	$7
6. 우선주배당 (Preferred dividend)	–	–	–	–	–	–	–
7. = 잉여현금흐름 (Free cash flow ops)	$25	$30	-$3	$17	$25	$20	$50
차감(minus):							
8. 보통주배당 (Common dividend)	$4	$4	$1	$2	$2	$2	$4
9. 자본적지출 (Capital spending)	$21	$20	$12	$10	$14	$40	$50
10. = 외부자금조달전 순현금흐름 (Net cash flow before external financing)	$0	$6	-$16	$5	$9	-$22	-$4
추가(plus):							
11. 외부자금 (External financing)	–	–	$16	–	–	?	–
12. = 순현금증감액 (Net change in cash)*	$0	$6	$0	$5	$9		

low: 저점, high: 고점

Line 1. LFA의 순이익은 상당히 불규칙적이다. 두 도시를 오가는 비행기를 조종하는 비용은 승객 수와 상관없이 비슷하기 때문에 비행당 평균 승객 수가 조금만 늘어나도 항공사의 실적에 큰 변화가 발생할 수 있으며 이는 항공사의 향후 실적을 예측하는 것을 매우 어렵게 만든다. 따라서 투자자는 광범위한 실적 예측을 하는 것이 좋다. 2015년 하이-엔드(High-end), 또는 최고추정치(best case estimate)는 회사에 일어나는 모든 일들이 순조롭게 진행될 경우, 회사의 상황이 얼마나 좋을지를 보여 준다. 그리고 로우-엔드(Low-end), 또는 최저추정치

(worst-case estimate)는 회사의 사업이 중단될 경우 실적이 어떻게 될지를 반영한다. 이익 추정치를 산출하는 과정은 이 책의 범위를 벗어난다. 그것은 애널리스트들이 하는 일이다. 여기서 2014년과 2015년의 이익 추정치는 공개된 컨센서스 추정치에서 얻었다고 가정할 것이며 컨센서스 추정치는 LFA주식을 담당하는 모든 애널리스트들의 추정치 평균을 반영한다. 애널리스트들은 2014년 실적이 1,500~2,000만 달러($15~20M)의 범위로 2013년 수준의 약 두 배가 될 것으로 예상하고 있다. 우리는 보수적으로 2014년 실적 범위의 저점인 1,500만 달러($15M)를 사용할 것이다. 2015년까지 아직 시간이 많이 남았고 그사이에 많은 변화가 있을 수 있기 때문에 2015년의 실적을 예측하는 것은 어려운 일이다. 따라서 항공사 애널리스트들은 더욱 광범위한 이익 추정치 범위를 사용한다. 2015년의 최고추정치는 회사의 실적이 2011년 수준인 3,000만 달러($30M)로 다시 상승한다고 가정하는 반면 최저추정치는 실적이 600만 달러($6M)로 감소한다고 가정한다. 실적의 범위가 광범위하지만 두 가지 예측 모두 가능한 일이기 때문에 투자자로서 우리는 이러한 예측들이 실제로 일어날 경우 회사와 주가에 미치는 영향을 고려해야 할 것이다.

Line 2. LFA의 감가상각비는 종전 XYZ의 사례보다 현금흐름에서 상당히 중요한 부분을 차지한다. 이는 보통 **자본집약적 기업들(capital intensive companies)**에게 해당된다.[2] 감가상각비는 최근 몇 년 동안 감소하고 있으며 이는

---

2 **자본집약적(capital intensive)**이란 회사 비용의 상당 부분이 자본설비에 충당된다는 것을 뜻한다. 즉 회사가 값비싼 기계나 장비에 의존하고 있다는 것이다. 금속 제조 업체, 자동차 회사나 가전제품 제조업체 같은 회사들은 금속을 가공하기 위해 기계, 프레스, 거치대 등 많은 장비들이 필요하기 때문에 자본집약적이다. 항공사, 철도회사, 전력회사들도 장비의 취득원가 때문에 자본집약적인 회사들로 간주된다. 이러한 회사들은 매입한 장비의 자본적지출로 인해 높은 수준의 감가상각 비용이 발생한다. 이에 반해 증권 회사, 광고회사, 보험사 등 서비스 회사들은 노동집약적(labor intensive)인 회사로 전체 비용에서 인건비가 가장 큰 부분을 차지한다. 서비스 회사들은 사무실과 컴퓨터 등 어느 정도의 자본적지출이 발생하지만, 이들 항목들의 감가상각은 인건비보다 훨씬 덜 중요하다. 인건비가 발생하지만 자본적지출만큼 중요하지 않다.

아마도 2010년부터 2013년까지의 자본적지출과 구형 항공기의 감가상각비 감소가 반영된 것으로 보인다. 반면 2015년에는 자본적지출의 급격한 증가와 함께 감가상각비가 급증할 것으로 예상된다.

Line 3. 이연법인세는 예측하기 어렵지만 영업현금흐름의 작은 부분을 차지한다.

Line 4. LFA의 영업현금흐름은 순이익과 마찬가지로 변동성이 매우 크며, 영업현금흐름의 연간 수치는 어떻게 사용되는지에 따라 더 많은 의미가 있을 것이다.

Line 5. LFA의 부채상환액이 높은 수준으로 유지되고 있는데 이는 아마도 LFA의 부채 규모가 상당함을 유추해 볼 수 있다. 2011년 LFA의 부채상환 규모가 상당했는데 다행히도 실적 호조에 힘입어 영업현금흐름으로 부채상환을 충당할 수 있었다. 반면 2012년에는 부채상환액이 적었음에도 불구하고 LFA가 이를 충당하기에 충분한 영업현금흐름을 창출하지 못해 외부자금 조달이 불가피했다. 2014년과 2015년에 예정된 부채상환액은 미미한 수준으로 보이며 LFA의 연차보고서의 주석에 따르면 2016년과 2017년에도 여전히 낮은 수준을 유지할 것임을 알 수 있다. 따라서 부채상환은 중요하지만 향후 몇 년 동안 회사 재정에 큰 영향을 끼치는 요인으로 보이지 않는다.

Line 6. LFA는 우선주가 없다.

Line 7. 2012년 잉여현금흐름은 마이너스였는데 이는 LFA가 보유한 현금을 사용하거나 외부자금을 조달해야 한다는 것을 뜻한다. LFA는 후자(Line 11)를 선택했다. 우리의 예측에 따르면 2014년과 2015년의 잉여현금흐름은 긍정적인 수준을 유지하지만 2015년에 필요한 자본적지출을 충당하기에는 충분하지 않을 것이다.

Line 8. 2012년의 부채상환액(Line 5)이 영업현금흐름(Line 4)보다 컸고 외부자금이 필요했기 때문에 보통주배당금은 대폭 삭감됐다. 400만 달러($4M)의 배당금은 그리 큰 금액이 아니었기 때문에 LFA는 배당금을 계속 유지할 수도 있었지만 회사에 손실이 발생하고 언제 다시 이익을 올릴 수 있을지 불확실한 상황이었기 때문에 이사회에서는 배당금을 줄이는 것이 신중한 결정이라고 판단했다. 투자자들은 이와 같은 결정을 호의적으로 받아들이지 않았을 것이다. 반면 배당금을 아예 없애지 않았다는 것은 LFA의 상황이 그리 심각하진 않다는 것을 말해 준다. 2013년 실적이 회복되자 경영진이 다시 배당금을 조금씩 올리기 시작했는데 이는 경영진이 향후 실적이 계속 회복될 가능성에 대해 낙관하고 있다는 신호이다. 그러나 LFA는 2015년부터 시작될 예정인 대규모 자본적지출 계획(Line 9)을 위해 현금을 비축하려 할 것이기 때문에 2014년이나 2015년에 배당금을 다시 인상할 가능성은 낮아 보인다. 대신 경영진은 2015년 말이나 2016년에 외부자금이 필요하다고 생각할 수 있다. 따라서 연초에 배당금을 인상하여 주가가 상승하면 최소한 희석으로 지분금융이 가능하다. 우리는 LFA의 실적이 예전 최고 수준인 3,000만 달러($30M, 최고추정치, best-case estimate)로 회복되면 배당금이 400만 달러($4M) 수준으로 다시 증가할 수도 있다고 가정할 것이다.

Line 9. 자본집약적 회사들은 대체로 대규모 자본적지출 계획을 수년간 시행하여 유형자산(공장 및 장비)의 상당 부분을 최신식으로 유지하거나 증설하고 이후 일정 기간 동안 자본적지출을 유지 수준으로 감소시키는 것이 일반적이다. 항공사들의 경우 대규모 자본적지출 계획은 항공기의 업그레이드나 확장을 반영한다. 실제로 연차보고서에서 LFA는 절반 이상의 항공기들을 교체하기 위해 차세대 항공기를 구입할 것이며, 2015년에 4,000~5,000만 달러($40~50M)의 비용이 들 것이고 2016년에는 비용이 다소 낮아질 것으로 예상된다고 밝혔다. 우리는 2015년 로우-엔드 추정치(low-end estimate) 산출을 위해 경영진의 로우-엔드(low-end) 범위를 사용할 것이다. 이는 만약 LFA의 실적이 부진할 경우 자본적지출 계획이 지연될 수 있음을 가정한 것이다. 즉 일부 항공기의 출하가 1년 뒤로 미뤄질 수 있다.

Line 10. 회사의 자본적지출의 필요성과 부채상환 일정을 감안할 때 순현금흐름은 그리 큰 적은 없었으며, 실제로 2012년에 마이너스를 기록했고, 자본적지출 계획의 규모나 시기에 따라 2015년과 2016년에 다시 마이너스를 기록할 가능성이 있다. 만약 2015년 범위의 저점에 근접한 실적이 발생한다면, 현금흐름은 매우 부정적일 것이고 LFA가 자본적지출 계획의 상당 부분을 지연시키고 배당금을 삭감하거나 없애지 않는 이상 상당한 외부자금이 필요할 것이다. LFA의 실적이 2015년 추정치 범위의 고점에 근접할 경우 2015년의 현금흐름은 마이너스를 기록하겠지만 현금흐름 부족분 액수가 적기 때문에 은행의 단기차입금만으로 필요한 자금 조달을 하는 데 문제가 없을 것이다.

Line 10에서 투자자들은 2015년의 실적이 매우 중요하다는 것을 알 수 있다. 2015년 실적이 2014년 수준보다 낮을 경우 대규모의 외부자금 조달이 필요할 것이며 상당한 금융비용이 들 것이다. 부채금융(차입)에서 LFA는 다음과 같은 이유로 높은 이자비용을 지불하게 될 것이다. 첫째, LFA는 이미 많은 부채를 가지고 있기 때문이고, 둘째, LFA의 불규칙한 이익으로 인해 채권투자자들은 LFA를 고위험 회사로 분류할 것이다. 지분금융 또한 희석 측면에서 볼 때 비용이 많이 들 것이다. 만약 LFA의 실적이 저조하고 많은 돈이 필요하다면, LFA는 훨씬 많은 주식을 발행하여 필요한 자금을 조달해야 하기 때문에 주가는 하락할 수밖에 없다.

따라서 높은 수준의 실적이 발생하지 않는 이상 주가는 하락할 가능성이 높다. 주가가 낮으면 지분금융이 불가능해질 수 있기 때문에 신규 항공기 매입에 필요한 자금(항공기 매입 대금 지급)을 조달하지 못하고 회사 전체가 다른 항공사로 강제 매각되거나 파산할 수 있다.

투자자들은 대체로 신중한 입장을 보일 것이기 때문에 LFA의 실적이 호조를 보일때까지 주가는 오르지 않을 것이다. LFA의 실적이 저조하면 주가가 급격히 하락할 수 있지만 실적이 좋으면 주가가 급격히 상승할 수 있다. 따라서 투자자들은 분기보고서를 주의 깊게 관찰하여 실적 추세를 확인할 것이다. 또한 다른 항공사들의 실적을 관찰하여 항공업계의 전반적인 실적을 파악하고 항공 여행 수요를 파악하기 위해서 항공 산업 통계 등을 체크할 것이다. 또한, 항공권 판매량이 증가하더라도 항공권 가격 할인 경쟁은 실적에 큰 타격을 줄 수 있기 때문에 신문이나 그 외 매체를 통해 이를 예의 주시할 것이다. 이와 같이 투자자들은 실적 발표를 예측하기 위해서 최선을 다할 것이다.

본 장에서 우리는 부채의 상환이 중요한 두 회사들의 현금흐름표와 자본적지출 계획이 중요한 회사의 현금흐름표를 살펴보았다. 회사마다 상황은 다르다. 여기서 중요한 교훈은 투자자들은 손익계산서와 더불어 현금흐름표를 검토하여 영업현금흐름이 회사의 영업활동에 필요한 모든 요건들을 충족시키고 성장을 위한 자본적지출 또는 배당금 인상 등 이사회에서 결정한 일들을 수행할 수 있는 잉여현금이 충분한지를 확인해야 한다는 것이다. 회사의 현금흐름을 예측하는 일은 영업현금흐름이 향후 다가올 부채의 상환이나 자본적지출을 충족시키기에 충분한지, 이에 따라 회사가 외부금융을 통해 자금을 조달할 필요가 있는지 아니면 배당금을 삭감하려고 할 것인지를 미리 알려 줄 수 있다. 이와 같은 사실은 주가의 상승 또는 하락 여부에 직접적인 영향을 미친다.

17장 재고회계 –
재고의 회계 처리가 회사의 이익에 미치는 영향
INVENTORY ACCOUNTING — IMPACT ON COMPANY EARNINGS

우리는 1장에서 JMC가 쥐덫을 팔았을 때, 쥐덫 제조 비용이 대차대조표의 **완제품 재고(Finished goods inventory)**에 추가되는 것을 살펴보았다. 우리는 1장의 간단한 예시를 통해서 쥐덫 하나에 드는 정확한 비용을 계산할 수 있었는데 이는 원자재 가격과 인건비를 모두 합산한 비용이었다. 그러나 제품별로 재고 비용을 추적하는 것은 실용적이지 않고 불가능한 일이기 때문에 여러 특정 가설들이 필요하다. 이번 17장에서 우리는 서로 다른 합리적 가설들을 통해서 회사가 발표하는 이익이 실제보다 높거나 낮을 수 있음을 알게 될 것이다.

후임선출법과 선입선출법을 통한 재고의 가치 추정
(LIFO AND FIFO INVENTORY VALUATION ASSUMPTIONS)

재고 원가가 얼마인지 정확히 알 수 없는 회사를 살펴보고 어떤 가정을 해야 하는지 알아보자. 이에 대한 예로 구리 광석을 매입하여 제련과 가공을 거친 완제품 구리를 판매하는 금속회사인 Dirty Copper Company(DCC)를 살펴보자. DCC는 새로운 광석이 제련로에 계속 추가되어 기존 광석과 혼합되기 때문에 재고 원가를 계산하기가 어렵다.

1월 1일, DCC가 원자재 구리 1,000파운드를 파운드당 6달러에 구입하여 제련로에 넣어 가공했다고 가정해 보자. 2월 1일 DCC는 1,000파운드의 원자재 구리를 제련로에 추가했지만 이번에는 파운드당 7달러를 지불했다. 3월 1일 DCC는 파운드당 8달러에 1,000파운드의 구리를 추가했고 총 21,000달러의 비용에 달하는 3,000파운드의 구리가 제련로에 뒤섞여 있었다.

1월1일	1,000 lbs. @ $6/lb.	=	$	6,000
2월1일	1,000 lbs. @ $7/lb.	=	$	7,000
3월1일	1,000 lbs. @ $8/lb.	=	$	8,000
			$	21,000

3월 31일, DCC는 완제품 구리 2,500파운드를 파운드당 10달러, 총 25,000달러에 판매했다. DCC가 2,500파운드의 구리를 가공하는 데 든 비용은 얼마였을까? 즉 어떤 종류의 원가를 **재고(inventory)**에서 차감하고 **매출원가(Cost of goods sold)**에 추가해야 할까? DCC가 1월에 6달러에 매입한 구리와 2월에 7달러에 매입한 구리를 모두 팔고, 3월에 8달러에 매입한 구리의 절반을 팔았을까? 또는 3월에 매입한 8달러 구리와 2월에 매입한 7달러 구리를 모두 팔고 1월에 매입한 6달러 구리의 절반을 팔았을까? 구리가 모두 제련로에 골고루 섞여 있어서 알 수 있는 방법이 없다. 따라서 이러한 질문들에 대해 답을 하기 위해서는 다음 세 가지 가설들 중 하나가 이루어져야 한다. 먼저 우리는 **가장 먼저 들어온 구리가 가장 먼저 팔린 구리**라고 추측할 수 있다. 이 가설에 따르면 1월과 2월에 들어온 모든 구리와 3월에 추가된 구리의 절반이 판매된 것이다. 이러한 재고회계법을 **선입선출법(FIFO, First in First out)**이라고 한다. 둘째, **가장 최근에 들어온 구리가 가장 먼저 팔린 구리**라고 가정할 수 있다. 즉, 3월과 2월에 들어온 모든 구리와 1월의 들어온 구리의 절반이 판매된 것이다. 이러한 재고회계법을 **후입선출법(LIFO, Last in First out)**이라고 한다. 셋째, 우리는 구리가 1월과 2월 그리고 3월, 세 가지 매입 가격의 평균으로 판매되었다고 가정할 수 있다. 일부 회사들은 매입가격(원가)의 평균을 기준으로 재고를 보관하지만, 매 영업일마다 다른 가격으로 새로운 원자재가 들어오고 제품이 다른 가격에 판매되기 때문에 상당

한 서류 작업이 필요하다. 따라서 대다수의 회사들은 선입선출법이나 후입선출법을 사용하는 것이 더욱 실용적이라 생각한다. 다음 도표에서 볼 수 있듯이 두 가지 방법 중 어떤 방법을 선택하느냐가 회사가 발표하는 이익에 상당한 영향을 미친다.

선입선출법 (FIFO) 적용 2,500 파운드 매입가				후입선출법 (LIFO) 적용 2,500 파운드 매입가			
1,000 lbs.	@	$6/lb.	= $ 6,000	500 lbs.	@	$6/lb.	= $ 3,000
1,000 lbs.	@	$7/lb.	= $ 7,000	1,000 lbs.	@	$7/lb.	= $ 7,000
500 lbs.	@	$8/lb.	= $ 4,000	1,000 lbs.	@	$8/lb.	= $ 8,000
2,500 lbs.			$17,000	2,500 lbs.			$18,000

선입선출법 (FIFO) 적용 손익계산서		후입선출법 (LIFO) 적용 손익계산서	
매출 (Sales)	$25,000	매출 (Sales)	$25,000
원가 (FIFO)	$17,000	원가 (LIFO)	$18,000
이익 (Profit)	$ 8,000	이익 (Profit)	$ 7,000

3월 31일 기준 남은 재고				3월 31일 기준 남은 재고			
500 lbs.	@	$8/lb.	= $ 4,000	500 lbs.	@	$6/lb.	= $ 3,000

후입선출법은 매출원가를 **가장 최근의 원가(현행원가, current cost)**로 계산하는 반면, 선입선출법은 매출원가를 **가장 오래된 원가(역사적 원가, historical cost)**로 계산한다. 원자재 구리 매입 가격이 꾸준히 상승하는 시기에 회사가 후입선출법을 사용하는 경우 매출원가가 높아지므로 이익이 감소한다. 또한 대차대조표에 남아 있는 재고 원가가 감소한다. 반대로 선입선출법은 매출원가를 낮추고 이익을 증가시키며 대차대조표의 재고 원가가 상승하게 된다.

완제품 구리의 판매가격은 후입선출법과 선입선출법의 차이와는 무관하다. 물론 구리의 판매가격이 상승할수록 DCC에 더 많은 이익이 발생한다. 하지만 위의 예시에서는 구리의 판매가격에 관계없이 선입선출법의 매출원가가 후입선출법의 매출원가보다 항상 낮기 때문에 **구리 가격이 상승할 경우** 구리의 판매가격과 상관없이 선입선출법을 사용한 이익은 후입선출법을 사용한 이익보다 항상 높을 것이다.

다시 말하지만, 구리의 가격이 상승하는 이상 이와 같은 진술은 사실이다. 만약 구리의 매입 가격이 꾸준히 하락한다면 정반대의 결과가 나타날 것이다(즉, 구리의 매입 가격 상승으로 인해 **위에서 나열한 항목들의 증가와 감소가 뒤바뀌게 된다**). 따라서 독자 여러분은 비슷한 예시를 만들어 재고의 매입가격이 계속 하락할 경우 어떻게 되는지 직접 계산해 보기를 권한다.

만약 어떤 투자자가 원자재 가격이 상승하는 시기에 주가, P/E 배수 등 모든 면에서 유사하지만 후입선출법과 선입선출법을 달리 채택한 두 회사들 중 한 곳에 투자를 고려한다면 후입선출법을 사용하는 회사의 주식이 아마도 더 좋은 주식일 것이다. 왜냐하면 후입선출법을 사용하는 회사가 선입선출법으로 전환할 경우 이익이 증가하고 주가가 상승할 수 있기 때문이다. 실제로 두 회사가 후입선출법과 선입선출법에서 발생하는 회계적인 차이를 제외하고 모든 면에서 유사하다면 후입선출법을 사용하는 회사는 이익 개선의 가능성이 주가에 반영되어 좀 더 높은 P/E에 주식이 거래될 것이다. 또한 이를 다른 관점에서 보면 후입선출법을 사용하는 회사의 이익의 퀄리티가 높기 때문에 주식이 높은 P/E에 거래될 수 있는 것이다.

저가법에 의한 연말 재고 가치 조정
(ADJUSTING THE INVENTORY VALUE AT YEAR-END TO LOWER-OF-COST-OR-MARKET)

대부분의 회사들은 연말에 완제품 재고의 판매가격이 대차대조표에 기재된 재고의 장부가액 아래로 떨어지면 재고의 장부가액을 판매할 수 있는 가격까지 낮추게 된다. 또한 재고의 감액분은 해당 연도의 매출원가에 가산된다. 우리는 이를 재고를 감액(writing the inventory down)한다고 하거나 **저가법(lower-of-cost-or-market, 줄여서 LOCOM)**에 따라 재고를 조정한다고 말한다. 여기서 **cost(원가)**는 회사의 후입선출법 또는 선입선출법 사용 여부에 관계없이 재고의 매입원가를 의미하며 **market(시장)**은 현재 시장에서 제품이 판매될 수 있는 것을 의미한다. 물론 제품을 판매할 수 있는 가격이 원가보다 높을 경우 후입선출법이나 선입선출법과 관계없이 재고의 조정은 발생하지 않는다.

저가법에 따른 재고 조정이 발생하는 시기와 규모를 설명하기 위해서 1년동안 발생한 DCC의 구리 매입과 매출이 1월부터 3월까지가 전부라고 가정해 보자. DCC는 재고 관리 목적으로 선입선출법을 사용하고 필요한 경우 저가법에 따라 연말 재고를 조정한다. DCC의 회계 담당자가 처음 작성한 2012년의 재무제표는 다음과 같이 나타났다.

손익계산서 2012년 1월 1일 ~ 2012년 12월 31일		
매출(Sales)		$25,000
매출원가 (Cost of goods sold)	$17,000	
판관비 (SG&A)	$ 3,000	
감가상각비 (Depreciation)	$ 1,000	
	$21,000	
		$21,000
세전이익 (Profit before tax)		$ 4,000
법인세 (Tax)		$ 2,000
세후이익 (Profit after tax)		$ 2,000

2012년 12월31일 기준 대차대조표
선입선출법 (FIFO) 적용

자산 (Assets)		부채 (Liabilities)	
유동자산 (Current assets):		유동부채 (Current liabilities):	
현금 (Cash)	$ 1,000	단기부채 (short-term debt)	$ 4,000
재고 (Inventory)	$ 4,000	미지급세금 (Tax payable)	$ 1,000
매출채권 (Account receivable) ..	$ 2,000	총유동부채 (Total cur. liabilities)	$ 5,000
총유동자산 (Total curent assets) ..	$ 7,000	장기부채 (Long-term debt)	없음

자본 (Equity)

자산		자본	
고정자산 (Fixed assets):		자기자본 (Stockholder's equity):	
총고정자산 (Gross PP&E)	$20,000	보통주 (Common stock)	$ 1,000
감가상각누계액 (Accum. Depr) .	$ 7,000	자본잉여금 (Capital surplus)	$ 5,000
순유형자산 (Net PP&E)	$13,000	유보이익 (Retained earnings)	$ 9,000
총자산 (Total Assets)	$20,000	총부채및자본 (Total liab. & equity) ..	$20,000

위의 재무제표가 최종적으로 처리되기 전에 DCC의 회계 담당자는 완제품 구리를 판매할 수 있는 가격이 파운드당 7달러로 하락했다는 것을 알았다. 하지만 DCC가 보유한 재고의 장부가치는 8달러였다.

이에 따라 구리 재고의 장부가치가 파운드당 7달러로 **감액(written down)** 처리되어야 했다.

장부가:	500 lbs. @ $8/lb.	=	$4,000
시가:	500 lbs. @ $7/lb.	=	$3,500
	재고 감액손실		$ 500

위의 도표에서 500달러는 재고의 현실적인 가치를 반영하기 위해 대차대조표의

재고에서 차감되고, 비용으로 간주되어 손익계산서상의 매출원가에 추가된다. 비용으로 처리된 이유는 완제품 구리의 가격 하락으로 인해 회사의 가치에 손실이 발생했기 때문이다(즉 완제품 구리의 가격이 제련이 완료되기 전의 가격보다 하락한 것이다).

재고의 감액손실 반영 후, 새로운 재무제표는 다음과 같다. 변경된 숫자는 기울임 꼴로 표시되었다.

손익계산서 2012년 1월 1일 ~ 2012년 12월 31일

매출(Sales)		$25,000
매출원가 (Cost of goods sold)	*$ 17,500*	
판관비 (SG&A)	$ 3,000	
감가상각비 (Depreciation)	$ 1,000	
	$ 21,500	
		$21,500
세전이익 (Profit before tax)		*$ 3,500*
법인세 (Tax)		*$ 1,750*
세후이익 (Profit after tax)		*$ 1,750*

다음 페이지의 대차대조표 참조

2012년 12월31일 기준 대차대조표
선입선출법 (FIFO) 과 저가법 (LOCOM) 적용

자산 (Assets)		부채 (Liabilities)	
유동자산 (Current assets):		유동부채 (Current liabilities):	
현금 (Cash)	$ 1,000	단기부채 (short-term debt)	$ 4,000
재고 (Inventory)	$ 3,500	미지급세금 (Tax payable)	$ 750
매출채권 (Account receivable) ..	$ 2,000	총유동부채 (Total cur. liabilities)	$ 4,750
총유동자산 (Total curent assets) ..	$ 6,500	장기부채 (Long-term debt)	없음
		자본 (Equity)	
고정자산 (Fixed assets):		자기자본 (Stockholder's equity):	
총고정자산 (Gross PP&E)	$ 20,000	보통주 (Common stock)	$ 1,000
감가상각누계액 (Accum. Depr) .	$ 7,000	자본잉여금 (Capital surplus)	$ 5,000
순고정자산 (Net PP&E)	$ 13,000	유보이익 (Retained earnings)	$ 8,750
총자산 (Total Assets)	$ 19,500	총부채및자본 (Total liab. & equity) ..	$ 19,500

우리는 재고 가치의 변동과 더불어 다음과 같은 변경 사항들에 주목해야 할 것 이다. 손익계산서상 **매출원가(Cost of goods sold)**가 500달러 증가했으며 이는 대차대조표상 재고의 감액 분이다. 이는 결국 **세전이익(Profit before taxes)**과 **세금(Tax), 그리고 순이익(Net Profit)**을 감소시켰다. 따라서 대차대조표상의 **미지급세금(Taxes payable)**이 감소하고, 이익이 감소했기 때문에 **유보이익(Retained earnings)** 또한 감소하게 된다.

만약 DCC가 후입선출법을 사용했을 경우 대차대조표상 재고 원가는 파운드당 6달러였을 것이다. 후입선출법을 사용하면 재고의 장부가치가 취득원가(6달러)와 시장 가격(7달러) 중 낮은 가격으로 평가될 것이기 때문에 재고 조정이 발생하지 않는다.

여기서 중요한 것은 원자재 가격이 하락하는 산업에서 연말 재고의 감액손실

가능성을 투자자들이 반드시 인지해야 한다는 것이다. 이에 대한 적절한 예로 반도체 산업을 들 수 있다. 반도체 기술이 발전하면서 반도체 칩의 판매가격이 하락하였고 이는 많은 전자 제품 제조회사들이 반도체 칩을 사용하게 만들었다. 반도체 사업의 규모가 커짐에 따라 반도체 칩 제조회사들은 제조 효율성을 더욱 높일 수 있었고 그 결과 반도체 칩의 판매가격 하락세가 계속되었다. 신규 반도체 제품들은 초기에 높은 가격에 판매되지만 더 좋은 반도체 칩들이 출시되면서 가격이 점차적으로 낮아지는 비슷한 사이클을 겪는다.

반도체 칩의 판매가격이 하락하기 때문에 반도체 제조회사들은 최대한 적은 재고를 보유하려고 노력하지만 반도체 칩의 예상 판매가격이 제조원가 이하로 하락할 경우 회사가 보유한 재고에서 감액되어야 하는 미판매 제품들이 분명히 남게 될 것이다. 어떤 해에는 저가법에 따라 감액 처리해야 하는 미판매 재고가 다른 해보다 많아질 것이다. 이렇게 저가법에 따른 재고 조정이 많이 발생할 경우 시간이 지남에 따라 불규칙적인 실적 패턴이 발생한다. 따라서 많은 제조회사들은 재고 조정의 영향을 완화하기 위해 필요한 경우 매 분기마다 재고를 감액 처리한다. 따라서 연말의 조정액은 다른 분기의 조정액보다 크지 않고 실적의 흐름이 원활해진다.

만약 회사가 연말에만 재고를 조정했을 경우 1~3분기에는 높은 실적을 올린 후 4분기에 실적이 없거나 적자가 발생할 수 있다. 해당 연도의 매출총이익은 재고의 감액이 매 분기마다 발생하거나 연말에 한꺼번에 발생하는 것과 관계없이 동일할 것이다. 하지만 연말에 감액이 한꺼번에 발생하는 경우 1~3분기 동안 회사가 높은 실적을 올리고 있다는 잘못된 인상을 투자자들에게 심어 줄 것이다.

1~3분기의 높은 실적으로 인해 투자자들은 회사의 전망이 실제보다 좋다고 착각하고 주식을 매수하여 주가를 끌어올릴 것이다. 하지만 4분기에 실망스러운 실적이 발표되고 투자자들이 실수를 알아차린다면 주가는 폭락할 것이다. 여기서 우리가 알아야 할 점은 이런 일이 재발할 수 있다는 우려 때문에 투자자들이 앞

으로 주식 매수를 기피할 수 있다는 것이다. 회사가 매 분기마다 재고를 감액하고 이익을 조정한다면 분기별 실적의 흐름이 원활해지고 부정적인 어닝서프라이즈(negative earing surprise)를 피하거나 최소화하여 많은 투자자들이 반도체 주식을 좀 더 편히 보유할 수 있다. 결국 시간이 지날수록 반도체 주식은 부정적인 어닝서프라이즈가 지속적으로 발생하는 경우보다 높은 평균 가격에 거래될 것이다.

예상치 못한 재고의 감액손실 (Unexpected Inventory Write downs)

가격이 계속 하락하고 회사들이 매 분기마다 재고를 감액하는 반도체 칩의 경우 이와 같은 분기별 감액은 회사의 이익 성장 패턴의 왜곡을 최소화한다. 그러나 재고의 감액이 흔치 않은 다른 사업에서는 이러한 감액이 투자자들에게 서프라이즈로 다가올 수 있다. 경우에 따라 재고의 감액이 회사에 심각한 문제가 있다는 징후로 받아들여져 주식을 매도해야 하는 경우도 있고 회사의 장기적 성장에 별 영향이 없는 일회성 이벤트로 무시될 수도 있다.

앞서 말한 감액이 회사에 어떻게 영향을 미치는지 Specialty Computer Corp.(SCC)를 살펴보자. SCC는 PC나 일반 업무용 컴퓨터가 아닌 특정 산업 용도로 설계된 컴퓨터를 판매하여 매출과 이익 성장을 누려 온 중견 기업이다. 아래 표는 SCC의 과거 실적 성장과 향후 2년간의 예상 실적을 나타낸 것으로 SCC를 추종하는 애널리스트들이 계산한 것이다.

	2011	2012	2013	2014E	2015E
주당이익(EPS)	$1.10	$1.35	$1.64	$2.00	$2.40

2014년 4월, SCC는 1분기(3월 31일 종료) 실적을 발표했다. SCC를 추종하는 투자자들과 애널리스트들은 주당 0.40~0.50달러의 실적을 기대하고 있었으나 회

사가 발표한 실적은 주당 0.12달러에 불과했다. SCC는 실적 발표에서 경쟁사들의 압력으로 인해 컴퓨터 사업 부문의 특정 모델의 매출이 실망스러웠다고 밝혔다. 컴퓨터 모델의 판매량이 적었기 때문에 SCC는 판매가 저조한 컴퓨터 제품들을 낮은 가격에 판매해야만 했다. 게다가 회사는 미판매 재고가 거의 쓸모가 없으며 제조 원가보다 낮은 가격으로만 판매할 수밖에 없었다고 말했다. 그 결과 **재고의 감액(inventory write-down)**으로 인해 주당이익이 0.10달러 감소했다고 경영진은 발표했다.

투자자들은 올해의 실적 전망치(earnings forecast)를 변경해야 했다. SCC의 1분기 순이익은 주당 0.12달러에 불과했다. 0.10달러의 재고 감액은 다시 일어나지 않는 '일회성(non-recurring)' 이벤트였기 때문에 투자자들은 SCC가 발표한 실적인 주당 0.12달러에 주당 0.10달러를 '다시 추가(add back)'할 수 있었고, 만약 일회성 감액손실이 발생하지 않았다면 1분기의 주당이익은 0.22달러가 되었을 것이다. 그러나 0.22달러의 주당이익은 여전히 0.40~0.50달러의 주당이익 전망치를 크게 하회하는 수치였다. 이는 회사의 사업에 뭔가 잘못되었음을 암시했다. SCC의 보도자료에 따르면 경쟁의 심화로 인해 SCC의 컴퓨터 제품 모델 중 하나가 노후화되었으며 노후화된 컴퓨터의 판매가 더 이상 매출과 이익에 기인하지 않을 것으로 확인되었다.

따라서 실적 감소액의 일부는 재고의 감액으로 발생한 일회성 비용이지만 SCC가 노후화된 컴퓨터를 새로 디자인하여 매출 성장을 회복할 수 없다면 아마도 오랜 기간 동안 실적이 낮을 것이 분명했다. 현재로서는 SCC가 구형 컴퓨터를 새로 디자인할 것인지 그리고 새로운 모델을 출시하는 데 시간이 얼마나 걸릴지 알 수 있는 방법이 없다. SCC의 주가는 훨씬 낮아진 실적 기대치와 SCC가 시장 점유율을 회복할 수 없다는 위험을 반영하는 수준까지 떨어질 것이다.

실제로 애널리스트들은 실적 실망을 안겨 준 SCC의 모델의 문제가 얼마나 심각한지 파악하기 위해 SCC와 컴퓨터 컨설턴트 그리고 SCC의 고객들에게 연락을 취할 것이다. 투자자들은 SCC의 다음 2분기 실적이 재고의 감액이 발생하지 않았을 경우 SCC가 1분기에 벌어들였을 주당이익 0.22달러에 근접할 것으로 예상할 수 있으며 2014년과 2015년의 이익 추정치는 모두 하향 조정이 예상된다. 결국 실적 패턴은 이제 다음과 같을 것이다.

	2011	2012	2013	2014E	2015E
주당이익(EPS)	$1.10	$1.35	$1.64	0.75*	$0.90

* 주당 $0.10의 일회성 재고감액 반영

위의 도표에 나타난 하향된 이익 추정치들과 더불어 향후 회사의 성장률에 대한 투자자들의 신뢰도가 낮아지면서 SCC의 주가는 재고 감액 문제가 발표되기 전 주가 수준의 절반 이하로 하락할 가능성이 높다.

SCC의 예시는 재고의 감액이 회사에 심각한 문제를 나타낼 수 있음을 말해 준다. 예상보다 저조한 실적의 부분적인 이유가 '일회성 비용(non-recurring expense)' 때문일 수 있지만 이를 수정하는 데 수년이 걸릴 수 있는 문제(노후화된 모델)가 주가에 반영된 것이다. 다음 예에서는 재고의 감액 규모가 크지만 일시적인 문제일 수 있음을 보여 준다.

또 다른 컴퓨터 회사인 KLM Industries를 살펴보자. KLM의 과거 실적과 실적 전망은 SCC의 과거 실적과 실적 전망(실망스러운 소식이 발표되기 전)과 동일했다.

	2011	2012	2013	2014E	2015E
주당이익(EPS)	$1.10	$1.35	$1.64	$2.00	$2.40

지금이 2014년 11월이라고 가정하고 KLM의 2014년 상반기 주당이익은 0.92 달러였다. 3분기(9월 30일 종료) 이익 추정치는 주당 0.50~0.55달러 수준이었고

2014년 추정치는 주당 약 2.00달러였다. 그러나 KLM은 3분기에 0.34달러의 주당이익을 발표하여 투자자들을 놀라게 만들었다. KLM의 보도 자료에 따르면 제조 공정에서 결함이 있는 일부 컴퓨터의 메인 보드로 인해 주당 0.20달러에 달하는 감액손실이 있었고, 결함이 너무 늦게 발견된 나머지 불량 메인 보드가 들어간 컴퓨터를 폐기할 수밖에 없었다고 한다. 그 결과 대차대조표에 재고로 남아 있던 컴퓨터의 **장부가치가 0으로 감액손실**되었으며 1주당 환산한 재고의 감액손실분은 0.14달러였다.

게다가 결함이 있는 컴퓨터 중 몇 대가 고객들에게 배송되었다. 이로 인해 회사는 이미 고객에게 배송된 컴퓨터들을 수리하거나 교체하는 데에도 상당한 보증비용(warranty cost)이 발생했으며, 결함을 일으킨 제조 공정을 수정하는 데 일회성 비용이 추가적으로 발생할 것이라고 발표했다. 이 두 항목들의 비용은 주당 0.06달러에 달하였다.

이 소식이 알려지자 KLM의 주가는 곧바로 40달러에서 28달러로 떨어졌다. 비록 보도 자료에서 결함과 관련된 모든 원가와 비용들이 일회성 비용들이라고 나타났지만 투자자들은 KLM의 실적 발표에 더욱 심각한 문제들이 없다고 확신할 수 없었다. 그러나 실적 발표 이후 몇 주 동안 애널리스트들이 KLM 경영진과 이야기를 나누고 KLM의 고객들과 확인한 결과, KLM이 겪고 있는 문제가 실적 발표 내용보다 그리 심각하지 않았고 회사에 장기적인 영향이 없을 것으로 보이자 주식은 다시 오르기 시작했다.

KLM의 3분기 실적을 다시 살펴보면 KLM이 발표한 주당이익은 0.34달러였지만 불량 재고에 대한 감액손실과 기타 비용들은 주당 0.20달러라고 밝혔다. KLM이 발표한 실적인 0.34달러에 0.20달러를 더하면 KLM의 3분기 주당이익은 0.50~0.55달러였을 것으로 보인다. 또한 보도 자료에 따르면 KLM은 3분기의 수요를 충족할 만큼 재고를 빠르게 다시 만들 수 있을지 확신할 수 없기 때문에 4분기 실적은 종전 예상했던 것보다 낮을 수 있다고 말했다.

하지만 회사 측은 연말까지 실적을 따라잡을 것으로 예상하며 영구적인 고객 손실은 없을 것이라고 밝혔다. 즉, 회사에 지속적인 영향은 없을 것이다.

애널리스트들은 2014년 주당이익 추정치 범위를 1.70~1.80달러로 낮추었다. 많은 애널리스트들이 2015년 추정치를 다소 낮추어 신중을 기했지만, 일부 애널리스트들은 제조 공정 문제와 관련된 모든 원가와 비용들이 2015년 이전에 해결될 것으로 보았기 때문에 2015년 추정치를 주당 2.40달러로 유지했다. 실적 패턴은 이제 다음과 같다.

	2011	2012	2013	2014E	2015E
주당이익(EPS)	$1.10	$1.35	$1.64	1.70*	$2.30 - 2.40

* 일회성 재고감액 및 주당 $0.20의 관련 비용 반영

KLM의 주가는 11월 실적 발표 이전 수준으로 회복될 가능성이 높다. 당초 예상보다 2014년 실적이 저조하겠지만 회사의 장기적인 이익 성장에는 별다른 영향을 미치지 않을 것으로 보인다.

우리는 회사의 주가에 매우 다른 영향을 미치는 재고 감액의 예들을 살펴보았다. 첫 번째 예에서, 재고의 감액이 고객 손실로 이어질 심각한 문제가 회사의 주가에 반영되었으며 회사가 이러한 문제를 해결하는 데 상당한 시간이 걸릴 수 있다. 이는 향후 주가에 큰 타격을 줄 것으로 보인다. 반면 두 번째 사례에서 재고의 감액은 일회성 비용이며 고객 손실이나 회사의 장기적인 성장 가능성에 부정적인 영향을 끼칠 것으로 예상되지 않는다. 결과적으로 재고의 감액이 발표될 당시의 주가 하락은 투자자들에게 좋은 매수 기회가 된 것으로 나타났다.

따라서 회사가 재고의 감액을 발표한다면 투자자들은 신속히 이에 대응할 것이다. 투자자들은 감액의 원인과 회사에 영향을 미치는 규모나 기간 등을 파악한 다음 주식의 매수 또는 매도 결정을 내릴 것이다.

요약 (SUMMARY)

실제로 회사가 보유한 재고의 가치와 매출원가를 결정하는 일은 JMC의 경우만큼 쉽지 않다. 완제품과 원자재의 가격 변동은 후입선출법(LIFO)과 선입선출법(FIFO) 회계 처리 방식, 그리고 저가법(LOCOM)을 적용한 재고의 감액 등과 결합하여 회사의 실적에 왜곡을 초래할 수 있으며 투자자들이 회사의 미래 성장률을 파악하는 데 잘못된 인상을 심어 줄 수 있다. 따라서 투자자들은 회사의 재무제표의 주석과 보도 자료, 분기별 실적 컨퍼런스콜, 연차보고서 등에 나온 경영진의 의견에 세심한 주의를 기울여야 할 것이다.

PART 4

주식이 오르고 내리는 이유

WHY STOCKS GO UP AND DOWN

주식이
오르고
내리는
이유

"Investing is like many other aspects of life: the more thoroughly you prepare, and the more you work at it, the better you will do. There is no substitute for watching your stocks respond to day-to-day news concerning the economic environment, the stock market, and the company you are analyzing."

"투자는 인생의 많은 다른 측면들과 같다. 여러분이 철저히 준비하고 많은 투자 경험을 얻을수록 투자를 더욱 잘하게 될 것이다. 경제환경, 주식시장, 그리고 여러분이 분석하고 있는 기업과 관련된 일상적인 뉴스에 주식이 어떻게 반응하는지 관찰하는 것을 대신할 방법은 없다."

18장 P/E와 그 외 가치평가 비율: 주식이 싸거나 비쌀 때는 언제인가?

PRICE/EARNINGS AND OTHER EVALUATION RATIOS: WHEN IS A STOCK CHEAP OR EXPENSIVE?

왜 주식이 오르고 내리는지를 전문투자자들에게 물어보면 상황마다 다르다는 이야기를 듣게 된다. 그 말이 틀린 말은 아니지만 그다지 도움이 되는 이야기는 아니다. 이번 18장에서는 투자자들이 주가의 행태를 이해하고 평가할 수 있는 프레임워크를 제공한다. 먼저 우리는 투자자들이 기업의 주식 가치를 평가할 때 가장 많이 사용하는 주가수익비율(P/E)에 대해 이야기할 것이며 주식의 P/E 비율과 회사의 이익성장률과의 관계를 어떻게 평가할 것인지 살펴볼 것이다. 여러분은 월 스트리트 용어로 "시장은 **할인메커니즘(the market is a discount mechanism)**이다"라는 말을 이해하게 될 것인데 이 말은 즉 주가는(그리고 P/E 비율은) **향후 실적의 변화를 예측(in anticipation of changes in future earnings)**하여 상승 또는 하락한다는 것을 뜻한다. 또한 우리는 주가현금흐름비율(P/C), EV/EBITDA 비율, 그 외 투자자들이 사용하는 주식평가지표들도 함께 살펴볼 것이다. 이러한 밸류에이션(가치평가) 방법들은 주가가 적절한 수준인지, 저평가 또는 고평가 되었는지를 독자들이 판단하는 데 도움이 될 것이다.

주가는 회사의 장기적 이익 전망과 관련이 있다
(STOCK PRICES ARE RELATED TO A COMPANY'S LONG-TERM EARNINGS OUTLOOK)

회사의 **실적(earnings)**을 측정하는 방법들은 여러 가지가 있다. 주로 사용되는 측정 방법들은 1) 세후순이익(Net income after tax), 2) 세전이익(Income before tax 또는 pretax income)[1], 3) 이자 및 법인세 차감전 이익(EBIT), 그리고 4) 감가상각전 영업이익(EBITDA)이다. 이러한 실적 수치들 중 하나에 대해서 이야기할 때, 우리는 전체 금액(예: 순이익 8,000만 달러) 또는 주당이익(EPS)으로 표현할 수 있다. 만약 회사의 순이익이 8,000만 달러($80 million)이고 현재 유통주식수가 2,000만 주(20 million shares)라면 실적은 주당이익 4달러이다. 마찬가지로, 세전이익, EBIT, EBITDA 또한 실적을 전체 금액 또는 1주당 금액으로 나타낼 수 있다. 즉 회사의 유통주식수가 2,000만 주(20 million shares)이고 EBITDA가 9,000만 달러($90 million)라면 1주당 EBITDA는 4.50달러인 것이다. 이와 같이 투자자로서 우리가 회사의 실적에 대해서 이야기할 때 1주당 실적이 얼마나 되는지를 가장 자주 이야기한다.

기업이 시간의 흐름에 따라 이익을 창출할 수 있는 능력은 궁극적으로 주주가치를 높이고 주가의 상승으로 나타난다. 4장에서 우리는 주가가 왜 회사의 이익과 회사가 주주들에게 지급하는 현재 배당금 또는 앞으로 지급하게 될 잠재적인 배당금과 밀접한 관련이 있는지에 대해서 다루었다. 또한 우리는 16장에서 회사의 장기적인 배당지급능력을 평가하는 데 가장 좋은 측정 기준은 잉여현금흐름, 즉 회사가 '생존'하는 데 필요한 것들, 예를 들어 부채의 상환, 자본적지출 수준

---

1 역자의 해설: '이익(income)'과 '실적(earnings)'은 뜻이 같은 단어들이며 서로 바꿔 가며 쓸 수 있다. 예를 들어 'pretax earnings(세전실적)'나 'pretax income(세전이익)'은 같은 뜻이다. 여러분은 'net(순)'이라는 단어의 사용에 주의해야 할 것이다. 일부 투자자들은 '세후실적(earnings after taxes)'을 언급할 때만 'net'이라는 단어를 사용한다. 하지만 'Net income before taxes(세전순이익)' 또는 'Net income before interest and taxes(이자 및 법인세 차감전 순이익)'라고 말하는 것도 올바른 표현이다.

유지, 우선주배당 등을 충족시킨 후의 현금흐름이라는 것을 알게 되었다. 회사는 대차대조표에 있는 현금으로 항상 배당금을 지급하거나 배당금 지급을 위해 돈을 빌릴 수도 있지만 결국 회사가 보유한 현금은 지출될 것이고, 회사가 너무 많은 부채를 떠안게 된다면 많은 돈을 빌릴 수 있는 능력이 저하된다. 다시 말해서 기업의 장기적인 배당지급능력을 평가하는 가장 좋은 척도는 기업이 필요한 모든 것들을 충족시킨 후 배당금을 지급할 수 있을 만큼의 충분한 이익을 지속적으로 창출할 수 있는 능력이다.

만약 회사가 배당금 지급이 충분한 이익을 올리고 있다면, 배당금의 실제 지급 여부는 그리 중요하지 않을 것이다. 주주들은 회사의 배당 유무에 관계없이 이익을 얻게 된다. 만약 회사가 배당금을 지급하지 않을 경우 유보이익 계정(2장 참조)에 기록되는 이익잉여금(유보이익)은 새 공장 건설, 장비 매입, 판매 및 기타 인력 증원, 신제품 개발, 타 기업 인수 등에 사용될 수 있으며, 회사는 유보이익의 사용으로 더욱 빠르게 성장할 수 있다. 따라서 회사의 향후 배당 규모가 증가하고 주가도 상승할 수 있는 것이다.

급속도로 성장하는 소규모 회사들이 대개 배당을 하지 않는 이유도 여기에 있다. 소규모 회사들은 이익을 재투자함으로써 향후 더 높은 수준의 이익을 기대한다. 시장이 높은 미래의 실적을 디스카운트(현재 주가에 반영)하기 때문에 향후 발생할 이익에 대한 투자자들의 기대가 현재 주가를 상승시킨다.

성공적인 회사들은 시간이 갈수록 성숙해지고 점차적으로 많은 잉여현금흐름을 창출함에 따라 배당금의 지급을 시작하는 경우가 많다. 회사의 경영진과 이사회는 장기적인 성장 가능성을 평가하기에 가장 좋은 위치에 있기 때문에 배당금 지급 결정은 시장에 긍정적인 신호를 보내며, 회사의 향후 전망에 대한 확신 그리고 회사에 필요한 운영 자금을 지원하고 주주들에게 배당금을 지급하는 데 충분한 잉여현금흐름 창출 능력을 나타낸다. 투자자들은 지속적이고 꾸준히 증가하는 배당을 원한다. 급성장하는 소규모 회사나 배당금을 지급하는 성숙한 회사, 둘 중 어느 경우를 막론하고 주가를 움직이는 것은 장기적인 성장과 잉여현금흐름이다.

주가수익비율 (THE PRICE/EARNINGS RATIO)

주가수익비율, 즉 P/E는 아마도 주식이 저렴한지 비싼지를 결정하는 데 가장 일반적으로 사용되는 지표일 것이다. P/E비율은 단순히 현재 주가를 주당이익으로 나눈 값이다.[2]

$$\text{P/E 비율} = \frac{\text{1주당 주식가격}}{\text{EPS}} = \frac{\$30}{\$2} = 15\text{x}$$

이 회사의 주당이익은 2달러이고 주식은 현재 30달러에 거래되고 있으므로 P/E는 15배이다. 즉, 주식이 주당이익의 15배로 거래되고 있는 것이다. 월 스트리트에서는 "주식이 15배에 거래되고 있다(The stock is selling at fifteen times)"라고 말한다. 여기서 **보통주 주당이익(earnings per common share)** 또는 **주당이익(earnings per share)**라는 단어가 함축되었기 때문에 굳이 단어를 써서 표현할 필요가 없다. 또한 우리는 "주식이 15의 주가배수 또는 15의 멀티플에 거래되고 있다(The stock is selling at a 15 multiple)" 혹은 "이 회사의 시가총액은 회사의 이익의 15배이다(The market is capitalizing this company's earnings at 15 times)"라고 표현할 수 있다. 이러한 표현들은 모두 같은 의미를 가진 표현들이며 서로 바꿔 가며 사용된다. 주가수익비율의 다른 약어들로는 PER, P.E, P-E, P/E 등이 있다.

우리는 주식을 평가할 때 어떻게 주가배수(price multiple)들을 사용하는지에

---

2 P/E를 계산할 때 많은 초보 투자자들이 흔히 저지르는 실수는 주가를 총순이익(total net income, 흔히 'earnings'로 불린다)으로 나누는 것이다. P/E를 계산하려면 주가를 EPS로 나누어 계산하거나 회사의 시가총액(total market capitalization)을 총순이익으로 나누면 동일한 P/E 값이 계산된다.

대해 에버커넥트(EVCT)를 주요 예로 살펴볼 것이다. 에버커넥트는 클라우드 스토리지와 그 외 관련 서비스들을 제공하며 고객들이 사진, 문서, 동영상들을 클라우드에 저장하여 인터넷 연결을 통해 컴퓨터, 태블릿, 휴대폰 등에서 액세스할 수 있도록 한다. 또한 우리는 다른 회사들을 예시들로 사용할 것이다.

기업의 주가수익비율(P/E)에 대해서 이야기할 때 어느 연도의 이익을 말하는 것인지를 분명히 해야 한다. 우리는 2013년 9월 기준 에버커넥트 주가인 30달러와 표 18.1에 표시된 실적 전망치를 바탕으로 에버커넥트의 연도별 P/E 비율을 계산할 수 있다.

표 18.1 에버커넥트의 주가수익비율(P/E Ratio) 계산 (주가 $30 기준)

EVCT 주당 $30	2012A	2013E	2014E	2015P
예상 EPS (Estimated earnings per share)	$1.82	$2.00	$2.20	$2.42
주가수익비율 (Price/earnings ratio)	16.5x	15.0x	13.6x	12.4x

표 18.1에서 2012 우측의 알파벳 'A'는 **실제(actual)**를 의미한다. 이는 해당 연도(2012년)가 끝났으며 주당이익이 1.82달러였음 나타낸다. 2013년과 2014의 'E'는 **추정(Estimated)**을 의미하고, 2015의 'P'는 **예측(Projected)**을 뜻하는데 'P'는 가까운 해의 추정치들보다 신뢰도가 낮다는 뜻이다.

2013년 9월 현재 에버커넥트의 주가는 30달러이고 2012년 실적은 주당 1.82달러이므로 에버커넥트의 주식은 16.5배의 P/E에 거래되고 있다. **후행(Trailing)**이란 말은 P/E 비율이 지난해(2012년) 또는 지난 네 분기들이 기준임을 뜻한다. P/E와 관련해서 앞으로 우리가 접하게 될 다른 용어들은 향후 12개월 동안 예상되는 이익을 뜻하는 'NTM(Next Twelve Months)'과 지난 12개월간의 이익을 의미하는 'LTM(Last Twelve Months)'이 있다. 예를 들어, 반면 2013년 4월 초에 LTM EPS는 2013년 1분기(3/31/13 분기 종료) 이익과 2012년에 보고된 지난 세 분기들의 이익 수치들을 포함할 것이다. 2013년 4월 초 기준 NTM 추정치는 2013년의 나머지 세 분기들의 이익과 2014년 1분기 이익 추정치를 포함하는 것이다. '12개월 후행(Trailing Twelve)'이란 말은 지난 12개월을 말하는 것이다(LTM과 동일).

독자 여러분은 아마도 이러한 수치들이 어떻게 산출되는지 궁금해할 것이다. 모건스탠리(Morgan Stanley), 골드만삭스(Goldman Sachs) 등 투자은행들은 애널리스트를 고용해 특정 회사들을 추종하고 애널리스트들이 추종하는 회사들에 대해 이익 추정치와 주식 등급을 발행한다. 개인투자자들 또한 이러한 이익 추정치들을 이용할 수 있다. 애널리스트들이 추종하는 회사들에 대해서 발표한 모든 실적 추정치들은 팩트셋(FactSet), 블룸버그(Bloomberg), 톰슨로이터(Thomson Reuters)와 같은 데이터 제공 회사들에 의해 집계되어 컨센서스 추정치에 도달하게 된다. 컨센서스 추정치(consensus estimate)는 애널리스트들이 산출한 이익 추정치의 평균 또는 중앙값(median estimate)이며 야후 파이낸스(Yahoo Finance)와 같은 다양한 온라인 금융 서비스에서 제공된다. TD 에머리트레이드(TD Ameritrade)와 같은 일부 브로커리지 회사들 또한 고객들에게 컨센서스 이익 추정치를 제공한다. 투자자들이 비싼 월구독료를 내고 이용할 수 있는 FactSet, Bloomberg, Thomson Reuters 같은 금융 데이터 회사들은 더욱 광범위한 데이터 기반을 보유하고 있다.[3]

가치투자자이자 버크셔 해서웨이의 최고경영자(CEO)인 워렌 버핏은 후행 P/

---

3 데이터 소스에 따라 실적 전망의 기간을 여러 가지 방법으로 나타낼 수 있다. 일부 데이터 회사들은 실제 연도(예: 2013년, 2014년 등)를 사용할 것이다. 다른 회사들은 연도를 회계연도(예: FY1, FY2, FY3)로 구분해서 나타낼 것이다. 예를 들어, 어떤 투자자가 12월 31일이 회계연도 말일인 회사를 2013년 9월에 분석하고 있었다면, 회계연도 1년 차(FY1) 컨센서스 추정치는 2013년 12월 31일을 기준으로 하며 마찬가지로, 회계연도 2년 차(FY2) 추정치는 2014년 12월 31일이 기준일 것이다. 만약 회계연도 말일이 6월 30일인 회사의 P/E를 2013년 9월에 계산할 경우 FY1 추정치는 2014년 6월 30일을 기준으로, FY2는 그다음 해인 2015년 6월 30일을 기준으로 한다. 대부분의 회사들이 12월 31일에 회계연도가 끝나는 반면, 각 회사는 가장 적절한 회계연도 말일을 임의로 선택할 수 있다. 예를 들어 리테일(소매업) 회사들은 1월 31일을 회계연도 말일로 정하여 12월의 높은 매출과 1월에 발생할 반품을 모두 연차보고서에 반영시킨다.

E(trailing P/E ratio)가 "백미러를 보고 투자하는 것(investing by using the rearview mirror)"[4]과 유사하다고 지적했다. 주식가격은 결국 **미래의 주가 퍼포먼스 (future performance)**에 대한 투자자들의 기대를 반영한다. 따라서 P/E를 계산할 때 과거연도 회사의 이익보다는 향후 예상되는 이익이 사용되어야 한다. 예상 이익을 사용해서 계산한 P/E를 '선행 P/E(forward P/E)'라고 부른다.

표 18.1을 다시 살펴보면 에버커넥트의 현재 주가(30달러) 올해(2013년) 에버커넥트의 예상 이익의 15.0배, 내년 예상 이익의 13.6배, 2015년 예상 이익의 12.4배에 거래되고 있다. P/E가 얼마인지 나타낼 때 우리는 '15x' 또는 '15'라고 표시하거나 그냥 15배라고 말한다. 따라서 에버커넥트의 주식은 올해 이익의 15배, 내년 이익의 13.6배에 거래되고 있다고 말할 수 있다. 지금까지 다룬 용어들은 주가를 대해서 이야기할 때 매우 중요하며, 독자 여러분은 이러한 용어들에 빨리 익숙해져야 할 것이다.

실적 또는 P/E의 변화는 주가를 움직인다 (CHANGES IN EITHER EARNINGS OR THE P/E MULTIPLE, OR BOTH, CAN DRIVE STOCK PRICE CHANGES)

실적의 변화 (Changes in Earnings)

만약 주가수익비율이 일정 기간 동안 동일하게 유지된다면, 주가의 변동은 전적으로 실적 변화로 인한 결과일 것이다. 지금이 2013년 9월이라고 가정하고 에버커넥트를 살펴보자.

$$\frac{\text{주가수익비율 (P/E)}}{15\text{x}} \times \frac{\text{2013 EPS 추정치 (2013 EPS est.)}}{\$2.00} = \frac{\text{2013년 9월 주가 (Sept. 2013 stock price)}}{\$30}$$

---

4 Mauboussin, Michael. 『More Than You Know: Finding Financial Wisdom in Unconventional Places』 New York: Columbia Business School Publishing, 2008.

에버커넥트는 올해(2013년) 이익 추정치의 15배에 달하는 가격으로 거래되고 있다. 1년 후인 2014년 9월 P/E가 그대로 유지되고(15배) 이익이 10% 증가한다면 주가는 이익 증가율과 동일하게 30달러에서 33달러로 10% 상승한다.

$$\frac{주가수익비율\ (P/E)}{15x} \times \frac{2014\ EPS\ 추정치\ (2014\ EPS\ est.)}{\$2.20} = \frac{2014년\ 9월\ 예상주가\ (Expected\ Sept.\ 2014\ stock\ price)}{\$33}$$

만약 에버커넥트가 이익 성장세가 꾸준하고 P/E 변동이 거의 없는 회사라면 투자자들은 이익에 따라 주가가 상승 또는 하락할 것이라고 예상할 수 있다. 투자자들마다 실적 전망치와 주가수익비율에 대한 견해가 서로 다르고 연중 다른 기간을 기준으로 택하여 15.0배의 P/E를 내년 실적에 적용할 것이기 때문에 주가는 시간이 흐를수록 계속 변동할 것이다.

P/E 의 변화 (Changes in P/E)

만약 주가가 더 높거나 낮은 P/E에 거래되어야 한다고 시장(투자자)이 판단한다면 주가 또한 변동할 수 있다. 다음은 2013년 9월 현재 컨센서스 EPS 추정치와 선행 P/E(forward P/E) 수치들이다.

에버커넥트 주가 $30 기준	2012A	2013E	2014E
예상주당이익 (Estimated EPS)	$1.82	$2.00	$2.20
적정주가수익비율 (Implied P/E)		15.0x	13.6x

*A: 실제, E: 추정

2013년 9월 30일에 종료된 에버커넥트의 3분기(3Q 2013) 실적은 10월 15일에 발표되었다. 에버커넥트의 이익은 과거 매년 10%씩 성장했지만 2013년 3분기 실적은 예상보다 훨씬 강한 실적을 보여 2013년 전체연도 성장률이 과거 성장률인 10%를 상회할 가능성이 높은 것으로 나타났다. 에버커넥트의 매출과 이익 모두 큰 폭으로 상승했으며, 실적 발표 직후 투자자들과의 컨퍼런스콜[5]에서 경영진은 회사가 태블릿 컴퓨팅 사업의 빠른 성장률의 수혜를 입고 있다고 이야기했고 가속화된 매출과 이익 성장세가 내년과 그 이후에도 계속될 것을 기대한다고 추가로 설명했다. 경영진은 이익성장률이 과거 10%대 성장률을 상회할 것으로 예상된다며 실적 '가이던스를 상향(raise guidance)'했지만 구체적인 실적 전망치(earnings forecast)를 제공하지 않았다. 월 스트리트의 애널리스트들과 투자자들은 경영진의 가이던스 상향에 따라 실적 전망치를 상향 조정하였다. 이러한 '초과 실적과 가이던스 상향 발표(비트-앤-레이즈 쿼터, Beat and Raise Quarter)'의 결과로 인해 에버커넥트를 담당하는 월 스트리트 애널리스트들은 2013년과 2014년의 추정치를 더욱 높게 수정했다. 에버커넥트의 컨센서스 이익 추정치는 2013년 2.18달러, 2014년 2.60달러로 상향되었고 회사의 장기성장률 예상치는 연 10%에서 16~20%로 높아졌다. 실적 발표 한 달 뒤인 11월에는 주가가 주당 40달러까지 상승했다(표 18.2 참조). 그 결과, 2013년 실적 기준 P/E는 15.0배에서 18.3배로 확대되었고, 2014년 컨센서스 추정 P/E는 13.6배에서 15.4배로 상승하였다. 주가가 30달러에서 40달러로 오른 것은 더욱 높아진 실적 전망치와 확대된 P/E를 반영한다.

---

5 대다수의 회사들은 매 분기 실적 발표 후 또는 다른 회사 관련 사항들이 있을 때마다 투자자들을 대상으로 컨퍼런스콜을 개최한다. 컨퍼런스콜을 통해 경영진은 실적 결과를 검토하고 때로는 미래의 매출 및 수익성에 대한 가이던스를 제공하기도 한다. 보통 질의 응답(Q&A) 시간이 있다. 시간적인 제약 때문에 주식이 널리 보유된 회사들(widely held companies)은 보통 기관투자자들의 질문들만 허용하지만, 누구나 경청이 가능하다. 컨퍼런스콜의 날짜, 시간, 연결번호 및 인터넷 액세스 링크는 보통 회사의 웹사이트(IR 링크)를 통해 확인할 수 있다.

표 18.2 예상 실적을 상회하면 발생하는 효과

분기 실적 발표전 주가, EPS 추정치와 P/E (2013년 9월 기준)

주가	2013		2014	
	EPS 추정치	P/E	EPS 추정치	P/E
$30	$2.00	15.0x	$2.20	13.6x

분기 실적 발표후 주가, EPS 추정치와 P/E (2013년 11월 기준)

주가	2013		2014	
	EPS 추정치	P/E	EPS 추정치	P/E
$40	$2.18	18.3x	$2.60	15.4x

11월 에버커넥트의 높은 P/E는 태블릿 시장에서의 에버커넥트의 노출로 인해 2013년 후반과 그 이후에 에버커넥트가 더 빠르게 성장할 수 있을 거라는 투자자들의 기대를 반영한다. 다시 말해서 에버커넥트의 높은 성장 가능성이 반영되어 P/E 배수가 '확대'된 것이다.

위의 예에서 에버커넥트의 3분기 어닝서프라이즈 이후 한 달 만에 주가가 30달러에서 40달러로 오르면서 P/E 배수가 빠르게 확대됐다.

투자자들은 더욱 높은 예상 주당이익 성장률이 실제로 실현될 때까지 기다리지 않았다. 이러한 **시장의 예측(anticipation by market)**은 투자자들이 반드시 이해해야 할 핵심 개념이며 나중에 이 부분에 대해서 좀 더 상세히 다룰 것이다.

에버커넥트의 높은 P/E는 2013년 말과 그 이후 에버커넥트가 더 빠르게 성장할 것이라는 투자자들의 예측이 반영된 것이다. 2013년 이익 추정치인 2달러 또는 2.18달러만이 에버커넥트의 높은 P/E를 형성했다고 볼 순 없다. 2013년 실적이 기준인 애보트의 높은 P/E는 2014년과 그 이후의 빠른 예상 성장률이 주가에 반영되었기 때문이다.

일반적으로 P/E는 실적이 변화하는 것보다 훨씬 더 빠르게 변화한다. 투자자들이 실적 성장세가 꾸준하고 안정적인 회사 주식들을 매수할 경우 시장(시장 지수)에 비해 낮은 변동성과 꾸준한 주가 움직임을 기대할 수 있는 반면 P/E의 변동이 예상되는 회사의 주식을 매수한다면 시장 지수에 비해 주가가 빠르게 움직이고 주가 변동폭이 클 것이다.

주식의 가격 수준이 주식의 가격이 '고점'인지 '저점'인지를 결정하지 않는다
(THE PRICE LEVEL OF A STOCK DOES NOT DETERMINE WHETHER THE STOCK IS 'HIGH' OR 'LOW')

여러분은 "나는 그 주식을 사지 않을 거야. 주가가 너무 비싸서 충분히 살 수 없어"라는 이야기를 얼마나 자주 들은 적이 있는가? 이와 같은 말의 내용에 오류가 있다는 것을 다음 예에서 보여 주고 있다.

만약 지금이 2013년 10월이고 어떤 투자자가 주식브로커에게 전화를 걸어 1,200달러 상당의 주식 매수를 원한다고 가정해 보자. 이 브로커는 현재 주당 60달러에 거래되고 있는 XYZ 인더스트리 주식을 매수할 것을 추천했다. 그는 2013년 XYZ의 연간 이익이 주당 5달러가 될 것으로 예상했다. XYZ 주식은 현재 12배의 이익(P/E 12)에 거래되고 있다. 브로커는 다음 연도의 주당이익이 7.50달러로 50% 증가할 것으로 예상하며, 앞으로 P/E 가 약 12배 수준에 머물 것으로 보고 있다. 따라서 브로커는 XYZ의 실적에 대해 다음과 같은 예상을 하고 있다.

	추정 EPS (Estimated EPS)		주가수익비율 (P/E ratio)		주가 (Stock price)
현재연도: 2013	$5.00	x	12x	=	$60
다음연도: 2014	$7.50	x	12x	=	$90

1,200달러의 현금을 보유한 투자자는 지금(2013년 10월) 60달러에 XYZ 주식 20주를 살 수 있다. 지금부터 1년 후, XYZ의 이익이 50% 급증하고 P/E는 12배 수준에 머무를 거라는 브로커의 말이 옳다면, 투자자는 600달러의 수익(수익률 50%)을 얻게 될 것이다.

	주식수 (Number of shares)		주당가격 (Price per share)		총금액 (Total dollars)
매수 (Bought):	20	x	$60	=	$ 1,200
매도 (Sold):	20	x	$90	=	$ 1,800
이익 (Profit):					$ 600

이제 투자자가 주식을 매수하기 직전에 XYZ가 주식 1주를 5주로 나누는 주식분할을 했다면 어떤 일이 벌어졌을지 생각해 보자. 주식분할이 일어날 경우(6장 참조) 주식가격과 주당이익은 분할주식수로 나뉘게 된다. 따라서 분할 후 주가와 이익은 다음과 같다.

	추정 EPS (Estimated EPS)		주가수익비율 (P/E ratio)		주가 (Stock price)
현재연도: 2013	$1.00	x	12x	=	$12
다음연도: 2014	$1.50	x	12x	=	$18

분할 후에도 XYZ 주식은 여전히 12배의 이익에 거래될 것이지만, 1,200달러를 보유한 투자자는 이제 100주의 XYZ 주식을 살 수 있다. XYZ의 이익은 2014년에도 50% 성장할 것으로 예상되지만 보통주 1주당 5주로 쪼개진 주식분할(5분의 1)로 인해 2014년의 새로운 EPS 추정치는 주당 1.50달러(7.50달러/5주)가 된다.

주식분할은 P/E를 변화시키지 않는다. 따라서 1,200달러를 보유한 투자자는 이제 다음과 같은 투자 수익을 예상하게 될 것이다.

	주식수 (Number of shares)		주당가격 (Price per share)		총금액 (Total dollars)
매수 (Bought):	100	x	$12	=	$ 1,200
매도 (Sold):	100	x	$18	=	$ 1,800
이익 (Profit):					$ 600

투자자가 얻게 될 이익은 주식분할 여부와 관계없이 동일하다는 점에 유의하자. 즉 투자자가 분할 전 높았던 주가에 20주를 사든 분할 후 낮아진 주가에 100주를 사든 이익은 변함이 없다. 주식에서 수익과 손실을 결정하는 것은 주식의 초기 절대 가격이 아니라 (1) 위의 케이스처럼 P/E가 그대로 유지될 경우 이익 변화율 (%) 그리고 (2) 이익 수준이 그대로 유지될 경우 P/E의 변화에 달려 있다. 투자자들은 당연히 두 가지 요인들 모두를 고려해야 하지만 투자자가 얻게 될 총수익은 주식의 절대 가격이나 투자자가 매수할 수 있는 주식수와는 아무런 상관이 없다.

주식이 고점 또는 저점인지 결정하는 것은 주가가 아니라 P/E이다
(THE P/E, NOT THE ACTUAL PRICE, DETERMINES WHEN A STOCK IS 'HIGH' OR 'LOW')

이 말을 이해하기 위해서 동종기업인 A사와 B사를 살펴보자. A사와 B사는 예상 이익성장률이 동일하며 이익의 50%를 배당으로 지급한다. 단 A사 주식은 낮은 P/E에 거래되고 있다.

	주당이익 (Earnings per share)	P/E 비율 (P/E ratio)	주가 (Stock price)	배당성향 50% (Dividend per share at 50% of earnings)	주당투자수익 (Yield to investor per share of stock)
회사 A	$10	10x	$100	$5	5.0%
회사 B	$2	25x	$50	$1	2.0%

100달러의 현금을 보유한 투자자는 A사의 주식 1주를 매수해서 초기 투자금 대비 5%의 수익률을 얻을 수 있다.

$$\text{회사A 1주} \ = \ \frac{\$5 \text{ 배당금}}{\$100 \text{ 투자금액}} \ = \ 5\%$$

투자자가 100달러를 지불하여 B사 주식 2주를 매수했다면 2%의 수익률, 즉 총 2달러의 배당금(주당배당금 1달러)을 지급받게 된다.

$$\text{회사B 2주} \ = \ \frac{\$2 \text{ 배당금}}{\$100 \text{ 투자금액}} \ = \ 2\%$$

따라서 A사 주식(100달러에 거래)은 B사 주식(50달러에 거래)보다 매수 금액이 2배지만 A사는 투자자들에게 투자금 1달러 대비 더 많은 배당금을 지급하기 때문에 A사 주식이 **싸거나 저평가**되었다고 볼 수 있다. 이처럼 A사 주식의 배당수익률이 높은 이유는 주가수익비율(P/E)이 낮기 때문이다.

우리는 이러한 결과를 좀 더 다른 시각에서 보기 위해 A사와 B사를 다시 비교하되 이번에는 B사의 주가수익비율(P/E)이 25배에서 A사와 동등한 수준인 10배로 감소했다고 가정해 보자. 여전히 두 회사의 주당이익(EPS)은 동일하지만 투자자들은 B사 주식을 이익의 10배(P/E 10) 이하에만 매수할 의향이 있기 때문에 B사의 주가가 20달러까지 하락한 것이다. 만약 투자자가 A사 또는 B사에 100달러를 투자하면 얼마나 많은 배당금을 받을 수 있는지를 살펴보자.

	주당이익 (Earnings per share)	P/E 비율 (P/E ratio)	주가 (Stock price)	배당성향 50% (Dividend per share at 50% of earnings)	주당투자수익 (Yield to investor per share of stock)
회사 A	$10	10x	$100	$5	5.0%
회사 B	$2	10x	$20	$1	5.0%

100달러의 현금을 보유한 투자자는 여전히 A사의 주식 1주를 매수해서 배당금 5달러(수익률 5%)를 지급받을 수 있다.

$$회사A\ 1주\ =\ \frac{\$5\ 배당금}{\$100\ 투자금액}\ =\ 5\%$$

또는 B사의 주식이 20달러로 하락함에 따라 투자자는 B사 주식 5주를 살 수 있고, B사는 주당 1달러의 배당금을 지급하기 때문에 마찬가지로 투자자는 총 5달러의 배당금(수익률 5%)을 지급받게 된다.

$$회사B\ 5주\ =\ \frac{\$5\ 배당금}{\$100\ 투자금액}\ =\ 5\%$$

여기서 발생한 일은 B사 주식의 낮은 주가수익비율로 인해 주가가 하락함에 따라 투자자들은 B사 주식을 더 많이 매수하여 배당금을 더 많이 지급받을 수 있게 된 것이다. 두 회사 주식의 P/E가 동일하기 때문에 투자자는 두 회사 중 어느 쪽에 100달러를 투자하더라도 동일한 배당수익을 얻게 된다. 투자금 1달러당 배당수익을 감안할 때 우리는 A사 주식과 B사 주식 모두 '가격이 동일하다(equally priced)'고 말하거나 '가치가 동일하다(equally valued)'고 이야기할 수 있다. 이는 A사 주식(100달러)이 B사 주식(20달러)보다 훨씬 높은 가격에 거래되고 있음에도 사실이다. 다른 모든 조건들이 동일하다면 투자자는 이제 A사 주식 1주를 매수해야 할지 또는 B사의 주식 5주를 매수해야 할지에 대해서 무관심할 것이다.

참고로 A사와 B사의 주식은 동일한 배당금과 P/E에 따라 동등하게 평가되었다. 하지만 동등한 P/E는 두 회사의 성장률이 같은 경우에만 동일한 밸류에이션을 반영한다. 현재 A사와 B사의 이익은 같지만 만약 A사의 이익이 B사보다 더욱 빠른 속도로 성장하고 있다면 A사는 향후 이익이나 예상 배당금이 B사보다 높을 거란 예상이 주가에 반영되어 더 높은 P/E(더 높은 주가)에 A사의 주식이 거래될 가능성이 높다.

이제 우리는 P/E가 예상 이익성장률과 관련이 있다는 사실을 알게 되었다. 투자자가 주식에 대해 지불하고자 하는 P/E는 회사의 위험 또는 이익 성장 전망에 대한 투자자의 확신과 밀접한 관련이 있다. 예를 들어 회사의 연이익성장률 전망이 10%라는 데 강한 확신이 있는 투자자는 다른 투자자들보다 높은 P/E에 주식을 매수할 의사가 있을 것이다. 반면에 상대적으로 확신이 없는 투자자들 역시 10%의 연이익성장률이 유력한 성장률이라 생각할 수 있지만 예상치 못한 경쟁회사가 나타날 수 있다는 우려와 이로 인해 10%의 연이익성장률 전망치에 도달하지 못할 위험이 있을 거라 판단할 것이다.

주식의 P/E가 고점인지 저점인지는
현재 실적보다 향후 실적에 의해 판가름될 것이다
(WHETHER A STOCK'S P/E IS 'HIGH' OR 'LOW' MAY BE BETTER JUDGED ON FUTURE EARNINGS THAN PRESENT EARNINGS)

이익 성장률이 다를 것이란 예상을 제외하고 현재 두 회사가 동일하다면 P/E는 여전히 어느 종목이 더 싼지 판단하는 가장 좋은 방법이지만 현재 두 회사를 비교하는 것은 어려운 일이다. 이러한 경우 향후 몇 년간 예상 이익과 현재 주가를 비교해서 어느 종목이 더 싼지 판단하는 것이 유용하다.

에버커넥트를 다시 살펴보고 경쟁사인 디스커넥트와 비교해 보자. 두 회사의 EPS는 2달러, 배당성향은 이익의 50%였다. 디스커넥트의 제품은 소비자들 사이에서 점점 인기가 떨어지고 있기 때문에 강한 산업 성장세에도 불구하고 회사의 이익은 연간 6%의 성장률에 그칠 것으로 예상된다. 반면 에버커넥트의 이익은 연간 16%씩 성장할 것으로 예상되므로 이익 성장세는 다음과 같을 것이다. 아래 도표의 에버커넥트의 이익과 이익성장률은 이전 예시에서 나왔던 에버커넥트의 실적 수치와 무관하다.

표 18.3 높은 이익성장률 vs 낮은 이익성장률 추정치 비교 회계연도 FY로 표시

	FY1	FY2	FY3	FY4	FY5
에버커넥트	$2.00	$2.32	$2.69	$3.12	$3.62
전년대비성장률 (Y/Y Growth)*		+16%	+16%	+16%	+16%
디스커넥트	$2.00	$2.12	$2.25	$2.38	$2.52
전년대비성장률 (Y/Y Growth)		+6%	+6%	+6%	+6%

* Y/Y = 전년대비, 올해의 기간을 1년 전 같은 기간과 비교함을 의미한다. 우리는 각 전체연도를 이전 전체연도를 비교하고 있다. 어느 특정 분기를 바로 전 분기와 비교할 경우 Q/Q(전기대비)로 나타낸다.

이제 디스커넥트의 현재 주가 30달러와 에버커넥트의 현재 주가 36달러를 이용하여 두 회사의 P/E와 올해의 배당수익률 그리고 향후 3년간 배당수익률과 5년간 배당수익률을 서로 비교해 보자.

현재연도 (2013)

	주가 (Stock price)		EPS 추정치 (EPS Est.)		P/E 비율 (P/E ratio)	현재배당금 배당성향 50% (Curr. dividend 50% payout)	기대수익률 (Expected yield)
디스커넥트	$30	÷	$2.00	=	15x	$1	3.3%
에버커넥트	$36	÷	$2.00	=	18x	$1	2.8%

현재 연도를 기준으로 디스커넥트의 P/E가 낮고 배당수익률은 높기 때문에 디스커넥트의 주가가 더 싼 것으로 보인다. 그러나 향후 3년간 예상 EPS와 배당금이 기준이라면 P/E 비율과 배당수익률 비교 결과는 달라진다.

향후 3년간 예상

	주가 (Stock price)		EPS 추정치 (EPS Est.)		P/E 비율 (P/E ratio)	예상배당금 배당성향 50% (Est. dividend 50% payout)	기대수익률 (Expected yield)
디스커넥트	$30	÷	$2.25	=	13.3x	$1.13	3.8%
에버커넥트	$36	÷	$2.69	=	13.4x	$1.35	3.8%

향후 3년간 EPS 추정치와 현재 주가를 보면 에버커넥트와 디스커넥트가 약 13.4배의 P/E로 거래되고 있으며 예상 배당수익률도 거의 동일한 것으로 보인다. 따라서 위의 도표에서 어느 주식이 더 싸다고 말하기는 어렵다. 이제 5년간 예상치를 살펴보자.

향후 5년간 예상

	주가 (Stock price)		EPS 추정치 (EPS Est.)		P/E 비율 (P/E ratio)	예상배당금 배당성향 50% (Est. dividend 50% payout)	기대수익률 (Expected yield)
디스커넥트	$30	÷	$2.52	=	11.9x	$1.26	4.2%
에버커넥트	$36	÷	$3.63	=	9.9x	$1.82	5.1%

만약 디스커넥트의 주가가 30달러에 머물고 에버커넥트 주가가 36달러에서 상승할 경우, 에버커넥트의 높은 현재연도(1분기 기준) P/E와 낮은 배당수익률로 인해 현재 에버커넥트의 주가가 디스커넥트에 비해 훨씬 고평가된 것처럼 보일 것이다. 그러나 우리는 에버커넥트의 현재 이익과 배당에 대한 높은 밸류에이션은 향후 5년간 발생되는 훨씬 높은 이익과 예상 배당금으로 정당화할 수 있음을

알 수 있다.

에버커넥트와 디스커넥트의 주가와 P/E를 좀 더 다른 시각으로 살펴보자. 5년 후에 두 회사가 그해 이익(회계연도 5년)의 15배의 P/E에 거래되고 있다고 가정해 보자.

향후 5년간 예상

	EPS 추정치 (EPS estimate)		주가수익비율 (P/E)		주가 (Stock Price)
디스커넥트	$2.52	x	15x	=	$38
에버커넥트	$3.62	x	15x	=	$54

디스커넥트는 38달러, 에버커넥트는 54달러에 거래될 것이다. 이제 주식별로 주가 상승률을 살펴보자.

	오늘 주가 (Stock price today)	5년내 예상주가 (Stock price in 5 years)	수익률 (Percentage gain)
디스커넥트	$30	$38	27%
에버커넥트	$30	$54	50%

위의 도표에서 예상 주가 상승률을 비교해 보면, 우리는 에버커넥트의 주가가 첫 번째 회계연도(FY1)인 2013년에 더 저렴했다는 것이 분명하며 에버커넥트의 빠른 EPS 성장률을 감안한다면 2013년 회계연도(FY1)의 높은 P/E 비율이 정당하다고 말할수 있다. **에버커넥트가 더욱 빠르게 성장하고 있기 때문에 디스커넥트의 주식을 P/E가 15배일 때 매수하는 것보다 첫 번째 회계연도에서 에버커넥트의 P/E가 18배일 때 에버커넥트 주식을 매수하는 것이 더 나은 선택이었다.** 다시 말해서 첫 번째 회계연도(FY1)에서 에버커넥트 주식이 높은 P/E 비율에도 불구하고 더욱 저평가되었음을 의미한다.

마지막으로, 만약 에버커넥트의 빠른 성장률로 인해 에버커넥트의 주가가 첫 번째 회계연도(FY1)에서 디스커넥트보다 더 높은 P/E에서 거래된다면 5년 후 (FY5)에도 마찬가지로 더 높은 P/E로 거래되어야 할 것이다. 만약 이러한 빠른 성장세가 계속된다면 에버커넥트는 주당 54달러 이상에 거래될 것이며 에버커넥트의 주가 상승률은 더욱 클 것으로 보인다. 따라서 우리는 에버커넥트와 디스커넥트의 예시를 통해서 주가수익비율과 배당수익률을 기준으로 주식을 평가할 때 올해 실적과 배당뿐만 아니라 향후 기대 실적과 배당까지 살펴보는 것이 중요하다는 것을 알 수 있다.

여기서 주의해야 할 점을 몇 마디로 요약하면 미래를 정확하게 예측하는 것은 불가능하다는 것이다. 우리를 포함해서 모든 애널리스트들이 할 수 있는 최선의 방법은 이용 가능한 정보를 살피고 경험과 판단에 근거하여 정보에 입각한 예측을 하는 것이다. 주가와 밸류에이션에 대한 우리의 실적 전망과 P/E에 대한 합리적인 판단이 정확하진 않더라도 투자 의사결정 과정에서 유용한 매개변수를 설정할 수 있게 해 준다.

정확한 P/E 비율은 존재하지 않지만
적정 수준을 결정하는 데 도움이 되는 방법들이 있다
(THERE IS NO SUCH THING AS A CORRECT PRICE/EARNINGS RATIO, BUT THERE ARE WAYS TO HELP DETERMINE AN APPROPRIATE LEVEL)

우리는 두 회사가 서로 다른 속도로 성장할 경우 더욱 빠른 속도로 성장하는 회사가 더 높은 P/E를 가져야 한다는 것을 알게 되었지만 투자자가 이러한 성장률과 P/E에 얼마를 지불해야 하는지에 대한 절대적인 기준은 없다. 이익과 배당 성장률에 대해 어떤 P/E가 지불되어야 하는지 그동안 많은 연구들이 있었지만 이러한 연구들이 유용하게 사용되기엔 변수들이 너무 많이 존재했다. 그렇다고 해서 성장률을 P/E와 비교하지 말라는 뜻은 아니다. 여러분이 추종하는 여러 주식 종목들을 통해 이러한 관계를 연구하는 것은 완벽한 공식을 찾는 일은 불가능하지만 투자자들이 주식매수를 위해 지불하고자 하는 P/E와 주가에 대해서 편안함을 높일 수 있는 훌륭한 방법이다.

실제로 많은 투자자들은 수학적으로 '정확한' P/E를 계산하려고 하는 것이 아니라, 일정 기간 동안 보유 주식들의 가격, 이익, P/E를 관찰함으로써, 주가가 개별적으로 또는 다른 주식에 비교해서 어떻게 움직이는지에 대한 감각을 키우려고 한다.

여기서 우리는 주식의 P/E가 합리적인 수치인지 평가하는 데 도움이 되는 세 가지 방법들을 제시하고자 한다. 먼저, 회사의 과거 P/E 비율, 즉 이전 연도의 P/E의 고점과 저점을 살펴야 한다. 만약 회사의 과거 성장률이 미래 성장률과 동일할 것으로 예상되고 대체로 현재 시장 상황이 과거와 유사하다면, 과거 P/E는 현재 어떤 P/E가 적당한지를 판단하는 데 도움이 된다. 그다음 우리는 현재 주식이 높은 P/E 또는 낮은 P/E에 거래되고 있는 이유가 무엇인지를 파악해야 한다. 즉, "회사나 산업 또는 경제 전반에서 어떤 일이 발생하여 성장률이 증가하거나 감소하고 P/E에 영향을 미치는가?", "그리고 예상 성장률을 달성할 수 있다는 투자자들의 확신을 바꿀 수 있는 것은 어떤 일들이 있는가?"라고 묻는 것이다. 예를 들어 만약 주요 경쟁사가 파산할 경우, 투자자들은 회사의 미래 성장률이 더 빨라질 것을 기대할 수 있을 뿐만 아니라, 경쟁에 대한 우려가 감소하기 때문에 회사의 실적 전망에 대해 더 많은 확신을 가질 수 있다. 반대로 회사의 사업이 구하기 어렵고 가격이 급격히 상승할 수 있는 원자재에 의존되는 경우, 투자자들은 회사의 실적 전망에 대해 덜 신뢰할 것이며 주식은 낮은 P/E에 거래될 것이다.

기업의 P/E를 결정하기 위한 두 번째 단계는 유사 기업들의 P/E를 살펴본 후 회사 간의 차이점들과 분석 대상 회사의 P/E가 타 회사들보다 높거나 낮아야 하는 이유를 파악하는 것이다. 컴퓨터 소프트웨어 산업을 예로 들어 보자. 한두 개의 좋은 제품을 보유한 일부 소규모 회사들은 초기에 매우 빠르게 성장할 수 있지만 규모가 커짐에 따라 더 많은 시장 점유율을 가진 대형 소프트웨어 회사들과의 경쟁에 직면하게 된다. 소규모 회사들은 시장을 지배하는 대형회사들과의 경쟁이 어렵기 때문에 성장이 갑자기 멈출 수 있다. 따라서 현재 급성장하는 소규모 회사들의 P/E가 현재 성장률을 반영한 수준보다 낮은 경우가 많다. 이러한 문제로 인해 많은 소형 소프트웨어 회사들이 결국 대형 회사들에 스스로를 매각한다. 따라서 소규모 소프트웨어 회사의 투자자들은 최근 있었던 회사의 인수 합병 계약들을 살펴보고 인수 기업들이 일반적으로 지불하는 P/E 또는 P/E 범위가 얼마인지를 확인해야 한다.

세 번째 단계는 현재 분석 중인 주식의 P/E와 주식시장 전체의 P/E를 비교하는 것이다. P/E는 시장 상황에 영향을 받는다. 즉, 금리가 낮을 때 P/E는 더 높은 경향이 있다. 오랫동안 이어져 온 경험 법칙(old rule of thumb)에 의하면 금리가 낮을 때 P/E는 예상 이익성장률의 두 배가 되어야 한다. 예를 들어, 회사의 이익이 매년 10%씩 성장하고 있고 앞으로 같은 속도로 계속 성장할 것이 예상되는 경우, 20배의 P/E는 합당한 수치로 간주된다. 물론, 기업들은 매년 정확히 같은 속도로 성장하지 않으며 실제로 성장률은 종종 급상승했다가 둔화된다. 따라서 기업의 과거 성장률이 연평균 10%라고 해도 투자자들은 성장률의 두 배에 달하는 P/E를 지불하는 것이 괜찮은지 따져야 할 것이다.

금리가 높을 때 P/E는 낮고 성장률보다 낮은 P/E에 주식이 거래되는 것은 일반적인 현상이다. 예를 들어 금리가 높을 때 매년 10%씩 성장하는 회사의 주식이 9 이하의 P/E에 거래될 수 있다.

결론적으로 투자자들은 어떤 P/E에 주식을 매수하고 매도할지를 결정하기 위해서 (1) 회사의 과거 P/E, (2) 유사 기업들의 P/E (3) 상대 P/E를 참고할 수 있다. 또한 투자자들은 전체 시장 동향을 살펴보고 전반적으로 P/E가 증가 또는 감소하고 있는지 확인해야 한다. 과거와 현재의 상황을 비교함으로써, 투자자들이 현재 적정 P/E를 결정하는 데 좋은 근거를 마련해 줄 것이다. 우리는 위에 열거한 세 가지 유형의 P/E 분석에 대해 살펴볼 것이다.

과거 P/E 배수 분석: 주가가 고점 또는 저점일 때가 언제인가?
(HISTORICAL P/E MULTIPLE ANALYSIS: WHEN IS A STOCK 'LOW' OR 'HIGH'?)

과거의 P/E가 주식이 높은지 낮은지를 판단하는 데 얼마나 도움이 되는지 DMI 사(Diversified Manufacturing Inc.)를 살펴보자. DMI의 이익성장률은 연평균 약 10%를 기록하고 있다. 표 18.4를 보면 성장률은 실제로 어느 해에도 10%를 도달하지 못하였지만 일정 기간 동안 평균 성장률은 약 10%, 더 정확히 이야기해서 10% 복리로 증가하였다.[6]

표 18.4 DMI 의 이익성장률 *est:추정치

연도	EPS	전년대비증가율 (% increase over previous year)
2010	$0.91	
2011	$0.96	5.5%
2012	$1.11	15.6%
2013	$1.25	12.6%
2014	$1.33 est.	6.4%
		10.025% 평균성장률 (average increase)
		10.0% 복합성장률 (compounded growth)

같은 기간의 주가 범위와 P/E 비율 범위는 표 18.5와 같다. 지금이 2014년 12월이고 주가는 27달러라고 가정해 보자.

---

6 사실 연평균 성장률은 연간 10.025%이다. 수학적으로 정확히 계산하면 **복합성장률(compound growth rate)**은 연간 10%이다. 복합성장률의 정의는 회사가 매년 정확히 같은 비율로 성장할 경우, 일정 수준(2010년 0.91달러)에서 다른 특정 수준(2014년 1.33달러)으로 성장하는 데 필요한 성장률이다. 복합성장률은 연중 이익 수준과는 관련이 없으며 연중 이익은 무엇이든 상관없다. DMI 사의 복합성장률은 정확히 10%이다. 불행히도 복합성장률을 계산하는 간단한 방법이 없으므로 만약 독자들이 재무용 계산기가 없다면, 연도별 성장률을 합산한 총계를 연수로 나누어 "평균" 성장률의 근사치를 구할 수 있다.

표 18.5 DMI 의 주가 범위와 P/E 비율 범위 　　　　　　　　　 *est:추정치

| | EPS | 주가(Price) | | | P/E | | |
		고점(High)		저점(Low)	고점(High)		저점(Low)
2010	$0.91	$23	–	$13	25x	–	14x
2011	$0.96	$27	–	$15	28x	–	16x
2012	$1.11	$28	–	$17	25x	–	15x
2013	$1.25	$34	–	$20	27x	–	16x
2014	$1.33 est.	$37	–	$23	28x	–	17x
2015	$1.60 est.						

표 18.5에 따르면 주가가 매년 큰 폭으로 등락을 거듭해 왔음을 알 수 있는데 P/E는 매년 최소 25배까지 도달하거나 매년 15~16배까지 낮아진 것으로 나타났다. 이는 P/E가 매년 같은 고점과 저점으로 범위가 계속 유지된다고 볼 수 없으며 고점보다 상승하거나 저점보다 하락할 가능성이 존재한다. 하지만 과거 범위는 여전히 향후 P/E를 예측하기 좋은 첫 번째 지표이다.

2014년 12월 주가가 27달러인 가운데, 투자자들은 아마도 2015년 이익에 주목할 것이다. 그 이유는 투자자들이 향후 6개월 또는 12개월 후의 주가를 예상하고 주식을 매수하기 때문이다. 2015년 EPS 추정치는 1.60달러, 예상 주가는 27달러로 16.9배의 P/E에서 주식이 거래될 것이다. 16.9배의 P/E가 낮게 보이는 이유는 과거 P/E 범위의 저점에 근접한 수치이기 때문이다.

이제 주식의 상승여력(upside potential)과 하방위험(downside risk)을 추산해 보자. 2015년에 주식시장이 침체되거나 회사의 예상 성장률이 하락할 것을 암시하는 상황이 아닌 이상, 과거 추세를 바탕으로 1년 내 주가가 25배 이상의 이익(P/E 25 이상)에 도달할 것이라는 추측은 합리적이다. 이는 주가가 40달러까지 상승할 수 있음을 시사한다.

$$\frac{\text{2015 EPS 추정치}}{\text{(2015 EPS estimate)}} \quad \text{x} \quad \frac{\text{추정 P/E}}{\text{(Assumed P/E)}} \quad = \quad \frac{\text{예상주가}}{\text{(Expected stock price)}}$$
$$\frac{}{\$1.60} \qquad\qquad \frac{}{25\text{x}} \qquad\qquad \frac{}{\$40}$$

현재 주식이 27달러이기 때문에 40달러까지 13달러(+48%)의 상승여력이 있는 반면 하방위험은 과거 P/E 범위를 볼 때 2015년 이익의 15배까지 주가가 하락할 수 있다.

$$\frac{\text{2015 EPS 추정치}}{\text{(2015 EPS estimate)}} \quad \text{x} \quad \frac{\text{추정 P/E}}{\text{(Assumed P/E)}} \quad = \quad \frac{\text{예상주가}}{\text{(Expected stock price)}}$$
$$\frac{}{\$1.60} \qquad\qquad \frac{}{15\text{x}} \qquad\qquad \frac{}{\$24}$$

따라서 하방위험은 24달러까지 하락, 즉 3달러의 손실(-11%)을 의미한다. 상승여력 48%와 하방위험 11%를 반영한 위험/보상 비율(risk/reward ratio)은 11%/48%, 약 1:4이므로 현재 주가는 '낮은' 것으로 보이고 과거 P/E 수치들을 감안할때 주가가 매력적이므로 매수해야 할 것이다.

이제 2015년 3월까지 주가가 32달러까지 올랐다고 가정해 보자. 그리고 2014년 실제 이익은 추정치 1.33달러를 약간 상회한 1.35달러이고 2015년 추정치 1.60달러는 변동이 없다고 가정해 보자.

*est:추정치

	주당이익 (EPS)	주가 (Stock price)	주가수익비율 (P/E)
2014	$1.35	$32	
2015	$1.60 est.	$32	20.0x

현재 주식은 과거 P/E 범위 16~25배의 중간값인 2015년 추정 이익의 약 20배(20배의 P/E)에 거래되고 있으며 예상 이득과 위험은 다음과 같다.

	2015년 EPS 추정치 (2015 EPS)	예상 P/E (Expected P/E)		예상주가 (Expected price)	$32 기준 이익/손실 (Gain or loss from $32)
업사이드 (upside):	$1.60 est. x	25x	=	$40	$8 이익
리스크 (risk):	$1.60 est. x	16x	=	$26	$6 손실

주식이 32달러인 상황에서 상승여력은 약 8달러의 수익(25%), 하방위험은 32 달러에서 26달러로 약 6달러의 손실(19%)을 나타낸다. 위험/보상 비율(risk-reward ratio)은 현재 19%/25%로 12월에 비하면 훨씬 덜 매력적이다.[7] 2015년 추정 이익을 기준으로 현재 주가는 **적정하게 평가(fairly valued)**되었다고 볼 수 있다.

시장 전체의 하락이 예상되면 DMI도 동반 하락할 것이기 때문에 주식을 매도 해야 한다. 그러나 시장이 상승할 것으로 예상되면 주식을 계속 보유하거나 추가 로 매수해야 하는데 그 이유는 강세장에서 주식은 과거 P/E 범위의 상단이나 그 이상으로 상승하는 경우가 많기 때문이다.

2015년 8월 주가는 41달러로 신고가를 기록했다. 2015년 이익 추정치는 여전 히 1.60달러이기 때문에 주가는 예상 이익의 26배에 거래되었으며 과거 범위의 최고점에 근접했다. 하지만 현시점에서 주가가 이익의 28배인 45달러까지 상승 하더라도 4달러 상승에 그치는 반면, 시장 전체가 하락하거나 회사에 예기치 못 한 악재가 발생할 경우 하방위험은 이익의 15배인 41달러에서 24달러로, 17달러 가 하락할 수 있다(41달러 - 27달러 = 17달러). 24달러까지 하락할 가능성은 그 리 크지 않아 보인다. 하지만 투자자들이 초가을부터 2016년 이익에 주목하기 시

---

7 많은 투자자들이 잠재적인 롱 포지션(매수 및 보유하려는 주식)을 평가할 때 1:3 또는 1:4의 위 험/보상비율을 찾으려고 한다.

작할 수 있고 이익이 높을 경우 P/E는 낮아질 것이다. 실제로 애널리스트의 2016년 이익 추정치는 주당 약 1.80달러로 2015년 대비 12.5% 증가한 수치이다. 이에 P/E는 다음과 같다.

	EPS 추정치 (EPS estimate)	주가 (Stock price)	주가수익비율 (P/E)
2015	$1.60	$41	26x
2016	$1.80	$41	23x

2015년 이익 추정치를 기준으로 41달러의 주가는 상승보다 하락할 여지가 훨씬 더 많아 보였기 때문에 주식이 '완전한 가치로 평가(fully valued)'된 것처럼 보인다. 그러나 2016년 EPS 추정치인 1.80달러를 기준으로 볼 때, 주식은 과거 범위의 중간점에 근접한 23배에 거래되고 있었다. 그러나 2015년 8월에서 2016년 이익은 아직 멀었고 주식은 상승여력보다 하방위험이 더 크다. 신중한 투자자라면 주식의 매도를 결정할 수 있다. 이는 주가가 과거 P/E 범위의 고점이기 때문에 회사 실적에 대한 실망스러운 소식은 주가에 상당히 부정적인 영향을 미칠 수 있으며 좋은 소식이 있어도 소폭의 상승만을 가져올 수 있기 때문이다. 41달러의 주가는 **완전한 가치로 평가 혹은 모든 것이 반영된 가격**이므로 거의 아쉬울 것이 없다. 월 스트리트의 용어로 현재 주가 41달러에서 DMI 주식은 향후 이익을 반영하는 '**완벽한 가격이 매겨졌다(priced for perfection)**'라고 하는데 이 말은 DMI가 41달러의 주가를 정당화하기 위해서는 회사와 관련된 모든 일들이 완벽하게 진행되어야 하며 그렇지 않을 경우 주식은 급락할 가능성이 높다는 것을 의미한다.

2015년 11월 주가가 39달러인 상황에서 회사가 부정적인 뉴스를 발표하여 애널리스트들이 2015년 이익 추정치를 주당 1.60달러에서 약 1.40달러로 하향하고

2016년 추정치를 주당 1.80달러에서 1.55달러로 하향했다고 가정해 보자. 하향된 이익 추정치를 기준으로 P/E는 더욱 높아 보일 것이고 다시 과거 P/E 범위의 고점에 해당할 것이다.

	EPS 추정치 (EPS estimate)	주가 (Stock price)	주가수익비율 (P/E)
2015	$1.40	$39	28x
2016	$1.55	$39	25x

게다가 11월의 회사 발표에 놀란 투자자들은 실적 전망을 덜 신뢰할 것이고 종전보다 낮은 P/E로만 주식을 매수하거나 보유하기를 원할 것이다. 또한 이익 증가율이 갑자기 급감하기 때문에 투자자들은 P/E를 하향 조정하게 될 것이다. 이 시점에서 우리는 새로 수정된 2015년과 2016년 실적 전망을 볼 때 주가가 **고가 (overpriced)**이기 때문에 매도해야 한다고 말할 수 있다.

11월 실적 전망이 하향된 것은 향후 이익에 대해 과거 연도 P/E를 지표로 삼는게 문제가 있음을 말해 준다. 2015년 이익을 1.60달러로 예상했던 지난 8월, 주가가 41달러로 고점을 찍었던 것을 기억하자. 만약 2015년 이익이 결국 1.38달러라고 가정하면, 과거 수치는 고점인 41달러와 실제 EPS 1.38달러를 나타내며 P/E가 29.7배임을 의미한다. 이는 새로운 고점 P/E로 보일 것이다. 그러나 투자자들은 실제로 29.7배의 P/E를 지불한다고 생각하지 않았다. 주가가 41달러를 찍었을 당시, 2015년 실적 전망은 1.60달러였고 P/E는 25.6배였다. 이처럼 과거 수치가 투자자들의 EPS 전망치(EPS forecast)의 변화를 반영하지 않는다. 따라서 과거 P/E 수치, 특히 최고 P/E와 최저 P/E를 신중히 다뤄야 한다.

이제 우리는 어떠한 상황에서 주가가 고점(low) 또는 저점(high)인지를 다음과 같이 정의를 내릴 수 있다.

정의 (Definitions)

- **저점(Low)** – 주식이 정상 또는 예상 P/E 범위의 하단(또는 그 이하)에서 거래되고 있는 경우 주가는 **저점(low)**, **저평가(undervalued)** 또는 **저가(underpriced)**라고 말하거나 **싸다(cheap)**고 한다.

- **고점(High)** – 주식이 정상 또는 예상 P/E 범위의 상단(또는 그 이상)에서 거래되고 있는 경우, 주가는 **고점(high)**, **고평가(overvalued)** 또는 **고가(overpriced)**라고 말하거나 **비싸다(expensive)**고 한다.

과거 P/E 범위가 향후 P/E 범위 예측을 위한 지표로 사용되기 위해서는 다음과 같은 자격요건들이 충족되어야 한다. (1) 회사의 이익성장률이 예전과 동일한 수준으로 유지될 것이 예상되고 (2) 투자자의 이익 추정치에 대한 신뢰도에 영향을 미칠 수 있는 회사 관련 요인들, 산업 요인들, 또는 경제 전반의 요인들에 아무런 변화가 없어야 하며 (3) 전체 시장의 P/E에 변화가 없어야 한다. 이러한 요건들은 만약(if)으로 시작하는 가설들의 큰 집합이며 투자자들이 종목 선택을 하는 데 있어서 단순하고 정량적인 규칙이 없다는 것을 말해 준다. 투자는 틀림없이 과학보다는 기술에 가깝다.

DMI가 연평균 10% 대의 성장률을 기록하는 동안 주식은 정상적인 P/E 범위 16~25x(최고점과 최저점 제외) 내에서 거래되었다. DMI가 짧게나마 더욱 높은 성장률을 달성할 것으로 보였을 때 P/E는 25~28배로 높게 나타났다. 만약 DMI의 성장률이 10% 수준으로 돌아올 것이 예상되면 P/E 범위는 다시 16~25배로 하락할 것이다. 그리고 최근의 이익 추정치 하향이 향후 지속될 것으로 예상되는 문제들을 반영하는 경우, 회사는 장기간 성장률이 감소할 수 있으며 DMI 주식은 P/E범위의 하단인 14~17배 또는 그 이하에서 거래될 가능성이 높다. 이에 따라 DMI 주식은 향후 몇 년간 10~18배의 새로운 범위를 형성할 수 있으며 16~25배의 예전 범위는 더 이상 적정 P/E 범위로 간주되지 않을 것이다.

'Overpriced(고가)', 'fully valued(완전한 가치로 평가)', 'undervalued(저평가)', 'cheap(쌈)' 등과 같은 단어들은 월 스트리트에서 지속적으로 사용되고 있으며 주가수익비율이나 나중에 보게 될 주가현금흐름비율(price/cash flow ratio) 또는 EV/EBITDA와 관련해서 이러한 단어들의 사용이 가장 적절하다. 앞의 예시에서 본 것처럼 'overvalued(고평가)'와 'fairly valued(적정평가)' 사이와 'fairly valued(적정평가)'와 'undervalued(저평가)' 사이의 구별은 모호하다. 그럼에도 불구하고 표 18.6은 이러한 단어들에 대해 투자자들 본인만의 관점을 조금이나마 형성하는 데 도움이 될 수 있다.

표 18.6 DMI의 과거 데이터

| | EPS | 주가(Price) | | P/E | | |
		고점(High)	저점(Low)	고점(High)		저점(Low)
2010	$0.91	$23 –	$13	25x	–	14x
2011	$0.96	$27 –	$15	28x	–	16x
2012	$1.11	$28 –	$17	25x	–	15x
2013	$1.25	$34 –	$20	27x	–	16x
2014	$1.33	$41 –	$23	30x	–	17x

P/E 범위   평가 (Evaluation)

27 이상 .... 고점 (high), 고가 (overpriced), 고평가 (overvalued)
26-23   .... 완전한 가격 (fully priced), 완전한 가치로 평가(fully valued)
23-19   .... 적정가격 (fairly priced), 적정가치로 평가 (fairly valued)
19-16   .... 저점 (low), 저가 (underpriced), 저평가 (undervalued)
16-14   .... 쌈 (Cheap)
13 이하 .... 매우 쌈! (Very Cheap)

다시 말하지만 위의 P/E 범위들은 주관적이다. 어떤 투자자는 주식의 P/E가 28배 이상은 고가 또는 고평가되어 있다고 말하거나, P/E가 17배 이하인 경우에만 저평가된 것이라 말할지도 모른다.

어느 초보 투자자가 월 스트리트의 한 거물 투자자에게 주식시장에서 어떻게 돈을 벌 수 있는지를 묻자 이 거물 투자자는 "싸게 사서 비싸게 팔아라(Buy low and sell high)"라고 대답했다. 이에 초보 투자자는 "하지만 이미 지나 버린 일을 돌이키지 않고서야 무엇이 싸고 비싼지를 어떻게 알 수 있을까요?"라고 중얼거리며 자리에서 일어났다. 이 대화의 내용을 따져 보면 초보 투자자가 답을 잘못 이해한 것이 분명하다. 이 거물 투자자의 답변의 의미는 주식이 P/E 범위의 하단에서 거래될 때 가장 좋은 실적 추정치와 비교해서 주식을 매수해야 한다는 말이다. 그리하면 향후 주가가 상승할 확률이 하락할 확률보다 크다는 것이다. 만약 여러분이 매수하고자 하는 주식이 과거 P/E 범위의 상단에서 거래되고 있다면, 주식을 매수하지 말아야 할 것이며 여러분이 이 주식이 보유하고 있다면 매도를 진지하게 고민해야 할 것이다. 여러분이 매도를 고려해야 하는 이유는 주식이 더 이상 상승할 수 없기 때문이 아니라 회사와 관련된 악재가 있을 때의 하방 또는 다운사이드(downside)가 호재가 있을 때의 상방 또는 업사이드(upside) 보다 더 크기 때문이다.

유사 기업의 P/E 비교 (COMPARING THE P/E'S OF SIMILAR COMPANIES)

우리는 현재 주가배수를 과거 범위와 비교해서 주식이 비싸거나 싼지를 평가하는 것 외에도 회사의 현재 주가배수를 유사 기업들과 비교해 볼 수 있다.

애스워스 다모다란(Aswath Damodaran)은 자신이 쓴 책인 『The Little Book of Valuation』에서 "유사 기업이란 분석 대상 기업과 비슷한 현금흐름, 성장 잠재력과 위험을 모두 지닌 기업이다"라고 말했다.[8] 현실적으로 이러한 요건들을 모두 충족시키는 유사 기업을 찾을 수 없기 때문에 많은 투자자들은 동종 산업 내에

---

8 애스워드 다모다란(Damodaran, Aswath). 『The Little Book of Valuation: How to Value a Company, Pick a Stock, and Profit』 New Jersey: Wiley, 2011.

서 특성이 비슷한 유사 기업들의 리스트를 작성하는 것이 더 쉬운 일이라 생각한다. P/E를 비교한 다음, 회사들 간의 차이점들을 살펴보고 왜 P/E 수치들이 그동안 달랐는지를 설명할 수 있다. 표 18.7에는 에버커넥트와 동종기업 4곳의 현재 P/E를 보여 준다. 이러한 정보를 토대로 우리는 "에버커넥트가 '비교대상(comps)'에 비해 과대평가, 적절히 평가, 또는 저평가되었는가?"라는 질문을 할 것이다.

표 18.7 동종기업들과의 비교 분석 (Comparables Analysis)						Peer: 동종기업
	에버커넥트	Peer #1	Peer #2	Peer #3	Peer #4	Peer 평균
P/E	18.0x	19.2x	17.3x	15.5x	15.1x	16.8x
장기성장률 추정치 (L.T Growth Est.)	16.0%	15.7%	13.6%	12.1%	12.4%	13.4%

우리는 에버커넥트의 주가가 동종기업들의 주가보다 '프리미엄(premium)'이 더해져 거래된다는 사실을 표 18.7에서 알 수 있다. 프리미엄이 더해졌단 말은 에버커넥트의 P/E가 동종기업들에 비해 높다는 뜻이다. P/E 배수만 볼 때 우리는 에버커넥트 주식이 고평가된 것 같다고 말할 수 있다. 하지만 이는 순진한 결론이며 우리는 어떤 요인들이 P/E 배수를 움직이는지 살펴볼 필요가 있다. 주식의 P/E 배수는 여러 요인들의 영향을 받지만 우리는 향후 예상되는 회사의 이익성장률이 가장 중요한 요인이라는 사실을 확인했다. 성장주 투자자들이 가장 비싼 (P/E가 가장 높은) 회사가 최고의 투자라고 주장하는 것도 이런 이유 때문이다. 따라서 올바른 상대적 가치평가는 비교 대상 기업들의 성장률 추정치들이 반드시

포함되어야 한다. 표 18.7에는 회사별로 예상 장기성장률을 보여 주고 있다.[9] 이제 우리는 예상 성장률을 바탕으로 기업별 예상 성장률 수치를 반영하여 P/E를 서로 비교해 볼 수 있다. 이는 P/E를 예상 성장률로 나누어 계산하는 주가수익성장비율(PEG)을 통해서 비교가 가능하다. 투자자들마다 성장률 기대치가 다르기 때문에 PEG 비율과 주식 밸류에이션 또한 달라진다. 보통 투자자들은 주식을 담당하는 금융서비스 회사들의 장기성장률 컨센서스 추정치를 사용한다.

장기성장률 컨센서스 추정치를 사용한 에버커넥트의 PEG 비율과 동종기업 그룹의 PEG 비율은 다음과 같다.

$$\text{PEG}_{\text{에버커넥트}} = \frac{\text{P/E 비율 (P/E ratio)}}{\text{EPS 성장률 (EPS Growth Rate)}} = \frac{18.0}{16.0} = 1.13$$

$$\text{PEG}_{\text{제약산업}} = \frac{\text{P/E 평균 (Average P/E)}}{\text{평균성장률 (Average Growth Rate)}} = \frac{16.8}{13.4} = 1.25$$

위의 계산에서 에버커넥트의 PEG 비율(1.13)은 동종기업 그룹 평균(1.25)보다 낮은 것을 알 수 있다. 에버커넥트가 그룹 평균보다 P/E 배수가 높지만 에버커넥트의 빠른 예상 이익성장률을 감안하면 주가가 저평가되었음을 나타낸다.

우리가 다룬 에버커넥트와 동종기업 그룹의 PEG 비율 비교는 비교 대상 회사

---

9 예상 장기성장률 데이터의 출처는 어디인가? 앞서 말한 것처럼, 월 스트리트에서는 많은 투자은행, 브로커리지 회사 및 자문업체들이 업계와 회사를 분석하는 데 수년을 소비하는 애널리스트 인력을 보유한다. 예를 들어 제약산업을 담당하는 애널리스트는 회사가 판매하는 모든 주요 약품들을 살펴보고 제품별로 연간 매출과 수익성에 대해 추정치를 계산하고 특허권 만료까지 남은 기간이 얼마인지, 어떤 신약을 개발하고 있는지, 경쟁 환경, 시장 규모 및 신약의 예상 시장 점유율 등을 살펴볼 것이다. 그리고 신약들이 FDA 승인 허가로 시장에서 판매될 가능성도 정말 중요하다. 애널리스트는 자신의 리서치와 그동안 제약산업을 담당해 온 수년간의 경험을 토대로 예상 수익 성장률을 계산할 수 있을 것이다. FactSet, Bloomberg같이 데이터 수집 회사들은 회사의 예상 성장에 대해 공개된 모든 예상치들을 종합하여 컨센서스(consensus)나 전망치(forecast)의 평균을 발표한다. 회사들의 예상 성장률은 미국의 공공 도서관에서 이용 가능한 '밸류라인(The Value Line)'이나 구글 및 기타 온라인 서비스에서 '애보트랩스의 성장률' 또는 그 외 회사들 관련 키워드 검색을 통해 구할 수 있다.

들이 모두 동일한 수준의 위험(여기서 말하는 위험은 주관적이다)이 있다고 가정하고 P/E 또한 성장 속도가 빠른 회사가 P/E가 더 높다고 가정한다(이 가정이 항상 옳은 것은 아니다). 따라서 P/E나 다른 밸류에이션 지표들과 마찬가지로 PEG 비율이 완벽한 기준은 아니다. 앞서 언급한 것처럼 완벽한 지표는 존재하지 않지만, 독자 여러분은 이러한 밸류에이션 지표들과 함께 분기보고서, 경영진의 가이던스와 컨센서스 추정치 변경(예: 이익 추정치 수정) 등을 관찰함으로써 좀 더 정보에 입각한 투자 결정을 내릴 수 있을 것이다.

지금까지 우리는 P/E가 예상 이익성장률과 관련이 있다는 것에 대해서만 이야기했다. 투자자가 주식에 대해 지불하고자 하는 P/E는 정량적인 요인들과 주관적인 요인들, 예를 들어 경영진의 능력, 제품 평판, 회사의 시장 점유율과 틈새시장, 지리적 노출, 부채비율, 자산이익률(4장 참조) 등 그 외 많은 요인들과도 관련이 있다. 많은 투자자들은 도표(matrix)를 만들어서 회사들을 상단에 나열하고 회사의 특성들을 하단에 나열한다. 도표의 빈칸을 채우고 나면 어떤 요인들이 회사의 P/E와 밀접한 관계가 있는지 패턴이 나타나는 것을 볼 수 있을 것이다.

상대배수의 사용 (USING RELATIVE MULTIPLES)

시장과 비교해서 회사를 평가하기 위해 일부 투자자들은 **상대 P/E 배수(relative P/E multiple)**를 사용하는데 상대 P/E 배수는 주식의 P/E를 시장 전체의 P/E와 비교하는 것이다. 시장 P/E의 경우, 투자자들은 일반적으로 S&P 500 지수나 Russell 1000 지수와 같이 구하기 쉬운 P/E를 사용한다. 예를 들어, S&P 500 지수를 사용한 에버커넥트의 상대 P/E[10]는 다음과 같다. S&P 500 지수의 P/E는 현재 14.3배이다.[11]

---

10 상대P/E(relative P/E)를 상대배수(relative multiple) 또는 상대P/E멀티플이라고도 부른다.
11 지수의 P/E 계산은 지수 가격(index price)을 같은 지수에 포함된 모든 회사들의 총수익으로 나누는 것이 일반적인 계산법이다. 예를 들어 S&P 500 지수와 최근 12개월간 S&P 500 지수의 전체 이익은 월스트리트저널(Wall Street Journal)이나 야후 파이낸스(Yahoo Finance)에서 쉽게 구할 수 있다.

$$\text{상대 P/E} \atop (\text{Relative P/E}) = \frac{\text{P/E 비율}_{\text{에버커넥트}}}{\text{P/E 비율}_{\text{S\&P 500}}} = \frac{18.0x}{14.3x} = 1.26 = 26\% \text{ 프리미엄}$$

1.0보다 큰 상대배수(relative multiple)[12]는 시장보다 프리미엄에 거래되고 있다는 것을 뜻하여 1.0보다 작은 상대 P/E 배수를 지닌 기업은 시장보다 할인되어 거래됨을 뜻한다. 상대배수가 낮은 주식을 "비교적으로 싸다"라고 말하는데 투자자들이 이익으로 환산된 금액보다 더 적은 돈을 지불하는 것을 의미한다. 여기서 우리는 에버커넥트가 시장에 26%의 프리미엄으로 거래되고 있다고 말할 수 있다. 해당 수치를 기준으로 과거 범위와 평균에 비해 상대배수가 시간이 지남에 따라 어떻게 변해 왔는지를 볼 수 있고 26%의 프리미엄이 동종기업들의 상대배수들과 어떻게 비교되는지를 살펴볼 수 있다. 마지막으로 에버커넥트의 성장률과 시장 전체의 성장률을 비교해 볼 수 있다. 이러한 유형의 분석은 특히 거시경제 요인들이나 세금 또는 정부의 규제 요인들이 전체 산업에 미치는 영향을 파악하고자 할 때 유용하다. 예를 들어, 미국의 의료보험개혁법(Affordable Healthcare Act, '오바마 케어'로 더 잘 알려져 있음)이 승인되었을 때 많은 의료기기 회사들의 상대배수가 감소하였다. 이 법안이 제약회사 주식들에 미치는 영향을 분석하기 위해 우리는 회사의 P/E를 시장과 S&P 500 제약산업지수(S&P 500 Pharmaceuticals Index)나 이보다 더욱 광범위한 S&P 500 헬스케어 섹터지수(S&P 500 Healthcare Sector)와 비교해 볼 수 있다. 상대배수의 변화는 의료개혁법이 미치는 산업별 영향, 섹터별 영향, 그리고 개별 주식에 미치는 영향에 대한 이해가 가능하도록 해 줄 것이다. 다음 19장에서 이러한 유형의 분석을 자세히 다루고 있다. 여기서 우리는 **의료개혁법이 주식들에 미치는 영향**에 대해서 이야기했다. 실제로 의료개혁법이 각 회사의 사업에 어떤 영향을 미치는지 살펴볼 필

---

12 역자의 해설: '상대배수(Relative multiple)'를 '상대주가배수(relative price multiple)'라고도 한다. 상대가치평가모델(relative valuation model)에서 가장 많이 사용되는 상대배수가 바로 P/E 배수이다. 한국에서는 보통 PER로 표기한다.

요가 있다. 회사별로 예상되는 영향의 차이로 인해 회사들 간의 P/E가 서로 다르거나 P/E의 변화를 가져올 수 있다.

결론적으로 투자자들이 어떤 P/E에 주식을 매수할지 결정하기 위해서 회사의 과거 P/E, 동종기업들의 P/E 그리고 그 외 상대 P/E를 참고로 해야 한다. 또한 시장 동향을 살펴보고 이러한 P/E 수치들이 전반적으로 증가 또는 감소하는지 확인해야 할 것이다. 이를 통해 투자자들은 현재 적정 P/E를 결정하는 데 좋은 기반을 마련하게 될 것이다.

주가는 예측한다 (STOCK PRICES ANTICIPATE)

초보 투자자들이 배워야 할 가장 중요한 교훈은 주가는 단순히 이벤트에 반응하는 것이 아니라 향후 실적이나 앞으로 일어날 사건들에 대해서 때로는 정확하게 또는 부정확하게 예측한다는 것이다. 예상치 못한 사건들, 즉, 회사가 깜짝 놀랄 만한 뉴스를 발표하고 그것이 회사의 실적 전망에 긍정적 또는 부정적인 영향을 미칠 경우 시장은 빠르고 날카롭게 반응할 것이다. 하지만 일반적으로 기업의 주가는 미래에 발생할 일들에 대한 투자자들의 예상을 반영하며, 주가에 이미 반영된 투자자들의 기대와는 상반되는 실제 뉴스들이 나옴에도 주가는 최소한의 반응을 보이거나 아예 반응하지 않을 수 있다. 월 스트리트에서는 주가가 예상 실적이나 주요 제품 출시 같은 그 외 뉴스들을 '할인(discount)'해 왔다고 말한다.[13]

경험이 부족한 초보 투자자들은 회사가 주요 신제품을 출시한 후 주가가 바로 하락하는 현상에 대해서 놀라는 경우가 많다. 신제품 판매로 이익의 증가를 기대하는 투자자들이 제품 출시를 앞두고 주식을 사들여 가격을 끌어올리기 때문에 이와 같은 현상이 발생한다. 이러한 투자자들은 기다리면 다른 사람들이 회사 실

---

13 역자의 해설: 이 문장의 원문은 "the stock price has been "discounting" expected earnings or other news"이다. 이 말은 앞으로 예상 실적이나 일어날 일들이 이미 주가에 반영되었다는 것을 뜻한다.

적의 증가를 기대하고 주식을 매수하여 주가가 상승하게 될 것이라고 믿는다. 특히 회사가 출시하는 신제품이 광범위한 수요가 예상되는 대량 소비재일 경우 이러한 근거는 사실이다. 아이폰 5 발표 전후 애플의 주가 움직임을 보면 이와 같은 사실을 확인할 수 있다. 아이폰 5를 제외하고 그동안 모든 아이폰 모델은 출시일까지 매수를 기다렸던 투자자들이 상당한 주가 상승 기회를 놓쳤다. 그러나 아이폰 5는 예상보다 개선된 기능이나 신규 기능들이 많이 부족했기 때문에 시장의 반응은 실망이었다. 아이폰 5가 소개되자 곧바로 주가가 하락했는데 이러한 실망감은 애플이 당초 예상보다 적은 실적을 낼 것이라는 것을 나타냈고 애플 추종자들이 애플의 새 경영진이 혁신적인 우위를 잃은 것은 아닌지 의심하게 만들었기 때문이다. 만약 이것이 사실이었다면, 애플의 장기적인 이익 성장과 P/E에 부정적인 영향을 미쳤을 것이다.[14]

월 스트리트의 속담 중에 "기대에 사고, 뉴스에 팔아라(Buy the anticipation, sell the news)"라는 말이 있다. 모든 주식투자 관련 격언들과 마찬가지로, 이러한 속담이 때로는 좋은 조언으로 작용할 수 있고 그렇지 않은 경우도 있는 것이다.[15]

실적 예측 (Anticipating earnings)

신제품 소개 기대와 더불어 분기별 매출과 이익 개선이 예상되면 주가가 상승하고 이익의 감소가 예상되면 주가는 하락한다. 예를 들어, 어떤 회사의 2012년 주당이익(EPS)이 2.00달러였고 회사가 2013년에 3.00달러의 EPS를 올릴 거라 투자자들이 예상한다면, 주식은 2013년에 3.00달러의 EPS에 대한 기대감에 상승

---

14 역자의 해설: 2011년 10월 스티브 잡스(Steve Jobs)가 세상을 떠난 후 팀 쿡(Tim Cook)이 애플의 CEO로 임명되었고 잡스가 사망하고 10개월 후인 2012년 9월에 아이폰 5가 출시되었다. 당시 아이폰 5의 출시는 애플의 새 경영진의 역량을 테스트하는 일이었으며 아이폰 5는 시장에서 호불호가 엇갈리는 평가를 받았다.

15 "소문에 사고, 발표에 판다(Buy the rumor, sell the announcement)"라는 말은 근거 없는 속설이다. 주식은 소문으로 인해 상승하는 경우가 많지만 소문에 매수하는 것은 위험하다. 만약 소문이 거짓임이 밝혀지면 이러한 소문에 근거하여 상승한 주가는 빠르게 급락할 것이기 때문이다.

할 것이다. 회사가 올해 실제로 발표한 EPS가 예상 EPS인 3.00달러 선에 가까 웠다면, 투자자들이 예측했던 EPS 3.00달러를 반영한 수준까지 주가가 이미 상 승했기 때문에 주가가 전혀 움직이지 않을 가능성이 높다. 만약 회사가 3.50달러 의 EPS를 보고한다면, 주가는 상승할 것이고, 종전 예상 EPS인 3.00달러를 0.50 달러만큼 초과한 어닝서프라이즈(earnings surprise)를 반영할 것이다. 그러나, 만 약 회사가 2.50달러의 EPS를 보고했다면, 주식은 하락할 가능성이 높다. EPS가 2.00달러에서 2.50달러로 상승했음에도 주가가 하락한 이유는 시장이 실적 발표 전 3.00달러의 예상 주당이익을 할인하여 그동안 주가에 반영해 왔기 때문이다. 따라서 2.50달러의 주당이익이 발표되었을 때, 투자자들이 돌이켜 보면 실적 발 표 전의 주가가 너무 높았음을 알 수 있다. 주가 하락은 실제 발표된 이익인 2.50 달러와 예상 주당이익 3.00달러의 차이에 따른 실적 실망을 반영한다. 그리고 실 망스러운 실적은 투자자들이 2014년 이후 회사의 이익성장률을 지나치게 낙관해 왔다는 것을 의미하기도 한다. 장기성장률 기대치의 하향 또한 주가 하락에 압력 을 가할 것이다.

그러나 주당이익 2.50달러가 예상 주당이익인 3.00달러에서 일회성 감액손실 (non-recurring write off, 15장 참조)이 반영된 이익이면 주가는 전혀 하락하 지 않거나 EPS 2.50달러가 발표될 시점에 주가가 하락하지만, 실적 실망이 단 순히 일회성 이벤트에 불과하고 회사의 계속사업이익(earnings from continuing operations)은 3.00달러 선이며 장기성장률에 영향이 없다는 것을 투자자들이 회 사 발표 뉴스나 실적 컨퍼런스콜을 통해 알게 된다면 주가는 반등할 것이다.

'어닝서프라이즈(earnings surprise)'라는 용어는 회사가 보고한 주당이익(EPS) 과 컨센서스 추정치의 차이를 말하며 금액이나 백분율로 표시된다. 만약 어떤 회 사가 컨센서스 추정치 3.00달러를 상회한 3.50달러의 주당이익을 발표한다면, 우 리는 회사가 컨센서스를 0.50달러 차이로 앞섰다고 이야기하거나 실적이 컨센서 스보다 16.7% 상회했다고 말한다.

보통 긍정적인 어닝서프라이즈로 인해 주가가 상승하고, 부정적인 어닝서프라이즈는 정반대의 결과를 가져온다. 하지만 이것이 항상 사실은 아니다. 다음 예를 살펴보자.

ABC 사 - 예상 실적 컨센서스 (2013년 12월 기준)			
A:실제, E:추정	2012A	2013E	2014E
주당이익 (EPS)	$2.00	$3.00	$4.00

2014년 2월, ABC사는 2013년 12월 31일에 종료된 4분기 실적과 전체 연도 실적을 발표했다. 실적 결과는 예상외로 좋았으며 2013년 전체 이익은 주당 3.50 달러로 EPS 컨센서스 추정치인 3.00달러를 훨씬 웃돌았다. 다만 ABC는 실적 발표와 함께 2014년에 경쟁의 심화로 인해 이익률이 감소하고 매출성장률이 둔화될 것을 예상하여 2014년의 이익이 실적 가이던스에 보합하거나 더 하회할 것이라고 밝혔다. 따라서 2013년 4분기 어닝서프라이즈에도 불구하고 2014년의 부정적인 전망 때문에 ABC의 주가가 하락할 가능성이 높다. 앞서 말했듯이, **주가는 현재와 향후 예상되는 이익 성장을 반영한다.** 예상보다 높은 ABC의 이익에도 불구하고 종전에 예상했던 미래의 주당이익(EPS) 성장률이 너무 높다는 것이 이제 분명해졌기 때문에, ABC가 하향 가이던스를 제시한 이유가 좀 더 명확해지고 ABC의 장기적인 이익 성장에 대해 명확한 판단을 내릴 수 있을 때까지 주가는 하방 압박을 받을 것을 예상할 수 있다.

경영진의 가이던스 (Management's Guidance)

대다수의 회사들은 경영진이 전년도 4분기나 회계연도가 시작되는 1분기에 연간 EPS 가이던스를 제공한다.

일부 회사들은 분기별로 가이던스를 제공한다. '가이던스(guidance)'란 향후 예상되는 매출, 특정 원가나 비용, 그리고 주당이익의 범위를 말한다. EPS 전망치를 정확하게 제공하지 않는 대신 매출이나 운영이익 같은 손익계산서상 수치들을 가이던스로 제공하는 회사들도 있다. 이러한 수치들과 비영업항목들(감가상각, 이자, 세율 등)에 대한 경영진의 예상과 경기 전망 등을 통해 회사를 추종하는 애널리스트와 투자자들은 암묵적인 EPS 전망치(implicit EPS forecast)를 계산할 수 있다. 회사 경영진(내부자)은 회사의 펀더멘털에 대해 많은 정보를 가지고 있기 때문에 월 스트리트의 애널리스트들은 회사의 가이던스에 크게 의존하고 있으며 경영진이 정한 범위 내에서 EPS 추정치를 계산하는 것이 일반적이다.

분기별 실적 관망 (Watching quarterly earnings)

실제 기업들의 분기별 실적을 살펴보면 매 분기마다 완만한 성장(같은 속도로)을 하는 회사는 존재하지 않기 때문에 투자자들이 매 분기 실적 결과에 과민 반응할 위험이 항상 도사리고 있다. 예를 들어 회사가 전체 연도의 매출 및 실적 목표와 장기적인 기대치를 충분히 달성할 것으로 예상되더라도 특정 분기에 기대 이상의 매출과 실적을 발표하고 다음 분기에 기대 이하의 실적을 발표하는 것은 매우 흔한 일이다. 이렇게 실적 성장이 고르지 못하다는 이유만으로 분기별 실적을 잘못 해석하고 좋지 않은 시기에 섣불리 주식을 매수 또는 매도하기 쉽다. 분기별 실적 변화에 대응해 주식을 언제 사고팔아야 할지, 언제 '소음'을 무시하고 계속 보유해야 할지에 대해서 올바른 판단을 내리는 것은 투자의 기술이며 분기별 실적의 변동으로 인한 주가의 반응을 오랫동안 지켜본 경험에서 우러난다.

분기 실적 발표에 반응하는 주가는 주식에 대한 투자자들의 기대가 높은지 또는 낮은지를 나타낸다. '낮은 기대주(low expectation)'는 주가가 이미 여러 차례 하락(beaten up)하여 현재 매우 낮은 배수로 거래되는 주식이다. 이런 주식에 대한 투자자들의 기대치는 매우 낮다. 어떤 경우에는 주가가 너무 낮은 나머지 부진한 분기 실적 발표에도 오히려 주가가 상승하는 결과를 초래할 수 있다. 그 이유는 많은 투자자들이 실적이 안 좋을 것이라 예상하고 주식을 '공매도(short)'해서 주가가 하락했기 때문이다.[16] 분기 실적이 발표되면, 앞으로 더 이상 나올 악재가 없기 때문에 투자자들은 "공매도 포지션을 커버한다(cover their short)". 즉, 주식을 다시 사들임으로써 주가가 다시 상승하는 것이다. 예를 들어, 2008년 2분기(F2Q08)에서 팜사(Palm.Inc)의 주당이익은 0.19달러로 컨센서스 0.46달러보다 0.27달러 낮은 실적을 발표했다. 상당한 실적 미달에도 불구하고 분기 실적에 대한 기대감 또한 낮았기 때문에 실제로 주가가 상승(+13.2%)한 것으로 나타났다. 높은 기대주의 경우에는 정반대의 결과가 나타난다. 기대치가 너무 높기 때문에 '예상 실적을 상회(beat)'하더라도 오히려 매도세로 이어질 수 있다. 예를 들어, 2012년 2분기 인튜이티브 서지컬(Intuitive Surgical, NASDAQ: ISRG)은 3.75달러(전년대비 +29% 상승)의 실적을 발표했는데, 이는 컨센서스 추정치보다 0.19달러 또는 5% 더 상승한 수치였다. 실적 상회(earnings beat)는 예상보다 높은 매출과 마진확대에 의해 주도되었는데 투자자의 관점에서 볼 때 모두 실적 초과를 뒷받침하는 타당한 이유들이다. 실적은 전년대비 26% 증가한 5억 3,700만 달러($537M)를 기록했으며, 컨센서스보다 2.5% 증가하였다. 영업이익률은 판관비(SG&A) 지출 감소에 따라 전년대비 250bps(+2.5%)가 증가하였으며, 경영진은 탑라인 매출 가이던스를 종전 가이던스 범위였던 +19~21%보다 +21~23%로 상향 조정했다. 이렇게 견고한 분기 실적에도 불구하고, 주식은 실적 발표일에 8.4% 하락했다. 경영진이 실적을 상회했고 가이던스를 상향 조정했음에도 불구하고 주가가 하락한 이유는 새로운 가이던스가 2012년 상반기(1H12)에 비해 성장률이 둔화될 것을 암시했기 때문이다. 수술로봇 판매업체인 인튜이티브 서지컬 같은 '높은 기대주(high expectations stock)'의 경우 조금이라도 부정적인 소식이 나오면 주가 하락으로 이어질 가능성이 높다. 인튜이티브 서지컬의 경우, "기대에 사고, 뉴스에 팔아라(Buy the anticipation, sell the news)"라는 격언이 좋은 조언

---

16 공매도에 대해서 이 책의 부록을 참고하길 바란다.

으로 작용했다고 볼 수 있다.

우리가 반드시 알아야 할 점은 어닝서프라이즈에도 불구하고 실적 발표 당일에 주가가 상승하거나 하락하지 않는 경우가 많다는 것이다. 실적 발표 후 더 많은 투자자들이 분기별 데이터를 분석하고 주식에 대한 견해를 재고할 것이기 때문에 후속 거래일에 주가가 계속 상승하거나 하락할 수 있다. 인튜이티브 서지컬의 경우, 주가가 2거래일 동안 '하락(bled)'하여 총 5.2%가 하락했다.

부채가 많은 회사일수록 어닝서프라이즈로 인한 변동성이 크다는 점을 명심하자. 다시 말해서 부채가 많은 회사(highly leveraged company)가 컨센서스 추정치를 뛰어넘을 경우 주가가 크게 오를 가능성이 높다. 실적이 개선되면 부채상환요건(이자지급과 원금상환)이 충족될 가능성이 높아지기 때문이다. 반대로 회사의 실적이 컨센서스에 미달할 경우, 회사가 더 이상 부채를 상환할 수 없고 디폴트(채무불이행) 상태에 빠질 수 있는 지경에 가까워졌기 때문에 주가는 폭락할 가능성이 높다. 따라서 투자자들은 실적이 발표될 것으로 예상되는 시점을 전후로 레버리지(고부채)가 높은 기업에 각별한 주의가 필요하다.

주가현금흐름비율에 따른 주식 평가
(VALUING A STOCK BY THE PRICE-TO-CASH-FLOW RATIO)

주가수익비율(P/E ratio)이 주가를 평가하는 가장 일반적인 방법이지만 투자자들은 주가현금흐름비율(P/CF ratio)도 살펴본다. 여기서 말하는 '현금흐름(cash flow)'이란 영업현금흐름(16장 참조)을 유통주식수로 나눈 것을 말한다. 예를 들어 에버커넥트의 현금흐름표는 표 18.8에 나와 있다. 데이터는 16장에서 사용한 형식과 동일하다.

표 18.8 에버커넥트 현금흐름표

	실제 (Actual)	예상 (Forecast)		
	2013	**2014**	**2015**	**2016**
출처 (Sources)				
1. 순이익 (Net earnings)	$24.0	$26.4	$29.0	$32.4
다시 추가 (Add back):				
2. + 감가상각 (Depreciation and amort)	$50.0	$54.0	$58.0	$58.0
3. + 이연세 (Deferred tax)	$4.0	$5.0	$5.0	$5.0
4. = 영업현금흐름 (Cash flow from operations)	$78.0	$85.4	$92.0	$95.4
사용 (Uses)				
5. 부채원금상환 (Debt principal repayment)	$24.0	$12.0	$20.0	$40.0
6. + 자본적지출* (Capital spending)	$16.0	$14.0	$16.0	$18.0
7. + 우선주배당 (Preferred dividend)	$5.0	$5.0	$5.0	$5.0
8. = 현금흐름사용 (Cash flow uses)	$45.0	$31.0	$41.0	$63.0
9. 잉여현금흐름 (Free cash flow) (Line 4 에서 Line 8 차감)	$33.0	$54.4	$51.0	$32.4

* 16장에서 살펴본 바와 같이, 애널리스트들은 잉여현금흐름을 계산할 때 기업에 필요 경비로써 총자본적지출(total capital spending)을 사용할 것인지 아니면 단순히 유지 수준의 자본적지출을 사용할 것인지에 대해 의견이 분분하다. 여기서는 총자본적지출을 선택할 것이다.

다음 페이지의 표 18.9의 (1) 주당이익, (2) 주당영업현금흐름, (3) 주당잉여현금흐름은 표 18.8의 1번, 4번, 9번 항목의 이익과 현금흐름 수치들을 에버커넥트의 유통주식수 1,200만 주로 나누어 계산한 수치들이다.

표 18.9 에버커넥트의 주당현금흐름과 주당이익

	실제 (Actual)	예상 (Forecast)		
	2013	2014	2015	2016
주당이익 (Earnings per share)	$2.00	$2.20	$2.42	$2.70
주당영업현금흐름 (Cash flow from operations per share)	$6.50	$7.12	$7.67	$7.95
주당잉여현금흐름 (Free cash flow per share)	$2.75	$4.53	$4.25	$2.70

현재 주가가 30달러이므로 우리는 주가수익비율(P/E Ratio), 주가현금흐름비율(P/CF Ratio), 그리고 주가잉여현금흐름비율(P/FCF Ratio)을 다음과 같이 계산할 수 있다.

표 18.10 에버커넥트의 P/E 와 P/C 비율 계산

	실제 (Actual)	예상 (Forecast)		
	2013	2014	2015	2016
주가수익비율 (Price/earnings ratio)	15.0x	13.6x	12.4x	11.1x
주가현금흐름비율 (Price/cash flow ratio)	4.6x	4.2x	3.9x	3.8x
주가잉여현금흐름비율 (Price/free cash flow)	10.9x	6.6x	7.1x	11.1x

에버커넥트의 주가현금흐름비율은 주가수익비율보다 훨씬 낮아 보이는데 그 이유는 회사의 높은 감가상각 수치는 순이익은 감소시키지만 현금흐름은 감소시키지 않기 때문이다.[17] 회사의 감가상각 수치나 이연법인세 수치가 높을 경우, 현금흐름에 비해 이익이 낮게 보일 수 있기 때문에 두 회사의 주가를 비교할 때 주가수익비율보다 주가현금흐름비율이 더 나은 지표로 사용될 수 있다. 낮은 이익 수

---

17 감가상각은 '비현금성(non-cash)' 지출이다. 이게 무슨 말인지 이해가 안 되면 14장의 현금흐름 부분을 다시 복습하기를 바란다.

치는 주주들에게 돌아오는 회사의 모든 현금흐름의 이득을 반영하지 않는다.

따라서 현금흐름에 비해 이익이 낮을 경우 주가현금흐름비율(영업현금흐름을 주식가격으로 나눈 값)을 대신 사용하는 것이 적절하다. 마찬가지로 회사에 손실이 발생하거나 이익이 손익분기점 또는 아주 적은 이익이 발생할 경우 주가수익비율을 사용하는 것은 무의미한 일이며 주가현금흐름비율을 사용하는 것이 신중한 접근법이다. 또한 서로 다른 감가상각 회계처리 방법을 사용하는 두 곳 이상의 회사를 비교할 경우 주가현금흐름비율을 사용하는 것이 주가수익비율을 사용하는 것보다 나을 수 있다. 주가현금흐름비율을 통해 두 회사를 동등한 기준으로 비교할 수 있기 때문에 감가상각에서 발생하는 이익의 차이는 중요하지 않다.

투자자들은 주가수익비율을 사용하여 유사 기업을 비교하거나 한 회사의 비율을 시간의 흐름에 따라 분석하는 것과 같은 방법으로 주가현금흐름비율을 사용해야 한다. 유사 기업들의 배수를 비교하다 보면 투자자들이 언제 주식이 싸거나 비싼지를 결정하는 데 도움이 될 만한 흥미로운 패턴이 드러날 때가 많다. 회사 간의 주가현금흐름비율을 서로 비교할 때 다른 모든 비율들과 마찬가지로(예: 주가수익비율), 비율이 낮을수록 주가는 저렴하다. 회사 간의 비교 분석을 제대로 하기 위해서는 18장의 앞부분에서 다룬 PEG 비율처럼 회사의 성장률 또한 고려되어야 한다.

일부 투자자들은 주가잉여현금흐름비율(P/FCF)을 선호한다. 그 이유는 16장에서 다룬 것처럼 잉여현금흐름은 실제로 주주가치를 높이기 위해 사용될 수 있는 현금흐름이기 때문이다.[18] 다만 주가잉여현금흐름비율은 자본적지출과 부채상환액이 매년 크게 달라질 수 있다는 점에서 영업현금흐름보다 변동성이 크다. 예를 들어 신규 회사에서 흔히 볼 수 있는 높은 자본적지출은 부정적인 잉여현금흐름으로 이어진다. 또한 인플레이션 환경에서 요구되는 자본적지출은 감가상각비용

---

18 주주가치를 높이기 위해 잉여현금흐름은 부채의 상환, 자사주 매입, 공장 및 장비 개선, 신제품 추가, 제조 설비 확대, 증진적 인수(accretive acquisition) 등에 사용될 수 있다.

을 초과할 것이다. 그 이유는 감가상각이 수년 전 낮은 인플레이션 환경에서 플랜트와 장비에 지출된 현금을 기준으로 하기 때문이다. 따라서 인플레이션이 높을수록 교체 및 유지 비용 또한 증가하기 때문에 일반적으로 인플레이션 환경에서는 현금흐름이 더욱 감소한다. 또한 주가 잉여현금흐름 비율은 2016년 에버커넥트의 상황과 같이 대규모 채무상환으로 인해 몇 년 동안 왜곡될 수 있다.

표 18.9에서 2016년 주당이익과 주당이익현금흐름(FCF/share)이 모두 2.70달러인 것을 알 수 있는데, 이는 감가상각, 이연법인세의 '출처(source)'가 부채상환액, 자본적지출, 우선주 배당금과 정확히 동일했기 때문이다.

주가매출비율에 따른 주식 평가
(VALUING A STOCK WITH THE PRICE-TO-SALES RATIO)

주식을 평가하는 또 다른 방법은 주가매출비율(Price to Sales ratio, 줄여서 P/S)을 경우에 따라서 사용하는 것인데, 주가매출비율은 회사의 현재 시가총액(주가×유통주식수)을 예상매출액으로 나누어 계산하거나 현재 주가에서 1주당 예상매출액을 나누어 계산할 수 있다. 예상 매출액은 현재 회계연도와 내년의 회계연도(회계연도 1년 또는 2년 차), 혹은 그 이후의 회계연도를 기준으로 정할 수 있다.

주가매출비율을 통한 밸류에이션(가치평가) 방법은 제품이 이제 막 소개되었거나 제품 수명 주기 초기 단계에서 빠르게 성장하는 회사의 가치를 평가하는 데 가장 적합하다. 스타트업이나 상장한 지 얼마 안 된 신생기업들의 경우, 제품 수명 주기 초기 단계에서 향후 몇 년 동안 실적이 없거나 마이너스 실적을 예상할 수 있기 때문에 주가수익비율을 사용하는 것은 아무런 의미가 없을 것이다. 이러한 신생기업들의 실적이 없거나 마이너스인 이유는 높은 개발비용과 제조비용, 신제품 마케팅, 그리고 판매와 관련된 초기 비용 때문이며 일부 회사들은 고정적인 제조비용과 간접비용을 충당하기에 충분한 매출을 창출하는 데 수년이 걸릴 것이다. 하지만 회사가 이러한 비용들을 충당하고 남을 만큼의 매출과 이익을 계속해서 창출할 경우, 투자자들은 P/E를 사용하여 실적 기준으로 주식의 가치를 평가하기 시작할 것이다.

다음 페이지의 표 18.11은 소형 의료기기 회사의 일반적인 지표와 재무비율을 보여 준다. 투자자들은 주가매출비율(P/S ratio)과 주가수익비율(P/E)을 모두 사용하여 이러한 회사들을 평가할 것이다. 예를 들어 소형 의료기기 회사들은 빠른 매출 성장세를 보이지만 실적이 미미하거나 아예 없는 경우가 많다. 그 이유는 소형 의료기기 회사들이 제품의 초기 및 개발 단계에 있으며 하나 이상의 제품을 시장에 선보이는 데 많은 비용이 들기 때문이다. 표 18.11의 회사들은 모두 소형 의료기기 회사들로 높은 주가매출비율부터 내림차순으로 나열되어 있다. 표 18.11의 주가매출비율이 6.4에서 1.3까지 다양한데 회사 간의 특성이 유사하더라도 주가매출비율의 범위가 광범위한 것을 소형주에서 자주 찾아볼 수 있다. 표 18.11의 수치들을 살펴보면 주가매출비율과 예상 매출성장률과의 상관관계가 있음을 알 수 있다. 즉, 예상 매출성장률이 높을수록 주가매출비율 또한 증가한다.

소형 의료기기 회사들은 실적이 없는 경우가 많기 때문에 P/E가 아예 없거나 Gammamed와 같이 P/E가 매우 높은데 이는 Gammamed의 이익률과 실적이 손익분기점을 겨우 넘겼으며 회사가 지속적인 매출 성장을 통해 달성해야 할 수준을 크게 못 미침을 나타낸다. 하지만 Gammamed의 무의미한 P/E를 제외하고 실제로 실적을 내는 회사가 존재하고 이에 따라 P/E 비율을 계산할 수 있다고 하더라도 매출성장률과 P/E 비율과의 상관관계는 훨씬 미약하다.

표 18.11 회사별 주가매출비율(P/S Ratio)과 주가수익비율(P/E Ratio) 비교

회사명	주가	시가총액 (단위: 백만달러)	2012 매출 (단위: 백만달러)	2년간 예상 연성장률	P/S 회계연도 2년차	P/E 회계연도 2년차
Medcon Inc	$13	$ 992	$ 92	30%	6.4x	의미없음
UniSurgical	$14	$ 612	$ 85	34%	4.0x	의미없음
Gammamed	$19	$ 589	$ 126	23%	3.0x	158x
Medelec Corp	$20	$ 672	$ 240	8%	2.4x	27x
VitalSigns	$16	$ 239	$ 82	18%	2.1x	의미없음
Osteoproducts	$ 9	$ 315	$ 122	11%	2.1x	21x
Surgassist	$14	$ 329	$ 198	9%	1.4x	35x
BLT Medical	$12	$ 451	$ 277	12%	1.3x	20x
평균 (*Average*)				18%	2.8x	의미없음

수익력에 기반한 주식 평가
(VALUING A STOCK BASED ON EARNINGS POWER)

여러분은 왜 실적이 없는 소형 회사들의 주식이 높은 주가에 거래되는지 궁금해 본 적이 있는가? 이러한 주식들의 대표적인 예들은 개발(임상) 초기 단계에 있는 바이오텍 회사들, 인터넷이 한창 보급될 무렵이었던 1990년대 말의 인터넷 스타트업들(EBay, AOL, Amazon 등), 2012년에 약 1,000억 달러($100B)의 시가총액[19]으로 상장한 페이스북(NASDAQ: FB)과 같은 2010년대 초반의 IT 회사들이다. 실적이 없는 회사들의 주가가 높은 이유는 경영진이 제품을 적절한 기간 동안 개발하여 경쟁사가 시장에 진입하기 전에 제품을 합리적인 가격에 시장에 출시하는 것처럼 모든 일들이 순조롭게 진행될 것이라는 전제하에 회사가 얼마나 많은 수익을 얻을 수 있는지에 따라 주가가 정해지기 때문이다. 앞서 다룬 것처럼 개발 단계에 있는 회사들은 실제로 잠재적인 실적보다 잠재적인 매출을 기준으로 평가된다. 그러나 주가매출비율(P/S ratio)을 이용한 주식 평가 방법은 매출

---

19 시가총액(market cap)은 주식가격과 유통주식수를 곱한 값이다.

이 적정 수준의 실적으로 이어질 것이라 가정하는 경우가 많다. 우리는 유니버설 바이오텍의 사례를 통해 투자자들이 어떻게 매출 추정치를 계산하고 수익력을 산출하는지에 대해 설명할 것이다. 개발 단계에 있는 회사들 대부분이 자금이 부족하고 제품 개발과 출시에 드는 충분한 자금을 조달하기 위해 후속공모(follow-on offering, 상장 이후 추가 신주모집)가 필요하다는 점도 고려되어야 할 사항이다. 물론 이것은 회사가 유망한 제품을 보유하고 있다는 것을 전제로 한다. 만약 투자자들이 제품의 성공에 대한 확신이 없다면, 공모를 통해 주식을 매수하지 않을 것이며, 회사는 결국 다른 회사에 매각되거나 문을 닫게 될 것이다.

이제 유니버설 바이오텍(줄여서 UB)을 살펴보자. UB는 불치병 치료제로 촉망받는 신약을 발견한 세 명의 의사들에 의해 설립되었다. UB는 주당 12달러의 IPO 공모가에 상장하여 신약 개발 완료와 임상 실험 시작 그리고 신약 제조를 위한 공장 건설에 드는 자금을 조달했다. 상장 직후, UB의 스토리가 월 스트리트에 알려지자, UB의 주가는 약 60달러로 급격히 올랐다. 헬스케어 주들을 담당하는 애널리스트들이 몇 가지 조사를 해 본 결과 매년 약 10만 명이 이 질병 진단을 받고 있고, 그중 약 8만 명에게 UB의 신약 치료법이 질병 치료에 적합할 것이라는 사실을 알게 된 것이다. UB는 환자 1인당 4,000달러에 치료제를 판매할 예정이다. 따라서 UB의 성공적인 신약 개발과 호의적인 임상실험 결과 그리고 FDA의 약물 시판 허가가 모두 순조롭게 진행된다면 애널리스트들은 공장이 가동되고 치료 요법이 광범위하게 사용될 경우 UB가 연간 약 3억 2,000만 달러($320M)의 매출을 올릴 수 있을 것이라고 예상한다(환자수 8만 명 × 환자 1인당 치료제 가격 4,000달러). 투자자들은 연간 3억 2,000만 달러의 잠재적인 매출을 바탕으로 UB 주식을 평가하지만 그중 일부 투자자들은 한 걸음 더 나아가서 UB가 연간 3억 2,000만 달러의 매출 수준에 도달하면 세후 5%의 순이익률을 얻게 될 거라고 예상한다. 시장 수요가 높은 신약을 독점하는 제약사의 경우 이는 합리적인 추측이다. 3억 2,000만 달러의 매출에서 5%의 순이익은 1,600만 달러

($16M)이다. 현재 시장에 유통되는 보통주 주식수가 200만 주이므로 우리는 UB가 주당 8달러의 **수익력(earnings power)**을 가지고 있다고 말할 수 있다(잠재적 이익 1,600만 달러를 유통주식수 200만 주로 나눈 값).

UB가 1,600만 달러에 가까운 실적을 올리기 위해서는 3~4년, 혹은 그 이상이 걸릴 수도 있고, 그렇게 많은 돈을 벌지 못할 가능성도 있다. 다른 제약사가 더 나은 약을 개발하거나 값이 더 싼 약을 출시할 가능성도 있다. 하지만 UB는 의약품 특허를 보유하고 있고 시장에 경쟁사가 현재로서는 아직 없기 때문에 투자자들은 8달러의 주당이익을 기대할 수 있다. 다시 말해서, 모든 일이 순조롭게 진행되면, UB는 주당 8달러의 수익력(earning power)을 갖게 되는 것이다. 투자자들이 UB의 주당이익(EPS)이 8달러를 예상하고 10배의 주가수익비율(P/E)에 주식을 매수한다면 UB 주식은 약 80달러의 가치가 있을 것이다. 만약 UB가 다른 의약품들의 특허를 출원했거나 현재 개발 중인 유망 의약품의 출시로 주당이익 8달러 수준을 뛰어넘는 성장세가 지속될 거라 예상된다면 주식은 20배 이상의 P/E에 거래될 가능성이 높다. 이처럼 급성장하는 제약회사들은 20배 이상의 P/E에 주식이 거래되는 경우가 많다. P/E 20에서 UB 주식은 예상 수익력인 주당이익 8달러의 20배인 160달러에 거래될 것이다.

다시 말하지만, UB가 실제로 주당 8달러의 이익을 창출할 거라 확신하기엔 아직 너무 이르기 때문에 향후 몇 년간 주가가 160달러까지 상승할 가능성은 희박해 보인다. UB가 개발하는 신약이 효과가 없거나 부작용이 있을 가능성도 존재한다. 그러나 현재 UB의 신약이 유망해 보이고 잠재적인 이익과 수익력이 상당히 높기 때문에 UB의 상장가가 12달러였을 때 많은 투자자들이 UB 주식을 매수하여 40달러까지 주가가 올랐다. 40달러의 주가 수준에서 UB의 잠재력에 대한 열기가 더욱 고조되거나 시들해짐에 따라 주가의 변동성이 심할 것으로 예상된다. 즉 UB가 주당 8달러의 수익력을 실현하는 과정에서 여러 뉴스들로 인해 주가는 급격한 변동성을 보일 것이다.

실제로 개발 단계의 바이오텍 회사들은 연구개발비(R&D), 임상시험비용, FDA 등록비용, 영업사원 급여, 제조시설 관련 비용 등으로 인해 추가로 자금을 조달해야 하는 경우가 많다. UB는 돈이 부족했기 때문에 후속공모[20]를 위해 SEC에 등록신고서를 제출했다. UB가 후속공모를 통해 100만 주의 새 주식을 추가로 발행했다고 가정해 보자. 후속공모 전 UB의 유통주식수는 200만 주였기 때문에, 공모 후의 유통주식수는 300만 주가 될 것이다. 유통주식수가 200만 주에서 300만 주로 늘어남에 따라 소유권이 50%가 희석되고 수익력 또한 주당 8달러(이익 1,600만 달러 ÷ 유통주식수 200만 주)에서 5.33달러(이익 1,600만 달러 ÷ 유통주식수 300만 주)로 희석된다. 예전과 같이 UB 주식이 예상 이익의 10~20배 사이의 P/E에 거래된다고 가정할 경우, 5.33달러의 EPS 추정치를 기준으로 예상 주가 범위는 53~107달러 사이가 될 것이다. 53~107달러의 주가 범위는 후속공모 전의 예상 주가 범위였던 80~160달러에는 못 미치지만 주당 12달러의 공모가와 비교했을 때 여전히 높은 가격대이다.

인터넷 주식의 경우 비슷한 분석이 이뤄지지만, 환자수와 치료제 가격 대신 인터넷 서비스의 예상 사용자 수와 사용자 1명당 예상 광고 수익 등의 추정치를 바탕으로 수익력을 결정할 수 있다. 스타트업 회사들의 경우, 현재 실적이 아예 없거나 수익력의 극히 일부만을 실적으로 벌어들임에도 불구하고 기업가치가 고공행진할 수 있지만 주가는 영원히 상승하지 않는다는 것을 여러분이 반드시 기억해야 할 것이다. 많은 투자자들이 주가매출비율(P/S) 또는 수익력 분석(earnings power analysis) 등을 통해 스타트업 회사들의 가치를 평가한다. 만약 주가가 수

---

20 역자의 해설: 5장에서 다룬 것처럼 이미 상장한 회사의 '신주발행'을 '후속공모(follow-on offering or second offering)' 또는 '추가공모(additional offering)'라고 부른다. 'second'와 'secondary' 단어의 차이점이 혼란을 불러일으킬 수 있는데 '후속공모(second offering)'는 '구주매출(secondary offering)'과는 전혀 다른 공모임을 반드시 유념해야 할 것이다. '후속공모'는 회사가 새로 주식을 발행하는 것이기 때문에 '신주발행(primary offering)'으로 간주되며 이미 발행된 주식들에 대해서 희석효과가 발생한다.

익력에 비해 '완전한 가치로 평가(fully valued)'된 것으로 보이면 투자자들은 주식을 매도하기 시작할 것이며 주가는 언젠가 고점을 찍을 것이다. 이처럼 회사의 수익력과 적정 밸류에이션(적정 매출 또는 적정 주가배수)에 대해 투자자들은 서로 다른 의견을 갖게 마련이다.

EV/ EBITDA 비율을 사용한 주식 평가
(VALUING STOCK WITH THE EV/ EBITDA RATIO)

투자자들이 자주 사용하는 또 다른 가치평가 수단은 EV/EBITDA 비율이다.

EV/EBITDA 비율은 P/E 비율과 같이 상대적인 가치를 측정하는 지표로 한 회사를 다른 회사나 동종기업 그룹과 비교하는 데 가장 적합하다. 기업가치(Enterprise Value)는 회사의 가치를 측정하는 기준으로 다음 페이지에서 설명하고 있다. 15장에서 다룬 EBITDA는 **감가상각전 영업이익**이다.

EBITDA는 이자지급 전 이익을 측정하는 기준이기 때문에 본질적으로 EV/ EBITDA 비율은 회사의 가치를 주주들과 채권자들을 위해서 회사가 그동안 현금으로 벌어들인 이익 또는 앞으로 벌어들일 이익으로 나눈 값이다. P/E 역시 밸류에이션에 사용되는 지표지만, P/E의 경우 오로지 주주들을 위해서 회사가 그동안 벌어들인 이익 또는 앞으로 벌어들일 이익을 나눈 값으로 회사의 가치를 평가한다.

이제까지 다룬 내용을 요약하면 P/E 비율과 EV/EBITDA 비율 모두 기업가치를 평가할 때 사용되는 비율들이다. 하지만 P/E가 정의하는 기업가치와 이익은 EV/EBITDA가 정의하는 기업가치와 이익과 다르다. 회사를 좀 더 완벽히 분석하기 위해서는 둘 중 하나를 선택하는 것보다 P/E와 EV/EBITDA을 모두 계산하여 유사 기업과 비교하는 것이 바람직한 방법이다. P/E와 EV/EBITDA는 다음 페이지에서 보게 될 것처럼 다른 결과를 만들어 낼 수 있다.

EV/EBITDA가 P/E보다 선호되는 한 가지 이유는 EV/EBITDA의 경우 회사들을 좀 더 비슷한 기준으로 비교할 수 있다는 것이다. 예를 들어 비교 대상 기업의 감가상각 방식이 다르거나 부채와 이자 수준 또는 법인세율이 다를 수 있다. EBITDA는 이러한 항목들이 반영되기 전의 현금흐름을 먼저 고려하기 때문에 회사들 간의 직접적인 비교를 가능하게 만든다. 다시 말해서, EBITDA를 사용하면 감가상각 방식, 이자비용, 세율 등과 상관없이 회사 간의 영업실적을 서로 비교할 수 있다.

기업가치 (Enterprise Value)

기업가치(EV)를 정의하기 전에 **시가총액(market capitalization, 줄여서 market cap)**의 정의를 검토해 보자. 시가총액은 보통주 유통주식수에 현재 주식가격을 곱한 값이다. 다시 말해서 시가총액은 회사 지분의 가치를 현재 주가로 나타낸 것이다. 기업가치는 이보다 조금 더 복잡하다. 기업가치는 기업을 인수할 때 얼마가 필요한지를 나타내며 다음과 같이 정의된다.

$$\underset{\text{(EV)}}{\text{기업가치}} = \underset{\text{(Market cap of stock)}}{\text{주식의 시가총액}} + \underset{\text{(Total debt outstanding)}}{\text{총발행부채액}} - \underset{\text{(Cash on the balance sheet)}}{\text{대차대조표의 현금}}$$

왜 부채를 더하고 현금을 차감하는지에 대해 처음에는 혼란스러울 수 있지만, 부채를 다시 더하는 이유는 언젠가 부채가 상환되어야 하기 때문이다. 만약 인수자(또는 인수기업)가 현재 시가총액이 3억 달러이고 부채가 5,000만 달러인 인수 대상 기업(또는 피인수 기업)을 3억 달러에 인수할 경우 인수자는 1년 안에 5,000만 달러를 지불하여 남은 부채를 갚아야 할 것이다. 따라서 인수자가 지불해야 할 총유효비용(total effective cost)은 3억 5,000만 달러($350 million)가 될 것이다. 만약 피인수기업이 2,500만 달러($25 million)의 현금을 보유할 경우, 인수자는 3억 달러($300 million)에 피인수 기업을 보유하는 즉시 2,500만 달러($25 million)를 자기 자신에게 배당금으로 지급할 수 있기 때문에 인수 비용은 2억

7,500만 달러($275 million)로 감소한다. 우리는 이러한 수치들을 사용하여 피인수 기업의 기업가치를 다음과 같이 계산할 수 있다.

$$
\begin{array}{ccccccc}
\text{기업가치} & = & \text{시가총액} & + & \text{총부채} & - & \text{현금} \\
\text{(EV)} & & \text{(Market Cap)} & & \text{(Total Debt)} & & \text{(Cash)} \\
& & \$300\ \text{mil} & + & \$50\ \text{mil} & - & \$25\ \text{mil} = \$325\ \text{million}
\end{array}
$$

(3억 2,500만 달러)

인수자는 피인수 기업을 인수할 경우 결국 5,000만 달러($50 million)의 부채를 갚아야 한다는 것을 알기 때문에, 피인수 기업의 가치가 3억 2,500만 달러($325 million) 이상이라고 생각하지 않는 이상 인수를 감행하지 않을 것이다. 하지만 투자자로서 우리는 회사를 인수하려고 하는 것이 아니기 때문에 회사의 가치를 측정하는데 시가총액과 기업가치 중 어떤 것이 나은지, EV/EBITDA 비율 또는 P/E 비율 중 어느 것이 나은 밸류에이션 지표인지 명확하지 않다. 하지만 분석 대상 회사가 매력적인 인수 후보 기업이라면 기업가치 계산이 인수 가격이 얼마가 될지 예측하고 인수 합병 가능성을 염두에 두고 주식을 얼마에 매수할 것인지 결정하는 데 도움이 될 것이다.

기업가치의 정의는 위에서 설명한 것보다 좀 더 복잡하다. 많은 투자자들이 시가총액에 총부채를 더하는 것 외에도 대차대조표상의 **비지배지분**(non-controlling interest) 수치를 다시 추가한다.

비지배지분 (Non-Controlling Interest)

비지배지분(Non-Controlling Interest, 줄여서 NCI)은 **소수지분**(Minority Interest)이라고도 불리는데 이 책의 예전 장에서 아직 다루지 않았으며, 회사에 비지배지분이 있는 경우 무시할 수 있을 만큼 규모가 작다. 비지배지분(또는 소수지분)은 부채에 대한 이자 상환과는 관련이 없다. 대차대조표상 비지배지분은 기업이 다른 회사의 지분을 매입한 사실을 반영한다. 에버커넥트가 소규모 경쟁 회사인 클라우드스토어(CloudStor)를 인수한다고 가정해 보자. 에버커넥트는 클라우드스토어의 모든 주식을 매력적인 가격에 공개 입찰(public tender offer) 했다. 90%의 지분을 보유한 클라우드스토어 주주들이 주식을 에버커넥트에 매각 하였으나, 나머지 지분 10%을 보유한 클라우드스토어 주주들은 매각을 거부했 고 여전히 클라우드스토어 지분을 보유하고 있다. 따라서 클라우드스토어는 현 재 에버커넥트의 **과반수 보유 자회사(a major owned subsidiary, 지분율 90%)**이 며, 에버커넥트는 **모회사(parent company)**이다. 회계 규정에 따라 모회사(지배 기업)는 과반수 보유 자회사(종속기업)의 모든 매출과 영업이익을 연결재무제표 (consolidated financial statement)에 포함시켜야 한다. 다만 자회사의 영업이익 중 모회사가 '보유'하지 않은 지분(10%)은 주당이익을 계산할 때 모회사의 손익 계산서에서 차감한다. 이는 영업이익의 10%가 클라우드스토어의 원주주(현재 소 수 주주)들에게 실제로 '귀속'되기 때문이다.

모회사의 대차대조표에는 비지배지분 또는 소수지분이라고 불리는 항목이 있을 것이며, 보통 대차대조표 오른쪽에 있는 자본(equity) 부분에 위치한다. 비지배지 분 항목은 사실상 자본으로 간주되지만 지배기업의 자본이 아니라 소수(10%) 주 주의 자본이 반영된 것이다. 다시 말해서 자회사의 모든 자산과 부채 수치가 지 배기업의 대차대조표에 완전히(100%) 포함되어 있음에도 불구하고 지배기업의 대차대조표상의 비지배지분 계정은 비지배지분 계정의 달러 가치가 지배 기업의 지분이 아니라는 사실을 반영한다. 좀 더 간략히 설명하자면 모회사(지배기업)의 대차대조표는 모회사가 보유하지 않은 자회사(종속기업) 지분의 일부를 반영하기 위해서 비지배지분 항목을 포함한다.

우리가 EV/EBITDA 비율을 계산할 때 비지배지분의 포함 여부에 대해서 일 관성이 있어야 한다. EBITDA(감가상각전 영업이익) 계산에 EBITDA의 비지배 지분이 포함되므로 기업가치의 계산 또한 비지배지분이 포함되어야 한다. 따라서 EV(기업가치)를 계산할 때 모기업 대차대조표에 표시된 비지배지분을 추가해야 하는 것이다. 이런 식으로 EBITDA와 EV는 기업의 실적과 지분을 100% 반영한다.

초보 투자자들에게 비지배지분은 처음에는 혼란스러울 수 있으며, 기업의 투자 분석에 미미한 영향을 미치는 경우가 많다. 그럼에도 불구하고 비지배지분은 EV(기업가치)를 계산할 때 시가총액에 포함되는 항목들 중 하나이기 때문에 이 책에 포함시켰다. 독자들은 '비지배지분(Non-Controlling Interest)' 또는 '소수지분(Minority Interest)'에 관한 내용을 상세히 파고들지 않고 그냥 넘어가는 데 아무런 문제가 없을 것이다.

기업가치 계산 (Calculating Enterprise Value)

기업가치(EV)를 계산할 때 일부 투자자는 총부채에서 발행된 우선주의 가치 또한 합산하여 계산한다. 이에 대한 학술적인 논의는 이 책의 범주를 넘어서는 것이지만, 간단히 이야기해서 우선주의 약정에 의무상환(mandatory redemption)이 있다면 부채처럼 처리하는 것이 타당할 것이다. 만약 우선주가 영구적(perpetual)이라면 부채로 처리하지 않는 것이 최선의 방법일 것이다. 에버커넥트의 EV/EBITDA 비율을 살펴보자. 계산은 다음 페이지의 표 18.12와 같다.

표 18.12 EV/EBITDA 계산

감가상각전 영업이익 (EBITDA) 계산

단위: 백만달러
(All figures in $millions)

매출 (Sales)	$76
차감: 매출원가[21] (Less: COGS)	$21
차감: 판관비용 (Less: SG&A Expense)	$8
차감: 연구개발비용 (Less: R&D Expense)	$4
동일: EBITDA (Equals: EBITDA)	**$43**

기업가치 (Enterprise Value) 계산

보통주 현재가 (Market Value of Common Stock)	$360
추가: 총부채 (Total Debt)	$90
추가: 우선주 (Preferred Equity)	$0
추가: 비지배지분 (Minority Interest)	$0
차감: 현금 및 현금성자산 (Cash & Equivalents)	$5
기업가치 (Enterprise Value)	**$445**

2012년 말, 에버커넥트는 4,300만 달러($43 million)의 EBITDA를 실적으로 발표했고 4억 4,500만 달러($445 million)의 기업가치를 기록했다. 따라서 2012년 말 기준 에버커넥트의 EV/EBITDA 배수는 10.3배($445M/$43M)였다.

$$\frac{\text{기업가치 (Enterprise Value)}}{\text{감가상각전 영업이익 (EBITDA)}} = \frac{\$445}{\$43} = 10.3x$$

P/E 비율과 마찬가지로 EV/EBITDA는 표 18.13처럼 비율(10.3배)로 표현할 수 있고, EV/EBITDA의 역수(EBITDA/EV)인 EBITDA 수익률로 표현도 가능하다. 에버커넥트의 EBITDA 수익률은 9.7%(4억 4,500만 달러)이다. 다른 수익률과 마찬가지로 수치가 높을수록 좋다. 투자자들은 (1) 에버커넥트의 현

---

21 도표에서 매출원가는 감가상각비를 제외한 수치를 말한다.

재 EBITDA 수익률과 과거 EBITDA 수익률의 비교가 가능하고, (2) 유사 기업의 EBITDA 수익률을 살펴볼 수 있다. 에버커넥트의 현재 EBITDA 수익률이 과거 EBITDA 수익률보다 높다면, 주식이 적어도 과거 주가에 비해 저렴하고 매력적인 투자 기회임을 나타낼 것이다. 에버커넥트의 EBITDA 수익률이 동종업계 EBITDA 수익률보다 높은 경우도 마찬가지다.

이제 실제 사례들을 살펴보자. 표 18.13에서 2011년 5월 기준 제약회사 5곳의 EBITDA를 P/E 비율과 서로 비교하고 있다.

표 18.13 EV/EBITDA 계산과 제약회사들 간의 EV/EBITDA 와 P/E 비교(2011년 5월)

단위: 10억 달러, EPS 수치 제외   출처: *FactSet* 및 저자의 가설들
(Figures in $billions, except per share figures)

	BMY	ABT	MRK	PFE	LLY
주가 (Price)	$29.0	$54.0	$37.0	$21.0	$38.0
× 유통주식수 (Shares Outstanding)	1.7	1.6	3.1	8.0	1.1
= 시가총액 (Market Cap.)	$49.3	$86.4	$114.7	$168.0	$41.8
+ 총부채 (Total Debt)	$5.4	$18.8	$17.8	$41.1	$6.7
+ 우선주 (Preferred Equity)	$0.0	$0.0	$0.0	$0.0	$0.0
+ 비지배지분 (Noncontrol Interest)	-$0.1	$0.1	$2.4	$0.5	$0.0
− 현금 및 현금성자산 (Cash & Equivalents)	-$6.8	-$8.5	-$13.0	-$24.0	-$6.7
= 기업가치 (Enterprice Value)	$47.8	$96.8	$121.9	$185.6	$41.8
EBITDA	$7.4	$8.8	$17.1	$27.2	$7.7
EV/EBITDA	6.5x	11.0x	7.1x	6.8x	5.4x
P/E	12.7x	11.6x	9.8x	9.1x	8.6x
EPS	$2.28	$4.66	$3.77	$2.31	$4.41
EPS 장기성장률 예상 (EPS LT. Growth Rate Forecast)	7.1%	12.8%	3.8%	3.7%	2.2%

표 18.13은 EV/EBITDA나 P/E 같은 서로 다른 밸류에이션 지표들을 보여 주고 있으며 밸류에이션 관점에 따라 서로 다른 결과를 제공할 수 있다. BMY는 동종기업 그룹 내에서 P/E가 가장 높으며 그룹 내 다른 회사들에 비해 주가가 과

대평가되었음을 보여 준다. 하지만 일부 회사들의 EV/EBITDA 비율이 그룹 평균 이하임을 감안할 때 BMY 주식은 '적정가로 평가(fairly valued)'되었음을 나타낸다. BMY가 동종기업들의 P/E 평균을 상회하는 부분적인 이유는 강력한 자본 구조와 높은 영업이익 때문일 수 있는데, BMY가 그룹 내에서 레버리지율(부채 대비 자본 비율)이 가장 낮고 영업이익률(여기에 표시된 두 비율 모두 없음)이 가장 높기 때문이다. 이러한 이유 때문에 투자자들이 BMY 주식을 높은 P/E에 지불할 의향이 있는 것으로 보인다. 일반적으로 기업의 레버리지율이 높을수록 위험이 증가하기 때문에 P/E가 낮고, 반대로 레버리지율이 낮을수록 위험은 감소하는 대신 P/E가 높다. BMY의 높은 P/E(12.7배)는 낮은 레버리지율을 반영한다.

우리가 여기서 얻을 수 있는 교훈은 그룹 내 다른 회사들에 비해 BMY의 높은 P/E가 BMY의 주가가 고평가되었음을 나타낸다고 할 수 없으며 ABT의 높은 EV/EBITDA 비율이 ABT 주식이 고평가 되었음을 나타내지 않는다는 것이다. 기업 간의 밸류에이션의 편차는 투자자들이 회사 간의 어떤 차이점들이 있는지를 파악하기 위해서 재무제표와 매출 그리고 실적 전망치를 모두 살펴볼 필요가 있음을 말해 준다. 이러한 차이점들은 투자자들이 밸류에이션과 종목 선택을 하는데 도움이 되는 인사이트를 제공한다.

주식이 오르고 내리는 이유: 효과적인 설명
(WHY STOCKS GO UP AND DOWN: A WORKING EXPLANATION)

주가수익비율(P/E), 주가현금흐름비율(P/C), EV/EBITDA 비율 그리고 주가가 향후 일어날 사건들을 어떻게 예측하는지에 대한 이해를 바탕으로 우리는 왜 주식이 오르고 내리는지에 대해서 다음과 같이 설명할 수 있다.

- 회사의 현재와 미래의 실적 창출 능력과 배당금 지급 능력에 대한 관점의 변화에

따라 주가는 상승과 하락을 반복한다.

- 주식을 보는 관점은 회사의 내부적 요인, 경쟁 환경, 거시경제 요인들에 따라 변화한다.

이러한 우리의 설명에 이의를 제기하는 투자자들도 있을 것이다. 하지만 우리는 독자 여러분이 주가의 행태를 이해하고 향후 주가를 예측하는 데 이러한 설명이 도움이 될 것이라고 생각한다. 우리는 오직 주식이 오르고 내리는 이유만을 다루며 주식을 얼마의 가격에 매도해야 하는지에 대한 이유를 설명하지 않고 있다. 사실 주식이 오르고 내리는 이유들을 파악하는 것이 얼마의 가격에 주식을 매도해야 하는지에 대한 이유를 이해하는 것보다 쉬울 것이다. 우리는 이 장 앞부분에서는 주식이 저평가(undervalued), 적정 평가(fairly valued) 또는 고평가(overvalued) 되었는지를 판단하는 데 도움이 되는 밸류에이션 지표들을 다뤘다. 그러나 주식이 저평가되었다는 이유만으로 반드시 주가가 상승한다는 법은 없다. 대표적인 투자 이론 중 하나인 '효율적 시장 가설(efficient-market hypothesis)'에 따르면, 시장은 항상 '효율적(efficient)'이라는 것이다. 즉, 회사에 대한 모든 정보들이 시장 참여자(투자자)들의 매수와 매도 결정에 이미 반영되어 현재 주가가 형성되었기 때문에 언제 주가가 높거나 낮은지를 알 수 없다는 것이다. 그렇다면 우리가 풀어야 할 중요한 문제는 어떤 요인들이 주가가 현재 수준에서 상승 또는 하락에 영향을 미치느냐는 것이다. 이 질문에 답하기 위해서 투자자들은 어떤 요인들이 주식에 대한 투자자들의 관점을 변화시키는지 파악하는 데 노력을 기울여야 할 것이다. 우리는 이러한 요인들을 **핵심동인(key driver)**이라고 부른다. 즉 향후에 발생이 예상되고 주가에 영향을 미칠 수 요인들을 말한다. 19장에서 이 주제에 대해 다룰 것이다.

투자자들의 심리에 영향을 미치는 요인들은 셀 수 없이 많다. 전 세계에서 매일 발생하는 수많은 사건들이 회사의 단기 실적과 장기적인 이익성장률, 그리고 주가수익비율(P/E)에 영향을 미친다. 투자심리에 긍정적인 변화를 일으키는 사건들은 주가를 상승시키는 반면 부정적인 변화를 일으키는 사건들은 주가를 하락시킬 것이다. 회사의 수익 창출 능력에 대해 투자자들의 관점을 바꿀 만한 몇 가지 사례들을 아래에서 살펴보자. 사실 이러한 목록을 작성하려면 끝이 없기 때문에 투자자를 민감하게 만드는 몇 가지 예들만 제시하여 뉴스가 여러분의 주식에 어떻게 영향을 미치는지에 대한 이해를 돕고자 한다.

투자 심리의 긍정적인 변화를 일으킬 만한 사건들
(Events Creating Favorable Changes in Perception)

- **기업개발(Company development)** - 퀵플립버거스(QuickFlip Burgers)는 주요 공급 업체와의 육류 구매 장기 계약 체결을 발표하였으며 이로 인해 상당한 비용 절감이 예상된다.

- **산업개발(Industry development)** - 정부는 닭고기 검사 절차의 변경을 발표했고 이로 인해 패스트푸드점들의 닭고기 가격 인상이 예상된다. 닭고기 가격 인상 때문에 고객들은 퀵플립의 햄버거 레스토랑을 더 많이 찾을 것이다.

- **경제개발(Economic development)** - 의회는 최저 임금을 20% 인하했다. 패스트푸드 업계의 상당 부분의 인건비가 최저임금이기 때문에 비용이 급격히 감소하여 종전보다 높은 실적이 예상된다.

투자 심리의 부정적인 변화를 일으킬 만한 사건들
(Events Creating Unfavorable Changes in Perception)

- **기업개발(Company development)** - 퀵플립은 퇴사 직원들의 연금 지급액이 경영진이 종전에 예상한 수치보다 훨씬 높을 것이라고 발표했다.

- **산업개발(Industry development)** - 월스트리트 저널(WSJ)은 비거버거스(BiggerBurger)가 퀵플립 근처에 매장을 열고 가격을 인하하여 퀵플립의 시

장 점유율을 빼앗고 있다고 보도했다. 이는 퀵플립의 시장점유율 감소뿐만 아니라 가격 인하 경쟁으로 인해 이익률 감소로 이어질 수 있다.

- **경제개발(Economic development)** - 휘발유 가격이 급격히 상승했다. 높은 휘발유 가격은 사람들이 외식을 덜 하게 만든다. 주로 도심지에 위치한 레스토랑들을 많이 보유하고 있는 회사들보다 고속도로에 레스토랑들을 많이 보유한 패스트푸드 체인 회사들이 큰 타격을 입게 될 것이다.

성공적인 투자자들은 주가에 영향을 미칠 수 있는 이러한 상황들에 대해 항상 경계한다. 투자자들은 시간과 경험을 바탕으로 주가에 큰 영향을 미칠 수 있는 요인들과 경미하거나 일시적인 영향만 미칠 요인들을 구별하는 법을 배우게 될 것이다.

투자자가 주의해야 할 사항
(WHAT INVESTORS SHOULD WATCH FOR)

경험을 대신할 수 있는 것은 없다. 투자자들은 매일 주식들을 관찰하면서 회사들의 경쟁 환경, 원자재 환경, 노동 환경이나 그 외 회사와 관련된 모든 뉴스들에 항상 주목해야 한다.

여러분은 일정 기간 동안 보도되는 뉴스들에 주가가 어떻게 반응하는지를 관찰함으로써 (1) 주가에 어떠한 기대가 반영되어 있는지, (2) 어떤 정보가 향후 실적에 영향을 미칠지, (3) 회사나 회사가 속한 산업에 대한 시장 심리가 현재 어떤지를 파악할 수 있다. 여러분이 이러한 안목을 기르기 위해서는 매일 뉴스와 관련 업계의 정기 간행물을 읽고, 자신의 투자성향 또는 보유 종목들과 관련 있는 웹사이트와 블로그를 숙독해야 한다.

경계심이 많은 투자자들은 회사의 제품에 대한 수요, 회사가 제품에 대해 청구할 수 있는 가격, 제품 제조 비용 등 회사에 긍정적 또는 부정적인 영향을 미칠 수 있는 상황을 예의 주시한다. 월스트리트 저널(WSJ)이나 인베스터스 비즈니스

데일리(Investor's Business Daily)와 같은 금융 일간지들은 투자자들에게 가장 큰 관심사가 될 것이라고 예상하는 뉴스들을 보도하는 것을 사업으로 삼고 있다. CNBC와 블룸버그(Bloomberg)와 같은 TV 방송들도 같은 역할을 한다.

뉴스 매체들의 보도자료들을 읽거나 청취할 때 자주 논의되는 주제들을 주목하길 바란다. 이러한 주제들은 특정 '투자테마(investment theme)'를 알려 줄 수 있다. 예를 들어, 이 장에서는 모바일 컴퓨팅, 특히 태블릿 컴퓨터 제품들의 추세변화에 대해서 이야기했다.

애플의 아이패드와 같은 블록버스터 제품들이 어떻게 새로운 산업을 형성하고 있는지를 생각해 보자. 투자자들은 이러한 정보를 토대로 잠재적인 투자 기회를 식별해야 할 것이며 분석 범위를 애플과 같은 시장의 선두주자들만으로 제한하지 말아야 할 것이다. 잠재적인 투자 기회를 식별하기 위해서 우리가 할 수 있는 유용한 연습은 제품을 시장에 출시하는 데 필요한 공급 업체들과 유통 업체들을 나타내는 도표인 '먹이사슬(food chain)' 분석표를 작성하는 것이다. 아이패드의 경우 퀄컴(Qualcomm, NASDAQ: QCOM, 베이스 밴드, 송수신기 공급)과 브로드컴(Broadcom Inc, NASDAQ: AVGO, WLAN, 블루투스, GPS 공급)이 주요 공급업체들이다. 애플은 애플스토어에서 직접 아이패드를 판매하거나 버라이즌(Verizon, NYSE: VZ), AT&T(NYSE:T), 스프린트(Sprint)[22]와 같은 네트워크 제공 통신사들을 통해 고객들에게 아이패드를 판매한다. 스마트폰과 태블릿 매출 증가는 네트워크 용량과 주파수에 대한 수요를 증가시키기 때문에 통신사들은 네트워크 용량을 확장해야 한다는 압박을 받고 있으며, 이러한 추세는 아메리칸타워(American Tower, NYSE: AMT) 같은 회사들에게 호재로 작용할 수 있다. 위에 열거한 회사들이나 그 외 회사들은 태블릿 컴퓨팅 먹이사슬(food chain)을 구성하며, 이들 중 일부는 시장을 선도하는 회사들보다 더 나은 투자 기회를 제공

---

22 역자의 해설: 스프린트는 2020년 T-Mobile(NASDAQ: TMUS)과 합병했다.

할 수 있다.

여러분은 장기간에 걸친 분석을 바탕으로 시간이 흐를수록 어떤 요인들이 중요하고 중요하지 않은지를 인지할 수 있는 자신을 발견하게 될 것이고 주식이 오르고 내리는 이유 또한 알 수 있게 될 것이다.

19장 주식이 오르고 내리는 이유
WHY STOCKS GO UP AND DOWN

"Talent hits a target no one else can hit; Genius hits a target no one else can see." - Arthur Schopenhauer

"재능이 있는 사람은 아무도 맞힐 수 없는 과녁을 맞히고, 천재는 아무도 볼 수 없는 과녁을 맞힌다." - 아서 쇼펜하우어

18장에서 우리는 주가의 움직임을 이해하고 평가하는 데 사용할 수 있는 프레임워크를 제공했다. 19장에서는 이러한 프레임워크를 실제 상장기업에 적용해 볼 것이다. 우리는 이론적으로는 그럴싸하지만 실제로 적용하기 힘든 주제들에 집중하는 책들에 대한 독자들의 불만과 좌절감을 이해한다. 19장은 실제 사례를 통해서 책의 핵심 개념들을 강조할 뿐만 아니라 좋은 투자와 위대한 투자를 구별하는 몇 가지 미묘한 차이들을 독자들이 이해하는 데 도움이 될 것이다. 예시를 통해서 배우는 이러한 접근 방식은 주식투자를 배우려는 사람들로부터 많은 공감을 얻었으며 독자 여러분에게 도움이 될 것이라고 믿는다.

19장을 읽는 독자들은 이 장의 각주들을 읽어 보길 추천한다. 이 장에서는 회사와 직접적인 관련이 있는 많은 상세 자료를 각주에 포함시켜 책의 흐름에 방해가 없도록 하였다.

시작하기 (GETTING STARTED)

우리는 다음 몇 페이지에 걸쳐 2011년 1월 26일 현재 애보트랩스(Abbott Labs, 줄여서 애보트)의 주식(NYSE: ABT)을 분석하여 최근 저조한 주가 퍼포먼스가 투자자들에게 매수 기회를 창출했는지 여부를 판단할 것이다. 분석의 일환으로 우리는 애보트의 주식에 대해 방어적인 입장(매수 의견)을 취하기 위해서 이 책 전체에서 다룬 많은 개념들을 복습할 것이다.

상장 기업을 분석하는 것은 먼저 기업의 연혁, 제품 및 서비스, 현재 재무 상태와 경쟁 환경 등을 이해해야 하며 이러한 정보들 대부분은 온라인에서 얻을 수 있다. 대표적으로 야후 파이낸스(Yahoo Finance)는 회사의 운영, 주요 통계 데이터, 과거 재무제표와 주요 경영진에 대한 관련 정보를 요약하여 제공한다. 특히 회사의 홈페이지는 제품 포트폴리오에 대한 정보를 얻기 좋은 소스이다. 애보트의 회사 프로필은 그림 19.1과 같다.

그림 19.1 회사 프로필(Company Profile)

Abbott Labs는 의약품(매출의 57%), 영양(16%), 진단(11%), 혈관(9%) 및 당뇨병 관리(5%)의 5가지 범주로 제품이 분류되는 다각화된 글로벌 의료 회사이다. 2010년 회사의 매출은 352억 달러였다. 지역별 매출 구성은 미국이 43%, 미국 외 국가 57%이다. 잘 알려진 브랜드로는 1) 류마티스 관절염 치료를 위한 대표적인 바이오의약품[1]인 **휴미라(HUMIRA)**, 2) 영유아 및 성인용 영양제인 **시밀락(Similac)과 엔슈어(Ensure)**, 3) 관상동맥 스텐트인 **자이언스(XIENCE)**, 4) 당뇨병 환자의 혈당 측정 시스템인 **프리스타일 패밀**

---

1 화학약품으로 만들어진 기존의 약과 달리, 바이오 의약품은 살아 있는 유기체에서 추출된다.

리(FreeStyle family) 등이 있다. 일리노이주 애보트 파크에 본사를 두고 있으며 91,000명의 직원을 두고 있다. 마일즈 화이트(Miles White)는 1998년부터 CEO, 1999년부터 이사회의 의장을 역임했으며, 토마스 프레이먼(Thomas Freyman)은 2001년부터 수석부회장(EVP)이자 최고 재무책임자(CFO)로 재직 중이다.

출처: *FactSet*

위의 프로필의 출처는 팩트셋(FactSet)이다. 위와 같은 회사 프로필은 회사의 주요 사업, 제품 범주와 지역별 매출, 본사 위치, 경영진 등 대한 요약 정보를 투자자들에게 제공한다. 회사 프로필을 검토하는 것은 회사를 이해하는 데 유용한 첫 번째 단계이다. 회사의 시가총액과 주식이 주요 주식시장 지수의 구성 주식인지 아는 것도 도움이 된다. 우리는 이런 식으로 어떤 시장 지수가 적절한 비교 기준(benchmark)으로 사용될 수 있는지 알 수 있다. 애보트의 시가총액은 740억 달러[2]로 시가총액이 100억 달러가 넘는 점을 감안할 때 애보트 주식은 대형주로 분류된다. 애보트의 주식은 S&P 500 지수와 S&P 500 제약산업지수(S&P 500 Pharmaceuticals Industry)의 구성 주식이다. S&P 500 지수는 미국 대형주 주가 퍼포먼스의 가장 좋은 비교 기준이며 광범위한 주식시장 지수이다. S&P 500 지수를 구성하는 회사들은 섹터별, 업종별로 분류된다. 'S&P 500 Pharmaceuticals Industry'란 용어는 단순히 S&P 500 지수 내에 있는 제약회사 그룹을 말한다.

---

2 시가총액(market capitalization, 줄여서 market cap)은 주식가격에서 유통주식수에 곱한 값이다. 일반적으로 시가총액이 2억 5천만 달러~20억 달러($250 million~$2 billion)인 주식은 소형주, 시가총액이 20억 달러~100억 달러($2 billion~$10 billion)인 주식은 중형주, 시가총액이 100억 달러($10 billion) 이상인 주식을 대형주로 간주한다.

과거 주가 퍼포먼스 이해 (DECIPHERING PAST PERFORMANCE)

보통 투자자들은 과거 특정 연도를 살펴보고 주가의 상승 또는 하락이 한두 가지 요인들에 따른 결과라고 생각한다. 다음 주가차트에서 애보트의 주가 퍼포먼스를 살펴보자. 그림 19.2는 2010년 1월 26일부터 2011년 1월 26일까지의 애보트의 1년 동안의 주가 퍼포먼스를 보여 준다. 이 주식 차트에는 50일 이동평균선(노란색 선)과 200일 이동평균선(검은색 선)이 포함된다. 많은 투자자들이 향후 주가의 움직임에 대한 징후들을 포착하기 위해 이동평균선을 사용하는데 이는 소위 말하는 기술적 분석(technical analysis)의 일부이며 이 책에서 우리는 기본적 분석에만 초점을 맞추고 있다. 기술적 분석에 관심이 있는 독자들은 'Technical Analysis Books'를 인터넷에서 검색하면 많은 관련 자료를 찾을 수 있다. 마찬가지로, 차트 하단의 상대강도지수(Relative Strength Index)에 대한 해석 또한 이 책에서는 논외로 할 것이다.

그림 19.2 주가차트

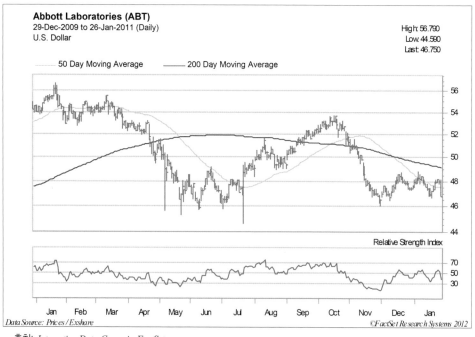

출처: *Interactive Data Corp via FactSet*

Abbott Labs (NYSE: ABT)

	Jan. 26, 2010	Jan. 26, 2011
종가 (Closing Price)	$54.48	$46.75
2010년 1월 26일부터 2011년 1월 26일까지 주가변동률 (%)		
ABT Stock		-14.2
S&P 500		+18.7
ABT의 저조한 상대수익률		-32.9

출처: *Interactive Data Corp via FactSet*

지난 1년 동안 애보트의 주식은 S&P 500 지수를 33% 가까이 하회하였으며 14.2%가 하락하였다. 애보트의 주가 하락의 주요 원인은 1) 투자자들이 제약산업에서 차례로 이탈하였고, 2) 애보트의 주요 제품인 주사형 류마티스 관절염(RA) 치료제인 휴미라(HUMIRA)의 잠재적 경쟁 때문이었다.

우리는 먼저 투자자들이 제약업계에서 이탈한 이유부터 살펴볼 것이다. 주식시장에서 특정 산업군이나 특정 섹터의 매력성은 규제 환경을 포함한 다양한 요인들에 의해 결정된다. 이러한 요인들이 특정 업종에 종사하는 기업의 영업실적에 악영향을 미칠 것으로 예상되면 그 기업이 속한 산업에 대한 호감도가 떨어질 수 있다. 이런 경우 투자자들은 해당 산업에서 벗어나 다른 매력 높은 산업으로 '회전(rotation)'할 수 있다. 2010년 1월, 제약업계는 여러 역풍(headwinds)을 직면했고 이듬해 투자자들은 제약산업에서 이탈하게 되었다. 여기에는 다음과 같은 내용들이 포함된다.

- **엄격한 규제 환경(Tough Regulatory Environment)** - 일반적으로 민주당 의회는 제약산업에 어려운 정치적 환경을 조성한다. 가격 책정은 유기적인 매출 성장의 중요한 요소인데 이러한 정치적 환경에서 의약품 가격은 엄격한 조사 대상이다. 뿐만 아니라 미국 식품의약국(FDA)은 현재 신약의 승인을 위해 더 많은 임상 데이터를 요구하기 때문에 제약사 입장에서 볼 때 신

약 개발 과정이 더 길어지고 비용이 많이 든다.[3]

- **특허 만료(Patent Expirations)** - 일부 제약사들은 몇 년 후 특허가 만료되는 블록버스터 급 의약품(연간 최소 10억 달러의 매출을 올리는 의약품)들을 보유하고 있다. 특허를 상실하면 마일란(Mylan)[4] 같은 제네릭 의약품(복제약) 제조사들과의 경쟁에 직면하게 된다. 따라서 특허 만료가 임박한 제약회사들이 제네릭 의약품 제조사들과 경쟁하기 위해서는 가격을 대폭 인하해야 한다. 독자들의 이해를 돕기 위해서 애보트의 특허 만료 관련 뉴스들을 요약 정리하면 우리는 연간 약 500억 달러의 매출을 올리는 의약품들의 특허가 2011년과 2012년에 만료될 것으로 예상한다.[5]

- **파이프라인 부진(Pipeline Disappointments)** - 최근 몇 년간 제약산업은 많은 신약 개발(파이프라인)에서의 부진을 겪었다. 이러한 신약 파이프라인은 향후 몇 년 동안 특허 만료로 인한 매출 손실의 일부를 상쇄해 줄 것으로 기대되었다.

이러한 업계 역풍의 영향은 애보트의 과거 1년간 **상대강도지수(RSI)** 차트인 그림 19.3에서 확인할 수 있다. 이름에서 알 수 있듯이, RSI 차트는 특정 벤치마크에 비교하여 주가가 얼마나 강세 또는 약세인지를 보여 준다. 그림 19.2 주가차트에서는 S&P 500을 비교 기준(benchmark)으로 선택하였다. 그림 19.3에서 애보트와 S&P 제약산업지수의 주가 퍼포먼스는 모두 S&P 500 지수와 비교하여 나타난다. S&P 500 지수가 비교 기준으로 사용되고 있기 때문에 주가 퍼포먼스는 그림 19.3 상단의 검은색 선인 100에 항상 고정되어 있다.

---

3 제약사가 FDA 승인 신청서를 제출하기 전 신약 개발 프로세스는 전임상(비인간) 시험과 세 단계의 임상(인간) 시험으로 진행된다. innovation.org에 따르면, 이 과정은 10년에서 15년이 걸리고 대략 8억에서 10억 달러($800 million to $1 billion)가 소요될 수 있다.
4 역자의 해설: 마일란(Mylan)은 2020년 11월 화이자의 사업 부문이었던 업존(Upjohn)과 합병하여 비아트리스그룹(Viatris Inc., NASDAQ: VTRS)이라는 신생 기업을 출범하였다.
5 FDA 오렌지 북(Orange Book)과 저자의 가설들.

그림 19.3 S&P 지수 대비 RSI 차트

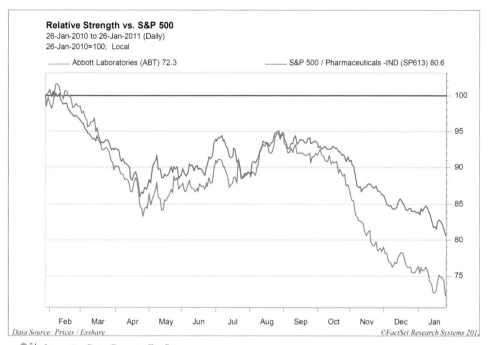

출처: *Interactive Data Corp via FactSet*

그래프상에 나타난 것처럼 S&P 500 지수에 비해 애보트의 주가(파란색 선)와 S&P 500 제약산업지수의 주가(빨간색 선) 모두 상대적으로 약세를 보이고 있다. "상대적으로 약하다"는 것은 애보트와 동종기업 그룹 모두 S&P 500보다 저조한 실적을 보였다는 것을 의미한다. 예를 들어, 2011년 1월 애보트의 주식의 상대강도지수(RSI)는 72였으며 2010년 1월부터 2011년 1월까지 애보트의 주가가 S&P 500 지수를 28% 하회한 것을 나타낸다.[6]

---

6 시장은 어떤 방향이든 추세를 과장한다. 시장은 투자자들의 감정적 요소들을 반영하는데, 주식에 대해 열광하고 위험을 경시하는 투자자들이 잠재적인 실적과 배당에 비해 지나치게 높은 수준으로 주가를 끌어올리거나 투자자들의 지나친 염려가 회사의 상황이 절대로 나아지지 않을 것 같은 수준으로 주가를 떨어트린다. 대개 이러한 극단적 상황이 회사의 펀더멘털(주가를 움직이는 핵심동인)을 파악하고 있는 투자자들에게 유니크한 기회를 제공할 수 있다.

그림 19.3을 다시 보면, 애보트의 주가 퍼포먼스는 2010년 1월부터 9월까지 제약산업의 퍼포먼스와 비슷한 것으로 나타나는데, 이는 앞서 언급한 업계 역풍이 애보트의 주가 하락을 주도하였음을 보여 준다. 그 후, 10월부터 애보트는 S&P 500뿐만 아니라 다른 제약사들의 주가를 하회하기 시작했다. 이러한 주가의 '다이버전스(divergence)'는 애보트의 주력 의약품인 휴미라(HUMIRA)의 경쟁 심화에 대한 우려가 증가하였기 때문일 수 있다. 11월 초, 경쟁사인 화이자 (Pfizer, NYSE: PFE)는 개발 중인 유망한 경구용 류마티스 치료제인 토파시닙 (tofacitinib)의 긍정적인 3상 임상 데이터를 발표했다.[7] 애보트의 휴미라는 시장에서 가장 많이 팔리는 류마티스 의약품이다. 휴미라의 영업이익률이 회사의 평균 이익률보다 훨씬 높기 때문에 휴미라는 애보트의 매출 성장에 크게 기여했고 회사의 높은 순이익률을 이끈 원동력이었다. 환자들은 특별한 경우가 아닌 이상 주사를 맞는 것보다 알약을 먹는 것을 선호할 것이다. 따라서 화이자의 경구약 발표는 애보트와의 경쟁을 암시한다. 특히 화이자의 RA 의약품이 성공적으로 시장에 출시될 경우 휴미라의 매출과 순이익률에 부정적인 영향을 미칠 것으로 예상된다.

돌이켜 보면 업계의 역풍과 새로운 잠재적 경쟁이 애보트의 주가에 부정적인 영향을 끼치는 게 분명해 보인다. 그러나 투자자로서 우리의 목표 중 하나는 2~3가지의 핵심동인(key driver)들을 미리 파악하는 것이다. 핵심동인을 파악하면 회사의 이익성장률을 추측할 수 있고 P/E가 확대 또는 축소될 것인지를 판단할 수 있다. 18장에서 살펴본 것처럼, 기업이 성장률의 증가를 나타내는 하나 이상의 뚜렷한 핵심동인을 보유하는 경우 P/E는 확대될 가능성이 높다. 대다수의 투자자들은 이러한 확실한 동인들이 나타나기 전에 주식의 매수를 시작할 것이다(예: 신제품의

---

7 3상 임상시험은 일반적으로 약물이 승인되기 전 최종 임상시험으로 가장 광범위하고 긴 시험이다. 많은 신약 후보들이 1상과 2상 시험을 성공적으로 통과한 다음 3상 시험에서 실패하는데 환자 표본이 크고 실험 기간이 길기 때문에 그전의 짧은 임상시험에서 나타나지 않았던 안전성 문제를 확인할 수 있다.

소개). 이익 성장이 가속화될 가능성이 높아졌다는 사실만으로 투자자들을 끌어들이고 주가가 상승할 것이다. 우리가 이 책에서 여러 차례 관찰한 것처럼 주식시장은 항상 선행한다.

다음으로 우리는 회사의 최근 영업실적을 살펴봄으로써 현재 주가에 반영되어 있는 투자자들의 기대치를 이해하는 데 도움이 될 것이다. 이를 통해 향후 12~18개월 기간 동안 주식의 핵심동인들을 좀 더 쉽게 파악할 수 있을 것이다.

최근 영업실적에 대한 평가
(EVALUATING RECENT OPERATING PERFORMANCE)

기업의 최근 영업실적에 대한 두 가지 정보의 출처는 1) SEC에 제출된 회사자료(SEC filings) 2) 기업의 분기별 실적 컨퍼런스콜이다. 실적 컨퍼런스콜은 가장 최근 분기의 영업실적과 해당 연도의 남은 기간 동안 회사의 전망에 대한 경영진의 의견을 들을 수 있는 기회를 투자자들에게 제공한다.

18장에서 언급한 것처럼, 대다수의 경영진이 연간 가이던스(annual guidance)를 4분기에서 제공(보통 전년도 4/4분기의 어닝콜에서 제공)하고, 그다음 1분기와 2분기 그리고 3분기의 실적 컨퍼런스콜에서 가이던스를 하향(lower)하거나 재확인(reaffirm) 또는 상향(raise) 조정한다. 보통 경영진은 매출과 주당이익에 대한 기대치를 가이던스의 일부로 제공한다. 가이던스의 목적은 애널리스트들이 회사의 회계연도 영업실적을 예측하는 것을 돕기 위한 것이다. 가이던스는 제공될 당시 경영진의 최적추정치(best estimate)이지만 이후 변경될 수 있다. 회사의 어닝콜을 여러 분기에 걸쳐 듣고 있는 투자자라면 경영진의 가이던스가 합리적인지, 지나치게 낙관적 또는 보수적인지 파악할 수 있는 감각을 기를 수 있을 것이다. 주가는 분기별 수치와 가이던스 업데이트에 항상 반응하기 때문에 어닝콜을 직접 듣거나 어닝콜 회의록(earnings call transcript)을 읽는 것이 좋다. 어닝콜에 대한 링크는 회사 홈페이지의 IR(Investor Relations) 관련 웹페이지에서 찾을 수 있으며 보통 최소 30일 동안 보관된다. 어닝콜 회의록은 여러 페이지로 구성되므로 이 책에 포함시키는 것은 실용적이지 않기 때문에 애보트의 2010년 4분기 (4Q10로 표시) 실적에 대한 이익 분석을 대신 포함시켰다. 애보트는 2011년 1월 26일에 2010년 4분기 실적과 함께 2010년의 연간 실적을 발표하고 실적 발표 직후 실적 결과를 논의하기 위해 컨퍼런스콜을 가졌다. 실적 발표와 후속 어닝콜에는 4Q10와 전체 연도 실적에 대한 설명이 포함되었지만, 다음 페이지의 실적 분석(earnings analysis)은 애보트의 2010년 4분기 데이터만을 포함한다. 실적 분석을 제공하는 두 가지 이유는 1) 독자 여러분들이 일반적인 분기 실적 분석이 어떤 모습인지 볼 수 있고, 2) 분석 당시 회사의 펀더멘털을 더욱 자세히 파악할 수 있도록 하기 위함이다.

다음 페이지의 그림 19.4 참조

그림 19.4 애보트의 2010년 4분기 실적 분석 샘플

Line (1)　　　　　　　　　　　　$Millions (단위: 백만달러, EPS 제외)

(2)		4Q09A	4Q10A	Y/Y % 증감률	컨센서스 추청치
(3)	매출 (Revenue)	$ 8,790	$ 9,968	13%	$9,889
(4)	제약 (Pharmaceuticals)	$ 4,849	$ 5,939	22%	$5,790
(5)	영양 (Nutrition)	$ 1,433	$ 1,433	0%	$1,420
(6)	혈관 (Vascular)	$ 723	$ 822	14%	$ 820
(7)	진단 (Diagnostics)	$ 975	$ 1,015	4%	$1,040
(8)	기타 (Other)	$ 810	$ 759	-6%	
(9)	매출원가 (COGS)	$ 3,664	$ 3,925	7%	
(10)	매출총이익 (Gross Profit)	$ 5,126	$ 6,043	18%	
(11)	판관비 (SG&A)	$ 2,190	$ 2,597	19%	
(12)	연구개발비 (R&D)	$ 737	$ 977	33%	
(13)	영업이익 (Operating Income)	$ 2,199	$ 2,469	12%	
(14)	이자비용 (Interest Expense)	$ (94)	$ (129)	37%	
(15)	기타비용 (Other Expense)	$ 53	$ 81	53%	
(16)	세전이익 (Pre-tax Income)	$ 2,158	$ 2,421	12%	
(17)	소득세 (Income Tax)	$ 312	$ 396	27%	
(18)	순이익 (Net Income)	$ 1,846	$ 2,025	10%	
(19)	희석주식수 (Diluted Shares)	1,560	1,556	0%	
(20)	주당이익 (EPS)	$ 1.18	$ 1.30	10%	$ 1.29
(21)	**이익률 (Margins)**				
(22)	매출총이익 (Gross Profit)	58.3%	60.6%	+230 bps	
(23)	판관비 (SG&A)	24.9%	26.1%	+120 bps	
(24)	연구개발비 (R&D)	8.4%	9.8%	+140 bps	
(25)	영업이익 (Operating Income)	25.0%	24.8%	-20 bps	
(26)	세전이익 (Pre-tax Income)	24.6%	24.3%	-30 bps	
(27)	세율 (Tax Rate)	14.5%	16.4%	+190 bps	
(28)	순이익 (Net Income)	21.0%	20.3%	-70 bps	

(29)	**가이던스 (Guidance)**	
(30)	매출 (Revenue)	한자릿수 성장
(31)	매출총이익률 (Gross Margin)	2010년보다 증가
(32)	판관비 (SG&A)	대략 매출의 27% 이상
(33)	연구개발비 (R&D)	매출의 10%
(34)	주당이익 (EPS)	$4.54-$4.64

출처: *FactSet*, 회사 공시 자료와 저자의 가설들

애널리스트 의견 (Analyst's Comments)

(1)　　**$Millions(EPS 제외)**: 모든 수치는 주당이익(EPS)을 제외하고 백만 단위(millions)로 표시됨을 의미한다.

(2)　　**4Q09A…:** 실적 발표 내용을 검토하고 컨퍼런스콜을 들은 후, 분기 손익계산서를 작성했다. 이 설명에는 2010년 4분기와 2009년 4분기의 실제 실적이 포함된다. 'A'는 실제 데이터임을 나타내고 예상 또는 예측 데이터에 'E'를 사용한다. 그런 다음 실제 결과 수치를 사용하여 전년대비 변화율(Y/Y % Chg)을 계산했다. 보통 한 회사가 분기 실적을 발표할 때 계절성(seasonality) 요인과 기타 요인들로 인한 왜곡을 방지하기 위해 1년 전의 동일 분기 실적(전년 동기)과 비교한다. 마지막 열에는 분기 실적 발표 전에 특정 손익계산서 항목에 사용되는 컨센서스 추정치가 포함되어 있다. 실제 실적은 컨센서스 추정치와 비교된다. 18장에서 언급했듯이 JP모건체이스(JP Morgan Chase), 모건스탠리(Morgan Stanley), 골드만삭스(Goldman Sachs)와 같은 셀사이드(sell-side) 기관들은 애널리스트들을 고용하여 주식을 추종하고 주식을 발행한 회사들의 이익 추정치와 주가 등급을 발행한다. 그런 다음 FactSet, Bloomberg 또는 Thomson에 의해 특정 회사의 추정치가 집계되어 컨센서스 추정치에 도달한다.

(3)　　**매출(Revenues)**: 매출은 전년대비(Y/Y) 13% 증가한 99억 6,800만 달러($9,968M)로 컨센서스 추정치인 98억 8,900만 달러($9,889M)보다 7,900만 달러($79M) 더 많았으며 경영진이 '고정 환율(constant currency)'로 환산한 매출은 14% 이상 증가했다고 표시했다. 기업이 해외 실적을 국내 실적과 합산해 재무제표를 작성하면 환율 변동으로 각 국가별로 매출과 비용이 달라질 수 있다. 따라서 경영진이 고정

환율 수치를 제공한다면(환율 변동의 영향을 제외한 결과 수치) 이는 투자자들에게 상당히 도움이 된다. 인사이더가 아닌 이상 환율 변동의 영향을 아는 것은 정말 어려운 일이다. 경영진은 또한 유기적 매출성장률이 +3%라고 언급했다. 유기적 매출 성장은 같은 기간 내 회사가 기존 사업의 운영을 통해 발생시킨 매출의 성장을 말한다. 즉 같은 기간 내 회사가 인수한 사업에서 발생한 매출은 포함시키지 않는다. 앞에서 언급했듯이 실제 매출은 컨센서스 추정치를 7,900만 달러($79M) 상회하였다. 회사 실적을 설명할 때 매출과 이익을 각각 '탑라인(top line)'과 '바텀라인(bottom line)'이라고 한다. 우리는 실제 매출이 컨센서스 추정치를 웃돌았기 때문에 "탑라인이 기대치를 상회했다(the top line beat expectations)"라고 말할 것이다. 반대로 회사의 실적이 컨센서스 추정치보다 낮으면, "탑라인이 기대치를 하회했다(the company missed on the top line)"라고 말할 것이다.

(4-8) **사업 부문별 매출(Revenue by Operating Segment):** 미국 외 제약 부문의 기대 이상의 실적으로 탑라인(매출)이 컨센서스를 상회하였다. 의약품 매출은 전년대비(Y/Y) 22% 증가한 59억 3,900달러($5,939M)를 기록했다. 제약회사 내에서 미국 매출은 전년대비(Y/Y) 10% 증가한 26억 5,500달러($2,655M), 해외 매출은 30% 증가한 32억 8,400달러($3,284M)였다. 애보트의 혈관 부문 매출은 14% 증가한 8억 2,200만 달러(+14% Y/Y to $822M), 진단 부문 매출은 4% 증가한 10억 1,500만 달러(+4% Y/Y to $1,015M) 그리고 영양 부문 매출은 변동없이 14억 3,300만 달러(flat at $1,433M)로 모두 컨센서스 추정치에 부합하였다.

(21) **이익률(Margins):** 영업 비용(operating expenses)을 분석할 때, 우리는 이익률(margin)에 초점을 맞춘다. 여기서 각 비용 항목은 매출의

백분율로 표시된다. 이를 통해 일정 기간 동안 회사의 지출을 평가하고 동종기업들의 지출과 비교할 수 있다.

(13-25) **영업이익과 영업이익률(Operating Income and Operating Margin)**: 영업이익은 전년대비(Y/Y) +12% 증가한 24억 6,900만 달러($2,469M)로 매출총이익률의 증가는 판관비와 R&D 지출 증가로 상쇄되었다. 그 결과, 영업이익률은 -20bps가 하락하여 24.8%를 기록했다.

(22) **매출총이익률(Gross Margin)**: 4Q10에서 애보트의 매출총이익률은 23 베이시스포인트(bps)가 60.6%로 증가했으며 전년대비(Y/Y) 230bps는 2.3%에 해당한다. 매출총이익률의 확대는 '믹스시프트(mix shift)'가 원인이었는데, 이는 판매 제품 구성이 과거에 판매된 제품들보다 매출총이익률이 높다는 것을 의미한다.

(23) **판관비(SG&A)**: 매출 대비 판관비 비율은 시밀락(Similac) 리콜 관련 비용과 최근 인수 관련 비용이 반영되어 전년대비 +120bp 증가한 26.1%를 기록했다. 애보트는 앞서 2010년 유아식 시밀락 일부가 자사의 품질관리 기준을 충족하지 못하는 것을 우려해 자발적 리콜에 착수한 바 있다.

(24) **연구개발비(R&D)**: 매출액 대비 R&D는 +140bps 증가한 9.8%를 기록했다.

(18) **순이익(Net Income)**: 순이익은 전년대비(Y/Y) 10% 증가한 20억 2,500만 달러($2,025M)로 세율 인상으로 인하여 영업이익 증가율보다 낮은 증가율을 보였다.

(27) **법인세율(Tax Rate)**: 실효세율(effective tax rate)은 190bps가 증가하여 16.4%를 기록했다.

(20) **주당이익(EPS):** 유통주식수는 변동이 없기 때문에 주당이익(EPS)은
당초 경영진의 가이던스 범위인 1.29~1.31달러의 중간 수준인 1.30달
러로 전년대비(Y/Y) +10% 증가하여 컨센서스 추정치인 1.29달러를
0.01달러 상회하였다.

(29) **가이던스(Guidance):** 경영진은 2011년 전체 연도에 대한 가이던스를
제공했다(FY11로 표시).

(30) **매출 가이던스(Revenue Guidance):** 매출은 '높은 한 자릿수(high
single digits)' 대로 증가할 것이 예상되며, 한 자릿수의 중간 범위나
높은 한 자릿수의 범위 안에서 유기적인 매출 성장이 예상된다.

(31) **매출총이익률 가이던스(Gross Margin Guidance):** 매출총이익률은 미
국의 의료 개혁과 유럽의 의약품 가격 책정 조치에 따른 이익률 상
쇄에도 불구하고 우호적인 제품 구성과 효율성 개선 조치로 2010년
(58.6%)보다 더 나아질 것으로 예상된다.

(32) **판관비 가이던스(SG&A Guidance):** 사업 전반에 걸친 신흥시장 인
프라에 대한 지속적인 투자와 미국의 의료 개혁의 영향에도 불구하
고 판관비 레버리지(SG&A leverage)로 인하여 판관비(SG&A)는 매
출의 27%(2010년 대비 28.7%)를 다소 상회할 것으로 예상된다. 여기
서 '레버리지'는 현재 회사가 지출하는 SG&A 비용이 더욱 높은 수준
의 매출을 지원할 수 있다는 것을 의미한다. 따라서 매출에서 SG&A
가 차지하는 비중은 감소할 가능성이 높다. 이는 영업이익과 실적 모두
에 긍정적인 영향을 미칠 것이다.

(33) **연구개발비 가이던스(R&D Guidance):** 경영진은 애보트의 장기적인
성장을 위해 매출의 10%에 달하는 연구개발(R&D) 투자를 계속할 것
으로 기대하고 있다.

(34)   **EPS 가이던스(EPS Guidance):** 2011년 회계연도의 주당이익(FY11 EPS)은 4.54~4.64달러(전년대비 EPS 성장률 +9~11%)의 범위에 있을 것으로 예상되며, 컨센서스인 4.63달러는 EPS 가이던스 범위의 고점에 해당한다. 만약 EPS 가이던스의 중간값이 컨센서스 추정치인 4.63달러를 상회했다면, 애널리스트들이 이익 추정치를 상향 조정함에 따라 주가는 훨씬 상승할 것이다. 이를 '실적 상향 조정(positive earnings revision)'이라고 부른다. 반대의 경우도 사실이다. 애보트의 EPS 가이던스는 유럽의 긴축정책뿐만 아니라 미국 의료 개혁의 부정적인 영향을 반영하고 있으며, 두 가지 모두 예의 주시해야 할 위험들로 간주되어야 한다.

애보트 경영진은 분기 세부 사항에 대해 논의하고 전체 연도 가이던스를 제공하는 것 외에 사업부서들의 새로운 지휘 체계를 발표했다. 이는 표면적으로는 사소한 일로 보일 수 있지만 향후 주주들에게 이익이 될 가능성이 있는 자본 배치를 예고할 수 있다. 특히 투자자들은 회사의 숨은 가치의 재고를 위해 회사가 일부 사업부를 스핀오프(spin off) 하거나 매각하도록 독려한다. 따라서 이러한 새로운 지휘 체계는 사업부의 매각 또는 스핀오프를 위한 첫 번째 단계가 될 수 있다. 기업들은 종종 특정 운영 부서들을 재구성(예: 일부 운영 부서들의 통합)한 다음 변경된 부서들을 매각하거나 스핀오프 또는 스플릿오프 한다.[8]

---

8 운영 부서의 스핀오프로 해당 사업부는 독립된 회사로 구성되며 새로 설립된 회사의 주식은 모회사 주주들에게 배분된다. 따라서 모회사의 주주들은 아무런 가치를 잃지 않는다. 오히려 주주들이 가치를 얻고 있는지 모른다. 기업이 스핀오프를 하는 주된 이유는 모회사의 이사회에서 주가가 분리되는 사업부의 진정한 가치를 반영하지 않는다고 믿기 때문이다. 사업부를 별도의 회사로 분리함으로써 투자자들은 독립회사로 볼 수 있고, 이사들은 분리된 사업부가 주식시장에서 실질적인 가치로 재평가될 것으로 기대한다. 월 스트리트에서는 '스핀 오프(spin-off)'가 주주들을 위해 숨어 있던 사업부 가치의 재고(unlock value)를 시도한다고 말한다. 새로 설립된 회사의 주식이 모회사 주주들에게 분배되는 스핀오프와는 달리 '스플릿오프(split-off)'는 (주주들의 선택에 따라) 모회사 주식과 새로 설립되는 회사 주식의 교환이 요구된다. 예를 들어 브리스톨·마이어스·스퀴브(Bristol Myers Squibb)는 2009년에 영양 사업부인 미드존슨(Mead Johnson Nutrition)을 스플릿오프 했는데 브리스톨 마이어스의 주주들은 보유 주식을 미드존슨의 주식과 교환할 수 있는 옵션이 있었다.

재무제표 데이터 분석 (ANALYZING FINANCIAL STATEMENT DATA)

이제 애보트의 재무제표 데이터를 살펴보자. 우선 그림 19.5와 19.6과 같이 제품 라인과 지역별로 회사의 매출을 살펴볼 것이다. 사업 부문 데이터는 어떤 사업들이 성장하고 있거나 둔화되고 있는지 파악하는 데 도움이 되며, 지역별 데이터는 어느 지역이 애보트의 미래 성장 기회를 나타내는지를 보여 준다. 우리는 회사의 매출을 파악한 후 그림 19.7과 19.8을 활용하여 애보트의 손익계산서와 대차대조표를 분석할 것이다. 이전 장과 마찬가지로 재무제표 자료를 활용하여 특정 재무비율을 계산하고 분석하면 회사의 수익성과 재무건전성을 쉽게 파악할 수 있다.

다음 페이지의 그림 19.5 참조

사업별 세분화 (Business Segmentation)

그림 19.5 사업 부문별 매출

매출 ($Millions)	Dec-07	Dec-08	Dec-09	Dec-10
제약 (Pharmaceuticals)	$14,632	$16,708	$16,486	$19,894
영양 (Nutrition)	$ 4,388	$ 4,924	$ 5,284	$ 5,532
혈관 (Vascular)	$ 3,158	$ 3,575	$ 3,578	$ 3,794
진단 (Diagnostics)	$ 1,663	$ 2,241	$ 2,692	$ 3,194
기타 (Other)	$ 2,073	$ 2,080	$ 2,725	$ 2,753
총계 (Total)	$25,914	$29,528	$30,765	$35,167

매출비중 (%)	Dec-07	Dec-08	Dec-09	Dec-10
제약 (Pharmaceuticals)	56.5%	56.6%	53.6%	56.6%
영양 (Nutrition)	16.9%	16.7%	17.2%	15.7%
혈관 (Vascular)	12.2%	12.1%	11.6%	10.8%
진단 (Diagnostics)	6.4%	7.6%	8.8%	9.1%
기타 (Other)	8.0%	7.0%	8.9%	7.8%
총계 (Total)	100.0%	100.0%	100.0%	100.0%

전년대비성장률 (Y/Y)	Dec-07	Dec-08	Dec-09	Dec-10
제약 (Pharmaceuticals)	18.0%	14.2%	-1.3%	20.7%
영양 (Nutrition)	1.7%	12.2%	7.3%	4.7%
혈관 (Vascular)	0.0%	13.2%	0.1%	6.0%
진단 (Diagnostics)	53.7%	34.8%	20.1%	18.6%
기타 (Other)	193.2%	0.3%	31.0%	1.0%
총계 (Total)	15.3%	13.9%	4.2%	14.3%

출처: *FactSet*

2010년에 애보트는 352억 달러($35.2 billion)의 매출을 올렸다. 의약품 매출은 애보트 전체 매출의 절반 이상을 차지한다. 애보트의 의약품인 데파코트

(Depakote)의 특허 보호(patent protection)[9]가 만료된 2009년을 제외하고 애보트의 제약 부문은 지난 4년 동안 각각 두 자릿수의 매출 성장을 기록했다. 사업 부문별 성장은 휴미라에 의해 주도되어 왔는데 휴미라는 1) 류마티스 관절염에서 시장 점유율을 확보하였고, 2) 새로운 증상(예: 크론병)에 대해 FDA 승인을 받았으며, 3) 새로운 국가(일본)에서 승인을 받았다. 영양 부문은 2010년 매출의 약 16%를 차지하는 두 번째로 큰 사업부문이다. 시밀락(Similac, 영아용 조제분유), 엔슈어(Ensure, 영양 보충제)와 그 외 제품 등을 포함한 영양 부문의 매출은 지난 2년 동안 한 자릿수 중반의 성장세를 보이고 있다. 2010년 시밀락의 리콜 사태로 영양 부문 매출이 부정적인 영향을 받았지만, 재고량이 정상 수준으로 회복되면 영양 부문의 매출 성장을 뒷받침할 것이다. 또한, 중국 시장 진출은 향후 영양 부문 매출의 또 다른 중요한 동인이다. 혈관 부분 매출은 자이언스(XIENCE, 출시 6개월 만에 시장 점유율 30%를 달성한 대표적인 약물용출스텐트)의 출시로 지난 5년간 꾸준히 증가하였다.[10] 자이언스의 판매 동향은 애보트와 같은 제약회사들과 의료기기 회사들에게 신제품 주기와 특허 보호가 얼마나 중요한지를 말해 준다. 그렇지만 경쟁이 치열한 업계에서 자이언스의 상당한 시장 점유율을 감안할 때 혈관 부문 매출의 향후 매출성장률은 과거만큼 높지는 않을 것으로 보인다.

지역별 세분화 (Geographic Segmentation)

애보트는 총 10개 지역(미국, 일본, 네덜란드, 독일, 프랑스, 이탈리아, 스페인, 영국, 캐나다, 그 외 지역)의 매출을 발표하였다. 현재 매출의 약 57%가 미국 외 지역에서 발생하고 있으며, 역사적으로 의약품과 의료기기의 지역별 3대 시장은

---

9 항경련제(anticonvulsant drug)인 데파코트는 특허 만료 전인 2008년 매출이 13억 달러($1.3 billion)에 달했다.

10 약물용출스텐트(DES)는 심장의 막힌 동맥에 삽입되는 작은 금속 비계로 카테터를 사용하여 막힌 동맥을 열어 주는 역할을 한다. 금속스텐트와는 달리 약물용출스텐트는 동맥 벽이 다시 닫히는 것을 막아 주는 약물을 분사한다.

미국, 유럽 그리고 일본이었다. 앞으로 이머징마켓(신흥시장, emerging market)의 인구의 규모와 성장, 인프라 부족(인구 대다수의 제한된 사용과 액세스)이 애보트와 같은 기업들에게 중요한 성장 기회를 만들어 줄 것이다. 신흥시장(이머징마켓)은 '기타' 항목에 포함되었다. 최근 피라말 헬스케어(Piramal Healthcare)의 제약 솔루션 사업을 인수한 것은 성장 잠재력이 높은 신흥시장에서 회사의 노출을 높이기 위함에 있다.[11] 예상대로 미국 내 의약품은 높은 보급률과 신약 승인 감소로 성장세가 한 자릿수 중반으로 둔화되고 있다. 특히 유럽의 경우, 2009년은 각국의 경제와 예산 문제를 해결하기 위한 긴축 정책으로 인해 매출 성장에 부정적인 영향을 받아 왔다. 확인을 위해 다음 페이지의 그림 19.6의 하단에 2007~2009년 독일, 프랑스, 이탈리아, 스페인의 연간 매출 성장 둔화를 살펴보자. 일본에서는 신제품 출시로 인해 과거 성장률 수준(과거 2년간 27%)을 유지하였으며 휴미라와 자이언스가 2008년 4월과 2010년 1월에 각각 승인되었다.

다음 페이지의 그림 19.6 참조

---

11 37억 달러($3.7 billion) 규모의 피라말 헬스케어 인수는 2010년 5월에 발표되었다.

그림 19.6 지역별 매출

매출 ($Millions)	Dec-07	Dec-08	Dec-09	Dec-10
미국	$ 13,252	$ 14,495	$ 14,453	$ 15,194
기타	$ 5,027	$ 6,026	$ 6,658	$ 8,751
일본	$ 1,111	$ 1,249	$ 1,590	$ 2,025
네덜란드	$ 1,271	$ 1,753	$ 1,801	$ 2,001
독일	$ 1,235	$ 1,381	$ 1,481	$ 1,846
프랑스	$ 854	$ 977	$ 959	$ 1,216
이탈리아	$ 974	$ 1,089	$ 1,172	$ 1,144
캐나다	$ 832	$ 924	$ 902	$ 1,036
스페인	$ 731	$ 909	$ 970	$ 1,066
영국	$ 627	$ 725	$ 779	$ 888
총계	**$ 25,914**	**$ 29,528**	**$ 30,765**	**$ 35,167**

매출비중 (%)	Dec-07	Dec-08	Dec-09	Dec-10
미국	51.1%	49.1%	47.0%	43.2%
기타	19.4%	20.4%	21.6%	24.9%
일본	4.3%	4.2%	5.2%	5.8%
네덜란드	4.9%	5.9%	5.9%	5.7%
독일	4.8%	4.7%	4.8%	5.2%
프랑스	3.3%	3.3%	3.1%	3.5%
이탈리아	3.8%	3.7%	3.8%	3.3%
캐나다	3.2%	3.1%	2.9%	2.9%
스페인	2.8%	3.1%	3.2%	3.0%
영국	2.4%	2.5%	2.5%	2.5%
총계	**100%**	**100%**	**100%**	**100%**

전년대비성장률 (Y/Y)	Dec-07	Dec-08	Dec-09	Dec-10
미국	10.5%	9.4%	-0.3%	5.1%
기타	23.4%	19.9%	10.5%	31.4%
일본	5.4%	12.4%	27.3%	27.4%
네덜란드	19.8%	37.9%	2.7%	11.1%
독일	39.5%	11.8%	7.2%	24.6%
프랑스	22.7%	14.4%	-1.8%	26.8%
이탈리아	14.9%	11.8%	7.6%	-2.4%
캐나다	9.2%	11.1%	-2.4%	14.9%
스페인	25.4%	24.4%	6.7%	9.9%
영국	21.3%	15.6%	7.4%	14.0%
총계	**15.3%**	**13.9%**	**4.2%**	**14.3%**

출처: *FactSet*

손익계산서 데이터 (Income Statement Data)

그림 19.7은 애보트의 상세 손익계산서이다. 그림 19.7의 손익계산서에는 2007~2010년 과거 데이터와 2011년과 2012년의 전망이 모두 포함되어 있다.[12] 재무제표는 회사의 연차보고서와 SEC 공시 자료인 10-K(SEC에 제출되는 연차 보고서 양식)와 10-Q(SEC의 분기보고서 양식)를 비롯한 다양한 소스를 통해 얻을 수 있다. 10-K는 회계연도 종료 후 90일 이내에 회사가 매년 SEC에 제출해야 하는 상세 감사 보고서이며, 10-Q는 분기별로 SEC에 제출된다. 10-Q에서 제공한 데이터는 10-K만큼 상세하지 않지만 회사에 영향을 미치는 요인들에 대한 경영진의 의견들이 포함되어 있다.

기타 금융 데이터 소스에는 팩트셋(FactSet), 블룸버그(Bloomberg), 밸류라인 (Value Line), 모닝스타(Morningstar)를 비롯한 다양한 구독 서비스가 있다. 이러한 서비스들에 대한 비용 지불을 원하지 않는 투자자들을 위해 미국의 많은 공공 도서관들이 1,700개 기업의 보고서가 포함된 Value Line에 가입해 있다. Value Line 리포트는 각 회사에 대한 과거 재무제표 데이터와 애널리스트 의견 등 수많은 유용한 정보가 한 페이지에 실린다. 일부 도서관에서는 Morningstar에 대한 액세스도 제공한다. Morningstar의 리포트는 회사 프로필, 주요 투자 고려 사항 목록, 애널리스트 의견, 과거 재무 데이터와 예상 재무 데이터 등이 여러 페이지에 포함된다. 이러한 서비스들은 초보 투자자들과 전문투자자들 모두에게 훌륭한 리소스이다.

---

12 2011년과 2012년 컨센서스 추정치는 애보트 주식을 담당하는 브로커들의 추정치를 반영한다.

그림 19.7 애보트의 손익계산서

	실제(Actual)				평균	예상(Forecast)	
	2007A	**2008A**	**2009A**	**2010A**		**2011E**	**2012E**
매출	**$25,914**	**$29,528**	**$30,764**	**$35,167**		**$37,809**	**$39,074**
COGS	$10,928	$12,266	$12,867	$14,008		$14,970	$15,669
매출총이익	**$14,986**	**$17,262**	**$17,897**	**$21,159**		**$22,839**	**$23,405**
R&D	$2,479	$2,655	$2,700	$3,478		$3,709	$3,751
SG&A	$7,022	$8,129	$8,074	$9,642		$10,265	$10,433
EBIT	**$5,485**	**$6,478**	**$7,123**	**$8,039**		**$8,865**	**$9,221**
EBITDA	**$7,340**	**$8,317**	**$9,213**	**$10,276**		**$11,248**	**$11,749**
순이자	-$457	-$327	-$382	-$447		-$433	$81
TAP[13]	$498	$119	$0	$0		$0	$0
기타	-$26	$213	$235	$176		$20	$20
영업외총이익	$15	$5	-$147	-$271		-$413	$101
세전이익	**$5,500**	**$6,483**	**$6,976**	**$7,768**		**$8,452**	**$9,322**
법인세율	19.5%	20.0%	16.8%	16.3%	18.2%	15.8%	15.8%
법인세	$1,073	$1,297	$1,172	$1,266		$1,335	$1,473
순이익	**$4,428**	**$5,186**	**$5,804**	**$6,502**		**$7,117**	**$7,849**
희석유통주식수	1,560	1,561	1,555	1,556		1,556	1,554
희석주당이익	**$2.84**	**$3.32**	**$3.73**	**$4.18**		**$4.57**	**$5.05**
배당	$1.26	$1.39	$1.55	$1.82		$2.07	$2.34
배당성향	44.4%	41.8%	41.5%	43.6%	42.8%	45.3%	46.3%
배당수익률	2.3%	2.7%	3.0%	3.7%	2.9%		

성장률	2007A	2008A	2009A	2010A	평균	2011E	2012E
매출	15.3%	13.9%	4.2%	14.3%	11.9%	7.5%	3.3%
EBIT	12.9%	18.1%	10.0%	12.9%	13.5%	10.3%	4.0%
EBITDA	14.4%	13.3%	10.8%	11.5%	12.5%	17.7%	0.9%
순이익	14.1%	17.2%	12.0%	12.0%	13.8%	9.5%	10.3%
EPS	12.4%	17.1%	12.4%	11.9%	13.5%	9.6%	10.5%
DPS	12.5%	10.3%	11.5%	17.4%	12.9%	13.7%	13.0%

출처: *FactSet*, 회사 공시 자료 및 저자의 가설들

---

13 TAP는 Abbott Labs와 Takeda의 합작법인인 TAP Pharmaceutical를 말한다. 이 합작법인은 2008년에 해산되었기 때문에 2009~2012년의 재무제표에 영향이 없다.

이익률	2007A	2008A	2009A	2010A	평균	2011E	2012E
매출총이익	57.8%	58.5%	58.2%	60.2%	58.7%	60.4%	59.9%
R&D	9.6%	9.0%	8.8%	9.9%	9.3%	9.8%	9.6%
SG&A	27.1%	27.5%	26.2%	27.4%	27.1%	27.1%	26.7%
EBIT	21.2%	21.9%	23.2%	22.9%	22.3%	23.4%	23.6%
EBITDA	28.3%	28.2%	29.9%	29.2%	28.9%	29.7%	30.1%
세전이익	21.2%	22.0%	22.7%	22.1%	22.0%	22.4%	23.9%
순이익	17.1%	17.6%	18.9%	18.5%	18.0%	18.8%	20.1%

손익계산서에서 성장은 일반적으로 순차적(전기대비, quarter-over-quarter) 또는 연간(전년대비, year-over-year) 기준으로 측정된다. 손익계산서 하단에 애보트의 전년대비성장률(year-over-year growth rate)을 계산했다. 이 데이터를 사용하면 2010년 매출이 전년대비(Y/Y) +14.3% 증가했음을 알 수 있다. 14.3%의 전년대비성장률을 계산하기 위해 2010년 매출 351억 6,700만 달러($35,167M)를 2009년 매출 307억 6,400만 달러($30,764M)로 나누어야 한다. 2009년 애보트의 매출이 한 자릿수 중반으로 성장이 둔화된 이유는 앞서 말한 데파코트(Depakote)의 특허 만료 때문이었다. 지난 4년 동안 애보트의 매출은 연평균 11.9% 증가했다. 두 자릿수 매출과 실적의 증가는 애보트와 같은 대형주 회사들에게 양호한 기준이다.

애보트의 영업이익(Operating income, 여기서 영업이익은 EBIT 또는 이자 및 법인세 차감전 이익을 말함)은 지난 4년 동안 평균 13.4%씩 매년 증가했다. 영업이익이 매출보다 빠르게 증가하면서 이익률이 확대되고 있다. 위의 '이익률(Margins)'로 표시된 부분 도표에서 영업이익과 같은 일부 항목들은 총매출의 %로 표시된다.[14] 이익률은 회사의 매출과 이익 동향을 파악하는 데 도움이 된다.

---

14 손익항목(P&L)을 전체 매출의 비율로 제시함으로써 다양한 규모의 기업들을 동등한 기준에서 비교할 수 있기 때문에 이러한 부분 도표를 '공통형 재무제표(Common Size Statement)'라고 부른다. 예를 들어 애보트의 2010년 영업이익률은 22.9%였다. 즉, 애보트의 매출 1달러당 0.23달러의 영업이익을 올린 것이다. 영업이익 0.23달러는 규모와 관계없이 동종업계의 타 회사들의 영업이익 수치들과 비교될 수 있다.

여기서 우리는 애보트의 지속적인 효율성 개선 조치와 회사 전체 평균보다 이익률(마진)이 높은 휴미라와 자이언스의 매출이 증가한 결과 2007~2010년 사이 영업이익률(EBIT를 매출로 나눈 값)이 확대되었음을 알 수 있다. 이와 같이 특정 유명 제품들의 영업이익률(영업마진)이 SEC 공시 자료에 포함되기도 한다. 최근 SEC 공시 자료에서 필요한 이익률 데이터를 찾을 수 없는 경우 회사의 IR 부서에 정보 제공을 요청할 수 있다.

또한 이익률 분석은 동종기업들과 비교하는 데 활용된다. 애보트의 최근 4년간 평균 영업이익률은 22.3%로 제약업계 평균(동일 기간 23.8%)에 비해 다소 낮은 수준이다. 우리는 업계의 높은 이익률(특히 높은 매출총이익률)의 원인이 블록버스터급 의약품들의 높은 가격과 낮은 판관비라고 보는데 애보트의 다양한 제품 기반을 감안할 때, 애보트의 영업이익률이 다른 제약사들에 비해 낮은 것은 그리 놀라운 일이 아니다(블록버스터급 의약품들에 대한 의존도가 낮음).[15]

애보트의 경우, 높은 수준의 총이익률이 대부분의 영업이익률의 개선을 주도하였다. 지난 4년 동안 매출 대비 연구개발비(R&D)와 판관비(SG&A) 비율은 큰 변화가 없었다. 판관비 지출은 2008년과 2010년에 급증하였는데 위에서 논의한 신제품 출시를 앞두고 증가한 지출이 반영되었다. 앞으로 애보트는 2년 동안 주요 제품 출시가 없고 최근 인수로 인한 시너지 효과로 인해 향후 2년 동안 매출 대비 판관비 지출이 감소할 것으로 예상되므로 영업이익률을 계속 유지할 것으로 보인다. 연구개발(R&D)은 제약회사들의 생명과도 같다. 4분기 어닝콜에서 언급했듯이 R&D는 매출의 10% 정도를 유지할 것으로 예상되기 때문에, R&D 지출이 향후 이익률에 영향이 없을 것으로 예상된다.

애보트의 순이익은 지난 4년 동안 매년 평균 13.8%씩 증가했다. 낮은 세율

---

15 이익률을 분석할 때 동종업계와 비교해서 회사의 연구개발비와 판관비를 함께 분석하는 것이 중요하다. 예를 들어 매출 대비 판관비(SG&A)가 동종기업보다 현저히 높을 경우 향후 경영진이 판관비를 줄여 영업이익률을 개선할 수 있는 기회가 올 수 있다.

(2010년 16.3%)이 순이익의 증가를 뒷받침한다. 타 제약사들과 마찬가지로 애보트의 세율은 법정세율인 35%를 훨씬 밑돈다. 제약회사들은 주요 제품들의 세율을 낮추기 위해 해외에 의약품 특허를 등록하려고 한다. 이렇게 낮은 세율 때문에 향후 정부가 조세 수입을 늘릴 방법을 모색하면서 시간이 흐를수록 세율이 인상될 가능성이 있다. 지난 4년 동안 순이익과 영업이익이 거의 동일하게 성장한 이유는 인수 자금을 조달하는 데 사용된 부채에 대한 높은 이자비용이 낮은 세율 적용 효과를 상당 부분 상쇄해 왔기 때문이다. 순이익률(최근 1년간 18.5%)은 동종업계의 순이익률 20.5%에 뒤처져 있다. 다시 말하지만, 이것은 애보트의 제품이 다양하기 때문이다. 하지만 애보트의 순이익률은 상승세를 보이고 있으며, 컨센서스 추정치에 따르면 향후 몇 년 동안 운영비용 감소, 회사의 부채상환에 따른 이자비용 감소, 세율 감소로 인해 순이익률이 계속 확대될 것으로 예상된다. 여기서 세율 감소는 매출의 상당 부분이 세율이 낮은 지역에서 창출되는 것을 말한다. 이를 '지리적 믹스시프트(geographic mix shift)'라고 한다.

이러한 추세는 애보트가 특허를 보유한 성공적인 제품 한두 개의 영향 덕분이다.[16] 특허권 보호는 경쟁을 감소시키고 매년 가격의 인상을 허용한다. 제약회사가 특허권을 상실하면 가격 책정의 자유를 잃고 제네릭 의약품(복제약)들의 경쟁이 시장 점유율을 장악하면서 단위 판매량과 판매가격이 급격히 감소한다. 특허 보호의 상실이 매출과 영업이익률, 그리고 순이익률에 부정적인 영향을 미치는 것도 이런 이유 때문이다.

애보트의 경영진들은 더욱더 많은 잉여현금흐름을 지출하여 회사의 유통주식수를 줄이고 있다. 배당지급에 비해 자사주 매입은 시기와 금액면에서 더 많은 유

---

16 이익률은 계속 확대될 수 없다. 비용 절감(cost cutting, 판관비와 연구개발비 지출 감소를 통한 비용 절감)이나 믹스시프트(mix shift, 이익률이 높은 상품의 판매)에는 한계가 존재한다. 따라서 PER 측면에서 볼 때 투자자들은 다른 모든 조건이 동일하다면 마진확대에 의존하는 회사들보다 매출 성장에 따라 이익이 증가하는 회사들에 더 높은 주가를 지불할 것이다.

연성을 제공한다. 또한 자사주 매입은 경영진이 회사 주식이 저평가되었다고 시장에 보내는 '신호'로 활용될 수 있다. 그전까지 애보트는 적극적으로 자사주를 매입하는 회사가 아니었으며 과거 4년 동안 회사의 유통주식수는 거의 변동이 없었다. 반면 배당금은 꾸준히 증가해 왔는데 실제로 애보트는 지난 38년 동안 배당금을 계속해서 늘려 왔다. 이사회는 배당금의 지급뿐만 아니라 시간이 흐름에 따라 배당금을 늘리는 데 전념하고 있다. 주주들에게 배당 형태로 지급된 현금은 애보트 주식에 재투자되거나 다른 투자 기회에 사용될 수 있다.

주당이익(EPS)은 지난 4년 동안 연평균 +13.4%씩 증가했다. 애보트의 매출 성장은 제약업계의 매출 성장을 능가하며 애보트의 제품들이 시장보다 빠르게 성장하고 있음을 보여 준다(즉, 애보트는 시장 점유율을 확보하고 있음). 장기성장률 컨센서스 추정치에 따르면 애보트의 이익은 장기적으로 매년 10.1%씩 성장할 것으로 예상된다.[17] 미래의 예상 성장률이 과거 성장률과 어떻게 비교되는지를 이해하는 것이 중요하다. 류마티스 관절염(HUMIRA)과 스텐트(XIENCE) 시장의 점유율 상승이 13.5%의 과거 성장률에 크게 기여하였다.

대차대조표 데이터 (Balance Sheet Data)

애보트의 대차대조표는 다음과 같다. 손익계산서와 마찬가지로 대차대조표에는 2007~2010년의 과거 데이터와 2011년과 2012년의 예측 데이터가 포함되어 있다. 또한 회사의 재무건전성에 대한 추가적인 인사이트를 얻기 위해 4장에서 다룬 수익성비율, 효율성비율, 부채비율과 유동성비율을 계산하였다.

---

17 출처: FactSet 추정치

그림 19.8 애보트의 대차대조표

자산 (Assets)	실제(Actual)				예상(Forecast)	
	2007A	**2008A**	**2009A**	**2010A**	**2011E**	**2012E**
현금성자산 (Cash & ST Inv)	$2,821	$5,080	$9,932	$8,445	$14,718	$21,306
매출채권 (Account Receivables)	$4,947	$5,466	$6,542	$7,419	$7,879	$8,017
재고 (Inventories)	$2,951	$2,776	$3,265	$3,581	$3,767	$3,941
선급비용, 이연세 및 기타 (Prepaid Exp, Def. Taxes and Other)	$3,324	$3,721	$3,575	$4,344	$4,665	$4,928
총유동자산 (Total Current Assets)	**$14,043**	**$17,043**	**$23,314**	**$23,789**	**$31,029**	**$38,192**
장기자산 (Long-Term Assets)						
1년 후 만기 유가증권 (Investment Securities maturing after one year)	$1,125	$1,074	$1,133	$251	$251	$251
고정자산 (Property, Plant & Equipment)	$7,518	$7,219	$7,619	$7,997	$8,092	$8,233
무형자산 (Intangible Assets)	$15,849	$15,138	$19,492	$23,996	$22,667	$21,234
이연법인세자산 (Deferred Tax Assets)	$1,178	$1,945	$858	$855	$855	$855
총자산 (Total Assets)	**$39,713**	**$42,419**	**$52,417**	**$56,859**	**$62,894**	**$68,765**

부채 (Liabilities)

단기부채와 유동성 장기부채 (ST Debt & Curr Port of LT Debt)	$1,827	$2,732	$5,190	$3,551	$3,351	$3,151
매입채무 (Account Payable)	$1,220	$1,351	$1,281	$1,372	$1,443	$1,510
임금, 법인세, 배당 (Salaries, Taxes, Dividends Payable)	$6,056	$7,508	$6,579	$10,642	$12,814	$14,602
총유동부채 **(Total Current Liability)**	**$9,103**	**$11,591**	**$13,050**	**$15,565**	**$17,608**	**$19,263**
장기부채 (Long-Term Debt)	$9,488	$8,713	$11,266	$12,488	$12,238	$11,988
기타부채 및 이연부채 (Other Liabilities and Deferrals)	$3,344	$4,634	$5,202	$6,085	$6,085	$6,085
총부채 (Total Liability)	**$21,935**	**$24,938**	**$29,518**	**$34,138**	**$35,931**	**$37,336**

자본 (Equity)

보통주 (Common Stock)	$6,104	$7,444	$8,258	$8,505	$8,505	$8,505
금고주 (Treasury Stock)	-$1,213	-$2,626	-$3,310	-$3,575	-$3,725	-$3,967
유보이익 (Retained Earnings)	$10,806	$13,825	$17,054	$20,099	$24,002	$28,214
기타포괄손익누계액[18] (Accumulated Other Comprehensive Income)	$2,082	-$1,164	$854	-$2,389	-$1,900	-$1,404
자기자본 (Shareholders' Equity)	$17,779	$17,479	$22,856	$22,640	$26,882	$31,348
소수주주지분 (Minority Interest)	0	0	43	82	82	82
총자본 (Total Equity)	$17,779	$17,479	$22,899	$22,722	$26,964	$31,430
총부채 및 자기자본 **(Total Liab & Sharehldr's Equity)**	**$39,714**	**$42,417**	**$52,417**	**$56,860**	**$62,895**	**$68,766**

출처: *FactSet*, 회사 공시자료와 저자의 가설들

---

18 기타포괄손익(Other Comprehensive Income)이란 용어는 손익계산서에 인식되지 않는 특정 손익(예: 유가증권의 매각으로 인한 미실현 손익, 해외 자회사들의 외환 환산 손익 및 파생상품 관련 손익)을 나타낸다. 따라서 기타포괄손익누계액(Accumulated Other Comprehensive Income)은 단순히 기타포괄손익의 합계이다.

재무비율 분석 (Ratio Analysis)	실제(Actual)				예상(Forecast)	
	2007A	2008A	2009A	2010A	2011E	2012E
수익성 *(Profitability)*						
자산이익률 (Return on Assets)	12%	13%	12%	12%	12%	12%
자기자본이익률 (Return on Equity)	28%	29%	29%	29%	29%	27%
효율성 *(Efficiency)*						
자산회전율 (Asset Turnover)	0.7	0.7	0.6	0.6	0.6	0.6
레버리지 *(Leverage)*						
총부채비율 (Total Debt Ratio)	28%	27%	31%	28%	25%	22%
자산대비장기부채비율 (LTD-to-Asset)	24%	21%	21%	22%	19%	17%
자본대비자산비율 (Asset-to-Equity)	2.2	2.4	2.3	2.5		
이자보상비율 (Interest Coverage)	12.0	19.8	18.6	18.0	20.5 의미없음	
유동성 *(Liquidity)*						
유동비율 (Current Ratio)	1.5	1.5	1.8	1.5	1.8	2.0
당좌비율 (Quick Ratio)	1.2	1.2	1.5	1.3	1.5	1.8

수익성 (Profitability)

여기서 정의한 애보트의 총자산이익률(ROA)은 순이익을 총자산의 평균으로 나눈 값으로 2010년과 지난 4년 동안의 총자산이익률은 12%였다. 수익성비율에는 손익계산서(순이익)와 대차대조표(총자산평균)의 데이터가 모두 포함된다. 손익계산서에는 12개월 동안의 회사 실적이 반영되지만 대차대조표에는 각 회계연도 말에 남은 자산 총액만이 반영된다. 따라서 회계연도 시작 시점의 자산과 당해 분기 말의 자산의 평균값이 사용되었다. 따라서 총자산이익률(ROA)은 2010년 순이익 65억 100만 달러($6,501M)를 총자산평균 546억 3,800만 달러($54,638M)로 나눈 값(2010년 연초 자산 $52,417M와 연말 자산인 $56,859M의 평균값)이다. ROA는 회사가 자산 1달러당 0.12달러의 순이익을 창출했음을 나타내는 수익성 측정값이다. 이는 업계 평균인 10.5%보다 높은 수치다.

자기자본이익률(ROE)은 자기자본 1달러당 발생하는 수익성의 기준을 제공하기 때문에 투자자들이 ROE를 면밀히 주시한다. 많은 투자 관련 서적들이 15% 이상의 ROE를 가진 회사를 찾을 것을 제안하는데 우리는 20%의 기준수익률(hurdle rate)을 원한다. 2010년 애보트의 ROE는 29%(순이익 $6,501M / 자기자본 평균 $22,748M)였기 때문에 우리는 애보트가 자산 1달러당 0.29달러의 이익을 창출했다고 말할 수 있다. 지난 4년 동안 애보트의 ROE는 평균 29%로 동일 기간 제약산업 평균인 23%를 초과했다.

ROA 12%와 ROE 29%의 차이는 '레버리지 효과'를 반영한다. 쉽게 말해서 애보트가 부채를 발행하여 높은 자기자본 이익률(ROE)을 창출한 것이다.

효율성 (Efficiency)

애보트의 총자산회전율은 0.6배였다. 자산회전율(Asset turnover, 업계에서 'asset turns'라고 함)은 매출액을 총자산으로 나눈 값이며 경영진이 회사 자산을 사용하여 매출을 창출하는 능력을 측정하고 비율이 높을수록 좋다는 사실을 기억하자. 자산회전율이 0.6배인 애보트는 자산 1달러당 0.60달러의 매출을 올리고 있다. 이는 제약업계의 자산회전율과 일치한다.

레버리지 (Leverage)

애보트의 부채비율은 동종기업들의 부채비율보다 높다. 지난 4년 동안 애보트의 총부채비율(총부채를 총자산으로 나눈 값)은 27~31%였으며 평균 부채비율은 제약업계의 평균인 20%에 비해 30%에 달했다. 애보트는 동종기업들에 비해 많은 부채를 사용하지만 이자를 지급하거나 부채를 상환하기에 충분한 높은 수준의 잉여현금흐름을 감안할 때 회사가 '과대확장(overextended)'된 것 같진 않아 보인다. 실제로 애보트의 이자보상비율(EBIT를 연간 이자비용으로 나눈 값)은 18배이다. 쉽게 말해서 애보트의 영업이익이 이자비용의 18배가 넘는 셈이다. 경영진이 투자를 올바르게 하고 부채 부담이 크지 않다면, 부채의 활용은 부채가 아예 없는 경우보다 더 많은 매출과 이익을 창출할 수 있는 기회를 회사에 제공한다. 우리는 애보트의 부채가 최근의 인수를 포함하여 많은 투자기회들에 적극 활용될 수 있다고 믿는다. 애보트의 부채비율은 상대적으로 높지만 신용등급은 AA+이므로, 부채 수준은 크게 걱정할 일이 아니다.

유동성 (Liquidity)

유동비율(current ratio)은 기업의 유동성을 측정할 때 가장 많이 사용되는 유동성 비율이다. 유동비율을 계산하기 위해서 유동자산(현금, 매출채권, 재고, 기타 현금성자산)을 유동부채(향후 12개월 내에 만기가 도래하는 미상환부채 및 기타 부채)로 나눈다. 지난 4년 동안 애보트의 유동비율은 평균 1.5배였다. 따라서 우리는 애보트가 유동부채 1달러당 유동자산 1.50달러를 보유하고 있다고 말하거나 애보트의 유동자산이 유동부채를 1.5배 초과하고 있다고 말한다.

기업의 단기 유동성에 대해 좀 더 보수적인 측정 기준은 당좌비율(quick ratio)이다. 당좌비율을 계산하기 위해 유동자산을 유동부채로 나누기 전 재고를 유동자산에서 차감한다. 재고는 유동자산 중 유동성이 가장 적기 때문에 제외되는 것이다. 재고는 먼저 판매가 일어난 다음 수익이 현금으로 전환되어야 한다. 만약 회사가 재정난을 겪고 있고 재고의 판매가 어렵다면 재고는 대차대조표 장부가에서 대폭 할인된 금액으로만 판매가 가능할 것이다. 유동자산의 수치 조정 후(유동자산에서 재고 차감), 애보트는 유동부채 1달러당 1.30달러의 유동자산을 보유한 것으로 보이는데 이는 지난 4년 동안 평균 1.3의 당좌비율과 동일한 비율이다. 다른 재무비율과 마찬가지로 회사의 당좌비율을 업계의 당좌비율 평균과 비교하는 것이 도움이 된다. 애보트의 유동비율과 당좌비율은 동종기업들에 비해 다소 양호한 수치이다. 현재 제약업계의 유동비율과 당좌비율은 각각 1.4와 1.2이다. 따라서 애보트의 유동성은 문제가 없는 것으로 보인다.

그림 19.9 애보트의 현금흐름표

영업활동 (Operating Activity)	실제(Actual)				예상(Forecast)	
	2007A	2008A	2009A	2010A	2011E	2012E
순이익 (Net Income)	$4,426	$5,186	$5,806	$6,501	$7,121	$7,854
감가상각 (Depreciation & Amortization)	$1,855	$1,839	$2,090	$2,237	$2,382	$2,528
기타항목 (Other Item)	$786	$314	-$219	$498	$489	$496
순운전자본증감 (Net change in Working Capital)	-$1,063	-$40	-$341	-$617	$1,277	$1,280
영업현금흐름 (Cash Flow from Operations)	**$6,004**	**$7,299**	**$7,336**	**$8,619**	**$11,269**	**$12,158**
투자활동 (Investing Activity)						
자산처분을 제외한 순취득가액 (Acquisitions net of Disposals)	$0	-$250	-$2,371	-$6,290	$0	$0
자본적지출 (Capital Spending)	-$1,656	-$1,288	-$1,089	-$1,122	-$1,178	-$1,236
투자자산의 매입 및 매각 (Purchase/Sale of Investments)	$553	-$474	-$233	$1,959	$0	$0
기타항목 (Other Item)	-$33	-$75	-$6	-$1,876	$0	$0
투자현금흐름 (Cash Flow from Investing)	**-$1,136**	**-$2,087**	**-$3,699**	**-$7,329**	**-$1,178**	**-$1,236**
재무활동 (Financing Activity)						
부채의 증감 (Change in Debt)	-$544	-$1,239	$3,734	$1,428	-$451	-$450
자본의 증감 (Change in Equity)[19]	$191	-$73	-$318	-$293	-$150	-$242
배당지급 (Dividends)	-$1,959	-$2,174	-$2,414	-$2,837	-$3,218	-$3,642
재무현금흐름 (Cash Flow from Financing)	**-$2,312**	**-$3,486**	**$1,002**	**-$1,702**	**-$3,819**	**-$4,334**
잉여현금흐름 (Free Cash Flow)	$4,348	$6,011	$6,247	$7,479	$10,092	$10,921
주주잉여현금흐름 (Free Cash Flow to Equity)	$3,804	$4,772	$9,981	$8,925	$9,641	$10,471

출처: *FactSet*, 회사 공시자료와 저자의 가설들

---

19 자기자본 변동분이 마이너스인 것은 자사주 매입에 사용된 자금이 스톡옵션을 위해 발행된 주식들로부터 수령된 자금을 초과한 것을 나타낸다.

수익률 (Yield)

애보트의 주식은 2010년 1주당 배당금 1.82달러와 2010년 12월 31일 애보트의 주가 47.91달러를 기준으로 투자자들에게 3.7%의 상당히 매력적인 배당수익률을 제공한다. 애보트의 배당수익률은 동종기업 평균인 2.8%보다 높다. 배당수익률의 상승(그림 19.7에 표시)은 애보트 주식의 '조정(pull-back)'과 연배당금의 증가에 따른 결과라고 볼 수 있다. 주당배당금은 지난 4년간 평균 13%씩 증가했으며, 위에서 언급한 대로 애보트는 지난 38년 동안 배당금을 지속적으로 늘려 왔다. 이와 대조적으로 많은 타 제약사들은 배당금을 일정하게 유지하거나 최근 몇 년 동안 일어난 대규모 인수 계약들로 인해 배당금을 삭감했다. 예를 들어 2009년에 화이자(Pfizer. NYSE: PFE)가 와이어스(Wyeth)를 인수했을 때 화이자는 배당금을 삭감해야 했다. 화이자가 와이어스의 대규모 인수를 감행한 이유는 화이자의 블록버스터 콜레스테롤 의약품인 Lipitor(2011년 11월 만료)의 특허 만료 임박과 함께 부분적으로 성장을 유지하기 위해서였다. 현재 애보트의 배당성향(dividend payout ratio)은 대략 이익의 40%이며 회사의 이력을 감안해 볼 때 향후 배당금 인상이 가능할 것으로 보인다.

잉여현금흐름 (Free Cash Flow)

배당금은 회사의 주주들에게 **실제로 지급되는 현금**을 의미한다. 주주들과 채권자들에게 분배 가능한 현금을 잉여현금흐름(2010년 75억 달러, $7.5 billion)이라고 한다. 여기서 잉여현금흐름은 단순히 영업현금흐름(2010년 86억 달러, $8.6 billion)에서 자본적지출(2010년 11억 달러, $1.1 billion)을 차감한 금액을 말한다. 애보트의 잉여현금흐름은 긍정적이고 지난 4년간 매년 증가해 왔으며 올해와 내년 모두 계속 증가할 것으로 예상된다. 우리는 오직 주주들에게만 귀속되는 잉여현금흐름도 살펴볼 수 있다. 이를 주주잉여현금흐름(Free Cash Flow to

Equity, 줄여서 FCFE)이라고 한다. 주주잉여현금흐름은 영업현금흐름(2010년 86억 달러, $8.6 billion)에서 자본적지출(2010년 11억 달러, $1.1 billion)을 차감한 후 부채의 증감액(2010년 14억 달러, $1.4 billion)을 더하거나 뺀 금액으로 여기서는 89억 달러($8.9 billion)이다. 주주잉여현금흐름은 부채의 증감(부채의 발행과 상환)을 포함하기 때문에 잉여현금흐름보다 변동성이 더 크다. 예를 들어 FCFE는 2008년 47억 7,000만 달러($4.77 billion)에서 2009년 99억 8,000만 달러($9.98 billion)로 크게 증가했다. 애보트가 부채를 상환하기 시작하면서 2010년에는 89억 3,000만 달러($8.93 billion)로 다시 감소했다.

해외에서 벌어들이는 이익의 비중이 큰 회사에 투자할 때 해외 이익의 본국 송환이 가능한지 (즉 현금이 미국으로 송환이 가능한지 그리고 어떤 세율로 송환될 것인지) 아는 것이 중요하다. 해외 이익에 대한 송환세는 많은 기업들이 본국으로 현금을 유입시키는 것을 막고 미국 내의 신규 투자에 현금을 투입할 수 있는 능력을 제한했다. 해외 노출을 늘리는 것이 회사의 우선 과제이기 때문에 애보트는 해외 보유 현금의 본국 송환을 피하기 위해서 미국 밖에서 발생한 이익을 해외 기업 인수(예: 2009년 솔베이 인수, 2011년 피라말 헬스케어)에 사용하기로 결정했다. 이 전략은 여전히 회사가 배당이나 그 외 목적에 따라 미국 내에서 발생한 현금을 사용할 수 있도록 허용한다. 이와 같이 최근의 인수와 배당금 증가로 애보트는 동종기업들보다 현금을 적게 보유하고 있지만 애보트가 창출하는 많은 잉여현금흐름을 감안하면 문제가 되지 않을 것으로 보인다.

핵심동인 찾기 (IDENTIFYING KEY DRIVERS)

투자자들은 매일 불완전한 정보로 투자 결정을 내려야 한다. 따라서 우리는 주식에 잠재적으로 가장 큰 영향을 미칠 수 있는 요인들에 집중하고자 한다. 제임스 밸런타인(James Valentine)은 『Best Practices of Equity Research Analysts』에서 말하기를 "회사 관련 정보가 '핵심동인(key driver)'의 기준을 충족하기 위해서는 첫 번째로 투자자의 일반적인 '**투자지평(investment horizon)**[20]' 내 발생이 예상되어야 하며 두 번째로 향후 회사의 실적과 현금흐름, 그리고 수익률에 중대한 영향을 끼지는 관련 촉매가 있어야 한다"라고 언급했다.[21] 투자자들은 제한된 시간과 불완전한 정보 때문에 주가를 움직이는 핵심동인들을 꼼꼼히 파악하는 데 시간을 집중하는 것이 가장 바람직하다. 이러한 요인들은 특정 회사 관련, 산업 관련 또는 거시경제환경에서 나타날 수 있다. 그 외 모든 것들은 대체로 '소음(noise)'에 불과하다.[22]

핵심동인을 파악하기 위한 첫 번째 단계는 과거에 회사의 주식에 어떤 요인들이 영향을 미쳤는지를 살펴보는 것이다. 앞서 우리는 지난 1년 동안 애보트의 주가를 움직인 두 가지 핵심동인인 투자자들의 제약산업 이탈과 경쟁 환경에 대한 우려를 다루었다. 이제 우리는 분석의 기간을 길게 연장할 것이다. 이에 그림 19.10과 같이 회사 관련 핵심동인들 몇 가지를 애보트의 10년 기간 주가차트에 중첩시켰다. 이러한 차트를 구성하는 가장 빠른 방법은 그동안 주식을 주의 깊게 관찰해 온 투자자들과 직접 이야기하는 것이다. 이는 주식을 보유한 투자자나 주식을 다루는 애널리스트들과 이야기하는 것을 의미한다. 이러한 과정을 좀 더 생략하면 주가가 크게 상승하거나 하락한 날짜에 있었던 뉴스 기사들을 검토하는 것도 좋은 방법이다. 그래프상에서 우리는 파이프라인 개발(신약 관련 주요 이벤트)과 자본 배치(자사주 매입과 M&A 활동[23] 등)가 주가를 움직였음을 알 수 있다. 이러한 요인들은 다음과 같이 논의된다.

---

20 역자의 해설: '투자지평(investment horizon)'이란 투자자가 개별 주식이나 포트폴리오를 보유하려는 기간을 말한다.

21 Valentine, James. 『Best Practices For Equity Research Analysts: Essentials for Buy-Side and Sell-Side Analysts』, New York: McGraw Hill, 2011.

22 단기적으로 주가는 회사의 펀더멘털이나 향후 전망보다 심리와 좀 더 밀접한 관련이 있을 것이다.

23 'M&A'는 합병 및 인수(Mergers and Acquisitions)를 의미한다. 인수는 인수 기업인 A사는 피인수 기업인 B사의 일부를 매입하는 반면, 합병은 A사가 B사 전체를 매입하는 것을 말한다. 두 용어들의 이러한 차이점들은 편의상 무시될 수 있으며 서로 바꿔서 사용될 수 있다.

그림 19.10 애보트의 과거 주가 퍼포먼스

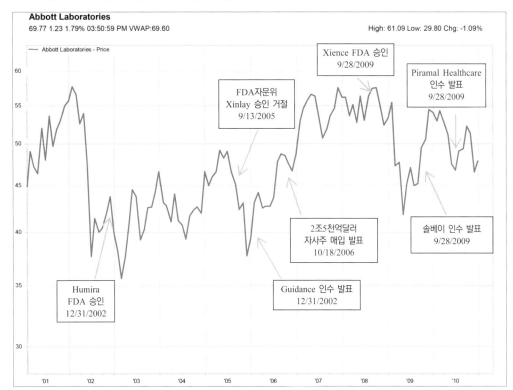

Abbott Laboratories
69.77 1.23 1.79% 03:50:59 PM VWAP:69.60   High: 61.09 Low: 29.80 Chg: -1.09%

— Abbott Laboratories - Price

Xience FDA 승인
9/28/2009

Piramal Healthcare
인수 발표
9/28/2009

FDA자문위
Xinlay 승인 거절
9/13/2005

2조5천억달러
자사주 매입 발표
10/18/2006

솔베이 인수 발표
9/28/2009

Humira
FDA 승인
12/31/2002

Guidance 인수 발표
12/31/2002

출처: *Interactive Data Corp via FactSet*

파이프라인 개발 (Pipeline developments)

앞서 우리는 매출 분석을 통하여 회사 매출의 절반 이상이 제약 부분에서 나온
다는 사실을 알게 되었다. 제약사 주식들은 신약 파이프라인을 사고판다는 업계
의 오랜 속설이 애보트의 주가에 드러나는 것을 알 수 있다. 그림 19.10을 살펴
보면 휴미라[24]와 자이언스의 승인을 **앞두고** 주가가 빠르게 상승하였다. 또한 신레
이(Xinlay)의 FDA 승인 기대와 함께 주가가 상승하였으나 2005년 9월 FDA 자
문위에서 승인을 추천하지 않았을 때 주가는 급격히 하락하였다. 여기서 주목해

---

24 휴미라 승인 전의 주가는 9.11 테러로 인해 상승세가 불분명해 보인다.

야 할 점은 주식시장의 주요 이벤트가 주가에 상당한 영향을 미칠 수 있다는 것이다. 애보트 주식은 2001년 9.11 테러 이후 급격한 매도세를 보였고 2008/2009년 금융위기 이후 다시 큰 하락세를 보였다.

자본배치 (Capital Deployment)

제약산업이 창출하는 잉여현금흐름이 상당하기 때문에 투자자들은 자본 배치 결정에 세심한 주의를 기울인다. 일례로 애보트는 2006년 10월에 25억 달러($2.5 billion)의 자사주 매입 프로그램을 발표했는데, 이는 당시 시가총액 723억 달러($72.3 billion)의 3.5%에 해당하는 규모였다. 기업이 자사주를 매입할 때 이익은 감소한 주식수만큼 분배되기 때문에 주주들은 향후 회사의 이익에서 더 많은 지분을 갖게 된다. 피터 린치는 "전체 실적이 유지된다는 가정하에 회사가 자사주의 절반을 매입한 경우 주당이익은 두 배가 된다. 비용을 절감하거나 제품을 더 많이 판매하여 이러한 결과를 얻을 수 있는 기업은 거의 없다"라고 말했다.[25]

주주들에게 배당금이나 자사주 매입의 형태로 지급되지 않는 잉여현금흐름은 부채를 상환하거나 인수 및 합병(M&A)을 위해 사용될 수 있다. 애보트는 최근 몇 년간 많은 기업을 인수했다. 인수 및 합병은 회사의 제품 포트폴리오를 구축하거나(예: Kos사로부터 휴미라 인수) 특정 최종소비자시장(애보트는 급격히 성장하는 신흥시장에 접근하기 위해 최근 피라말의 제약 사업을 인수했다)에 노출시키기 위함에 그 목적이 있다. 우리의 분석(과거 주가 분석 포함)에 따르면 향후 12~18개월 동안 애보트의 핵심동인은 다음과 같을 것이다.

(1) 주요 제품 및 프랜차이즈의 매출 성장

(2) 자본 배치 결정(사업 인수, 중소기업과의 신약 개발 협력, 자사주 매입 승인)

---

25 Lynch Peter. 『One Up on Wall Street: How to Use What You Already Know to Make Money in the Market』, New York: Simon & Schuster, 1989.

(3) 최근 인수로 인한 지분 가치 증진[26] / 희석

(4) 파이프라인 개발

미래 성장률 추정 (ESTIMATING FUTURE GROWTH)

회사의 기본 동인(fundamental driver)에 대한 이해와 재무제표를 검토하면, 우리는 주가와 연결되는 향후 실적의 성장을 예측할 수 있다. 먼저 투자자들은 컨센서스 추정치를 통하여 향후 성장을 예측할 것이다. 그런 다음 투자자는 회사의 기본적 분석을 바탕으로 컨센서스 추정치를 수정한다. 애보트를 담당하고 있는 애널리스트들은 애보트와 제약업계를 구성하는 기업들을 분석하는 데 수년을 소비한다. 애널리스트들은 회사가 판매하는 모든 의약품, 의료기기, 보충제 제품들을 살펴보고 제품별로 남은 특허 기간을 바탕으로 연간 매출과 수익성을 예상한다. 또한 애널리스트들은 회사가 현재 개발 중인 약품(개발 중인 약품을 '화합물'이라고 함)들을 살펴보고 이러한 약품(화합물)에 대한 연구가 긍정적이고 궁극적으로 FDA 승인 가능성 여부를 평가한다. 그리고 개발 중인 약품이 승인된다는 가정하에 시장 규모, 경쟁 환경, 그리고 신약의 시장 예상 점유율 등을 분석한다. 애널리스트들은 앞서 언급한 모든 추정치들을 이익 모델에 적용시켜 장기성장률을 산출한다. 그런 다음 Thomson(Thomson의 First Call 부서는 투자 리서치와 데이터 서비스를 제공함), Bloomberg, FactSet과 같은 회사들이 애보트를 담당하는 모든 애널리스트들의 추정치를 집계하여 컨센서스 추정치에 도달하는 것이다.

---

26 여기서 말하는 '증진(accretion)'이란 인수된 기업으로부터 증가된 이익을 말한다. 반대로 희석은 인수된 기업의 이익이 인수 후 증가한 유통주식수를 상쇄하기에 충분하지 않은 경우 발생한다. 인수 및 합병이 발표될 때 (인수) 회사의 이익이 희석될 것으로 예상되면 보통 주가는 부정적인 반응을 보인다. 경영진이 인수 후 회사가 1년 내에 이익의 상승을 예상한다고 발표해도 주가는 하락할 가능성이 있다. 인수로 인한 시너지 효과를 달성하는 데는 적어도 1~2년의 시간이 소요되기 때문이다. '시너지'란 합병이 창출하는 가치를 의미한다. 예를 들어 애보트는 승인된 신약을 보유한 소규모 바이오테크 회사를 인수한 다음 자사의 글로벌 유통망을 활용하여 유통망이 제한된 바이오테크 회사보다 높은 의약품 매출을 창출할 수 있는 것이다.

위에서 언급한 내용처럼 애보트의 장기성장률은 현재 10.1%이다. 이것이 합리적인 성장률일까? 재무제표 분석에 따르면 지난 4년 동안 휴미라와 자이언스의 높은 기여도로 인해 연평균 13.5%의 이익성장률을 올린 것으로 나타났다. 휴미라의 인상적인 실적(2010년 전년대비성장률 +19%)은 1) 시장 점유율 상승(Johnson & Johnson의 Remicade 과 Amgen의 Enbrel의 시장 점유율을 빼앗음), 2) 적응증(indication)의 확대(예: 휴미라의 크론병 치료 승인), 3) 한 자릿수 중반의 의약품 가격 상승 덕분이다. 휴미라는 현재 애보트 제약 부문 매출의 33%와 전체 회사 매출의 19%를 차지하고 있다. 경영진은 2010년 4분기 어닝콜에서 언급했던 것처럼 향후 3~4년 동안 두 자릿수의 매출 성장을 예상하고 있다. 특히 경영진은 "휴미라의 성장이 언젠가는 둔화하고 매출이 감소할 것이 분명하지만 기능 면에서 정말 훌륭한 의약품이기 때문에 장기적인 성공을 거둘 것입니다."[27] [28]라고 이야기했는데 경영진의 이러한 발언에도 불구하고 경쟁사들의 제품 경쟁은 휴미라의 장기적인 전망에 위험 요인으로 작용하고 있다. 환자들은 주사 약물보다 경구용 약물(알약)을 선호할 것이기 때문이다.

우리는 수많은 애널리스트 보고서들 및 관련 투자 블로그들을 읽고 현재 주식을 보유하고 있는 투자자들과 대화한 결과 화이자의 토파(tofa)가 휴미라(HUMIRA)에 영향을 미치려면 2차 요법 사용이 허가되어야 하며 안전성 데이터가 장기적으로 뒷받침되어야 할 것으로 보인다. 따라서 토파는 당장 큰 위협이

---

27 애보트랩스(Abbott Labs) 2010년 4분기 어닝콜 회의록(2011년 1월 26일).

28 컨퍼런스콜 외에도 일부 기업은 주기적으로 투자자의 날(Investor Day)이나 애널리스트의 날(Analyst Day)을 주최하기도 한다. 이러한 미팅들은 보통 대면 회의나 때로는 WebEx나 화상 회의를 통해 이루어지는데 경영진의 장기적인 플랜에 초점을 맞추는 경향이 있으며 투자자가 회사의 주요 동인을 파악하여 주가 퍼포먼스를 이해하는 데 특별한 도움이 될 수 있다. 당연히 1시간짜리 어닝콜에 비해 반나절이나 종일 회의에서 경영진이 더 심도 있는 토론을 할 수 있을 것이다. 경영진은 또한 향후 3~5년 동안의 매출과 영업이익 그리고 주당이익(EPS)에 대한 추정치를 제시할 수 있으며 경영진이 제공하는 추정치는 월 스트리트의 장기 성장 추정치와 비교되어야 한다. 만약 경영진의 예측과 애널리스트의 추정치가 일치하지 않을 경우 그 차이를 면밀히 검토해야 한다.

아니라는 것이 우리의 생각이다.[29]

애보트는 자이언스(XIENCE)의 지속적인 호조에 힘입어 스텐트 시장에서 전 세계 1위를 차지하고 있다. 애보트의 스텐트 제품은 유럽과 일본에서 많은 실적을 계속해서 올리고 있고 후속 제품 두 개가 개발 중에 있다. 훨씬 향상된 스텐트 전달성을 제공하는 자이언스 프라임(XIENCE Prime)은 유럽에서 이미 승인을 받았고 2012년 미국에서 FDA 승인을 받을 것으로 예상된다. 자이언스 나노(XIENCE Nano)는 소혈관용으로 아직 개발 중인데 현재 FDA의 검토가 진행 중이며 유럽에서는 이미 승인을 받았다. 이러한 차세대 후속 의료기기 제품들은 자이언스(XIENCE) 제품군의 매출 성장과 영업이익에 지속적으로 기여할 것이다. 하지만 높은 보급률과 Medtronic(NYSE: MDT) 사의 레솔루트(RESOLUTE) 같은 다른 의약품들도 리스크 요인들이며 신제품이 출시되면 의료기기의 시장 점유율이 빠르게 변할 수 있다.

신흥시장(emerging market)은 애보트를 포함한 제약업계에 성장 기회를 제공한다. 앞으로 향후 몇 년 동안 많은 제약사들의 주요 제품 및 프랜차이즈(franchise)[30]들의 특허가 만료될 것이다. 특허 만료로 인한 매출 감소 문제를 해결하기 위해 제약업계는 중국, 인도 또는 브라질과 같은 고도로 성장하는 신흥시장에 제품을 판매하는 데 집중하기 시작했다. 애보트 역시 신흥시장에서 제품 노출을 증가시키기 위해 적극적으로 움직이고 있다. 예를 들어 최근 애보트의 피라말 헬스케어 인수는 현재 급성장 중인 인도의 제약 시장에서의 노출을 증가시키고 있다. 그 결과 신흥시장은 현재 애보트 전체 매출의 25%를 차지한다. 또한 제

---

29 의약품은 단계별로 1차, 2차, 3차 요법으로 승인된다. 2차 요법은 단순히 1차 요법이 환자에 듣지 않은 후에만 약을 사용할 수 있다는 것을 의미한다. 류머티즘 관절염 환자의 경우 아스피린(Aspirin)과 코르티손(cortisone)이 1차 요법에 포함된다. HUMIRA는 2차 요법 치료제로 승인되었다.

30 '프랜차이즈(franchise)'란 말은 단순히 동일한 치료제 카테고리에 속하는 제품(의약품) 그룹이다. 예를 들어 당뇨 치료를 위해 회사가 종류가 다른 세 가지를 제공한다면, 이 세 가지 약은 회사의 당뇨병 프랜차이즈라고 통칭될 것이다.

약사들은 현재 개발 중인 유망 의약품들을 보유한 소규모 바이오테크 기업들을 인수하거나 전략적 제휴(strategic partnership)[31]를 맺기 시작했다. 타 제약사들과 마찬가지로 애보트는 유망한 치료법을 개발하기 위해 파트너십을 맺고 있다. 결론적으로 애보트는 향후 몇 년 동안 헬스케어 섹터에서 높은 실적을 올릴 수 있는 몇 안 되는 회사들 중 하나가 될 것으로 예상한다.

휴미라와 자이언스의 높은 보급률과 최종소비자시장(end market)에서의 경쟁성을 감안해 볼 때 휴미라와 자이언스의 성장률은 시간의 경과에 따라 둔화될 가능성이 높다. 하지만 이러한 주요 제품들의 성장 둔화는 신흥시장(emerging market) 노출로 부분적으로 상쇄될 것이 틀림없다. 따라서 10%의 장기성장률은 애보트의 과거 매출 및 이익의 동인에 대한 필자의 분석을 종합해 볼 때 합당한 수치로 보인다. 또한 그림 19.7에 포함된 컨센서스 추정치에 따르면 2011년에는 9.6%, 2012년에는 10.5%의 실적이 증가할 것으로 예상된다. 이러한 실적 컨센서스 추정치들은 10% 장기성장률 추정치를 평가를 위한 기준(benchmark)으로 사용되기 때문에 중요하다. 단기 추정치는 장기성장률을 뒷받침하기 때문에 장기 추정치 또한 검증할 수 있다. 우리는 다음 페이지에서 장기성장률 추정치를 P/E와 비교하여 현재 주가가 지나치게 높거나 낮은지 또는 적절한 가격인지를 평가할 것이다. 투자자가 주식에 지불하는 P/E는 예상 실적의 증가율과 관련이 있다는 사실을 기억하자.

---

31 '전략적 제휴(strategic partnership)'의 일반적인 유형은 제약회사가 유망 의약품을 개발 중인 소규모 바이오테크 회사에 선불금을 지급하는 것이다. 개발이 계속됨에 따라, 바이오테크 회사는 사전에 미리 정해진 임상 장애물을 통과하거나 식약처(FDA) 최종 승인을 달성했을 때 제약사로부터 '단계별로 기술료를 지급(milestone payments)'받을 가능성이 높다. 그 대가로 제약사는 승인된 의약품에 대해 부분적인 권리를 얻게 된다. 이러한 권리는 미국 외의 지역에서 의약품을 판매할 수 있는 권리 또는 미국 내에서 의약품 판매에 참여할 수 있는 권리가 포함된다.

밸류에이션 분석 (VALUATION ANALYSIS)

주가수익비율 (Price/Earnings Ratio)

회사의 수익력(earnings power)은 주가를 결정하는 요인이기 때문에 우리는 우선 주가수익비율(P/E)부터 밸류에이션 분석을 시작하기로 한다. 제약산업에서 애보트와 유사 제약사들의 선행주가수익비율(Forward P/E)은 그림 19.11에 나와 있다. 우리가 2011년 1월에 기업분석을 실시하고 있으며 모든 비교 대상 기업의 회계연도는 달력연도(calendar year)가 기준이기 때문에 선행 P/E(forward P/E)의 산출을 위해 사용된 EPS 추정치는 회계연도 말일인 2011년 12월 31일을 기점으로 하였다.[32]

그림 19.11 주가수익비율을 사용한 기업 비교 분석

회사명	EPS 추정치	2011 P/E	배당 수익률	EPS 장기 성장률
애보트랩스 (Abbott Laboratories)	$4.58	10.3x	3.7%	10.1%
브리스톨 마이어스 스퀴브 (Bristol-Myers Squibb)	$2.23	11.6x	4.9%	3.0%
존슨앤존슨 (Johnson & Johnson)	$4.87	12.4x	3.4%	6.2%
머크앤컴퍼니 (Merck & Co Inc)	$3.81	8.7x	4.2%	5.5%
노바티스 (Novartis AG ADS)	$5.38	10.8x	3.6%	5.6%
화이자 (Pfizer Inc.)	$2.30	8.0x	4.1%	1.8%
평균 (Average)		10.3x	4.0%	4.4%
중앙값 (Median)		10.8x	4.1%	5.5%

출처: *FactSet*

---

32 18장에서 다룬 것처럼 회사의 회계연도는 달력 연도와 정확하게 일치할 필요가 없다. 대다수의 회사들이 달력 연도를 사용하지만 그렇지 않은 경우도 존재한다. 예를 들어 The Gap(NYSE: GPS)이나 Abercrombie and Fitch(NYSE: ANF) 같은 의류 리테일 회사들의 경우 회계연도 종료일을 1월 31일로 정하여 연휴기간 이후 반품(post-holiday returns)이 같은 회계연도에 발생한 것으로 처리한다.

우리는 애보트의 P/E가 다른 회사들의 P/E와 동등한 것을 볼 수 있다. 동등하다는 말은 2011년 애보트 주식의 P/E인 10.3배는 업계 평균(10.3배)과 동일하며, 타 제약사들의 중앙값인 10.8배보다 다소 낮은 수치이다. 애보트의 P/E가 합당한지 너무 높거나 너무 낮은 것이 아닌지에 대한 질문들에 답하기 위해 우리는 애보트의 예상성장률이 동종기업들과 비교해 어떻게 다른지 살펴봐야 한다.

주가수익비율(P/E)은 예상 이익성장률과 이러한 추정치들에 대한 투자자들의 신뢰도와 관련이 있다. 그림 19.11의 마지막 열은 동종기업별 예상 EPS 장기성장률을 나타낸다. 예상 성장률과 함께 기업 간 P/E를 서로 비교하여 예상 성장률을 조정할 수 있는데 이는 P/E를 예상 성장률로 나누어 계산하는 주가이익성장비율(PEG)을 통해서 조정이 가능하다. 책 내용의 흐름을 위해 우리는 월 스트리트의 애널리스트들이 제공한 장기성장률 컨센서스 추정치를 사용했다.[33] 만약 회사의 미래 이익과 성장률을 예측하는 데 투자자가 애널리스트보다 유리한 위치에 있다면 자신의 수치를 사용해야 할 것이다. 이를 위해서는 대다수의 투자자들에게 없는 상당한 '정보적 이점(information advantage)'을 필요로 한다. 장기성장률 컨센서스 추정치를 사용해서 계산한 애보트의 PEG 비율과 제약산업의 PEG 비율은 다음과 같다.

$$\text{PEG}_{\text{애보트}} \quad = \quad \frac{\text{P/E 비율}}{\text{EPS 성장률}} \quad = \quad \frac{10.3}{10.1} \quad = \quad 1.0$$

$$\text{PEG}_{\text{제약산업}} \quad = \quad \frac{\text{P/E 비율 평균}}{\text{EPS 성장률 평균}} \quad = \quad \frac{10.3}{4.4} \quad = \quad 2.3$$

여기서 애보트의 PEG 비율(1.0)은 업계 평균(2.3)보다 현저히 낮다. 이는 애보트의 P/E가 제약업계 평균과 동일하지만 높은 예상 성장률을 감안할 때 주가는

---

33 출처: FactSet

저평가되어 있음을 시사한다. 애보트의 5년 평균 P/E가 15.7로 높다고 하더라도 PEG 1.6(P/E 15.7을 예상 이익성장률 10.1%로 나눈 값)를 기준으로 애보트의 주가는 다른 제약회사들에 비해 여전히 매력적이다.

애보트나 타 회사들도 마찬가지로 이렇게 낮은 PEG 비율 때문에 많은 투자자들이 가장 비싼 기업(높은 P/E)에 투자하는 것이 최선의 투자라고 주장한다. 높은 P/E로 평가된 기업들은 단위 성장률에 비해 저평가되어 있기 때문이다.[34]

동종기업들의 주식들과 비교해서 주가가 싼지 비싼지를 평가하는 것 외에도 회사의 현재 P/E 수치를 과거 P/E 범위와 비교해 볼 수 있다. 과거 데이터로 주식 가치를 평가할 때 우리는 시장이 제공하는 주식 가치의 범위가 시간이 흐름에 따라 어떻게 변해 왔는지를 파악하려고 노력할 것이다. 투자자들은 분석 중인 과거 기간 동안의 고점 배수, 저점 배수 및 평균 배수를 이해해야 한다. 그리고 P/E값이 큰 변동이 있었던 기간들을 연구하여 P/E값의 변화를 일으킨 요인들을 파악해야 할 것이다.

그림 19.12는 2006년 1월 1일부터 5년간 애보트의 P/E 범위를 보여 주고 있다. 그림 19.12 그래프 데이터는 여러 온라인 서비스들을 통해 얻을 수 있다. 그래프 상의 수직 파란색 막대는 주가 범위가 아니라 분기별 P/E 범위를 나타낸다는 것을 유의해야 할 것이다. 주가는 회색 선으로 표시되어 있다.

---

34 모든 금융지표들은 한계가 있다는 점을 반드시 고려해야 할 것이다. 예를 들어, PEG 비율은 비교 대상 회사의 위험 수준과 성장 기간이 동일하다고 가정한다(즉, 회사가 동일한 기간 내 같은 PEG 비율로 계속 성장한다고 가정함). 따라서 기업의 가치를 평가할 때 한 가지 이상의 지표를 살펴보는 것이 중요하다.

그림 19.12 과거 P/E 멀티플 차트

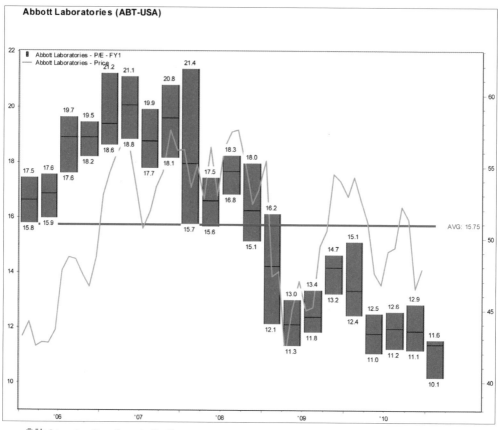

출처: *Interactive Data Corp via FactSet*

우리는 그림 19.12에서 2006년 2분기(2Q06)에서 15.9~17.6배의 P/E 범위 사이에서 주식이 거래된 것을 알 수 있다. 파란색 막대를 이등분하는 검은색 선은 해당 분기의 평균 배수를 나타내고(2006년 2분기 P/E 16.8배) 전체 그래프를 이등분하는 빨간색 선은 전체 기간의 평균 배수(5년간 평균 P/E 15.75배)를 반영한다. 위의 그래프는 주가 상승의 변곡점(inflection point)들을 식별하는 데 사용될 수 있다.

그래프상에서 5년 동안 고점 배수와 저점 배수는 각각 21.4배와 10.1배였음을 볼 수 있다. 2011년 1월에 애보트의 P/E는 저점 배수에 근접한 10.3배로 주식이 거래되고 있었다. 그림 19.2의 그래프에서 특히 주목해야 할 점은 2008년 금융 위기 때 애보트의 P/E 수치가 이렇게 낮은 수준까지 도달하지 않았다는 것이다. 이는 주가가 역사적으로 저평가되었거나 애보트나 제약업계에 뭔가 변화했음을 시사하며 P/E가 낮아지는 새로운 국면에 접어들 것임을 암시한다. 3.7%의 배당수익률, 10%의 강력한 이익성장률 전망, 그리고 배당 유지에 충분한 잉여현금흐름을 감안할 때, 우리는 주식이 역사적으로 저평가되어 있다고 생각한다.

18장에서 본 것처럼 5년 P/E 범위를 사용하여 주가의 상승과 하락의 대략적인 추산이 가능하다. 고점 배수인 21.4배와 2011년 EPS 추정치 4.58달러를 적용하면 주가는 98달러까지 도달이 가능하다.

고점배수를 사용한 예상주가   =   2011년 EPS 추정치   x   고점 P/E
(Expected Stock Price Using
Peak Multiple)   = $4.58   x   21.4x

                             = $98.01

현재 주가인 46.95달러에서 98달러까지 상승은 108%의 잠재적인 수익률을 나타낸다. 반면 저점 배수 10.1배는 현재 주가 46.95달러에서 2%의 하방위험(downside risk)을 의미한다.

저점배수를 사용한 예상주가   =   2011년 EPS 추정치   x   저점 P/E
(Expected Stock Price Using
Trough Multiple)   = $4.58   x   10.1x

                             = $46.25

108%의 상승여력(upside potential)과 2%의 하방위험(downside risk, 상/하방 비율 54:1)을 감안할 때 **5년 P/E 범위를 기준**으로 애보트의 주가는 상당히 매력적이다. 하지만 이러한 상하방 비율(upside/downside ratio)은 비현실적으로 보인다.

많은 투자자들이 주식을 고를 때 선호하는 상/하방 비율의 범위는 보통 3:1 또는 4:1의 범위이다. 그림 19.12를 다시 보면, P/E 추세는 3년 넘게 감소하고 있는데, 이는 P/E가 순환(rotation)되는 것이 아니라 지속적으로 하락하는 추세 변화일 수 있음을 시사한다. 다만 회사의 성장 전망, 현금흐름, 배당 지속가능성을 봤을 때 P/E가 지속적으로 하락할 이유가 없기 때문에 P/E의 순환이 P/E 비율을 낮추는 주요 요인이라고 보는 것이 타당하다. 그래도 주가의 잠재적인 상승을 추산할 때 종전 최고점인 21.4보다는 5년 평균 P/E인 15.75 배수를 사용하는 것이 더욱 적절할 수 있다.

평균배수를 사용한 예상주가 (Expected Stock Price Using Avg. Multiple)	=	2011년 EPS 추정치	x	평균 P/E
	=	$4.58	x	15.75x
	=	$72.13		

애보트의 주식이 업계 P/E 평균인 15.75 배수를 회복할 수 있다면 주식은 72달러에 거래될 것이다. 현재 주가는 46.95달러로 72달러까지 53%의 상승 가능성이 존재한다. 하방위험의 경우 참고로 할 과거 P/E 데이터가 없다. 따라서 우리는 주가의 하방위험이 10%라고 가정한다. 46.95달러에서 10%가 하락하면 42.25달러이다. 현재 연배당금이 1.82달러이고 42.25달러를 현재 주가로 가정한다면 배당수익률은 4.3%로 애보트의 현금흐름과 성장 전망을 감안한다면 42.25달러는 매력적인 가격이다. 고점 배수 대신 평균 배수를 사용하고 저점 배수 대신 10%의 하방위험을 가정할 경우 상/하방 비율은 5:1(상승률 53%를 10% 하방위험으로 나눈 값)이며 이는 매우 매력적이다. 만약 주식이 37.56달러까지 20% 하락해도(4.8%의 상당히 매력적인 배당수익률 제공) 상/하방 비율은 2.7:1로 여전히 매력적인 비율이다.

유명 헤지펀드 매니저인 조엘 그린블라트는 자신의 책인 『You Can Be A

Stock Market Genius』에서 "대다수의 전문가와 학자들이 개별 주식의 리스크를 분석에 대해서 잘못 알고 있다. 이들이 말하는 위험이란 주가가 크게 변동할 수 있는 가능성이며 자본 손실 가능성은 고려 대상이 아니라는 것이다. 이들의 논리에 따르면 같은 기간 동안 12달러에서 10달러로 떨어진 주식보다 30달러에서 10달러로 떨어진 주식이 더 위험하다. 두 종목을 모두 10달러에 살 수 있지만 가장 많이 하락한 종목 또는 최근 고점에서 가장 많이 할인된 종목이 여전히 더 위험한 것으로 간주된다는 것이다. 하지만 주가의 하락폭이 커지면서 주식의 하방위험이 대부분 해소된 것으로 볼 수 있다"[35]라고 말했다. 우리의 분석에 따르면 애보트 주식 보유의 하방위험은 대부분 해소된 것으로 보인다.

EV/EBITDA 비율

다음으로 우리는 2010년 말 EV/EBITDA 비율에 대해 살펴볼 것이다. 18장에서 언급한 바와 같이 EV/EBITDA는 부채를 차감한 회사의 가치를 감가상각전 영업이익(EBITDA)과 비교하기 때문에 감가상각법, 세율 또는 이자비용에서 오는 차이점들을 고려하지 않고 기업 간의 영업이익을 서로 비교할 수 있도록 한다.

또한 EBITDA는 보통 마이너스 실적을 가진 회사들(P/E 비율의 적용이 불가능한 회사들)에서도 플러스 값이 유지된다. 그림 19.7의 손익계산서를 살펴보면 애보트가 2010년에 102억 7,600만 달러($10,276M)의 감가상각전 영업이익(EBITDA)을 실적으로 발표한 것을 알 수 있다. 감가상각(Depreciation and amortization) 비용은 손익계산서에 별도의 항목으로 표시되지 않은 것을 알 수 있는데[36] 이는 감가상각이 매출원가(COGS)와 판관비용(SG&A)에 반영되어 있음을 의미한다. 현금흐름표에 감가상각비용이 표시(그림 19.9 참조)되어 있는

---

35 Greenblatt, Joel. 『You Can Be A Stock Market Genius: Uncover the Secret Hiding Places of Stock Market Profits』, New York: Fireside (Published by Simon & Schuster), 1997.
36 감가상각비용은 순이익 계산에서 차감된다. 하지만 감가상각비용은 비현금성 지출이기 때문에 EBITDA를 산출하기 위해 다시 추가되는 것이다.

데 이 경우 22억 3,700만 달러($2,237M)의 감가상각비용을 80억 3,900만 달러($8,039M)의 이자 및 법인세 차감전 이익(EBIT)에 더해서 EBITDA를 계산하면 102억 7,600만 달러($10,276M)가 나온다.

감가상각전 영업이익(EBITDA) 계산 (단위:백만달러)

매출 (Sales)	$35,167
차감: 매출원가 (COGS)	$14,008
차감: 판관비 (SG&A Expense)	$9,642
차감: 연구개발비 (R&D Expense)	$3,478
동일: 영업이익 (EBIT)	**$8,039**
<u>추가: 감가상각비 (D&A)</u>	<u>$2,237</u>
동일: 감가상각전 영업이익 (EBITDA)	**$10,276**

감가상각전 영업이익(EBITDA)은 주주들과 채권보유자들에게 돌아가는 영업이익의 기준이기 때문에 기업가치(Enterprise Value, 줄여서 EV)와 연계되어야 한다. 이 때문에 EBITDA가 시가총액(market cap) 대신 기업가치(EV)와 비교되는 것이다. 우리는 그림 19.8의 대차대조표 데이터를 사용하여 다음과 같이 회사의 기업가치를 계산할 수 있다.

기업가치(Enterprise Value) 계산 (단위:백만달러)

보통주 시장가치 (Market Value of Common Stock)	$74,116
추가: 총부채 (Total Debt)[37]	$16,039
추가: 우선주지분 (Preferred Equity)	$0
추가: 소수지분 (Minority Interest)	$82
<u>차감: 현금성자산 (Cash & Equivalents)</u>	<u>$8,445</u>
기업가치 (Enterprise Value)	**$81,792**

---

37 총부채는 장기부채 단기부채와 유동성장기부채(current portion of long-term debt)를 모두 합한 수치이다.

2010년 말 애보트의 기업가치는 817억 9,200만 달러($81,792M)였다. 따라서 회사의 EV/EBITDA 비율은 8.0배이다.

$$EV/EBITDA = \frac{\$81,792}{\$10,276} = 8.0$$

P/E 비율과 같이 EV/EBITDA는 유사 기업을 비교하거나 한 기업의 재무비율을 시간에 따라 분석할 때 사용할 수 있는 상대적 가치 척도이다. 지난 4년간 애보트의 EV/EBITDA는 그림 19.13에 나와 있다. 기업 간 EV/EBITDA를 서로 비교할 때 그 외 모든 조건들이 동일하다는 전제하에 EV/EBITDA 비율이 낮을수록 주가가 더 싼 것을 의미한다. 지난 4년간 애보트의 EV/EBITDA는 타회사들에 비해서 가장 낮았다.

EV/EBITDA는 배수(8.0x)로 표현되거나 분자와 분모 값을 바꾼 EBITDA/EV 수익률로 표현될 수 있는데 EBITDA/EV 수익률은 배당수익률과 마찬가지로 수치가 높을수록 좋다. 애보트의 현재 EBITDA 수익률(EBITDA/EV)은 12.6%로 과거 4년간 평균치인 9.8%보다 상당히 높다. 애보트의 EBITDA 수익률이 과거보다 높기 때문에 과거의 거래 주가와 비교하면 주가가 싼 것으로 보인다.

그림 19.13 과거 EV/EBITDA

	2007	2008	2009	2010[38]	4년평균
EV/EBITDA	13.0x	10.7x	9.8x	8.0x	10.5x
EBITDA/EV	7.7%	9.3%	10.2%	12.6%	9.8%

회사의 EV/EBITDA 비율을 동종기업들과 비교하는 것도 현명한 방법이다. 애보트의 현재 EV/EBITDA 비율과 동종기업 그룹의 EV/EBITDA 비율은 그림

---

38 도표의 수치들은 매년 12월 31일 기준 재무비율과 수익률을 반영한다.

19.14에 나와 있다. 비교 대상 기업들의 EV/EBITDA 비율의 범위는 6.2~11.6배이다. 애보트의 EV/EBITDA 비율은 동종기업 그룹 평균인 8.7배보다 약간 낮은 수준이다. 우리는 18장에서 가장 낮은 EV/EBITDA 비율을 가진 회사가 동종업계 그룹 내에서 영업이익률이 가장 높은 경우가 많다는 사실을 알게 되었다. 재무제표 분석 부분에서 애보트가 브리스톨-마이어스-스퀴브와 같은 순수('pure play') 제약사들보다 영업이익률이 낮은 것은 다양한 제품 기반(제약 부문 매출이 총 매출에서 차지하는 비중이 적음) 때문이라는 것을 알 수 있었다.[39]

그림 19.14 EV/EBITDA를 사용한 기업 비교분석

회사명	EBITDA	기업가치 (Enterprise Value)	EV / EBITDA
애보트랩스 (Abbott Laboratories)	$10,276	$81,792	8.0x
브리스톨 마이어스 스퀴브 (Bristol-Myers Squibb)	$6,756	$43,236	6.4x
존슨앤존슨 (Johnson & Johnson)	$19,758	$159,250	8.1x
머크앤컴퍼니 (Merck & Co Inc)	$10,770	$121,057	11.2x
노바티스 (Novartis AG ADS)	$13,304	$153,931	11.6x
화이자 (Pfizer Inc.)	$26,377	$162,481	6.2x
동종기업 평균 (Peer Average)	$15,393	$127,992	8.7x
동종기업 중앙값 (Peer Median)	$13,304	$153,931	8.1x

출처: FactSet

---

39 여기서 말하는 '퓨어플레이(pure play)'란 회사가 의약품만 판매하는 것을 말한다. 애보트에서 판매하는 제품들은 의약품, 의료기기, 영양제를 모두 포함한다.

주가현금흐름비율 (Price/Cash Flow Ratio)

다음 그림 19.15는 EV/EBITDA 대신 주가현금흐름비율(price/cash flow)을 사용한 유사 분석을 보여 준다. 보통 현금흐름은 긍정적이고 EPS에 비해 조작이 어려우며 이익보다 안정적인 경향이 있기 때문에 주식 밸류에이션 프레임워크(valuation framework)의 일부로 자주 사용된다. 문맥상 '현금흐름'이란 영업현금흐름을 말한다.[40] 예를 들어 그림 19.9에서 볼 수 있듯이 2010년 영업현금흐름은 86억 달러이다. 이 수치를 현재 시가총액(741억 달러)으로 나누어 2010년의 주가현금흐름비율을 계산하면 8.6배이다. 대안으로 현재 1주당 영업현금흐름을 현재 주가로 나누어 계산하는 것도 가능하다.

그림 19.15 과거 주가현금흐름비율(Historical Price/Cash Flow)

	2007	2008	2009	2010[41]	4년평균
주가현금흐름비율 (P/CF)	14.5x	11.4x	11.4x	8.6x	11.5x
현금흐름수익률 (Cash Flow Yield)	6.9%	8.8%	8.8%	11.6%	9.0%

주가현금흐름비율(price/cash flow)은 순이익을 산출하기 전 감가상각비용을 차감하기 때문에 P/E 비율(현재 10.3배)보다 낮다. 그러나 감가상각비용은 비현금성 지출이기 때문에 영업현금흐름을 계산할 때 다시 가산된다.

또한 우리는 영업현금흐름 86억 달러를 시가총액 741억 달러로 나누어 "현재 주식이 11.6%의 현금흐름 수익률을 제공한다"라고도 말할 수 있다. 현재 현금흐름수익률(Cash Flow Yield)은 과거 4년 평균인 9%를 훨씬 상회한다. EV/

---

40 주가현금흐름비율(Price/Cash flow) 대신 주주잉여현금흐름(Free Cash Flow to Equity, FCFE)을 사용할 수도 있다. 이론적으로 FCFE가 최선의 대안이지만 자본적지출과 순 부채의 규모가 매년 크게 변동하는 경향이 있기 때문에 실제로 사용하기 어렵다.

41 도표의 수치들은 매년 12월 31일 기준 재무비율과 수익률을 반영한다.

EBITDA와 마찬가지로 애보트의 주가현금흐름비율은 주식이 과거 주가에 비해 저렴하며 잠재적으로 매력적인 투자 기회임을 나타낸다.

우리는 애보트의 주가현금흐름비율을 다음 그림 19.16의 동종업계 내 타 회사들의 주가현금흐름비율과 서로 비교해 볼 수 있다. 보다시피 애보트의 주가현금흐름비율은 그룹 내에서 가장 낮으며 동종업계 평균인 10.9배보다 현저히 낮다.

그림 19.16 주가현금흐름비율을 사용한 기업 비교분석

회사명	주가 / 현금흐름
애보트랩스 (Abbott Laboratories)	8.6x
브리스톨 마이어스 스퀴브 (Bristol-Myers Squibb)	10.2x
존슨앤존슨 (Johnson & Johnson)	10.5x
머크앤컴퍼니 (Merck & Co Inc)	10.4x
노바티스 (Novartis AG ADS)	의미없음
화이자 (Pfizer Inc.)	12.3x
동종기업 평균 *(Peer Average)*	10.9x
동종기업 중앙값 *(Peer Median)*	10.5x

출처: *FactSet*

경영진의 퀄리티 평가 (ASSESSING MANAGEMENT QUALITY)

투자자들은 완벽한 분석을 위해서 경영진에 대한 질적 평가가 필요할 것이다. 기업의 일상적인 운영에 대한 책임은 주주들이 아니라 이사회에 의해 고용된 경영진에 있다. 경영진을 평가하는 것은 지극히 주관적인 일이며 투자자들의 경험을 바탕으로 회사의 고위임원들, 특히 CEO의 능력이 출중하거나 나쁘다는 사실을 투자자들이 알고 있는 경우가 많다. Chris Argyrople은 'Securities Analysis'

에서 언급하기를 "어려운 시기에 나쁜 경영진은 결코 회사를 회생시킬 수 없지만 (경제 또는 산업 여건만이 그들을 구제할 수 있음), 좋은 경영진은 회사가 당면한 문제들에 적극적으로 대응하여 예전보다 훨씬 더 경쟁력 있는 회사를 만들 수 있다"라고 말했다.[42]

기관투자자들은 보통 컨퍼런스나 그 외 모임들을 통해 경영진과의 만남을 가질 수 있다. 개인투자자들은 기관투자자들과는 달리 이러한 접근성이 없는데 무엇을 할 수 있을까? 여러분은 주변에 다음과 같은 질문들을 하는 것부터 시작해야 할 것이다. 고객, 경쟁업체, 애널리스트와 다른 투자자들은 경영진에 대해서 뭐라고 이야기하는가? 인터넷 블로그, 뉴스레터 등 여러분이 구할 수 있는 모든 정보를 참고해야 할 것이다. 경영진은 성공적인 이력을 갖추고 있는가? 애보트 같은 회사의 경우 파이프라인의 성공 여부가 자본 배치 결정[43]의 성공 여부와 마찬가지로 좋은 지표가 된다. 경영진이 올바른 투자와 전략적 제휴를 맺고 있는가? 경영진은 수익 지향적인가? 여러분은 이를 파악하기 위해서 재무제표 분석 섹션의 ROA 및 ROE 계산을 다시 참고해야 할 것이다. 경영진 보상이 이러한 지표들과 연결되어 있는가? 경영진은 회사에 상당한 지분을 소유하고 있는가?(Do they have skin in the game?) 이사회멤버들과 경영진이 보유한 주식수는 공개되어 있다.

애보트의 회사 프로필에 따르면 마일스 화이트(Miles White)는 1998년부터 CEO로 재직하고 토마스 프레이먼(Thomas Freyman)은 2004년부터 CFO로 재직하고 있다. 애보트는 놀(Knoll)과 코스(Kos) 제약회사들의 인수를 통해 블록버스터 약물인 휴미라와 니아스[44]를 취득할 수 있었고 Guidant(XIENCE 개발 회사), 피라말 헬스케어(빠르게 성장하는 이머징 마켓에서의 노출 증가 기대) 등 여

---

42 Argyrople, Chris. 'Securities Analysis: Fundamental Equity Analysis.' Sept 2000.

43 Morningstar는 담당 회사들에 대한 '스튜어드십 등급(stewardship rating)'을 포함한다. 스튜어드십 등급은 경영진의 주주 자본 활용도를 평가하는 것이다.

44 나이아스판(Niaspan)은 나이아신(niacin)의 서방형(extended release) 알약으로 2010년에 9억 2,700만 달러($927 million)의 매출에 기여했다.

러 회사들의 인수를 성공적으로 마쳤다. 화이트의 CEO 재임 기간 동안 애보트의 주식은 주가 상승 및 배당을 포함하여 S&P 500 지수보다 두 배 이상 높은 총수익을 창출했다.

경영진들의 회사 주식 거래 현황을 살펴보는 것도 유용하다. 회사의 내부자들(이사 및 임원)은 회사 주식을 매수하거나 매도하기 전에 SEC에 Form 4를 제출해야 한다. 내부자들은 자녀의 교육비 지원이나 이혼 소송 등 다양한 이유로 주식을 매도할 수 있지만 주식을 매수하는 이유는 회사의 주가가 오를 가능성이 높다고 생각하기 때문이다. 내부자들은 회사 내부 데이터에 접근할 수 있고 회사의 향후 계획에 대한 정보를 갖고 있기 때문에 투자자들은 내부자 거래 현황을 꼼꼼히 살핀다. 최근의 내부자 거래 현황[45]을 살펴보면 지난 분기 동안 내부자들 중 이사 1명과 임원 3명[46]이 총 520만 달러에 달하는 주식을 매수한 것으로 나타났기에 이는 고무적이다.

화이트와 프레이먼, 그리고 그 외 다른 C급 임원들에 대한 보상은 현금과 주식이 균형을 이루며 이는 업계의 다른 회사들과 일치한다.

투자결정 수립 (FORMULATING AN INVESTMENT DECISION)

마침내 결정을 내려야 할 때가 왔다. 애보트의 매수 포지션을 취해야 할 것인가 아니면 더 나은 다른 투자 기회를 찾아야 할까? 이 질문에 답을 하는 것은 결코 쉽지 않은 일이다. 우리는 제약산업과 회사의 펀더멘탈, 밸류에이션 그리고 그 외 요인들을 살펴보았다. 이 모든 것들은 우리가 어떤 선택을 해야 될지 암시하지만 궁극적으로 매수 및 매도 결정은 투자자의 현재 분석, 축적된 투자 경험 및 직관력을 근거로 한 투자자 자신의 개인적인 판단에 달렸다. 결정을 내리기 전 분석

---

45 '내부자(insiders)'는 회사 내부 정보에 액세스가 가능하고 향후 회사의 계획에 대해서 알고 있는 이사 및 임원 등을 말한다. 회사 주식의 내부자 거래현황은 미국 증권거래위원회(SEC)에 제출되는 Form 4를 통해 공개된다.
46 출처: FactSet

을 통해 파악한 내용들을 다시 요약해 보자.

투자논거 (Investment Thesis)

- 애보트(Abbott Labs)는 인상적인 장기 성장 프로필(제약산업 평균인 +4-5% 대비 +10%의 EPS 성장 추정치)과 다양한 제품군(제약 57%, 영양 16%, 진단 11%, 혈관 9%, 기타 8%)을 보유한 제약업계의 독보적인 기업이다.

- 휴미라와 자이언스 그리고 최근의 인수가 매출 성장과 이익률 확대를 주도하였다.
  - 휴미라(HUMIRA) - 경영진은 향후 3~4년 동안 휴미라의 매출성장률을 두 자릿수로 예상하고 있다. 경영진은 이번 2010년 4분기 어닝콜에서 휴미라 제품이 오랫동안 성공을 이어 갈 것이라는 자신감을 내비쳤다. 경영진의 전망은 컨센서스 추정치에 나타난 것보다 훨씬 낙관적으로 보이며 이는 컨센서스 추정치가 보수적인 것으로 입증될 수 있다.

  - 자이언스(XIENCE) - 자이언스 약물용출스텐트(DES)는 빠르게 성장하고 있으며 후속 제품을 통해 매출 및 영업이익의 지속적인 성장에 기여하고 최근 후속 제품이 출시된 미국, 유럽, 일본 등지에서 시장 점유율을 높일 것으로 예상된다.

  - **인수(Acquisitions)** - 애보트는 2010년 2월 솔베이(Solvay)의 인수를 완료하였고, 2010년 9월 피라말(Piramal)의 제약 사업부를 추가로 인수하였으며 인수한 두 회사들의 실적에 따른 증진 효과를 기대하고 있다. 피라말은 고성장의 신흥 시장에 대한 노출을 제공하는 반면 솔베이는 잠재적인 이익률 레버리지를 제공한다.

- 밸류에이션(Valuation)
  - 애보트의 주가는 최근 1년간 시장(S&P 500 지수)에 비해 33% 가까이 부

진했고 현재 52주 저점 부근(저점 +5%, 고점 -15%)에서 거래되고 있다. 산업 순환과 경쟁 우려 때문에 그동안 주가가 하락한 것이다.

○ 과거 주가수익비율(P/E) 분석에 따르면 현재 주가는 5:1의 상/하방 비율을 나타낸다.

○ 애보트 주식은 올해 EPS 추정치의 10.3배에 거래되고 있으며 이는 동종업계의 P/E와 일치한다. 회사의 평균 이상의 성장률(애보트 10.1% vs 동종기업 그룹 4.4%)을 감안할 때 애보트의 주가성장비율(PEG)은 동종기업 그룹에 비해 매력적으로 보인다(애보트 1.0 vs 동종기업 그룹 2.3).

○ EV/EBITDA와 주가현금흐름비율 모두 현재 주가가 과거 4년 동안의 주가수준에 비해 저렴하다는 것을 나타낸다. 현재 애보트의 EV/EBITDA 비율은 8.0 로 과거 4년 평균인 10.5를 크게 못 미치는 수준이다. 애보트의 현금흐름수익률은 과거 5년 동안 꾸준히 증가했으며 현재 11.6%의 현금흐름 수익률을 제공한다(vs 과거 4년간 현금흐름수익률 평균 9%).

- 자본배치(Capital Deployment)

○ 애보트는 연간 75억 달러의 잉여현금흐름을 창출하고 있으며 잉여현금흐름을 활용하여 배당을 꾸준히 늘리면서 인수와 전략적 제휴를 통해 기업가치를 증진시켜 온 오랜 이력을 가지고 있다. 애보트의 이러한 절제력 있는 접근법이 향후 바뀔 것이라 믿을 이유는 없다.

- 촉매(Catalysts)

○ 분기별 실적 업데이트(특히 휴미라의 실적)

○ 일본시장에서 자이언스 출시

○ 최근 인수로 인한 증진/희석에 대한 업데이트

○ 자산 매각, 스핀오프 및 스플릿오프를 통한 가치 재고 가능성

○ 파이프라인 개발

- 리스크(Risks)

○ 의약품들의 특허 만료로 인한 제네릭 의약품(복제약)들의 경쟁. 지난 2010
  년 15억 달러가 넘는 매출을 올린 콜레스테롤 치료제 트리코르(Tricor)는
  2012년에 특허 보호를 잃을 것으로 예상된다. 이에 애보트는 환자가 신약
  인 트릴리픽스를 대체약으로 전환할 수 있게 하여 특허 만료로 인한 파급
  효과를 완화하기 위해 노력해 왔다.

○ 솔베이 관련 통합 문제(인수 후 두 회사의 행정 부서들의 통합에서 예상
  했던 시너지가 실현되지 않을 가능성이 있음)와 피라말 인수(인도에서의
  성장 모멘텀이 실현되지 않을 수 있음)

○ 계속되는 규제 역풍(정부 규제는 모든 제약사들이 직면하는 위험이다)

○ 파이프라인 장애물(산업 위험). 최근 제약사들이 R&D 지출보다 전략적
  제휴에 잉여현금흐름을 사용해 온 점을 감안할 때 과거에 비해 리스크가
  크지는 않다.

탄탄한 회사의 펀더멘털, 매력적인 밸류에이션, 식별 가능한 촉매들을 감안할
때 애보트 주식은 매력적인 투자 기회로 보인다. 시장은 1) 애보트의 낮은 특허절
벽(patent cliff, 현재 트리코가 특허 만료가 임박한 유일한 블록버스터 약물이다)
2) 휴미라와 자이언스를 통한 향후 매출 성장과 마진확대 가능성 3) 자산 매각,
스핀오프 또는 스플릿오프를 통한 가치 재고 가능성을 과소평가하는 것 같다.

체크리스트 (Checklists)

투자의사결정 과정의 표준화를 위해 일부 투자자들은 투자 결정을 내릴 때 주

식을 처음 매수할 때나 시간의 흐름에 따라 현재 보유 중인 종목을 평가하기 위해서 체크리스트를 활용한다. 우리는 애보트의 체크리스트 샘플을 그림 19.17에 포함시켰다. 아래 체크리스트는 9개 항목들로 구성되어 있지만 투자 과정에 따라 다소 차이가 있을 수 있다. '매수(buy)'는 9점 만점에 7점 또는 8점을 받는 주식이다(여기에 정확한 규칙은 없다). 아래 체크리스트 결과에 따르면 애보트는 매력적인 투자 기회로 보인다.

그림 19.17 체크리스트 샘플

점수	투자 성격(Investment Characteristics)
0	우호적인 산업 환경
1	가격, 공급량, 제품 구성에 의해 주도되는 따른 강한 매출 성장세
1	이익률 확대 기회
1	절제력 있는 자본 분배 전략
1	관리 가능한 낮은 부채 수준
1	주식을 소유한 능력 있는 경영진
1	성장 전망 대비 주식의 적정 가치
1	식별가능한 촉매들
8/9	총점

투자자들은 앞으로 계속되는 실적 발표, 회사 관련 기타 업데이트, 업계 동향 및 경쟁사 관련 뉴스 등과 함께 위의 체크리스트를 모니터링하고 업데이트할 수 있다. 만약 점수가 하락한다면, 우리가 이전 페이지에서 한 것처럼 회사의 펀더멘털에 대한 전체적인 리뷰가 필요할 것이다.

지금까지의 분석에 따르면 애보트 주식을 매수해야 한다는 주장이 매우 설득력 있어 보인다. 만약 애보트에 대한 우리의 분석이 설득력이 없다고 잠시 가정해 보자. 그럴 경우 일부 투자자들은 매수를 포기하기엔 분석에 너무 많은 시간을 쏟았다고 믿는다. 따라서 투자자들은 당분간 '안고 가겠다(live with it)'는 생각으로 매수 포지션을 취하고 향후 어느 시점에서 베팅 증감 여부를 결정한다. 이는 가까운 시기에 이항적인 촉매(binary catalyst, 주가가 어떤 방향으로도 갈 수 있음)가 있지 않는 이상 우리가 옹호하는 접근법이 아니다. 애보트와 같은 회사의 경우 앞으로 출시될 유망한 신약 파이프라인의 3상 임상시험 데이터가 발표될 수 있다. 주식시장의 긍정적인 측면은 매일마다 새로운 기회를 제공하기 때문에 만약 여러분이 어떤 주식에 투자하는 것이 불안하다면 그냥 다른 기회를 찾아야 할 것이다. 주식은 여러분에게 불리하게 움직일 수 있다. '출혈이 낭자(bleeding)'하는 주식[47]을 계속 보유할 수 있는 유일한 방법은 여러분의 분석과 투자 결정에 확신을 갖는 것이다. 만약 애보트 주식 매수가 가치 있는 투자라는 확신이 서질 않는다면, 재무제표와 기업 비교 분석으로 돌아가라. 예전 분석에서 특별히 매력적인 경쟁회사가 있었는가? 만약 그렇다면 제약업계에 대해 지금까지 쌓아 온 인사이트들은 경쟁회사에 대한 더욱 상세한 분석의 일부로 사용될 수 있다.

매일이 새로운 날이다 (EVERY DAY IS A NEW DAY)

수익률 업데이트(Performance Update)

이제 2012년 10월 15일로 시간을 빨리 거슬러 가 보자. 2011년 S&P 500 지수는 -2% 하락한 반면 주가는 +17% 급등했다. 배당수익과 함께 애보트 주식은 시장을 거의 21% 앞질렀다. 이러한 주가의 강세는 2012년에도 이어지고 있다. 10월 15일 현재 애보트의 주가는 연초 대비(YTD) +28%가 상승했다. 따라서 2011년 1월 애보트 주식을 매수한 투자자의 수익률은 +55%(동일 기간 S&P 500의

---

47 역자의 해설: 일정 기간 계속 하락하는 주식을 속어로 "주식에 출혈이 있다(stock is bleeding)"라고 말한다.

수익률 45%)이다. 그림 19.18을 살펴보자. 애보트의 초과수익률은 1) 제약산업의 리레이팅(re-rating)[48]과 투자자들이 제약산업으로 재진입, 2) 휴미라와 신흥시장의 강세에 힘입어 두 자릿수 실적 성장 지속, 3) 애보트를 두 개의 별도 회사로 기업분할 발표(지금 이 글을 쓰고 있는 시점에서 기업분할이 아직 일어나지 않았다), 그리고 4) 현재 2상 임상시험 중인 C형 간염 유망 치료제 신약에 의해 주도되었다. 그 결과 현재 주가는 52주 최저가에서 40% 이상 상승하여 오늘 52주 최고가를 경신했다.

다음 페이지의 그림 19.18 참조

---

48 '리레이팅(re-rating)' 된다는 것은 단순히 투자자들이 제약산업 그룹의 주식들을 매수하면서 제약산업의 P/E 비율이 확대되는 것을 말하는데, 이는 투자자들이 제약산업 그룹으로 다시 로테이션(제약산업으로 재진입) 했다는 것을 다르게 표현한 것이다. 리레이팅(re-rating)과 로테이션(rotation)은 투자자들이 흔히 사용하는 용어들이다.

그림 19.18 업데이트된 주가차트

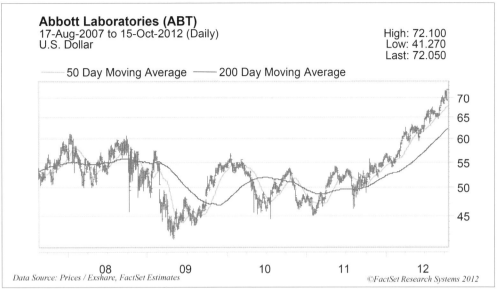

Abbott Laboratories (ABT)
17-Aug-2007 to 15-Oct-2012 (Daily)
U.S. Dollar

High: 72.100
Low: 41.270
Last: 72.050

50 Day Moving Average ——— 200 Day Moving Average

Data Source: Prices / Exshare, FactSet Estimates ©FactSet Research Systems 2012

출처: *Interactive Data Corp via FactSet*

Abbott Labs (NYSE: ABT)

	Jan. 26, 2011	Oct. 15, 2012
종가 (Closing Price)	$45.49	$72.05
2011년 1월 26일부터 2012년 10월 15일까지 주가변동률 (%)		
ABT Stock		+58.4
S&P 500		+11.8
ABT의 초과 상대수익률		+46.6

출처: *Interactive Data Corp via FactSet*

다음 페이지의 그림 19.19는 S&P 500 지수 대비 애보트와 S&P 500 제약산업의 주가 퍼포먼스를 보여 주는 업데이트된 상대강도지수 차트이다. 그림 19.19의 상대강도지수 차트에서 애보트의 주가(파란색 선)는 현재 시장을 상회하고 있다. 2011년 1월 시장(S&P 500 지수)보다 상당히 저조한 가격에 주식이 거래되었다. S&P 500 제약산업(빨간색 선) 또한 시장에 비해 강세를 보였지만 애보트의 주가와의 스프레드가 역전되어 애보트는 현재 S&P 500 제약산업보다 높은 가격 프리미엄에 거래되고 있다. 하지만 업계에서 말하는 것처럼, "매일이 새로운 날 (every day is a new day)"이다. 그래서 이제 어쩌냐고? 우리가 할 수 있는 선택은 2011년 1월에 매수한 주식을 계속 보유하거나, 추가로 매수하거나, 포지션의 일부를 매도하거나, 보유 포지션을 모두 청산하는 것이다. 이 질문에 대한 답변을 하기 위해서는 2011년 초 애보트 주식에 투자를 결정했을 때와 마찬가지로 회사의 펀더멘털과 밸류에이션 등을 검토해야 한다.

그림 19.19 업데이트된 상대강도지수 차트(애보트 vs S&P 500 제약산업지수)

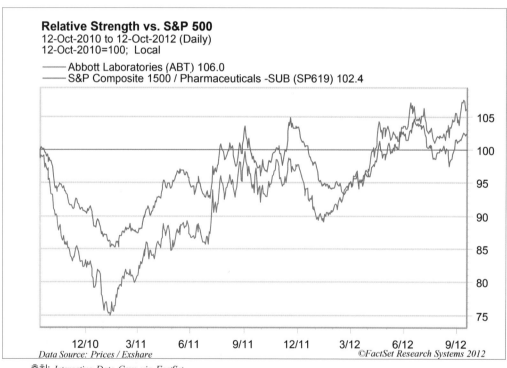

출처: *Interactive Data Corp via FactSet*

밸류에이션 업데이트 (Valuation Update)

애보트의 주식은 현재 2012년 EPS 추정치의 14.2배(P/E 14.2)에 거래되고 있다. 위에서 언급한 바와 같이, 애보트의 높은 P/E 비율은 부분적으로 제약산업의 '리레이팅(re-rating)'에 의해 주도되었다. 제약회사들은 2011/2012 특허절벽 문제들을 뒤로하고 자산의 매각 및 스핀오프를 통해 가치를 창출할 계획을 발표했으며, 파이프라인에서 어느 정도 성공을 거두면서 제약업계의 P/E가 확장되었다. "특허절벽을 뒤로한다(put patent cliffs in the rearview mirror)"라는 말은 2011년과 2012년에 많은 의약품들이 특허 보호를 이미 상실했음을 의미한다. 특허 보호의 상실은 제약회사 간의 경쟁을 치열하게 만들고 매출과 이익률을 감소시키지만 미래의 성장률을 계산할 때 이는 바닥을 찍고 '기저효과(low base effect)'가 발생하는 것을 뜻한다. 그리고 회사의 가치는 미래의 이익 성장과 연결되어 있기 때문에 높은 성장률은 주가에 긍정적인 영향을 미친다. 또한 제약업계의 여러 회사들이 보유 자산 매각과 스핀오프를 통해 자산 기반을 축소할 계획들을 발표했다. 이와 관련하여 화이자가 가장 적극적이었다. 애보트는 영양 사업부(Nutritional business)를 119억 달러에 네슬레(Nestle)에 매각하고 동물 건강 사업부(Animal Health business)의 일부를 기업공개(IPO)를 통해 매각할 계획을 발표했다. 두 거래 모두 회사의 규모를 축소할 것이므로 향후 파이프라인 성공이 애보트의 손익에 더욱 큰 영향을 미칠 것이며(제약산업에서 우리는 회사 규모를 축소함으로써 향후 제품 출시가 판도를 바꿀 '니들무버(needle mover)'가 될 가능성이 있다고 말한다), 또한 이러한 거래를 통해 조달한 현금은 주주가치를 높이기 위해 다양한 방법으로 투입될 수 있다. 화이자 경영진은 "자사주 매입을 넘어야 할 산(buybacks are the case to beat)"이라고 지적했는데 이 말은 회사가 현금을 자사주 매입이 아닌 다른 용도로 사용하려면 자사주 매입보다 더 큰 기대

수익률을 창출해야 한다는 것을 의미한다.[49] [50]

휴미라의 인상적인 매출 성장세가 계속되어 애보트의 이익 성장을 주도하고 영업이익률에 긍정적인 영향을 미치고 있다. 2011년 휴미라는 전년대비 21%의 성장률을 기록했으며 2012년에는 14%의 전년대비성장률을 기록할 것으로 예상된다. 경영진은 영업실적의 호조와 함께 애보트를 2개의 기업으로 분할할 것을 발표했는데[51] 1) 휴미라와 구 애보트의 브랜드 제품 파이프라인을 보유한 애브비(AbbVie, NYSE: ABBV)라는 이름의 리서치 기반 제약회사와 2) 기존 경영진과 애보트 명칭을 그대로 유지하는 종합 의약품 회사로 나누겠다는 의사를 밝혔다. 두 번째 회사는 의료 기기, 진단 및 브랜드 제네릭(branded generics)[52] 의약품에 주력할 것이다. 거래는 스핀오프 형태로 이루어지는데, 기존 애보트의 주주들에게 구 애보트 주식과 함께 애브비의 주식이 제공되며 2013년 초에 거래가 완료될 것으로 예상된다.[53]

그러나, 2012년 10월 15일 현재 우리는 애보트를 계속 분석해야 한다. 애보트는 신약 파이프라인에서 C형 간염(HCV) 유망 치료법을 2상 임상시험 중에 있다. 최근의 인수가 말해 주듯이 2012년 바이오테크와 제약회사들의 주안점은 C

---

49 화이자(Pfizer) 2012년 2분기 어닝콜 회의록(2012년 7월 31일).

50 자사주 매입으로 인한 이익을 계산하기 위해 보통 경영진은 P/E 비율의 역수인 이익수익률(Earnings Yield)을 사용한다. 만약 어떤 회사의 P/E 비율이 8배라면 예상 이익수익률은 12.5%(1/8)인 것이다.

51 2011년 10월 3분기 어닝콜에서 발표가 이루어졌다.

52 '브랜드 제네릭(branded generics)'이란 특허를 상실한 의약품들의 새로운 제형을 말한다. 예를 들어, 제네릭 의약품 제조사(원개발사 제외)는 특허를 상실한 의약품들의 일반 복용법을 장기 복용법으로 변경하여 새로운 제형을 개발할 수 있다. 따라서 제네릭 의약품 제조사는 장기 복용으로 제형이 변경된 의약품을 원 의약품의 복제약보다 더 높은 가격에 판매할 수 있는 것이다.

53 주식분할 후 구 애보트 주식은 제약 사업부의 상실이 반영되어 주가가 하락하고 애브비 주식은 독립 회사로서의 가치가 주가에 반영되어 거래되기 시작한다. 두 회사들의 가치는 분할 전 애보트의 회사 가치와 비슷해야 할 것이다. 투자자들이 분리된 각 회사의 강점과 재무제표들을 볼 수 있기 때문에 애보트의 이사회와 경영진 그리고 주주들은 별도로 분리된 두 회사들의 가치가 애보트의 예전 주가보다 훨씬 높아지기를 바라고 있다.

형 간염 치료였다. HIV 치료제 전문 대형 바이오테크 회사 길리어드 사이언스 (NASDAQ: GILD)가 110억 달러에 파마셋을 인수할 계획을 2011년 11월에 발표하면서부터 제약회사들의 M&A 활동이 시작되었다(인수 가격은 길리어드의 인수 발표 전 파마셋의 주가의 89%의 프리미엄이 붙은 가격이었다). 길리어드는 HIV에서 의료 수요가 높은 160억 달러 규모의 C형 간염 시장으로 다각화를 꾀했다.[54] 길리어드 경영진은 파마셋의 대표 의약품인 PSI-7977 가 임상 개발 중인 C형 간염 치료제들 중 가장 유망한 의약품으로 평가했다. 얼마 안 가서 2012년 1월, 브리스톨 마이어스 스퀴브는 25억 달러(무려 180%나 되는 인수 프리미엄)에 인히비텍스(Inhibitex)를 인수할 것이라고 발표했다. 인히비텍스 또한 당시 2상 임상 개발 중이었던 C형 간염 약물을 보유하고 있었는데 불행히도 나중에 심각한 안전성 문제가 제기되었다.[55] 따라서 현재 길리어드와 애보트가 2상 임상 개발에서 가장 주목받는 C형 간염 치료 요법을 보유하고 있다는 것이 우리의 의견이다. 이러한 신약 개발의 긍정적인 결과 또는 결과에 대한 기대로 인하여 애보트의 P/E 비율은 2012년 주당이익 5.06달러의 2배인 14로 확대되었는데 이는 시장과 제약산업의 P/E 평균을 상회하는 수치이다. 그림 19.19와 19.20을 살펴보자.

---

54 Krauskopf, Lewis and Anand Basu. "Gilead Bets $11 billion on Hepatitis in Pharmasset Deal." Reuters, 21 Nov. 2012.

55 2012년 8월 브리스톨 마이어스 스퀴브는 심각한 심장질환 문제로 인해 HCV 뉴클레오타이드에 대한 임상을 중단한다고 발표했다. 이날 길리어드(+6.8%)와 애보트(+0.36%)는 해당 뉴스에 모두 상승세로 장을 마친 반면 S&P 500 헬스케어 부문(S&P 500 Healthcare Sector)은 1% 정도 하락했다.

그림 19.20 업데이트된 과거 P/E 멀티플 차트

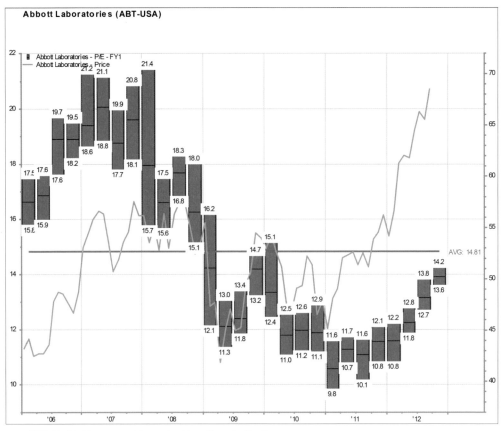

출처: *FactSet Estimates and Interactive Data Corp via FactSet*

그림 19.20을 보면 P/E가 2011년 1월 10.1배에서 현재 14.2배까지 확대되었음을 알 수 있다. 높은 P/E는 주가 강세에 힘입어 확대된 것으로 회색선이 이를 나타낸다. 현재 P/E(14.2배)는 5년 평균인 14.81배(빨간색 선)와 거의 비슷한 수준이다. 고점 배수는 여전히 21.4배지만, 저점 배수는 현재 9.8배(2011년 1분기)로, 처음 상/하방 비율을 계산할 때 사용한 10.1배를 약간 밑도는 수준이다.[56] 현재 주식이 72.05달러에 거래되고 있는 상황(그림 19.18 참조)에서 고점 배수는 +36

---

56 초기 분석(2011년 1월) 당시, 저점 P/E는 10.1배였다. 2011년 1분기에 P/E가 추가로 축소되어 현재 저점 P/E인 9.8배까지 감소했다.

달러 또는 +50%의 상승여력(업사이드)을 의미한다. 반면에 저점 배수는 -22달러 또는 -31%의 하방위험(다운사이드)을 암시한다. 따라서 상/하방 비율은 2:1 미만 이며 여전히 좋은 비율이지만 2011년 1월에 비하면 훨씬 덜 매력적이다. 계산은 다음과 같다.

고점배수를 사용한 예상주가 (Expected Stock Price Using Peak Multiple)	=	2012년 EPS 추정치	x	고점 P/E
	=	$5.06	x	21.4x
	=	$108.28		

저점배수를 사용한 예상주가 (Expected Stock Price Using Trough Multiple)	=	2011년 EPS 추정치	x	저점 P/E
	=	$5.06	x	9.8x
	=	$49.59		

우리는 위의 밸류에이션 분석에서 과거 P/E의 고점과 저점을 사용했다는 점을 주목해야 한다. 과거 P/E의 저점에 대하여 특별한 것은 없다. P/E는 과거 고점 이나 저점보다 높거나 낮을 수 있으며, 가까운 미래에 과거의 최고치에 도달하지 못할 수도 있다. 그러나 최근 P/E의 고점과 저점이 합리적으로 보이는 이상 이러 한 수치들은 주가의 밸류에이션 프레임워크(valuation framework)를 제공하는 데 유용하다.

위에서 언급한 것처럼 애보트 주식의 현재 P/E는 2012년 EPS 추정치의 14.2 배에 거래되고 있으며 제약산업 평균을 상회하고 있다(제약산업 평균 10.3배). 컨 센서스 장기성장률 수치는 2011년 1월 10.1%에서 8.7%로 감소했지만 제약산업 평균인 4.4%보다 여전히 높다. 애보트 주식과 제약산업 그룹의 주가수익성장비율 (PEG)은 각각 1.6과 2.3이다.

$$PEG_{애보트} \quad = \quad \frac{\text{P/E 비율}}{\text{EPS 성장률}} \quad = \quad \frac{14.2}{8.7} \quad = \quad 1.6$$

$$PEG_{제약산업} \quad = \quad \frac{\text{P/E 비율 평균}}{\text{EPS 성장률 평균}} \quad = \quad \frac{10.3}{4.4} \quad = \quad 2.3$$

애보트의 PEG 비율과 제약산업 그룹의 PEG 비율의 스프레드는 좁아졌지만, 각각의 성장률을 위의 공식에 대입해 보면 애보트의 P/E 비율이 제약산업 그룹에 비해 여전히 합리적인 수치임을 보여 준다.

그 외 밸류에이션 지표들이 지나치게 고평가된 것은 아니지만 밸류에이션을 감안할 때 주식을 보유하는 것에 대해서 강한 논거가 없음을 나타낸다. EV/EBITDA는 현재 9.7배로 2011년 1월의 7.9배보다 높은 반면 5년 평균인 10.0배와 일치한다. 마찬가지로 현금흐름 수익률은 현재 9.1%로, 5년 평균인 8.5%에 근접하고 있다. 밸류에이션 지표는 그림 19.21에 요약되어 있으며, 이는 현재 회사의 밸류에이션이 우리가 기업분석을 처음 시작한 2011년 1월과 어떻게 비교되는지에 대한 관점을 제공한다.[57]

---

57 19장 앞부분에서 여러 지면을 통해 밸류에이션 지표별 계산들을 이미 살펴보았기 때문에 계산 없이 밸류에이션 지표를 수록하였다.

그림 19.21 밸류에이션 지표 비교

	2011년 1월	2012년 10월 현재
과거 52주 주가 퍼포먼스 (Past 52 week Performance)	-14%	+35%
52주 범위 (52-week range)	52주 최저가보다 +5% 이상 52주 최고가에서 -15% 이하	52주 최저가에서 +40% 이상 현재 52주 최고가 (2011년 1월 이후 주가는 시장보다 43%를 상회함)
상대적 강도 (Relative Strength)	(1) 투자자들의 제약산업 이탈과, (2) 휴미라와 화이자의 토파의 잠재적인 경쟁으로 인해 주가가 시장과 산업을 하회	스프레드가 역전됨 (1) 특허절벽 이후 제약산업 리레이팅 (2) 곧 있을 기업분할 (3) C형 간염 유망 치료 요법으로 인해 현재주가가 시장과 동종기업 그룹을 상회함
5년 P/E 범위 기준 주가의 업사이드/다운사이드 (Upside/downside based on 5 years P/E range)	최소 5:1 (전저점 및 전고점을 기준으로 할 경우 훨씬 높음)	전저점 및 전고점 기준 2:1 미만

	2011년 1월	2012년 10월 현재
비교 (Comps)	P/E 비율 1분기 EPS의 10.1배, 동종기업 그룹과 일치 동종기업 PEG 2.3 대비 PEG 1.0, 높은 장기성장률을 나타냄	P/E 비율·1분기 EPS의 14.2배, 동종기업 그룹 P/E 보다 높음 PEG 1.6, 동종기업 그룹과 일치
EV/EBITDA	EV/EBITDA 비율은 8배로 5년간 가장 낮은 수치임	EV/EBITDA 비율은 현재 9.7배로 2011년 1월 8.5배보다 높지만 여전히 5년 평균 (10배)을 밑돌고 있음
현금흐름수익률 (Cash Flow Yield)	5년 평균 7.8% 대비 10%에 가까운 현금흐름수익률 제공	현재 9.1%의 현금흐름수익률을 제공하며 5년 평균 8.5%에 근접하고 있음

이러한 비교를 바탕으로 애보트의 주식은 현재 '적절한 가격(fairly priced)' 또는 '약간 저평가(modestly undervalued)' 것처럼 보이지만, 주가가 더 이상 '상당히 싸게(compellingly cheap)' 보이지는 않는다. 물론, 이 결론은 우리가 여기서 제시한 가설들을 바탕으로 하며 다른 투자자들은 우리와는 다른 결론에 도달할 수 있다.

펀더멘털 업데이트 (Fundamentals Update)

애보트의 2011년 실제 매출 및 이익성장률은 당초 예상보다 다소 높았다. HUMIRA에 의해 10.5%의 매출이 증가했고 이익률이 확대되었으며, EPS는 4.67달러로 12% 가까이 증가했다(초기 컨센서스 추정치 4.58달러 대비). 월 스트리트는 애보트의 더 높은 매출과 이익 기반을 바탕으로 매출이 2.3%, EPS가 8% 상승하여 2012년에는 5.06달러에 이를 것으로 예상한다. 성장세가 더딘 것은 트리코르(콜레스테롤 치료제)의 특허 보호 상실과 메드트로닉(Medtronic, NYSE: MDT)의 레솔루트(RESOLUTE) 스텐트와의 새로운 경쟁으로 인해 자이언스의 매출 감소 때문이다. 현재 월 스트리트의 장기성장률 추정치는 8.7%이다.[58]

그림 19.22 업데이트된 재무비율 분석

	5년평균 (2007-11)	2011A	2012E
성장성 (Growth)			
매출성장률 (Revenue Growth)	+11.6%	+10.5%	+2.3%
주당이익성장률 (EPS Growth)	+13.1%	+11.9%	+8.4%
수익성 (Profitability)			
자산이익률 (Return on Assets)	28%	30%	29%
자기자본이익률 (Return on Equity)	12%	12%	12%
레버리지 (Leverage)			
총부채비율 (Total Debt Ratio)	29%	26%	27%
유동성 (Liquidity)			
유동비율 (Current Ratio)	1.5x	1.5x	1.7x
당좌비율 (Quick Ratio)	1.3x	1.3x	1.5x

출처: *FactSet*

애보트는 계속해서 높은 수익을 올리고 있다. 2012년 자기자본이익률(ROE)은 27%로 5년 평균인 28%에 근접할 것이다. 마찬가지로 2012년 총자산이익률(ROA)은 약 12%로 2011년과 동일하며 과거 5년 ROA 평균인 11%를 약간 상회할 것이다.

애보트의 레버리지 비율은 26%의 총부채비율로 측정되는데 최근 인수 관련 부

58　출처: FactSet Estimates

채를 상환함에 따라 감소했다. 부채의 상환에 따른 이자비용의 감소는 위에서 설명한 이익 성장을 뒷받침하는 데 도움이 된다. 1.5의 유동비율과 1.3의 당좌비율은 애보트의 유동성이 여전히 건전하다는 것을 증명한다.

촉매/리스크 업데이트 (Catalysts/Risks Update)

그림 19.23은 2012년 10월 15일 현재 애보트의 촉매 캘린더이다.

그림 19.23 촉매 캘린더(Catalyst Calendar, 주요 이벤트 일정)

예상 날짜	촉매(Catalyst)
10월 17일	인수 발표 관련 정보 투자자들에게 배포
10월 17일	2012년 3분기 영업실적
10월 22일 ~26일	관상동맥 중재 시술 (TCT, transcatheter cardiovascular therapeutics) 컨퍼런스 – 애보트의 혈관 부문에 경쟁을 암시할 수 있는 대규모 심혈관 컨퍼런스
11월 9일 ~13일	미국 간학회 (AASLD) 미팅 – 애보트의 경쟁사인 길리어드는 C형 간염 치료 요법에 대한 상세한 정보를 제공할 예정임
11월 21일	휴미라의 잠재적인 경쟁 의약품인 화이자 토파(경구용 류마티스 약물)에 대한 인허가 결정, 이에 세 가지 결과가 있을거라는 게 우리의 의견임: 1) 토파가 거부되거나 지연되면 긍정적, 2) 토파의 적용이 제한될 경우 중립적, 3) 토파가 광범위한 라벨로 2차 요법 사용이 승인되는 경우 부정적

회사에 영향을 미치는 위험 요인들은 다음과 같다.

(1) 휴미라의 매출 성장 감소

(2) 회사 분할의 연기 또는 부정적인 개발

(3) C형 간염 치료 요법, 바독솔론(종양 치료 의약품) 및 기타 파이프라인 자산에 대한 임상적 차질

(4) 규제 역풍과 미국의 건강보험 개혁법(오바마 케어)

(5) 거시경제적 불확실성(유럽의 긴축정책과 높은 실업률의 영향으로 인한 미국 시장의 이용추세)

투자 결정 (Investment Decision)

투자자들은 '좋은 회사(good company)'와 '좋은 주식(good stock)'을 구별할 필요가 있다. 이 시점에서 투자 결정은 1) 휴미라의 성장률, 2) 곧 있을 스핀오프 3) C형 간염 프랜차이즈에 대한 투자자의 전망에 따라 좌우될 것으로 보인다. 애보트 주식이 지난 20개월 동안 강세를 보였고 S&P 500 지수에 비해 주가의 퍼포먼스가 크게 앞섰다는 점을 고려할 때, 우리의 의견은 보유 포지션의 전부 또는 일부를 매도하여 이익을 실현하고 앞서 다룬 문제들이 좀 더 명확해질 때까지 기다리는 것이다. 투자업계에서는 이를 '강세에 매도한다(selling on strength)'고 한다. 애보트의 펀더멘털은 여전히 견고하지만, **우리가 세운 가설들에 의하면** 밸류에이션은 예전만큼 매력적이지 않다. 또한 기업분할 발표와 C형 간염 치료법의 미래에 대해 다소 높은 불확실성이 존재한다(2005년 Xinlay의 승인 불허가 주가에 미친 영향 - 그림 19.10 참조).

투자 결정을 내리기 전에 "어디서 잘못될 수 있는가(Where could we be wrong)"를 묻는 것이 중요하다. 이런 과정에서 회사 관련 촉매들과 위험들을 살펴보는 것이 도움이 된다. 단기적으로 두 가지의 잠재적인 긍정적 촉매들이 강조되어야 한다. 경영진이 세부적으로 공시한 기업분할 후의 애브비와 애보트, 두 회사들의 이익률과 배당 등이 시장의 예상을 초과할 경우 주가는 상승할 가능성이

높다. 이 정보는 이르면 이달 말 3분기 어닝콜에 나올 수 있다. 또한 회사의 C형 간염 프랜차이즈의 긍정적인 임상개발은 간염 시장의 규모를 고려할 때 주가를 끌어올릴 것이다. C형 간염 정보에 대해 다음으로 유력한 데이터 포인트는 11월 9일부터 13일까지 열리는 미국 간학회(American Association for the Study of Liver Diseases, 줄여서 AASLD) 회의에서 발표될 것이다. 오늘(10월 15일) 미국 간학회는 애보트의 AVIATOR[59] 연구 결과를 발표했는데 데이터(특히 환자 생존율)가 예상보다 좋아 보였고 관련 뉴스에 주가가 상승했다. 오는 11월 회의에서 발표될 모든 데이터가 긍정적일 경우 투자자들이 애보트의 C형 간염 완전 경구용 (all-oral) 치료제 매출 수치를 밸류에이션 모델에 반영함에 따라 주가는 계속 상승할 수 있다. 이러한 상승 촉매(upside catalysts)에도 불구하고, 회사에 영향을 미치는 요인들의 균형, 특히 우리의 가설(그림 19.19 참조)들에 따르면 밸류에이션이 그리 매력적이지 않다는 점이 보유 포지션을 축소해야 할 것임을 여전히 나타낸다.

마무리 코멘트 (Concluding Comments)

주식시장은 정보에 입각한 투자 결정을 내리기 위해 기업의 공개 정보를 분석하는 매수자와 매도자들로 구성된다. 애보트에 대해 우리의 판단이 올바른 결정일까? 오직 시간만이 말해 줄 것이다. 애브비와 애보트의 기업분할 이후 이익률과 세율, 배당 등에 대한 경영진의 전망이 시장의 예상을 상회한다면 주가는 계속해서 상승할 것이다. 마찬가지로 길리어드의 C형 간염 프로그램에서 제공한 데이터보다 애보트의 데이터가 상대적으로 더 나은 경우, 주가는 '갭상승(gap up)' 할 것이고, 우리의 매도 결정이 (적어도 단기적으로는) 나쁜 거래처럼 보일지 모른다.

---

59 의약품 연구는 단일 약품에 대한 여러 연구가 동시에 수행될 수 있기 때문에 보통 이름이나 약어가 부여된다.

이런 점에서 볼 때 우리뿐만 아니라 그 어떤 투자자들도 저점에 매수하거나 고점에 매도할 가능성은 낮다. 하지만 성공적인 투자자가 되기 위해 반드시 저점과 고점을 잡을 필요는 없다. 중요한 것은 매수하려는 회사 주식의 향후 전망을 철저히 분석하여 위험/보상 비율(risk/reward ratio)을 다른 투자기회들과 비교함으로써 일관되게 더 나은 투자 결정을 내릴 수 있고 이를 통해 투자 성과가 향상될 수 있어야 한다는 것이다. 이 점을 염두에 두고, 본 책 전반에 걸쳐 다룬 개념들의 적용이 여러분의 포트폴리오에 있는 주식들을 분석하는 데 도움이 되었기를 바란다. 19장의 분석은 헬스케어 회사에 초점이 맞춰져 있지만, 그 원칙들은 업종별 또는 지역별로 다양한 기업들에 적용될 수 있다. 우리는 여러분이 투자하려는 회사들을 평가할 때 이 책을 다시 참고하기를 권한다(그리고 실제 분석을 통해 더 나은 투자자가 되기를 희망한다). 실제 경험을 대체할 수 있는 것은 존재하지 않는다.

부록 공매도
SHORT SELLING

여러분이 주식을 매수하는 것은 주식의 주가 상승에 배팅하는 것이다(또는 롱 포지션을 취하는 것이다). 이는 단순히 여러분이 주식을 보유하는 것을 뜻한다. 주가가 상승하여 비싼 가격에게 주식을 매도하면 수익이 난다. 만약 주가가 매수 가격 이하로 하락하고 주식을 매도하면 손해를 본다. 따라서 주가가 상승할 것으로 예상할 때에만 롱 포지션(매수)을 취한다. 이것이 바로 투자자들이 **"싸게 사서 비싸게 팔아라(buy low and sell high)"**라고 말하는 이유다.

이 책이 주가가 잠재적으로 상승할 수 있는 주식들에 포커스를 맞추고 있는 반면, 하락하는 주식을 이용해서 돈을 벌 수 있다. 투자자가 기본적 분석을 통해 주가가 하락할 가능성이 있다고 판단하면 주식을 공매도 하여 돈을 벌 수 있는 것이다. '공매도(short selling)'란 향후 주식을 더 싼 가격에 다시 매수해서 이익을 챙길 목적으로 현재 보유하지 않은 주식을 매각하는 것을 말한다. 이를 위해서는 먼저 브로커로부터 주식을 빌린 후 현재 주가로 매도해야 한다. 투자자는 향후 어떤 시점에 처음 매도한 주식을 대체하기 위해서 같은 주식을 처음 매도한 가격보다 낮은 가격에 다시 매수하려 할 것이다. 만약 주식이 하락했다고 가정할 경우 투자자는 매수가격과 매도가격의 차액을 매매 차익으로 얻게 되는 것이다.

예를 들어 데스크톱 컴퓨터 회사인 DCI가 주당 30달러에 거래되고 있다고 가정해 보자. 여러분은 DCI 주식을 보유하고 있지는 않지만 태블릿 시장이 성장하면서 퍼스널 컴퓨터 추세 변화가 DCI의 실적과 주가에 부정적인 영향을 미칠 것으로 확신한다. 따라서 여러분은 증권계좌에 로그인하여 DCI 주식 10주에 대해 **공매도(sell short)** 주문을 넣는다. 즉 여러분은 DCI 주식을 보유하고 있지 않아도 DCI 주식 10주를 매도하려 하는 것이다. 여러분이 미보유 주식을 매도하기 위해서는 먼저 주식을 차입해야 하며 여러분의 주식브로커가 매도하려는 주식을 빌려줄 것이다. 이제 여러분의 증권 계좌에서 차입한 주식을 매도할 수 있게 되었다. 주식 10주를 주당 30달러에 총 300달러치의 주식을 공매도 했다고 가정해 보자. 여러분은 계좌에서 300달러를 인출할 수 없다. 브로커로부터 주식 10주를 빌렸기 때문에 매도 금액 300달러는 주식 대출의 담보로 브로커가 보유하게 되는 것이다. 이제 여러분의 예상대로 주가는 다음 4개월 동안 주당 20달러까지 하락한다고 가정해 보자. 이 시점에서 여러분은 공매도 포지션의 **청산(cover)**을 결정했다. 이를 위해 DCI 주식을 현재 주가인 20달러에 10주를 매수하고 매수한 10주로 처음에 빌린 10주를 대체해야 한다. DCI 주식은 현재 주당 20달러에 거래되고 있기 때문에 10주를 200달러에 매수할 수 있다. 처음에 10주를 공매도 했을 때 받은 300달러를 브로커가 보유하고 있기 때문에 브로커는 200달러를 사용하여 10주를 매입하고 나머지 100달러의 이익은 여러분의 계좌로 출금된다. 그리고 브로커는 여러분이 다시 매수한 주식 10주를 종전에 여러분에게 빌려준 주식 대신 보관한다.

공매도는 주가의 하락에 베팅하는 것이다. 물론 리스크는 여러분의 예상과는 반대로 주가가 상승한다는 것이다. 마찬가지로 여러분이 DCI 주식 10주를 주당 30달러에 공매도 했다고 가정해 보자. 하지만 이번에는 주가가 하락하지 않고 주당 45달러로 상승하게 된다. 여러분은 차입한 10주를 대체할 의무가 있지만, 이제 10주를 되사려면 450달러(10주 × 주당 45달러)가 든다. 따라서 여러분이 지금 공매도 포지션을 청산(short covering)하면 150달러를 잃게 된다. 즉, 여러분은 같은 주식을 300달러에 매도하여 450달러에 다시 매입하게 된 것이다. 만약 주식이 50달러로 상승한다면, 여러분이 주식을 다시 매입하는 데 더 많은 비용이 들 것이고 손실은 더욱 커질 것이다. 이론적으로 공매도에서 손실이 얼마나 발생할지는 제한이 없다. 반대로 여러분이 주식을 매수하고 주가가 0이 된 경우 최대 손실은 여러분이 주식을 매수한 금액이다.

주가의 상승 위험 때문에 공매도를 하기 위해서는 **증거금 계좌(margin account)**가 필요하다. 연방법에 따르면 투자자는 브로커로부터 공매도를 위해 빌린 주식을 다시 매수하는 데 필요한 자금을 확보하기 위해 일정 금액의 현금(또는 유가증권)을 증권 계좌에 보관해야 한다. 이를 **증거금률(margin requirement)**이라고 한다. 주가가 상승하면 주식을 매수하는 데 드는 비용이 처음 주식을 빌려서 매도한 가격보다 높아진다. 빌린 주식을 대체하는 데 필요한 주식 매입 비용이 여러분의 계좌에 있는 현금과 유가증권의 일정 비율을 초과하면 **마진콜(margin call)**을 받게 되며 여러분은 계좌에 현금 또는 유가증권을 추가하여 증거금률을 다시 충족시켜야 한다. 여러분은 여러분의 계좌에 현금을 추가로 입금하거나 유가증권을 추가함으로써 증거금률을 충족시킬 수 있다. 만약 여러분이 충분한 현금이나 유가증권을 예치하여 마진콜을 충족할 수 없는 경우 브로커는 재량에 따라 반대매매를 할 수 있다. 즉, 브로커는 처음 여러분에게 빌려준 주식을 매수하기 위해 여러분의 증권계좌에서 매수 주문을 실행한다. 브로커는 주식 대금을 지불하기 위해 여러분의 증권계좌에 있는 현금(차입한 주식의 매각 대금 포함)을 사용하거나 보유 중인 다른 주식이나 그 외 유가증권들을 매각하여 빌려준 주식의 매수 금액을 마련하는 데 필요한 자금을 조달할 수 있다. 만약 여러분이 공매도한 주식을 다시 매수하는 데 드는 비용이 여러분의 계좌에 있는 현금과 유가증권의 가치보다 클 경우, 여러분은 차액에 대한 책임을 지게 된다.

투자자들이 주의 깊게 보는 지표는 **공매도 잔량(short interest)**이다. 공매도 잔량이란 어느 특정 시점에 공매도 주식수를 총유통주식수로 나눈 비율로 말한다. 어떤 기업의 주식에 상당한 공매도 포지션(short position)이 있는 경우, 투자자들은 이를 낙관적 또는 비관적으로 해석할 수 있다. 먼저 비관적으로 해석하는 이유는 큰 물량의 단기 숏포지션은 전문투자자(sophisticated investor)들을 비롯한 많은 투자자들이 앞으로 일어날 문제들을 미리 예상하고 있다는 것을 시사한다. 반면 낙관적으로 해석을 하는 경우는 그동안 공매도 되고 있던 모든 주식이 결국 다시 매입되어 주가가 상승할 거라 예상하는 것이다. 이는 회사가 좋은 소식을 전할 때 특히 그러하며, 공매도 투자자들은 주가가 상승하기 전에 **공매도 포지션을 청산(cover the shorts)**하기 위해 서두를 것이다. 이러한 매수 러시를 **숏스퀴즈(short squeeze)**라고 부르며 이로 인해 주식이 급등할 수 있다.[1]

Review: 공매도는 투자자들이 하락한 주식에서 이익을 얻을 기회를 제공한다. 특히 지금 널리 알려지지 않은 회사에 대한 나쁜 소식이 향후에 알려졌을 때 주가의 하락 가능성을 미리 예상할 수 있다면, 주식을 공매도 하는 것이 좋다. 예를 들어, 투자자들이 DCI의 실적이 최근의 PC 매출 감소세로 인해 컨센서스 추정치를 하회할 것이라 예상한다면, DCI의 주식은 공매도 하기 좋은 대상일 것이다. 투자자가 주식을 공매도 하는 또 다른 이유는 시장 전체의 하락을 예상할 수 있기 때문이다. 시장 전체의 하락은 대부분의 주식(특히 P/E 멀티플이 높은 주식)들을 하락하게 만든다. 따라서 P/E가 높은 주식의 공매도는 시장의 조정(pull back)을 기대하는 투자자들에게 좋은 전략이 될 수 있다. 또한 투자자들은 S&P 500 지수의 퍼포먼스를 추종하는 SPDR S&P 500(기호: SPY) 같은 ETF를 공매도 함으로써 '시장 전체를 공매도(short the market)' 할 수도 있다. 투자자들이 공매도를 하는 세 번째 이유는 공매도가 헤징(hedging) 전략의 일부이기 때문이다. 그러나 이러한 공매도 활용은 옵션(options)과 같은 파생상품(derivative instruments)의 거래를 포함하는 경우가 많으며 파생상품에 관한 내용은 이 책의 범위를 벗어난다.

공매도는 매우 위험한 전략이다. 우리는 독자 여러분이 이 책에서 다루는 공매도에 관한 내용보다 훨씬 많이 알고 수년간의 투자 경험이 없는 이상 공매도를 하지 말 것을 권한다.

---

1 역자의 해설: 2021년 1월, 비디오 게임 전문 리테일 회사인 게임스탑(Game Stop, NYSE: GME)의 주식에 숏스퀴즈가 발생하여 2020년 12월 말 10달러 후반대였던 주가가 무려 300달러까지 폭등하였으며 게임스탑 주식을 공매도 한 투자자들은 대규모 손실을 감내해야 했다.

용어사전
GLOSSARY

ㄱ

가속(Acceleration). 전체 대출이 즉시 상환될 수 있게 만드는 과정이다.

가속상각법(Accelerated depreciateion). 자산이 초기에 더 많이 감가상각 되고 말년에 더 적게 감가상각 되는 방법.

간접비용(Overhead costs). 제품을 만드는 데 직접적으로 기인하지 않는 비용.

감가상각(Depreciation). 고정자산의 마모를 반영하는 비용.

감가상각누계액(Accumulated depre ciation). 총 공장 및 장비 계정의 모든 자산이 여러 해 동안 감가상각 된 총액 또는 단일 자산이 여러 해 동안 감가상각 된 총액을 말함.

감액(Write down). 일반적으로 대차대조표 상의 일부 자산의 가치를 감소시키고 감소 금액을 비용으로 추가하는 것을 말한다. 감가상각 또한 자산을 감액하는 것이다. 특히 자산가치의 예기치 못한 변동에 대응하여 자산의 가치를 크게 감소시키는 것을 언급하는 경우가 많다. 오래된 재고는 판매가 가능한 저가로 감액되거나 0으로 전액 감액될 수 있다. 더 이상 사용되지 않는 도구나 장비는 폐기 가치로 감액된다.

감액손실(Write off). 일반적으로 감가상각을 통해서 몇 년에 걸쳐 점진적으로 원가를 지출로 처리하는 것이 아니라, 원가를 바로 한꺼번에 지출 처리하는 것을 말한다. 넓게 말해서 모든 원가를 지출로 처리하는 것을 말한다.

개인기업(Sole proprietorship). 개인이 운영하고 아직 법인화되지 않은 사업체.

거래가능주식(Float). 시장에서 공개적으로 거래되고 회사의 임원이나 이사 또는 회사 총 주식의 10% 이상을 보유한 투자자가 보유하지 않은 총유통주식수.

고가주식(Overpriced stock). 주가가 너무 높고 하락할 가능성이 높은 주식. 투자자가 P/E 비율이 너무 높거나 실적이 예상외로 하락할 가능성이 높다고 생각하기 때문임.

고정비레버리지(Fixed Cost Leverage). 고정비용이 발생하는 회사의 매출의 증가로 인한 이익률(마진) 확대.

고정비상환비율(Fixed Charge Coverage). 이자보상비율과 유사하지만 고정 임대료 같은 기타 비용 또한 고려한 비율.

공매도(Short selling). 보유하지 않은 주식을 차입하여 매각하는 행위를 말함. 일반적으로 차입한 주식의 매각 가격보다 낮은 가격에 같은 주식을 다시 매입하여 차입한 주식과 교환하고 차액을 이익으로 남긴다.

공모(Public offering). 일반적으로 등록된 주식이나 채권을 신주모집 또는 구주매출 형태로 매각하는 것을 말함. 하지만 대체로 공모는 신주모집을 일컫는 경우가 많음.

구조조정비용(Restructuring cost). 기업이 사업부를 매각 또는 폐쇄하거나 그 외 변경 사항이 있는 경우 발생할 수 있는 감액손실.

구주매출(Secondary offering). 투자자들 간 이미 발행(시장에 유통되고 있는)된 주식을 사고파는 거래, 주식을 매각하는 투자자는 돈

을 받게 됨. 'Secondary'는 2차를 뜻하는데
이 **2**차라는 단어 때문에 구주매출(Secondary
offering)을 IPO 이후의 추가적인 신주모집
(Primary Offering)으로 잘못 해석하는 경우
가 많음. 후속공모(follow-on offering) 참고.

균등한(Ratably). 매년 같은 금액.

금고주(Treasury stock). 기업이 주주들로부
터 매입한 자사주. 금고주는 더 이상 회사의
일부에 대한 소유권을 나타내지 않는다.

기간비용(period expense). 완제품의 판매여
부와 관계없이 원가가 발생한 기간의 매출에
서 정기적으로 차감되는 비용.

기명채권(Registered bond). 투자자의 이름
이 기록된 채권으로 분실 위험이 없음.

기본주당이익(Basic earnings per share).
실제 순이익을 연말 기준 보통주 유통주식수
(보통주로 전환될 수 있는 전환사채는 제외)
로 나눈 이익.

기업공개 또는 IPO(Initial public offering).
처음으로 주식이 대중에 매각되는 것.

ㄴ

납입자본(Paid-in capital). 주주들이 주식을
대가로 회사에 투자한 금액.

내부자 또는 인사이더(Insider). 일반 대중에
게 알려지지 않은 회사에 대한 정보에 접근
할 수 있는 사람.

노동집약적 기업(Labor intensive companies).
인건비가 전체 비용의 상당 부분을 차지하는
회사.

누락(Omission). 배당의 미지급.

누적적우선주(Cumulative preferred stock).
우선주의 배당을 1분기 이상 누락한 경우 과
거 누락한 우선주의 배당(연체금)이 모두 지
급될 때까지 보통주의 배당을 할 수 없다고
명시한 우선주.

ㄷ

단기부채(Short-term debt). 1년 내 상환되
어야 하는 부채.

당좌비율(Quick ratio). 유동자산에서 재고
를 뺀 값을 유동부채로 나눈 비율.

대차대조표(Balance sheet). 보유 자산과 부
채, 최초 회사에 투입된 자금(또는 자본), 회
사가 벌어들인 이익을 나타내는 특정 시점
회사의 재무 상태를 반영하는 재무제표.

독립이사(Independent Directors). 회사 경
영진이 아닌 이사회 구성원.

등록신고서(Registration statement). 회사
가 주식이나 채권을 공모하기 전에 증권거래
위원회(SEC)에 제출해야 하는 서류.

디폴트 또는 채무불이행(Default). 회사가
이자를 지급하지 않거나, 감채기금을 상환하
지 않거나 만기일에 상환해야 하는 금액을
지불을 하지 않거나 채권약정서의 제한규정
들을 위반한 경우.

ㄹ

레버리지(Leverage). 부채를 지칭하는 용어.

레전드(Legend). 주식이 등록되지 않았으므로 등록신고서(또는 등록 면제)가 발효되지 않는 이상 재판매될 수 없음을 설명하는 주식 증서에 찍힌 진술서.

리밋주문(Limit order). 투자자가 일정 가격 이하의 주식만 매입하거나 일정 가격 이상의 주식을 매도하는 것을 주문하는 것을 말함.

리셋채권(Reset bonds). 특정 시점에 어떤 이유로 인해 쿠폰금리가 변할 것을 명시한 채권.

ㅁ

마켓사이즈(Market size). 마켓메이커(증권 거래소나 대형 은행)가 매도호가와 매수호가에 따라 주식을 매수 또는 매도하는 주식 거래량.

만기(Maturity). 채권발행자가 채권을 상환해야 하는 날짜.

만기수익률(Yield to maturity). 연간 쿠폰과 채권에 대해 지불한 금액과 만기일의 액면가의 차이에서 발생하는 자본손익을 모두 반영한 채권수익률.

만기일시상환 또는 벌룬페이먼트(Balloon payment). 장기 대출의 상환을 완료하기 위해 큰 규모의 금액을 지불하는 것(예: 최종만기일에 남은 채권의 상환).

매입소각(Optional Redemption). 회사의 정관에 따라 언제든지 우선주를 상환할 수 있는 권리.

매입채무(Accounts payable). 회사가 자재나 서비스 공급업체들에게 지고 있는 채무.

매출대비매출채권비율(Accounts receivable-to-sales ratio). 매출채권을 매출로 나눈 비율

매출대비재고비율(Inventory-to-sales ratio). 재고를 매출로 나눈 값. 판매대비재고비율이라고도 함.

매출수익률(Return on sales ratio). 이익을 매출로 나눈 수익률. 순이익률과 동일.

매출원가(Cost of goods sold). 판매된 제품에 들어간 원가, 여기에는 재료비, 인건비 및 기타 비용이 포함될 수 있음.

매출채권(Accounts receivable). 회사가 거래처로부터 지급받아야 하는 돈.

매출채권회전율(Accounts receivable turnover). 매출을 매출채권으로 나눈 값.

매출채권회전일수(Days sales in receivables). 365일을 매출채권회전율로 나눈 일수.

매출총이익(Gross Profit). 매출에서 매출원가를 차감한 이익.

매출총이익률 또는 그로스마진(Gross Margin). 총이익을 매출로 나눈 이익률.

모기채채권(Mortgage bonds). 하나 이상의 특정 자산이 채권보유자에게 담보된 채권.

무기명채권(bearer bonds). 채권의 실소유자에게 귀속되는 채권.

무형자산(Intangible asset). 특허, 브랜드명 또는 저작권과 같은 물리적 자산이 아닌 자산.

미증권법144 조항(Rule 144). 미등록 주식을 보유한 주주가 특정 상황에서 등록 절차를 거치지 않고 주식을 일반 대중에 매각할 수 있도록 하는 규칙.

미증권법144A 조항(Rule 144A). 미등록 주식을 대형 전문 투자 기관들에 매각을 허용

하는 규칙.

ㅂ

반희석증권(Anti-dilutive issue). 전환으로 인해 EPS가 증가하는 전환사채.

발행주식(Issued stock). 회사가 매각(또는 양도)한 주식수. 발행주식은 유통주식 또는 회사가 매입한 자사주를 포함.

배당금(Dividends). 회사의 결정에 따라 회사의 이익에서 주주들에게 지급하는 돈.

배당성향(Dividend Payout Ratio). 주당배당금을 주당이익으로 나눈 값.

배당수익률(Dividend Yield). 투자자가 지급받는 배당금을 주식가격으로 나눈 수익률. 보통 연간 수익률로 표시됨.

백엔드로드(Back-end load). 투자자가 뮤추얼 펀드를 탈퇴할 때 지불하는 수수료.

베이비본드(Baby bond). 액면가 1,000달러 이하인 채권.

베이시스포인트(basis point). 채권금리와 수익률을 나타내는 데 사용되는 단위로 1%의 1/100을 뜻함. 즉 0.01%를 1 베이시스포인트(bp)라 함.

변동금리부채권(Floating rate notes). 다른 특정 시장 금리에 따라 변동하는 쿠폰을 지급하는 채권.

보증상환일(Guaranteed Redemption Date). 발행된 우선주 또는 우선증권이 반드시 상환되어야 하는 날짜. 보증상환일이 지나면 우선주는 배당을 지급받을 권리를 상실함.

보통주(Common stock). 회사의 소유권 지분을 나타내며 주주에게 투표권을 부여하는 증서.

보통주당 장부가치(Book value per common share). 장부가치를 보통주 유통주식수로 나눈 값.

보통주등가물(Common stock equivalents). 어느 시점에 보통주로 전환될 가능성이 있다고 간주되는 전환사채 또는 전환우선주 또는 기타 유가증권.

보통주 수익률(Yield on a common stock). 배당을 주식가격으로 나눈 값.

부채(Liabilities). 회사가 지고 있는 채무를 반영하는 대차대조표 카테고리.

분배(Distribution). 정기적(분기별)으로 신탁우선주 보유자에게 지급되는 금액. 채권의 쿠폰이나 우선주의 배당금과 유사함.

불릿(bullet). 감채기금이 없고 최종만기에 완전히 상환되는 채권.

비누적적우선주(Noncumulative preferred stock). 우선주배당금 지급이 누락되었다가 재개된 경우 보통주배당 재개를 위한 연체금 지급을 요구하지 않는 우선주임.

비상장기업(Private company). 주식이 증권거래위원회(SEC)에 등록되거나 대중에게 판매된 주식이 없는 회사. 보통 소수의 투자자들만 주식을 보유하며 재무제표를 발행하거나 SEC에 보고할 의무가 없음.

비용(Expense). 순이익에 도달하기 위해 매출에서 차감되는 모든 금액. 비용은 항상 원가를 반영하며 원가는 다른 연도에 발생했을 수 있음.

비현금성지출(Non-cash expense). 이익을 계산 시 연중 매출에서 차감되는 현금의 유출을 반영하지 않는 비용. 감가상각비용은 비현금성 지출에 해당한다.

ㅅ

사외이사(Outside Directors). 독립 이사 참조.

사채(Debenture). 특정 자산에 의해 담보되지 않는다는 점을 제외하고 채권과 매우 유사한 대출.

산성시험비율(Acid test ratio). 유동자산에서 재고를 뺀 금액을 유동부채로 나눈 비율.

상각(Amortization). 전년도에 발생한 원가를 이연비용으로 처리하는 것.

상장기업(Public company). 증권거래위원회(SEC)에 자사 주식의 일부 또는 전부를 등록하고 등록된 주식을 대중에게 판매하는 회사.

상환(Redemption). 채권이나 우선주를 발행한 회사 또는 수탁자에게 채권증서 또는 우선주 증서를 반환하고 그 대가로 원금을 회수하는 것을 말함.

상환일(Redemption Date). 우선주 또는 우선증권이 발행한 회사에 의해 상환되는 날짜. 보증 상환일(guaranteed redemption date)과 선택적 상환일(optional redemption date)이 있음.

선입선출법(FIFO inventory accounting). 처음 입고되는 재고가 가장 먼저 판매되는 것으로 가정하는 재고회계법.

세전이익률(Pretax profit margin ratio). 세전이익을 총 매출액으로 나눈 값.

소유분산기업, 널리 보유된 주식(Widely held company or stock). 다수의 투자자들이 주식을 보유하고 있는 회사. 다수지배 상장기업 또는 주식이 널리 보유된 상장기업을 말함.

손익계산서(Income statement). 회사의 매출, 비용, 그리고 이익 및 손실 등을 보여 주는 재무제표.

수의상환가격(Call price). 회사가 수의상환 요구조항에 따라 채권을 조기 상환하는 경우 채권보유자에게 지급해야 하는 금액. 수의상환가격에는 액면가에 콜프리미엄이 포함된 경우가 많음.

수의상환금지채권(Noncallable bond). 현시점에서 수의상환이 불가능한 채권.

수의상환기능(Call feature). 수의상환조항(call provision) 참고.

수의상환보호 또는 콜보호(call protection). 채권의 수의상환을 제한하는 요구조항.

수의상환수익률(Yield to call). 수의상환수익률은 채권의 액면가 및 최종만기일이 아닌 채권의 옵션행사가격과 옵션 만기를 사용한다는 점을 제외하고는 만기수익률과 유사한 채권수익률이다.

수의상환일(Call date). 회사가 만기 전 채권을 임의로 상환할 수 있는 날짜.

수의상환조항(Call provision). 회사가 만기 전에 채권을 언제, 얼마의 가격으로 채권을 조기상환 할 수 있는지를 나타내는 채권약정서의 한 부분.

수의상환채권(Callable bond). 채권발행사가 옵션을 행사하여 조기상환 할 수 있는 채권.

수의상환 프리미엄 또는 콜프리미엄(Call premium). 채권발행자(채권발행회사)가 원금 또는 감채기금의 만기를 앞두고 채권을 조기상환했을 때 채권보유자에게 지급하는 추가금.

수익(Return). 기업의 이익을 말하거나 주가 상승이나 배당을 통한 주주의 이익을 말함.

수익력(Earnings power). 모든 것이 순조롭게 진행될 경우 회사가 창출할 수 있는 가장 높은 예상 이익.

수익률(Yield). 투자자가 매입한 채권이나 주식의 가격에 대한 이자 또는 배당수익을 백분율로 환산한 비율.

수익률 스프레드(Yield spread). 서로 다른 두 채권(또는 기타 증권) 간의 수익률 차이.

순유형자산(Net plant and equipment). 총유형자산에서 감가상각누계액을 차감한 자산. 유형자산 장부가치라고도 불림.

순이익률 또는 매출대비순이익비율(Net profit margin ratio). 세후이익 매출로 나눈 순이익률.

스플릿등급(Split rating). 채권의 위험성에 대해서 신용평가사들의 견해가 서로 다름으로써 발생하는 신용등급 격차.

승인주식(Authorized stock). 주주의 승인에 따라 회사가 발행할 수 있는 주식의 총수.

시가총액(Market capitalization). 회사의 모든 주식의 가치.

시장유동주식가치(Market value of the float). 시장에서 거래 가능한 주식수에서 현재 주가를 곱한 값.

신용평가사(Rating agencies). 채권의 안전성을 분석하고 평가하는 독립 기관.

신주모집 또는 신주발행(Primary offering). 회사가 발행한 신규주식의 판매. 회사는 주식을 매각하고 돈을 받게 됨.

신주발행(New issue). 새로 창업한 회사의 주식이나 채권의 발행 및 매각. 신주발행은 공모 또는 연고모집일 수 있음. 좀 더 자세히 말해서 신주발행은 신주모집이며 IPO, 후속공모 또는 연고모집 형태로 행해질 수 있음.

신탁우선주(Trust Preferred Securities). 신탁을 통해 발행되는 우선주. 보통 자금 조달을 희망하는 기업의 자회사인 경우가 많음.

실효세율(Effective tax rate). 실제 세금을 세전이익으로 나눈 세율.

ㅇ

애프터마켓(After market). 투자은행 또는 언더라이터가 공모를 완료한 후 일반 대중들 간에 이루어지는 주식 거래. 일반적으로 공모 완료 후 일정 시간 또는 며칠 동안의 거래 활동을 말함.

액면가(Face value). 채권이 상환될 때 회사가 갚아야 하는 금액.

액면가프리미엄(premium to par). 채권의 액면가보다 높은 채권가격.

액면가할인(Discount from par). 액면가보다 낮은 채권가격.

약정서(Indenture). 채권보유자와 발행자 간의 완전한 세부 계약서.

어음(Note). 일반적으로 만기 기간이 10년 미만인 대출을 말함.

언더라이팅 또는 인수보증(Underwriting). 발행주식의 매각에 대한 투자은행의 보증.

역사적 원가(Historical Cost). 가장 오래된 원가.

연고모집(Private placement). 미등록 주식 또는 채권의 판매.

연방기금금리(Federal funds rate). 은행들이 다른 은행이 준비금 요건을 충족할수 있도록 하루 이틀 동안 돈을 빌려줄 때 부과하는 금리.

연속상환(Serial redemption). 일정 연도 내 특정 번호가 매겨진 채권들의 소각하는 감채기금.

연체금(Arrearage). 기업이 우선주 주주들에게 지급하지 않은 배당.

연체중(In arrears). 1분기 이상 배당금을 누락(미지급)한 우선주를 말함.

영구우선주(Perpetual preferred stock). 회사가 2차시장에서 다시 사들여 소각하지 않는 한 계속 시장에서 유통될 수 있는 우선주.

영업권(Goodwill). 기업이 다른 회사(특허, 우편물 목록 및 기타 자산)를 인수하기 위해 지불한 금액과 인수한 회사(또는 자산)의 공정시장 가치 간의 차이를 반영하는 무형자산.

영업이익(Operating Profit). 매출에서 매출원가와 판관비를 차감한 이익.

영업이익률 또는 영업마진(Operating Profit Margin). 영업이익을 매출로 나눈 이익률.

영업현금흐름(Cash flow from operations). 기업이 제품 또는 서비스를 제조 및 판매하여 발생하는 금액.

완전희석주당이익(Fully diluted earnings per share). 희석주당이익과 동일.

완제품(Finished goods). 제조되었지만 아직 판매되지 않은 제품의 원가.

우대금리 또는 프라임레이트(prime rate). 은행이 가장 안전한 사업 대출자에 부과하는 금리.

우선주(Preferred stock). 배당을 받을 권리와 청산 시 재산을 분배받을 권리 모두에서 보통주보다 우선권이 있는 주식.

우선증권(Preferred Securities). 우선주와 유사한 유가증권으로 주식으로 취급되지만 주주에게 지급되는 돈을 세금 전에 비용으로 공제한다는 점에서 볼 때 채권과도 같음.

운전자본(Working capital). 재고나 매출채권 및 그 외 비현금성 유동자산에 묶여 있는 돈을 말함. 총 유동자산에서 총 유동부채를 뺀 값임.

원가(Cost). 회사가 어떤 것에 대해 가격을 지불하거나 지불할 의무가 있을 때 발생함. 원가가 발생하면 비용으로 간주될 수도 있고 그렇지 않을 수도 있음.

유동부채(Current liabilities). 만기가 1년 내인 부채.

유동비율(Current ratio). 유동자산을 유동부채로 나눈 비율.

유동성(Liquidity). 시장(또는 시장 가격)에 큰 영향을 미치지 않고 주식을 사거나 팔 수 있는 능력.

유동자산(Current assets). 현금을 포함해서 1년 내 현금으로 전환이 가능한 현금성 자산 및 그 외 자산.

유보이익 또는 이익잉여금(Retained earnings). 회사가 창업 후 그동안 벌어들인 모든 연도의 총이익에서 그동안 발생한 총손실과 지급한 총 배당을 뺀 나머지 이익.

유통주식(Outstanding stock). 발행되었으나 회사에서 다시 매입하지 않은 주식.

유형자산 장부가치(Tangible book value). 총자산에서 무형자산, 총부채, 우선주의 청산 가치를 모두 차감한 값.

의무상환일(Mandatory Redemption Date). 보증상환일 참조.

이익률 또는 이익마진(Profit margin). 세전 또는 세후이익을 매출로 나눈 이익률.

이익보상비율(Earnings Coverage Ratio). 이자보상비율 참조.

이자보상비율(Interest coverage ratio). 이자를 지급할 수 있는 돈(이자 및 법인세 차감 전 이익)을 총이자로 나눈 값.

일괄신고(Shelf registration). 등록신고서의 유효가 선언되는 시점으로부터 회사가 즉시 발행할 의도가 없는 신규 주식 또는 채권의 등록을 신청하는 것을 말함. 일괄신고는 최대 2년간 유효할 수 있음.

일회성비용(Nonrecurring costs). 회사의 정상적인 영업활동에서 정기적으로 발생하지 않는 원가 또는 비용을 말함.

입찰(bid). 시장조성자(market maker)가 주식을 매수하기 위해 지불하려는 가격.

잉여현금흐름(Free cash flow). 영업현금흐름에서 부채의 상환금과, 우선주배당금, 유지 수준의 자본적지출액을 차감한 현금흐름.

ㅈ

자기자본 또는 소유권지분(Ownership equity). 회사의 주주가 투자한 금액과 회사가 그동안 벌어들인 이익의 총액에서 그동안 지급한 배당 총액을 차감한 금액을 반영하는 대차대조표의 항목.

자기자본이익률(Return on stockholders' equity ratio). 이익을 자기자본으로 나눈 수익률.

자본(Capital). 회사에서 사용되는 자금(장기자본 및 운전자본 참고)을 말하거나 재품를 만드는 데 사용되는 재화(일반적으로 고정자산)를 말함.

자본금(Equity money). 기업이 주식발행으로 조달하는 돈 및/또는 이익으로 벌어들인 돈.

자본수익률(Return on capital ratio). 세전 또는 세후이익을 총자본으로 나눈 수익률.

자본적지출(Capital spending). 고정자산(공장 또는 장비)에 드는 비용, 약자로 CAPEX 라고 함.

자본증권(Capital securities). 신탁우선주 (trust preferred securities)의 유사 증권.

자본집약적기업(Capital intensive companies). 자본 비용이 총 원가(total

cost)의 중요한 부분을 차지하는 기업.

자산(Assets). 기업이 실제로 소유하거나 소유권을 주장하는 모든 가치를 반영하는 대차대조표의 카테고리.

자산의 소각(Retirement of an asset). 자산의 처분.

자산의 자본화(Capitalizing an asset). 대차대조표 고정자산(또는 이와 유사한 명칭) 아래 자산의 원가를 기재하는 경우, 해당 자산은 적절한 연수에 걸쳐 감가상각 처리됨.

자산의 지출처리(Expensing an asset). 일반적으로 이익을 계산을 위해 자산 원가의 전부 또는 일부를 매출에서 차감하는 과정을 말함. 그러나 보통 자산을 자본화하는 것과는 달리 자산을 구입한 해의 매출액에서 자산의 전체 원가를 차감하는 것을 말함.

자회사(Subsidiary). 다른 회사(모회사)가 일부 또는 전부를 소유하여 모회사의 지배를 받는 회사. 모회사가 자회사 지분의 일부를 소유하고 있지만 지배력이 없는 경우 자회사는 모회사가 투자한 회사로만 간주함.

잔존가액(Residual value). 자산의 수명이 종료되거나 더 이상 감가상각이 되지 않을 시점에 자산의 남은 장부가치.

장기부채(Long-term liabilities). 만기가 1년 후인 부채.

장기자본(Long-term capital). 대체로 장기 자산을 매입하는 데 사용되는 장기부채 및 자기자본을 말함.

장기자산(Long-term assets). 도구, 건물 및 차량과 같이 기업이 1년 이상 보유할 것으로 예상되는 자산이다.

장부가치(Book value). 총자산에서 총부채와 우선주(있는 경우)의 청산가치를 뺀 값.

장비(Equipment). 회사가 판매할 상품을 생산하는 데 사용하는 도구.

장비신탁증서(Equipment Trust Certificate). 항공사가 비행기를 구입하기 위해 돈을 빌리는 것과 같이 특정 목적을 위해 발행된 채권.

재고(Inventory). 기업이 궁극적으로 판매할 제품의 일부가 될 재료 또는 자재.

재고회전율(Inventory turnover ratio). 매출액을 재고로 나눈 값.

재고회전일수(Inventory turnover in days). 365일을 재고회전율로 나눈 값.

재무현금흐름(Cash flow from financing). 주식이나 채권의 발행 또는 대출에서 발생한 현금에서 배당금과, 부채의 상환, 자사주 매입 금액을 모두 차감한 금액.

재융자(Refinancing). 기존 부채의 상환에 필요한 자금을 조달하기 위해 새로 주식이나 채권을 발행하는 것.

저가법(Lower-of-cost-or-market). 기업이 대차대조표상의 재고의 가치가 원가보다 낮을 경우 재고를 판매할 수 있는 가치로 감액하도록 하는 회계 정책.

저평가주식(Underpriced stock). 투자자들이 주가가 너무 낮다고 생각하는 주식. 주가수익비율이 낮거나 회사의 이익이 다른 투자자들의 예상보다 증가할 것이기 때문에 상승할 가능성이 있는 주식을 말함.

전환비율(Conversion rate). 전환사채나 전

환우선주가 전환되는 보통주 주식수.

전환사채(Convertible bonds). 주식으로 전환할 수 있는 채권.

전환프리미엄(premium to conversion). 전환사채 또는 전환우선주의 전환가액보다 높은 가격.

전환할인가(Discount to conversion). 채권의 전환후가치보다 낮은 채권가격. 전환후가치 참조.

전환후가치(Converted value). 전환사채나 전환우선주가 보통주로 전환되었을 때의 가치. 보통주의 주식가격에서 전환사채나 전환우선주가 보통주로 전환되는 주식수를 곱하여 계산할 수 있음.

정액법(Straight-line depreciation). 자산을 예상 내용연수에 걸쳐 균등하게 감가상각률을 적용시키는 감가상각법.

제로쿠폰채권(Zero coupon bond). 액면가에서 할인된 금액으로 발행되어 채권 소유자에게 쿠폰을 지급하지 않는 채권. 채권보유자에게 돌아가는 모든 수익은 채권이 액면가로 상환되는 만기에 발생한다.

제한규정(Covenant). 채권발행자(또는 채권발행회사)가 채권보유자를 보호하기 위해 체결한 계약.

조정금리우선주(Adjustable Rate Preferred Stock, 줄여서 ARP). 다른 증권(일반적으로 미국 재무부채권)의 수익률에 따라 배당이 상향 또는 하향 조정되는 우선주. 변동금리부와 채권과 유사함.

주가수익비율(Price-to-earnings ratio). 주가를 주당이익으로 나눈 값. P/E 또는 PER로 표현.

주가현금흐름비율(Price-to-cash-flow ratio). 주가를 주당현금흐름으로 나눈 값.

주당이익(Earnings per share). 특정 연도의 순이익을 보통주 유통주식수로 나눈 이익.

주식(Stock). 보통주와 우선주 참조.

주식거래(Trading stock). 투자자들 간의 주식을 사고파는 행위.

주식의 액면가(Par value of stock). 납입자본의 두 가지 구성 요소 중 하나를 구별하기 위해 회사가 설정한 임의 수치.

주주(shareholder). 회사 주식을 하나 이상 보유한 사람.

증권거래소(Stock exchange). 투자자들이 이미 발행된 주식을 거래할 수 있는 장소.

증권금리(security rate). 우선주나 신탁우선주의 배당을 대한 고정 금액으로 나눈 수익률. 고정 금액은 유가증권의 액면가, 공시가격, 청산가치 또는 조기 상환가치가 될 수 있음.

증진(Accretion). 할인된 가격으로 발행된 채권의 가치가 액면가에 가까워짐에 따라 점진적으로 상승하는 것.

지출처리(Expensing). 매출에서 원가 또는 원가의 일부를 차감하여 이익을 계산하는 과정.

ㅊ

차환(Refunding). 오래된 채권이나 금리가 높은 우선주를 상환하기 위해 낮은 금리로 신규채권이나 우선주를 발행.

참가적우선주(Participating preferred stock). 회사의 실적 또는 보통주배당에 따라 우선주배당의 상승 또는 하락을 지정한 우선주.

채권(bond). 돈을 빌리는 회사와 돈을 빌려주는 사람 또는 기관들 사이의 계약.

채권등급(Bond ratings). 채권의 안전성에 대한 신용평가사의 판단.

채권발행자(Issuer of a bond). 채권을 발행하여 돈을 빌리는 회사.

채권보유자(Bondholder). 채권을 발행한 회사에 돈을 빌려주고 대가로 채권을 매입한 대출자(또는 기관).

채권의 소각(retirement of a bond). 채권을 발행한 회사가 2차시장에서 자사 채권을 환매하거나 조기 상환을 통해 채권을 회수하는 것.

채권자(Creditors). 돈을 빌려준 사람이나 기관. 예를 들어 기업의 채권보유자들이나 매입채무 계정에서 미지급금을 지급받을 권리가 있는 사람이나 기관을 말함.

채권증서(bond certificate). 채권보유자가 채권자이며 채권발행자로부터 정해진 날짜에 원금의 상환과 이자를 지급받을 권리가 명시된 서류.

청구우선순위(Priority of Claims). 청산 시 채권자가 지급받는 순서를 말함.

청산(Liquidation). 회사가 모든 자산과 부채를 매각하고 사업을 중단하는 행위.

청산가치(Liquidating value). 기업이 청산될 때 각각의 우선주에 지급되는 금액.

청산금액(Liquidating amount). 기업이 청산될 때 각각의 우선증권에 지급되는 금액.

청산우선권(Liquidating preference). 청산가치와 동일.

총부채비율(Total Debt Ratio). 단기부채와 장기부채를 합한 값을 총자본으로 나눈 비율.

총유형자산(Gross plant and equipment). 유형자산(공장 및 장비)의 취득원가.

총자본(Capitalization). 대차대조표에 기재된 장기부채와 자기자본 및 기타 장기부채의 조합을 말함. 또한 투자자가 주식에 대해 지불할 의사가 있는 P/E 비율을 지칭함. 또, 회사의 모든 주식의 가치를 지칭함.

총자본대비부채비율(Debt to total capitalization ratio). 장기부채를 총자본으로 나눈 비율.

총자산이익률(Return on Assets). 순이익을 총자산으로 나눈 수익성비율.

최종만기일(Final maturity). 대출자가 아직 미지급된 특정 발행 채권을 상환해야 하는 마지막 날짜.

추가납입자본(Additional paid-in capital). 납입자본에서 보통주 액면가를 뺀 금액.

추첨(Lottery). 회사가 감채기금 상환을 위해 상환할 채권을 선택하는 데 사용하는 무작위 추첨 절차.

ㅋ

쿠폰(Coupon). 채권에서 지급하는 이자.

쿠폰금리(Coupon rate). 쿠폰수익률과 동일.

쿠폰수익률(Coupon yield). 채권의 쿠폰을 액면가로 나눈 수익률.

ㅌ

텀론(Term loan). 만기가 3년에서 7년 사이인 대출을 말함.

텀본드(Term bond). 감채기금이 없고 최종 만기일에 완전히 상환되는 채권.

투자설명서(prospectus). 회사와 밀접한 관련이 있는 재무 및 기타 정보에 대한 요약으로 잠재적 투자자가 회사의 주식 또는 채권을 투자하는 데 수반되는 위험을 평가하는 데 도움이 됨. SEC에 제출하는 회사의 등록신고서의 일부임.

투자운용수수료(Investment management fee). 뮤추얼 펀드 운용사가 운용하는 펀드 자산의 일정 비율로 부과하는 수수료.

투자은행(Investment bank). 기업의 주식이나 채권을 공모 또는 연고모집(사모)을 통해 일반 대중에 매각함으로써 기업이 자금을 조달할 수 있도록 돕는 회사.

투자현금흐름(Cash flow from investing). 기업이 새로운 공장이나 장비를 매입하거나 타 회사의 주식을 매수하는 데 지출한 금액으로 오래된 공장이나 장비를 매각하여 발생한 현금으로 상쇄됨. 일반적으로 투자현금흐름은 순현금유출임.

특별비용(Extraordinary cost). 회사의 정상적인 영업활동에서 정기적으로 발생하지 않는 비용.

ㅍ

판매그룹(Selling group). 주식의 공모에 참여하는 투자은행이, 주식브로커 등 모든 거래자들.

프록시 또는 위임장(proxy). 회사의 연례 주주총회에 참석하지 않은 주주들이 이사 및 기타 사항을 투표할 수 있는 부재자 투표.

프록시배틀 또는 위임장 대결(Proxy fight). 각 주주들이 특정 그룹의 후보를 회사 이사로 선출하기 위해 다수의 주주들로 하여금 의결권 행사를 위임하도록 하려는 주주들 간의 싸움.

P/E 비율 또는 PER(P/E ratio). 주가수익비율 참조.

ㅎ

하이브리드우선주(Hybrid preferred). 우선증권 참조.

하이브리드증권(Hybrid security). 주식과 채권 두 가지 기능을 모두 가진 증권.

할인발행채권 또는 O.I.D(Original Issue Discount). 액면가나 만기 가격보다 낮은 가격으로 발행된 채권.

할인율(Discount rate). 미국 연방준비제도 이사회(연준)가 은행에 돈을 빌려줄 때 부과하는 금리.

현금비율(Cash ratio). 현금 및 유가증권을 유동부채로 나눈 비율.

현금흐름(cash flow). 회사에 유입되거나 유출되는 현금의 흐름.

현금흐름표(Statement of cash flow). 현금
유입과 현금유출 항목들을 상세히 기록한 재
무제표.

**현재수의상환가능채권(Currently callable
bond).** 채권의 수의상환일에 도달한 채권으
로 언제든지 조기 상환이 가능한 채권.

현재수익률(Current yield). 채권의 쿠폰금
액을 2차시장에서의 채권의 현재 가치로 나
눈 수익률.

현행원가(Current Cost). 가장 최근의 원가.

혼합공모(Combined offering). 주식 중 일부
는 회사가 신규로 발행하여 매각하고 일부는
기존 주주들이 보유한 주식(구주)을 매각하
는 공모.

회생(Reorganization). 파산한 회사의 경우,
채권을 전액 상환받지 못한 채권자들에게 채
권의 일부 상환과 신주발행 계획을 세우는
과정.

효율적시장(Efficient market). 투자자가 기
업에 대해 알 수 있는 모든 정보가 주가에 반
영되는 시장.

후속모집 또는 후속공모(Follow-on offering).
IPO 공모(기업공개)가 아닌 신주모집.

후입선출법(LIFO inventory accounting).
마지막으로 입고된 재고가 가장 먼저 판매된
것으로 가정하는 재고회계법.

희석(Dilution). 회사가 추가로 주식을 발행
함으로써 생기는 주식 지분 비율의 감소 또
는 회사가 더 많은 주식을 발행함으로써 생
기는 주당이익의 감소.

희석주당이익(Diluted earnings per share).
회사의 모든 전환사채, 신주인수권, 스톡옵션
이 주식으로 전환될 경우 발생하는 주당이익.

희석증권(Dilutive issue). 전환증권이 전환
될 때 EPS의 감소가 발생하는 증권.

2

2차시장(Secondary market). 매수자와 매
도자가 중개인을 통해 이미 발행된 주식이
나 채권을 거래를 하기 위해 모이는 시장
을 말함. 뉴욕 증권거래소(NYSE)와 나스닥
(NASDAQ), 그리고 그 외 모든 증권거래소
들도 2차시장에 해당됨. 증권거래소에서 행
해지는 거래의 대상은 이미 발행된 주식이나
채권이 대부분이지만, 한 번씩 회사가 신주
의 일부를 증권거래소를 통해서 직접 매각하
는 흔치 않은 경우도 있음. 일반적으로 신주
를 매각하는 대부분의 회사들은 증권거래소
가 아닌 투자은행가를 통해 투자자들에게 주
식을 매각함. 신주의 매각을 보증하는 투자은
행가를 언더라이터(underwriter)라고 부름.

색인
INDEX

ㅂ

주식이 오르고 내리는 이유

모든 투자자들에게 필요한 투자의 기본 지식들

초판 1쇄 발행 2022년 9월 28일
2쇄 발행 2022년 10월 21일
개정판 발행 2023년 9월 1일
개정증보판 발행 2024년 9월 15일

지은이 빌 파이크, 패트릭 그레고리
옮긴이 존 최
펴낸이 존 최
펴낸곳 비즈니스 101
출판등록 제2022-000069호

제작 및 유통 비즈니스 101

주소 서울시 영등포구 영신로 44길 16
전화 0507-1478-7817

ISBN 979-11-987486-2-1(03320)
값 39,000원

 올바른 금융지식을 전달합니다
Fostering Collective Financial Intelligence